上海出版资金项目
Shanghai Publishing Funds

"十三五"国家重点出版物出版规划项目
食品安全社会共治研究丛书
丛书主编　于杨曜

食品安全判例研究

阮赞林　等编著

華東理工大學出版社
EAST CHINA UNIVERSITY OF SCIENCE AND TECHNOLOGY PRESS
·上海·

上海高校服务国家重大战略出版工程资助项目

图书在版编目(CIP)数据

食品安全判例研究／阮赞林等编著. —上海：华东理工大学出版社，2019.9
(食品安全社会共治研究丛书)
ISBN 978－7－5628－5988－8

Ⅰ. ①食… Ⅱ. ①阮… Ⅲ. ①食品卫生法—研究—中国 Ⅳ. ①D922.164

中国版本图书馆 CIP 数据核字(2019)第 174342 号

项目统筹／马夫娇　韩　婷
责任编辑／李佳慧
装帧设计／吴佳斐
出版发行／华东理工大学出版社有限公司
地址：上海市梅陇路 130 号，200237
电话：021－64250306
网址：www.ecustpress.cn
邮箱：zongbianban@ecustpress.cn
印　　刷／上海中华商务联合印刷有限公司
开　　本／710 mm×1000 mm　1/16
印　　张／25.75
字　　数／381 千字
版　　次／2019 年 9 月第 1 版
印　　次／2019 年 9 月第 1 次
定　　价／178.00 元

前　言

foreword

《食品安全判例研究》一书针对食品药品安全相关领域的典型案例进行解读梳理并就其涉及的食品药品安全领域的技术性规范进行分析研讨。我们编写本书的目的是对研习食品药品安全监管有兴趣的学者或者从事食品药品司法实践活动的专业人士提供帮助。食品药品安全问题不仅涉及伦理道德方面的社会性规范，还涉及科学技术方面的自然性规范，食品药品安全法律规范同时融合了伦理道德的价值标准和科学技术的发展规律。

判例研究具有特定的价值定位。一般来说判例研究可以起到举一反三的功效，因此判例研究已经成为人们提高法学理论研究能力和司法实践能力的重要选择。食品药品安全问题事关最基本的民生而成为社会生活中关注度非常高的问题。社会问题应由社会共同参与解决，保障食品药品安全引入社会共治理念亦是其逻辑必然。参与食品药品安全社会共治以掌握和提升食品药品安全相关领域的特定专业知识为必要，而食品药品安全纠纷的判例研究是掌握和提升相关专业知识的重要途径，判例研究既面向社会公众也面向专业人士。

判例研究对象的案例选择及其类型化将会影响学习研究的成效。从我们的视角选择的案例，都是经过一审、二审审理后已经发生法律效力的案件，是否具有典型性则由各位读者见仁见智。在案例的类型化方面，因 2011 年 2 月的《最高人民法院关于修改〈民事案件案由规定〉的决定》中尚未对食品药品案例纠纷确定有专门的案由，由此我们根据该决定中涉及的相关案由类型，将食品药品安全纠纷分别以产品质量纠纷、合同纠纷、侵权纠纷等进行分类，另外从诉讼方式角度分为民事诉讼、行政诉讼、公益诉讼等类型，其中有些民事诉讼或者行政诉讼的食品药品安全纠纷还牵涉刑事犯罪从而产生民刑、行刑衔接的问题。

特别需要说明的是分类视角难以统一也将导致类型化不准确的结果，对此，我们欢迎大家的批评和指正。同时，我们也提议希望能够通过设计专门的食品药品纠纷案由的办法解决分类不准确的问题。

判例研究结构由四个部分组成：首先是案件概要；其次是思考问题；再次是案件的正文；最后是结合案例回应思考的问题。我们在“思考问题”部分主要列举案例中涉及的食品药品技术性规范，在“回应思考问题”部分则结合法官的审判思路深入讨论这些技术性规范的含义和司法实践中的应用。

判例研究中所选取的案例直接从北大法宝网获取，感谢北大法宝网。判例研究中涉及的“回应思考问题”主要由华东理工大学食品药品监管研究中心的胡葳、王猛、王琴允、鲍丹丹、杜嘉佳、林路索、孙佳斐、钟炜杰、管雨等执笔，“案例概要”和“正文”主要由上海市第一中级人民法院的盛利、上海市锦天城律师事务所的阮超、上海市奉贤区人民法院的杨国志等共同完成。本书中的不足、疏漏在所难免，希望获得读者的真诚指正。我们丛书的总主编于杨曜教授对本书编写提出了宝贵意见，华东理工大学出版社为出版本书付出了大量的劳动，还有其他各界的朋友们对本书的顺利出版也提供了帮助，恕我们不一一列出他们的姓名。在此对支持和帮助过我们编写出版本书的所有人表示最诚挚的感谢。

编写者

二〇一九年一月

目 录

contents

第一章　食品质量纠纷案

案例1-1　于某与宁夏汇丰好又多商贸有限公司网络购物合同纠纷案[①]

一、案件概要

本案因于某与宁夏汇丰好又多商贸有限公司网络购物合同纠纷一案，由四川省遂宁市中级人民法院于2017年7月10日作出〔2017〕川09民终539号民事判决书，审判长岳文。本案上诉人（原审原告）为于某，被上诉人（原审被告）为宁夏汇丰好又多商贸有限公司。本案涉及上诉人（原审原告）于某从宁夏汇丰好又多商贸有限公司（原审被告）处购买了涉案商品，认为该涉案商品外包装上未标明执行标准，且营养成分表中虚标能量值近10倍，不符合国家食品安全相关标准的要求。据此，依据《中华人民共和国食品安全法》（以下简称《食品安全法》）的规定要求宁夏汇丰好又多商贸有限公司承担十倍损害赔偿，一审法院驳回上诉请求。上诉人（原审原告）以一审判决认定事实错误、适用法律错误为由提起上诉。二审法院以一审判决认定事实清楚，但适用法律错误为由对一审判决予以改判。

本案主要涉及以下法律规范。

1.《食品安全法》第71条、第131条。

2.《中华人民共和国产品质量法》（以下简称《产品质量法》）第27条、第36条。

二、思考问题

（1）制订食品安全企业标准的实质性条件和程序性规范。

---

① 案件来源：【法宝引证码】CLI. C. 9950199.

（2）执行标准及其标识。

（3）营养成分表及营养成分表中能量值表示的规范。

三、案件正文

（一）案件当事人及其主张

上诉人（原审原告）于某的上诉要点和请求：维持四川省遂宁市安居区人民法院〔2017〕川0904民初385号民事判决第一项；撤销四川省遂宁市安居区人民法院〔2017〕川0904民初385号民事判决第二项；改判被上诉人赔偿上诉人41 472元；一、二审诉讼费由被上诉人承担。

被上诉人（原审被告）宁夏汇丰好又多商贸有限公司的答辩要点和请求：一审认定事实基本正确；上诉人的上诉请求及理由无事实和法律依据，请求维持原判。

（二）法院查明的事实

一审法院查明宁夏金花电子商务技术服务公司系"宁之夏"黑果枸杞生产商，宁夏汇丰公司系该黑果枸杞的销售商。2017年2月17日，于某通过阿里巴巴购物网在宁夏汇丰公司处购得"宁之夏"黑果枸杞72瓶，规格为100 g/瓶，单价为57.6元/瓶，共计支付货款4 147.20元。2017年2月24日，于某收到宁夏汇丰公司发来的"宁之夏"黑果枸杞72瓶及赠品8瓶。宁夏汇丰公司销售的"宁之夏"黑果枸杞外包装上未标明执行标准，营养成分表中标明的能量为8 272 kJ/100 g、蛋白质为7.9 g/100 g、脂肪为0.2 g/100 g、碳水化合物为43.1 g/100 g、钠为366 mg/100 g。遂宁市食品药品监督管理局的〔2016〕第0001号答复书，载明的能量（kJ）计算公式为：能量=蛋白质×17+脂肪×37+碳水化合物×17+膳食纤维×8。在一审审理过程中，于某陈述其食用"宁之夏"黑果枸杞未对其身体造成损害。宁夏汇丰公司提供了宁夏金花电子商务技术服务有限公司黑果枸杞的企业标准（企业标准号为Q/JHGS0001S—2016）及宁夏回族自治区食品质量监督检验二站出具的该黑果枸杞的检验报告，检验报告载明，该样品经检验所检指标符合标准要求。经征询宁夏汇丰公司对于某主张退还货款的意见，宁夏汇丰公司称其愿意与于某解除合同，于某退还货物，宁夏汇丰公司返还货款。

二审法院对一审查明的事实予以确认，同时在二审期间，当事人围绕上诉请求依法提交了新的证据，二审法院结合新证据查明如下事实：于某提交的在中国法院网上下载的名为《惩罚性赔偿不以消费者人身权益遭受损害为前提》的新闻一则，由于宁夏汇丰公司经传票传唤未到庭参加诉讼，视为放弃举证、质证的权利。经二审法院在中国法院网上核实，该证据真实、合法，予以采信。

（三）诉辩理由和依据

1. 上诉人的上诉理由和依据

（1）一审判决将涉案食品错误定性为标签瑕疵，不影响食品安全，属于认定事实不清。① 食品安全标准属于强制性标准，不应有瑕疵之说，虽然涉案食品制订了企业标准，但没有按规定进行标示，侵犯了消费者的知情权。② 被上诉人所提供的检测报告不具有证明食品安全的效力，该报告的检测依据是生产企业制定的企业标准，该检测报告检测的型号规格为 60 g/瓶，上诉人购买的是 100 g/瓶，检测的规格不对，且没有对致病菌及重金属含量等企业标准卫生指标进行检测。③ 食品标签作为消费者了解食品的唯一信息，国家对食品有关的标签、标志、说明书等都纳入了食品安全范围进行管理，涉案食品标签虚标能量近 10 倍，严重违反了食品安全标准，给对能量摄入有严格要求的消费者带来严重隐患。

（2）一审法院驳回上诉人要求被上诉人承担十倍惩罚性赔偿的请求，判定属于适用法律错误。虚标能量肯定会给消费者带来健康风险，且消费者主张十倍赔偿金是以生产和销售不符合食品安全标准的食品作为判罚依据，而不是以无毒无害来理解，也不以人身权益遭受损害为前提。

2. 被上诉人的辩护理由和依据

（1）一审认定事实基本正确，涉案黑果枸杞经检测机构检测合格，符合国家相关食品安全质量标准，无食品安全质量问题，且在保质期内，不会对人体健康造成任何损害，包装上未标明执行标准系工作失误，不能以此来证明涉案黑果枸杞存在食品安全问题。

（2）上诉人的上诉请求及理由无事实和法律依据，请求维持原判。① 被上诉人提供的检验报告是在上诉人购买涉案黑果枸杞之前所出具，且涉案黑果枸杞系没有添加任何添加剂且没有进行二次加工的农产品，不可能存在重金属，该检测报告中没有体现致病菌及重金属含量的指标，在检验杂质一栏的检验结果为无，说明该产品并不存在致病菌及重金属，故应以检验报告的结果为准。② 遂宁市食品药品监督管理局的答复书仅是遂宁市行政部门作出的一个答复，不能规制宁夏的企业，且涉案黑果枸杞外包装未标明执行标准也不会影响食品安全。③ 上诉人主张的十倍赔偿请求须以消费者因食用不符合食品安全标准的食品且遭受人身、财产损害为前提，且涉案黑果枸杞包装仅未标明执行标准，不属于虚假或引人误解的宣传行为，更不构成欺诈行为，故上诉人主张十倍赔偿无事实和法律依据。

（四）本案的争议焦点及审理意见

1. 一审法院

一审法院认为本案主要争议焦点是涉案产品“宁之夏”黑果枸杞是否符合我国食品安全标准；宁夏汇丰公司应否向于某支付涉案产品价款十倍的赔偿金的问题。

（1）涉案产品“宁之夏”黑果枸杞是否符合我国食品安全标准。法院审理认为消费者在购买、使用商品或者接受服务时的合法权益受法律保护。经营者提供的食品应当符合《食品安全法》的要求，确保食品安全，并应当按照《食品安全国家标准　预包装食品营养标签通则》（GB 28050—2011）之规定，标示产品所执行的标准代号和顺序号，不标示虚假信息，不夸大产品营养作用或其他作用。宁夏汇丰公司销售的“宁之夏”黑果枸杞的预包装上未标明执行标准，营养成分中的能量值标注不实，标注能量值是真实能量值的近10倍。宁夏汇丰公司销售的“宁之夏”黑果枸杞的预包装标签存在瑕疵，经法院征询宁夏汇丰公司意见，其愿意与于某解除双方之间的买卖合同，于某退还货物，宁夏汇丰公司返还货款。对于于某主张的十倍赔偿，《食品安全法》对食品安全的含义进行了表述，未标注执行标准及营养成分中的能量值标注不实并不涉及食品本身的安全问题，仅能说明涉案食品的预包装标签存在不规范的情形，食品监管部门会依据职权责令生产者或者销售者进行整改，若限期未整改再做下一步处理。

（2）宁夏汇丰公司应否向于某支付涉案产品价款十倍的赔偿金的问题。法院审理认为本案中于某自认食用被告销售的食品后未对其造成任何损害，且宁夏汇丰公司提供了检验报告证明涉案黑果枸杞不存在食品安全问题，同时于某未能提交证据证明其购买的食品是违反食品安全法的不安全食品，故其仅以涉案食品未标注执行标准及营养成分中的能量值标注不实为由，要求宁夏汇丰公司进行十倍赔偿，缺乏法律依据。

2. 二审法院

二审法院归纳的本案争议焦点与一审法院相同。

（1）涉案产品“宁之夏”黑果枸杞是否符合我国食品安全标准。二审法院审理后首先认为根据《食品安全法》第150条的规定，食品安全是指食品无毒、无害，符合应当有的营养要求，对人体健康不造成任何急性、亚急性或者慢性危害。而从《食品安全法》第26条的规定来看，“与卫生、营养等食品安全要求有关的标签、标志、说明书的要求”被明确列为食品安全标准应当包括的内容。因此，虽然宁夏回族自治区食品质量监督检验二站出具的涉案黑果枸杞的检验报告载明该样品经检验所检指标符合标准要求，但该产品关于营养值的标签标识亦应属于食品安全标准所包含的内容。其次，本案所涉“宁之夏”黑果枸杞产品均为预包装食品，其标签标识应符合《食品安全国家标准 预包装食品营养标签通则》（GB 28050—2011）（以下简称标签通则）的相关规定，涉案产品的能量值应当为强制如实标示的内容。根据能量（kJ）的计算公式：能量=蛋白质×17+脂肪×37+碳水化合物×17+膳食纤维×8，按照涉案“宁之夏”黑果枸杞外包装上关于蛋白质、脂肪、碳水化合物的标识，计算出涉案产品的能量值本应为874.4 kJ/100 g（7.9×17+0.2×37+43.1×17），但其外包装上营养成分表中标明的能量却高达8 272 kJ/100 g，两者相差近十倍。再者，关于该产品的标示能量值与实际能量值之间的差距是否属于允许的误差范围的问题，标签通则第6.4条明确规定：“在产品保质期内，能量和营养成分含量的允许误差范围应符合表2的规定。”表2列明：“食品中的能量以及脂肪、饱和脂肪（酸）、反式脂肪（酸）、胆固醇、钠、糖（除乳糖外）”的允许误差范围为“≤120%标示值”。因此，宁夏汇丰公司向于某销售的“宁之夏”黑果枸杞外包装上营养成分表标明的能量值与营养成分表上标注的蛋白质、脂肪、碳水化合物等产能营养素折算的能量值明显不符，误差远远超过了允许误差120%的范围。该产品违反了标签通则关于“预包装食品营养标签标示的营养信息，应真实、客观，不得标示虚假信息，不得夸大产品的营养作用或其他作用”的规定，也违反了《食品安全法》关于“食品和食品添加剂与其标签、说明的内容不符的，不得上市销售”的规定，涉案“宁之夏”黑果枸杞属于不符合我国食品安全标准的产品。

（2）宁夏汇丰公司应否向于某支付涉案产品价款十倍的赔偿金的问题。法院审理认为根据《食品安全法》第148条第二款规定，宁夏汇丰公司应承担支付价款十倍的赔偿金的前提一是其经营明知是不符合食品安全标准的食品，二是商品的标签、说明书存在的瑕疵影响了食品安全或足以对消费者产生误导，而该惩罚性赔偿并不以消费者存在实际损失为必要的构成要件。首先，根据《产品质量法》第33条的规定，销售者应当建立并执行进货检查验收制度，验明产品合格证明和其他标识，否则应当承担相应的民事责任。宁夏汇丰公司出售涉案商品应当确保商品的标识、标注必须真实，符合法律的规定，但其向于某销售的“宁之夏”黑果枸杞外包装上营养成分表标明的能量值与实际能量值严重不符，存在虚假宣传行为，宁夏汇丰公司没有尽到法定的验货审核义务，违反了法律规定，应当推定该公司明知其销售的“宁之夏”黑果枸杞不符合食品安全标准。其次，《食品安全法》第148条第二款所指的“瑕疵”，一般是指食品、食品添加剂的标签、说明书在字符间距、字体大小、标点符号、简体繁体、修约间隔等非实质内容存在不符合规定的情形，而如果商品的标签、说明书存在的瑕疵影响了食品安全，或足以对消费者产生误导，则应认定为“不符合食品安全标准”。本案中宁夏汇丰公司销售的涉案产品外包装上营养成分表标明的能量值 8 272 kJ/100 g 与实际能量值 874. 4 kJ/100 g 相差甚远，对于特定人群存在食品安全风险，亦会对消费者构成误导，显然已不属于一般意义上的标签瑕疵，涉案产品属于不符合国家食品安全标准的产品。因此，宁夏汇丰公司未严格履行涉案产品的检查验收义务，所销售的产品不符合食品安全标准，按照《食品安全法》第 148 条第二款的规定，于某要求该公司承担涉案产品价款十倍的赔偿金的上诉请求具有事实和法律依据，予以支持。一审法院对于涉案产品标签问题为瑕疵问题，不属于不符合食品安全标准情形的认定属于适用法律不当，本院予以纠正。

(五) 二审法院的终审判决

依照《食品安全法》第 2 条、第 4 条、第 26 条、第 53 条、第 71 条、第 148 条、第 150 条，《产品质量法》第 2 条、第 3 条、第 4 条、第 27 条、第 33 条、第 36 条，《中华人民共和国民事诉讼法》（以下简称《民事诉讼法》）第 170 条第一款第二项规定，判决维持四川省遂宁市安居区人民法院〔2017〕川 0904 民初 385 号民事判决第一项；撤销四川省遂宁市安居区人民法院〔2017〕川 0904 民初 385 号民事判决第二项；宁夏汇丰好又多商贸有限公司于本判决生效后七日内向于某支付其所购买的“宁之夏”黑果枸杞货款十倍的赔偿金 41 472 元。如果未按本判决指定的期间履行给付金钱义务，应当依照《民事诉讼法》第 253 条规定，加倍支付迟延履行期间的债务利息。一审案件受理费 872 元，由宁夏汇丰好又多商贸有限公司负担；二审案件受理费 872 元，由宁夏汇丰好又多商贸有限公司负担。

四、问题解答

(一) 制订食品安全企业标准的实质性条件和程序性规范

食品安全企业标准是企业依据一定的条件和程序，自行制定、实施的标准，是对企业范围内需要协调统一的技术要求、管理要求和工作要求所指定的标准，是企业组织生产和经营活动的依据。企业标准应当包括食品原料（包括主料、配料和使用的食品添加剂）、生产工艺以及与食品安全相关的指标、限量、技术要求。国家鼓励食品生产企业制订严于食品安全国家标准或者地方标准的企业标准。

制订食品安全企业标准的实质性条件，我们认为主要包括以下几个方面：(1) 能够贯彻国家和地方有关的方针、政策、法律、法规；(2) 严于国家标准、地方标准，积极采用国外先进标准；(3) 有利于企业技术进步，保证和提高产品质量，改善经营管理和增加社会经济效益；(4) 有利于对外经济技术合作和对外贸易。

制订食品安全企业标准的程序性规范，主要体现为备案制度。备案制度是指依照法定程序报送有关机关备案，对符合法定条件的，有关机关应当予以登记的法律性要求。《中华人民共和国标准化法》（以下简称《标准化法》）中对行业标准、地方标准、企业产品标准都规定了备案的要求。为规范食品安全企业标准备案，原中华人民共和国卫生部（以下简称原卫生部）于 2009 年 6 月 10 日专门公布了《食品安全企业标准备案办法》，根据该备案办法的规定，对没有食品安全国家标准或者地方标准的企业标准，或者制订严于食品安全国家标准或者地方标准的企业标准，食品生产企业应当在组织生产之前向省、自治区、直辖市卫生行政部门备案。

制订食品企业标准对于企业而言其实质就是企业制订一个内部实施的规范性文件，其之所以必须要在相关部门进行备案，主要目的是对企业标准的合法性和技术性进行审核。企业标准对于消费者而言，相当于一个经权威部门认可的规范性文件，证明经过备案的企业标准严于国家标准或者地方标准，满足当今消费者对于高品质食品日益增长的需求。

根据《食品安全企业标准备案办法》的规定，企业标准申请备案时应当提交“企业标准编制说明”。企业标准编制说明应当详细说明企业标准制定过程和与相关国家标准、地方标准、国际标准、国外标准的比较情况。具体要求：(1) 有国家标准或者地方标准时，与国家标准或者地方标准比较；(2) 没有国家标准和地方标准时，与国际标准比较；(3) 没有国家标准、地方标准、国际标准时，与两个以上国家或者地区的标准比较。

企业标准备案有效期为三年。有效期届满需要延续备案的，企业应当对备案的企业标准进行复审，并填写企业标准延续备案表，到原备案的卫生行政部门办理延续备案手续。

（二）执行标准及其标示

1. 食品标准与执行标准

“标准”的主要释义是“衡量事物的准则”。国家标准 GB/T 20000.1—2002《标准化工作指南　第 1 部分：标准化和相关活动的通用词汇》中对“标准”的定义是：“为了在一定范围内获得最佳秩序，经协商一致制定并由公认机构批准，共同使用和重复使用的一种规范性文件。”食品标准是指一定范围内为达到食品质量、安全、营养等要求，以及为保障人体健康，对食品及其生产加工销售过程中的各种相关因素所做的管理性规定或技术性规定①。

有学者将食品标准进行广义和狭义分类，广义上的食品标准是指涉及食品领域各个方面的所有标准，包括食品工业基础及相关标准、食品安全限量标准、食品通用检验检测方法标准、食品产品质量标准、食品包装材料及容器标准、食品添加剂标准等；狭义上的食品标准即指食品产品标准。

也有学者从食品标准规范的对象性质角度出发，将食品标准分为食品技术标准和食品管理标准。食品技术标准又称食品质量标准，通常要对食品生产规格、理化指标、感官指标、卫生指标、微生物指标、包装材料和方法、贮藏条件和贮藏期限以及上述指标的检验分析方法做出规定。食品管理标准是将食品企业管理中常规性例行活动，经过观察分析、研究改进，按照客观规律，对管理程序、所经过的路线、所需要的管理岗位、管理职责、管理凭证以及工作方法等加以明确规定，并用规章制度或职责条例固定下来，作为管理活动的准则。

我国目前相关法律中对食品安全标准尚未给出一个统一、清晰的定义，而是在整合了食品卫生标准、食品质量标准、食品质量安全标准等基础上提出的概括性含义。一般认为，食品安全标准是指为了保证食品安全，对食品生产经营过程中影响食品安全的各种要素以及各关键环节所规定的统一技术要求，食品安全标准是对食品生产、加工、流通和消费（即

---

① 国家标准化管理委员会农轻和地方部．GB/T 20000.1—2002 食品标准化．北京：中国标准出版社，2006.

“从农田到餐桌”）食品链全过程中影响食品安全和质量的各种要素以及各个关键环节进行控制和管理，经协商一致制定并由规定机构批准、共同使用和重复使用的一种规范性文件。我国《食品安全法》第 24 条对食品安全标准的基本要求做出了规定，即食品安全标准应当以保障公众身体健康为宗旨，做到科学合理、安全可靠。根据《食品安全法》第 25 条规定，我国的食品安全标准可分为食品安全国家标准、食品安全地方标准和食品安全企业标准三大类。

食品安全国家标准是为了保证食品安全，由国务院卫生行政主管部门对食品生产经营过程中影响食品安全的各种要素以及各关键环节所规定的在全国范围内统一适用的食品安全标准。根据《食品安全法》第 27 条规定：“食品安全国家标准由国务院卫生行政部门会同国务院食品安全监督管理部门制定、公布，国务院标准化行政部门提供国家标准编号。”我国的食品安全标准属于强制性标准，其专门的标识方法如图 1－1 所示：

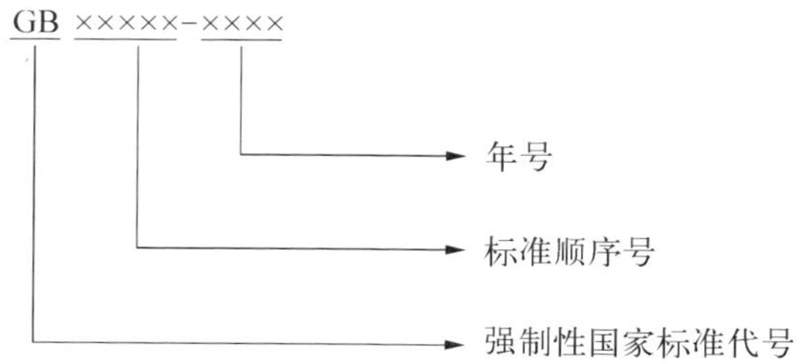

图 1－1　我国食品安全标准标识方法

食品安全地方标准是由省、自治区、直辖市人民政府卫生行政部门组织制定的，在该级人民政府行政区域内适用的食品安全标准。对地方特色食品，只有在没有食品安全国家标准的情况下，省、自治区、直辖市人民政府卫生行政部门可以制定并公布食品安全地方标准。食品安全国家标准制定后，该地方标准即行废止。食品安全地方标准编号由代号、顺序号和年号三部分组成。汉语拼音字母“DBS”加上省、自治区、直辖市行政区划代码前两位数再加斜线，组成食品安全地方标准代号。食品安全地方标准既包含强制性标准也包含推荐性标准，并有专门的标识方法，如图 1－2 所示：

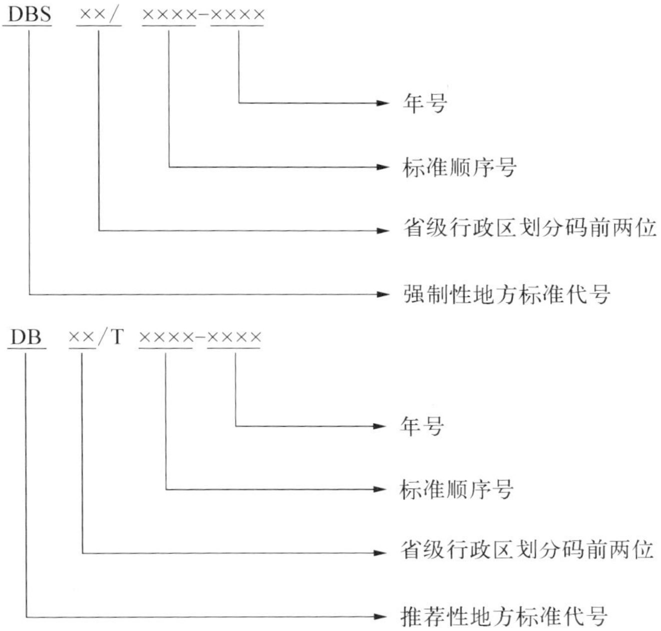

图 1－2　食品安全地方标准标识方法

食品安全企业标准是由生产食品的企业自己制订的，作为企业组织生产的依据，在企业内部适用的食品安全标准，属于企业标准的范畴。在已有食品安全国家标准或者地方标准的情况下，企业可以制订严于食品安全国家标准或者地方标准的企业标准。国家对此采取鼓励而非强制的态度。食品安全企业标准是作为食品安全第一责任人的企业在防范和降低经营风险的驱动下，主动制订的自我执行标准，企业自行制定并有效执行适当的食品安全企业标准有利于企业强化内部管理、提高效率、降低成本、保障企业声誉并控制经营风险、提高市场竞争力。食品安全企业标准有专门的标识方法，如图 1－3 所示。

食品执行标准，为了保证食品的食用价值应当对食品必须达到的某些或全部要求做出规定，在食品生产加工领域实际使用的标准，也是食品工业标准化过程中涉及最多的一类标准，是对各种食品的原料、生产过程和贮运、销售等环节可能存在和发生的污染因素作出的具有卫生学意义的指标或限量规定。根据《食品安全法》第 26 条，我国食品安全国家标准的

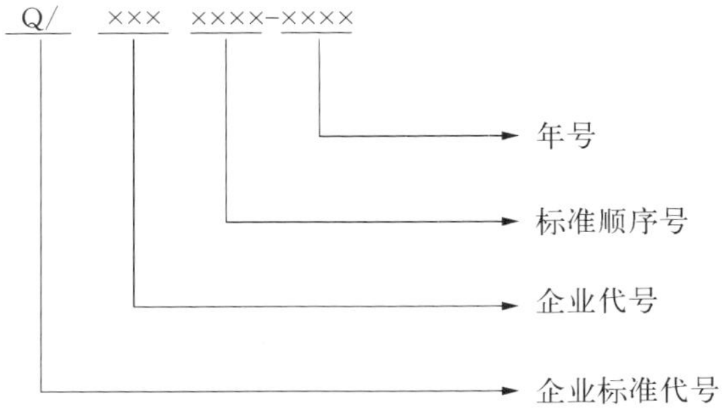

图 1-3　食品安全企业标准标识方法

执行标准中需要包含：（1）食品、食品添加剂、食品相关产品中的致病性微生物、农药残留、兽药残留、生物毒素、重金属等污染物质以及其他危害人体健康物质的限量规定；（2）食品添加剂的品种、使用范围、用量；（3）专供婴幼儿和其他特定人群的主辅食品的营养成分要求；（4）对与卫生、营养等食品安全要求有关的标签、标志、说明书的要求；（5）食品生产经营过程的卫生要求；（6）与食品安全有关的质量要求；（7）与食品安全有关的食品检验方法与规程。

2. 食品标签与标识

食品标签是指食品包装上的文字、图形、符号及一切说明物，是对食品质量特征、安全性选择、食用（饮用）说明的描述。在强制性国家标准《食品安全国家标准　预包装食品标签通则》（GB 7718—2011）中将食品标签定义为“食品包装上的文字、图形、符号及一切说明物”。这里我们把“一切说明物”的内容理解为包括吊牌、附签或商标上的文字、图形和符号。也就是说，可以把食品标签理解为在食品包装容器上或附于食品包装容器上的一切附签、吊牌、文字、图形、符号等说明物，它是对食品质量特性、安全特性、食用说明的描述。

食品标识是指粘贴、印刷、标记在食品或者其包装上，用以表示食品名称、质量等级、商品量、食用或者使用方法、生产者或者销售者等相关信息的文字、符号、数字、图案以及其他说明的总称[①]。

---

① 《食品标识管理规定》第 3 条.

我国现行的食品标签规范性文件主要有国家法律法规、部门规章、技术规范和国家强制性标准。2015 年的《食品安全法》对食品标签问题做了详细的规定。在实施食品标签相关法律的基础上，有关部门还制订了一些部门规章，如《食品标识管理规定》对标识标注和管理做出了详细的规定，《保健食品管理办法》对保健食品标签做出了明确规定，《食品营养标签管理规范》对食品营养标签标识做了专门的指导和规范。

为了更好地规范食品标签管理，我国还相继制定了一系列国家标准。1987 年我国首次颁布了通用食品标签强制性国家标准《食品标签通用标准》，后来分别于 1994 年、2004 年和 2010 年 3 次修订。1992 年，针对特殊膳食用食品制定了《特殊营养食品标签》，2004 年经修订被替代为《预包装特殊膳食用食品标签通则》（GB 13432—2004）。1989 年，针对酒精饮料制定了《饮料酒标签标准》（GB 10344—1989），2004 年修订被替代为《预包装饮料酒标签通则》（GB 10344—2004）。2011 年针对食品营养标签制定了《食品安全国家标准　预包装食品营养标签通则》（GB 28050—2011）。这 4 部标准是我国制定食品标签方面的独立标准。除了通用标签强制性标准，还有许多产品标准中对标签也规定了特殊标示内容，例如《食品安全国家标准　婴儿配方食品》（GB 10765—1997）、《食品安全国家标准　较大婴儿和幼儿配方食品》（GB 10767—2010）和《食品安全国家标准　特殊医学用途配方食品通则》（GB 29923—2013）中对于食品标签有其特殊规定。

食品标签的所有内容，不得以错误的、引起误解的或欺骗性的方式描述或介绍食品，也不得以直接或间接暗示性的语言、图形、符号导致消费者将食品或食品的某一性质与另一产品混淆。此外，根据《食品安全国家标准　预包装食品标签通则》（GB 7718—2011）的规定，食品标签不得与包装容器分开，食品标签的一切内容，不得在流通环节中变得模糊甚至脱落。设计使用食品标签的内容上应遵循如下原则要求：（1）食品标签的所有内容，不得以错误的、引起误解的或欺骗性的方式描述或介绍食品；（2）食品标签的所有内容，不得以直接或间接暗示性的语言、图形、符号导致消费者将食品或食品的某一性质与另一产品混淆；（3）食品标签的所有内容，必须符合国家法律和法规的规定，并符合相应产品标准的规定；（4）食品标签的所有内容，必须通俗易懂、准确、科学。

本案涉案产品的预包装规范应遵循《食品安全国家标准 预包装食品营养标签通则》（GB 28050—2011）（以下简称《通则》），而此标准是食品安全国家标准，属于强制性标准，所有的预包装食品都应当遵守。根据《通则》第4条规定，预包装食品营养标签中能量、核心营养素的含量值及其占营养素参考值（Nutrient Reference Values，NRV）的百分比是属于强制性标识的内容。本案涉案产品预包装上的能量值标识却出现错误，实际能量值与标识能量值相差近十倍。由此可知涉案产品预包装的强制标识内容出现错误，且误差巨大，基于以上两个因素作为考量，本涉案产品的标签问题不仅仅是标签瑕疵，而是属于不符合食品安全标准的食品。

（三）营养成分表及营养成分表中能量表示的规范

食品营养标签是食品标签的重要内容，它显示了食品的营养特性和相关营养学信息，是消费者了解食品营养成分和特征的主要途径。营养标签包括营养成分表、营养声称和营养成分功能声称①。

营养成分表是标有食品营养成分名称和含量的表格，表格中可以标示的营养成分包括能量、营养素、水分和膳食纤维等；营养声称是食品营养属性的说明和营养宣教的重要工具，营养声称是指对食物营养特性的描述和说明，包括含量声称和比较声称；营养成分功能声称是指某营养成分可以维持人体正常生长、发育和正常生理功能等作用的声称。

根据《食品安全国家标准 预包装食品营养标签通则》（GB 28050—2011）第4条规定，预包装食品营养标签应符合以下要求。（1）所有预包装食品营养标签强制标示的内容包括能量、核心营养素的含量值及其占营养素参考值的百分比。当标示其他成分时，应采取适当形式使能量和核心营养素的标示更加醒目；（2）对除能量和核心营养素外的其他营养成分进行营养声称或营养成分功能声称时，在营养成分表中还应标示出该营养成

① 《食品营养标签管理规范》第4条规定：本规范所称的营养标签是指向消费者提供食品营养成分信息和特性的说明，包括营养成分表、营养声称和营养成分功能声称。

分的含量及其占营养素参考值的百分比；（3）使用了营养强化剂的预包装食品，除上（1）的要求外，在营养成分表中还应标示强化后食品中该营养成分的含量值及其占营养素参考值的百分比；（4）食品配料含有或生产过程中使用了氢化和（或）部分氢化油脂时，在营养成分表中还应标示出反式脂肪（酸）的含量；（5）上述未规定营养素参考值的营养成分仅须标示含量。

能量是指食品中蛋白质、脂肪、碳水化合物等产能营养素在人体代谢中产生能量的总和。能量的缺乏可以引起营养不良，影响儿童、青少年正常的生长发育和健康，能量的过多摄入会增加肥胖和慢性病的危险。所以《食品安全国家标准　预包装食品营养标签通则》（GB 28050—2011）中要求在营养标签上标出能量和四种核心营养素（蛋白质、脂肪、碳水化合物、纳）的含量。

营养标签上标示的能量主要由计算获得，即蛋白质、脂肪、碳水化合物等产能营养素的含量乘以各自相应的能量系数（见表 1－1）并进行加和，能量值以千焦（kJ）为单位标示。当产品营养标签中标示核心营养素以外的其他产能营养素如膳食纤维等，还应计算膳食纤维等提供的能量；未标注其他产能营养素时，在计算能量时可以不包括其提供的能量。

表 1－1　食品中产能营养素的能量折算系数

成　分	kJ/g	成　分	kJ/g
蛋白质	17	乙醇（酒精）	29
脂肪	37	有机酸	13
碳水化合物	17	膳食纤维*	8

*包括膳食纤维的单体成分，如不消化的低聚糖、不消化淀粉、抗性糊精等，也按照 8 kJ/g 折算。

《食品安全国家标准　预包装食品营养标签通则》（GB 28050—2011）第 6 条规定了预包装食品营养标签中能量和营养成分含量的允许误差范围，如表 1－2 所示。

表 1－2 预包装食品营养标签能量和营养成分含量允许误差范围

能量和营养成分	允许误差范围
食品的蛋白质，多不饱和及单不饱和脂肪（酸），碳水化合物，糖（仅限乳糖），总的、可溶性或不溶性膳食纤维及其单体，维生素（不包括维生素 D、维生素 A），矿物质（不包括钠），强化的其他营养成分	≥80%标示值
食品中的能量以及脂肪，饱和脂肪（酸），反式脂肪（酸），胆固醇，钠，糖（不包括乳糖）	≤120%标示值
食品中的维生素 A 和维生素 D	80%～180%标示值

本案涉案产品“宁之夏”黑果枸杞外包装上关于蛋白质、脂肪、碳水化合物的标识，根据能量（kJ）的计算公式：能量＝蛋白质×17＋脂肪×37＋碳水化合物×17，计算出涉案产品的能量值本应为 874.4 kJ/100 g（7.9×17＋0.2×37＋43.1×17），但其外包装上营养成分表中标明的能量却高达 8 272 kJ/100 g，两者相差近十倍，远远超出了《预包装食品营养标签通则》（GB 28050—2011）中能量的允许误差范围。

对于消费者而言，本案涉案产品能量值虚高十倍，会使其产生认识错误，其实际摄入的能量远低于标识的能量，长此以往可能导致能量缺乏，从而产生营养不良，对身体健康造成负面影响。一般的标签瑕疵是指食品、食品添加剂的标签、说明书在字符间距、字体大小、标点符号、简体繁体、修约间隔等非实质内容存在不符合规定的情形，而本案涉案产品单单采用标签瑕疵已经不足以概括其标明能量虚高十倍的事实，所以该涉案产品是不符合食品安全标准的食品。根据《食品安全法》第 148 条规定，消费者可以向生产者或者销售者要求支付价款十倍的赔偿金。

对于生产企业而言，本案涉案产品能量值虚高十倍的行为，具有主观恶性，存在虚假宣传的行为，而这种虚假宣传行为属于对消费者的欺诈，根据《中华人民共和国消费者权益保护法》（以下简称《消费者权益保护法》）第 55 条规定，经营者应赔偿消费者的价款不超过损失的两倍或商品金额的三倍。

首先涉案产品外包装上的强制性表示内容出现错误，外加其能量值的误差巨大，已经不是一般意义上的标签瑕疵了，而是属于不符合食品安全标准的食品。其次对于生产企业而言其能量虚标超出实际能量值十倍的行为属于消费欺诈。所以本案涉案产品的赔偿既可以适用于《食品安全法》中的十倍赔偿，也适用于《消费者权益保护法》中的三倍赔偿，而本案的二审法院根据原告的诉讼请求考虑到一是《食品安全法》作为特别法的优先适用，二是本案中涉案产品能量值虚高十倍的行为对消费者的健康可能造成潜在威胁，其危险程度远超于单纯的虚假宣传，而《食品安全法》的十倍赔偿相较于《消费者权益保护法》的三倍赔偿更能做到赔偿与违法行为相适应，最终二审法院将本案的涉案产品认定为不符合食品安全标准的产品，责令宁夏汇丰好又多商贸有限公司向于某支付其所购买的“宁之夏”黑果枸杞货款十倍的赔偿金。

（执笔：林嘉佳，阮超）

案例1－2　孙某财与杭州联华生鲜超市有限公司等买卖合同纠纷案[①]

一、案件概要

本案因孙某财与杭州联华生鲜超市有限公司等买卖合同纠纷上诉一案，由浙江省杭州市中级人民法院于2017年8月8日作出〔2017〕浙01民终3515号民事判决书，审判长俞建明。本案上诉人（原审原告）孙某财，被上诉人（原审被告）杭州联华生鲜超市有限公司、佳格食品（中国）有限公司。上诉人（原审原告）孙某财从被上诉人（原审被告）杭州联华生鲜超市有限公司购买由被上诉人（原审被告）佳格食品（中国）有限公司生产的多力牌橄榄葵花食用调和油，孙某财认为涉案商品外包装印有橄榄及葵花图案，正面用较大字号标注“橄榄葵花食用调和油”，侧面配料栏标注“葵花籽油、特级初榨橄榄油”，但未对配料含量作标明，违反了《食品安全法》《食品安全国家标准　预包装食品标签通则》（GB 7718—2011）等规定，因而请求法院判令被告联华公司退还购货价款并由两被告承担价款十倍赔偿金。一审法院支持了原告关于“退还购货价款”的诉讼请求，但驳回了原告其他诉讼请求。上诉人（原审原告）以一审判决认定事实错误、适用法律错误为由提起上诉。二审法院以一审事实认定清楚，适用法律得当，驳回上诉，维持原判。

本案主要涉及以下法律规范。

（1）《食品安全国家标准　预包装食品标签通则》（GB 7718—2011）4.1.4.1。

---

① 案件来源：【法宝引证码】CLI. C. 9971919.

（2）《食品安全法》第 26 条、第 67 条、第 148 条、第 150 条。

二、思考问题

（1）“食品安全”与“食品安全标准”的关系。

（2）配料或成分的添加量或含量与食品安全。

三、案件正文

（一）案件当事人及其主张

上诉人（原审原告）孙某财的上诉要点和请求：一审判决适用法律错误；事实认定错误，请求二审法院依法撤销一审民事判决书，改判支持上诉人的一审诉讼请求。

被上诉人（原审被告）杭州联华生鲜超市有限公司、佳格食品（中国）有限公司的答辩要点和请求：一审事实清楚，请求法院驳回上诉，维持原判。

（二）法庭查明的事实

一审法院认定事实：2016 年 6 月 21 日，孙某财于联华公司江城店购买多力牌橄榄葵花食用调和油 5 L 装（单价 129.9 元）7 瓶、2.5 L 装（单价 64.9 元）11 瓶，货款合计 1 623.2 元。同日，于联华公司复兴路店购买多力牌橄榄葵花食用调和油 5 L 装（单价 129.9 元）20 瓶，货款共计 2 598 元。2016 年 6 月 23 日，孙某财于联华公司江城店购买多力牌橄榄葵花食用调和油 5 L 装（单价 129.9 元）12 瓶、2.5 L 装（单价 64.9 元）12 瓶、礼盒装（单价 79.9 元）6 盒，货款共计 2 817 元。商品外包装印有橄榄及葵花图案，正面用较大字号标注“橄榄葵花食用调和油”，侧面配料栏标注“葵花籽油、特级初榨橄榄油”，但未对配料含量作标明。该商品系由佳格公司生产。2017 年 2 月 6 日孙某财向原审法院起诉，请求判令：（1）联华公司退还购货价款 7 038.2 元；（2）联华公司、佳格公司承担价款十倍赔偿金 70 382 元；（3）联华公司、佳格公司承担本案诉讼费用。

二审法院审理中，孙某财向法院提供下列证据材料。（1）行政处罚决定书，欲证明案涉产品因违反食品安全标准被市场监督管理局行政处罚的事实。(2) 央视与浙江卫视视频，欲证明橄榄调和油不符合食品安全标准被查处曝光，并以此警示消费者。(3) 法制晚报讯，欲证明案涉产品因违法被媒体曝光揭露食品安全问题，以此警示消费者。(4) 终审判例，欲证明案涉产品被多家法院认定为不符合食品安全标准之食品并给予消费者十倍赔偿。(5) 原国家卫生和计划生育委员会（以下简称原卫计委）回复，欲证明产品标签有“特别强调”与产品具备“有价值、有特性”的就必须标注含量。(6) 检测报告，欲证明案涉产品因没有定量标示被检测机构判定为不合格产品。二审法院对孙某财提供的证据（1）（3）（4）（5）的真实性予以确认；对证据（2）的关联性不予确认；证据（6）因系复印件，法院对其真实性不予确认。被上诉人联华公司、佳格公司没有向二审法院提供新的证据材料。

二审法院查明的事实与一审法院查明的事实一致。另查明，杭州市上城区市场监督管理局于2017年1月23日和3月23日向联华公司和佳格公司分别作出（杭上）市管罚处字〔2016〕747号、（杭上）市管罚处字〔2016〕754号行政处罚决定书，认定佳格公司未在其生产、并在联华公司销售的“多力”橄榄葵花食用调和油包装的标签上标示特级初榨橄榄油在该产品中的含量，其行为违反了《食品安全法》第67条第1款第9项的规定，属于生产经营未按食品安全标准要求标示标签的预包装食品的违法行为，故对联华公司处以没收违法所得人民币1 370.76元、罚款人民币186 668.28元的处罚；对佳格公司处以没收违法所得人民币745.07元、罚款人民币15 000元的处罚。

（三）诉辩理由和依据

1. 上诉人的上诉理由和依据

(1) 原审法庭故意混淆法律概念，错误适用法律但书情节。《食品安全法》第25条、第26条、第34条、第67条、第92条已经明确了食品安全标准的法律地位，判决书中却混淆食品安全标准和食品安全的概念，由此本案完全适用第148条之规定，因为没有食品安全标准又怎会有食品安全。更何况法律明确规定指出：经过行政机关开具处罚决定的食品是违反食品安全标准的食品，而非但书情节中的“瑕疵”；原审法庭错误认定诉争食品是“标签瑕疵而非缺失”。判决书认定诉争食品“特别强调有价值有特性”违反《食品安全国家标准 预包装食品标签通则》（GB 7718—2011）4.1.4.1 规定的事实存在，但是却认为是标签瑕疵也不存在误导。上诉人提交原审法庭的《湖北公安县食药局行政处罚决定书》中已经明确认定：特别强调的诉争食品“特级初榨橄榄油”的油酸高达 80%以上，属于高油酸型油脂，其市场价格和营养成分明显高于其他油脂，而橄榄油的经济价值高于其他油脂三倍以上，但是没有进行标注。因此行政定性为违反食品安全产品，而不是瑕疵，并且行政罚款 27 万多元。如果按照原审的逻辑：那么所有的食品包装不用遵照 GB 7718—2011 的规定标注生产日期、保质期、生产厂商等关乎食品安全的规定，这就等于直接可以把 GB 7718—2011 给予废除。因此，原审法庭故意将本案错误适用第 148 条但书条款。同时，判决书中原审的观点：“食品安全和食品安全标准并非同一概念”表明食品安全标准无关紧要。事实上，食品安全是建立在食品安全标准基础之上的，就像《中华人民共和国宪法》（以下简称《宪法》）是母法，其余法律都是建立在《宪法》基础之上的。是母法大于子法，也就是食品安全标准是所有食品安全的保障基础。原审法院显然断章取义，故意违背法律事实，做出错误裁决。

（2）原审法院故意违背客观事实做出错误判决。《最高人民法院关于审理食品药品纠纷案件适用法律若干问题的规定》第 15 条明确规定：价款十倍赔偿是建立在价款基础上，而不是以造成实际损害为基础；《最高人民法院关于审理食品药品纠纷案件适用法律若干问题的规定》的新闻发布会上也着重强调惩罚性赔偿并非建立在对人体伤害的前提下，而是以购物价款的十倍给予赔偿。上诉人提供的同类案例生效判决法律文书也证明了客观事实的存在：纵使中国不是判例性国家，但是相同类似的诉争食品、相同的国家法律、相同的违法事实、相同的法制环境，就没有一点关联性和借鉴性，就会出现截然不同的裁决结果。更何况《最高人民法院关于民事诉讼证据的若干规定》第 9 条第 4 项明确规定：已经为人民法院发生法律效力的裁判文书所确认的事实，当事人无须另外举证。

（3）本案目前全国上百起类似案件诉讼，违法事实也引起社会广泛关注。中央电视台、浙江电视台、法制日报等社会主流媒体对本案诉争食品的专题报道、专业认证也确定了诉争食品违法事实；2016年12月10日中国法学会在北京召开就本案诉争食品违法定性的新闻发布会上，中国法学会专家也对诉争食品的违法事实进行了专题论证，并将该案例作为2016年度全国典型维权案例加以推广和表彰。所有事实足以证明诉争产品违反《食品安全法》是不争事实。

2. 被上诉人的辩称理由和依据

上诉人在2016年6月21日至28日一共在本市的各大超市购买了案涉产品共170瓶左右，价值19 000余元。上诉人分别向西湖区法院、拱墅区域法院、上城区法院、下城区法院起诉，现在上城区法院、下城区法院作出了判决，虽然理由不同，但是均驳回了上诉人的诉讼请求。对下城区法院的判决上诉人也进行了上诉，并已经开庭。综上，说明上诉人涉及案涉产品的案件不只这两个案件。

上诉人的上诉理由不能成立，行政处罚的决定如何不是作为法院裁判的依据，法院裁判的依据是《食品安全法》。根据《食品安全法》的规定，上诉人未提出案涉产品是有毒有害的，在食用案涉产品后对人身造成损伤。根据十倍赔偿的法律规定，上诉人未向法院提出标签会误导消费者、造成歧义的证据。

（四）本案的争议焦点及审理意见

1. 一审法院

一审法院认为本案主要争议焦点是涉案商品是否存在不符合食品安全标准的问题；本案是否适用《食品安全法》第148条关于十倍赔偿的规定。

（1）涉案商品是否属于不符合食品安全标准的商品。根据《食品安全法》第26条第4项的规定，食品安全标准包括对与卫生、营养等食品安全要求有关的标签、标志、说明书的要求。根据第67条第3款的规定，食品安全国家标准对标签标注事项另有规定的，从其规定。《预包装食品营养标签通则》第4.1.4.1条规定："如果在食品标签或食品说明书上特别强调添加了或含有一种或多种有价值、有特性的配料或成分，应标示所强调配料或成分的添加量或在成品中的含量。"本案中，涉案商品标签上以图形、字体、文字说明等方式突出了"橄榄葵花"，强调了该食用调和油中添加了橄榄油和葵花籽油配料，其中尤其是橄榄油的市场价格、营养价值均高于一般油品，可以认定为有价值、有特性的配料，但涉案商品的标签未标注其含量，违反了上述食品安全国家标准，故案涉商品属于不符合食品安全标准的食品。

（2）关于是否适用十倍赔偿的规定。根据《食品安全法》第148条第2款的规定，食品的标签、说明书存在不影响食品安全且不会对消费者造成误导的瑕疵的不适用十倍赔偿。根据该法第150条的规定，食品安全，指食品无毒、无害，符合应当有的营养要求，对人体健康不造成任何急性、亚急性或者慢性危害。本案中，未标示所强调配料或成分的添加量或含量并不足以达到影响食品安全的程度，且也没有证据证明涉案商品存在有毒、有害，不符合应当有的营养要求，对人体健康可能造成任何急性、亚急性或者慢性危害等可能影响人体健康的情形。此外，食品标签存在的上述问题属于不会对消费者造成误导的瑕疵，故本案不适用十倍赔偿的规定，对孙某财要求联华公司、佳格公司承担价款十倍赔偿金的诉请，不予支持。但因涉案食品标签标示确实存在不符合规定之处，故孙某财要求联华公司退还货款，应属合理，一审法院依法予以支持，同时，孙某财亦应向联华公司退回涉案商品，如不能退回则按实际购买价款抵扣应退货款。

据此，一审法院判决：杭州联华生鲜超市有限公司于判决生效之日起十日内向孙某财返还货款7 038.2元，孙某财同时退还杭州联华生鲜超市有限公司39瓶多力牌橄榄葵花食用调和油5 L装、23瓶多力牌橄榄葵花食用调和油2.5 L装、6盒多力牌橄榄葵花食用调和油礼盒装。如孙某财退货缺少，则杭州联华生鲜超市有限公司可按出售价格减少应退的货款。驳回孙某财的其他诉讼请求。

2. 二审法院

二审法院认为本案主要争议焦点是涉案商品是否存在不符合食品安全

标准的问题；本案是否适用《食品安全法》第 148 条关于十倍赔偿的规定。

（1）涉案商品是否存在不符合食品安全标准的问题。二审法院认为，一审查明的事实和二审中孙某财提供的杭州市上城区市场监督管理局的行政处罚决定书能够证实佳格公司未在其生产的、并在联华公司销售的“多力”橄榄葵花食用调和油包装的标签上标示特级初榨橄榄油在该产品中的含量，其行为违反了《食品安全国家标准　预包装食品标签通则》（GB 7718—2011）第 4. 1. 4. 1 条“如果在食品标签或食品说明书上特别强调添加了或含有一种或多种有价值、有特性的配料或成分，应标示所强调配料或成分的添加量或在成品中的含量”的规定。

（2）关于是否适用十倍赔偿的规定。依据《食品安全法》第 148 条第 2 款的规定，孙某财并没有提供确凿有效的证据证明本案讼争的食品存在安全隐患，或者会对消费者造成误导，因此，原审法院对孙某财要求按照上述规定，由联华公司和佳格公司给予价款的十倍赔偿的请求不予支持。

（五）二审法院的终审判决

一审法院对本案的事实认定清楚，适用法律得当。依照《民事诉讼法》第 170 条第 1 款第 1 项之规定，判决如下：驳回上诉，维持原判。二审案件受理费 1 560 元，由孙某财负担。孙某财于本判决生效之日起十五日内向二审法院申请退款。

四、问题解答

（一）“食品安全”与“食品安全标准”的关系

根据《食品安全法》第 150 条的定义，食品安全是指食品无毒、无害，符合应当有的营养要求，对人体健康不造成任何急性、亚急性或者慢性危害。食品安全要求食品不存在任何对人体健康有急性或慢性损害的危险。根据《食品安全法》第三章关于“食品安全标准”的规定，可以得知，食品安全标准是强制执行的标准，包括下列内容：（1）食品、食品添加剂、食品相关产品中的致病性微生物，农药残留、兽药残留、生物毒素、重金属等污染物质以及其他危害人体健康物质的限量规定；（2）食品添加剂的品种、使用范围、用量；（3）专供婴幼儿和其他特定人群的主辅食品的营养成分要求；（4）对与卫生、营养等食品安全要求有关的标签、标志、说明书的要求；（5）食品生产经营过程的卫生要求；（6）与食品安全有关的质量要求；（7）与食品安全有关的食品检验方法与规程；（8）其他需要制定为食品安全标准的内容。

本案中，原告孙某财向法院提交的行政处罚决定书、央视与浙江卫视视频、法制晚报讯、终审判例、原卫计委回复以及检测报告等一系列证据材料欲证明涉案产品已违反食品安全标准，被诉行为违反了《食品安全法》第 67 条第 1 款第 9 项的规定，属于生产经营未按食品安全标准要求标示标签的预包装食品的违法行为。法院经审理认为被告行为虽然违反了《食品安全国家标准　预包装食品标签通则》（GB 7718—2011）第 4.1.4.1 条的规定，但没有提供确凿有效的证据证明本案讼争的食品存在安全隐患，或者会对消费者造成误导，因此并未支持原告十倍赔偿的诉求。由此可以得知，食品安全和食品安全标准是两个相关联但并非等同的概念。

食品安全标准的管理是食品安全治理的一部分，食品安全标准是保障食品安全的必要条件，但不是充分条件。符合食品安全标准，只是在一定程度上降低了食品的安全风险，但并非绝对完全地消灭了风险。制定食品安全标准旨在建立健全统一的食品安全管理制度，以便执法部门采取有效管理措施，规范生产经营活动，尽可能提高食品安全性。因此，食品安全是一个相对的概念，是建立在是否符合安全标准的基准上进行的推定性判断，符合标准的食品原则上视为安全。但此处的安全仍然是相对安全，并非绝对安全。

食品安全包括生产安全，也包括经营安全；包括结果安全，也包括过程安全；包括现实安全，也包括未来安全。食品安全是一个相对性概念，一般是指符合食品安全标准的食品。但是随着食品科学技术发展的不确定性，社会经济政治发展的不确定性，以及人们消费习惯的不确定性，食品安全也存在着不确定性，即有些过去安全的食品现在可能成为不安全食品，或者现在安全的食品将来又可能成为不安全食品。因此，食品安全是基于特定时期依据特定的食品安全标准而进行的评价。食品安全标准则是一个与科学技术有关的概念，是以系统科学和标准化原理为指导，按照风险分析的原则和方法，对食品生产、加工和流通各个环节可能影响食品安全和质量的关键要素拟定的统一标准，是针对整个食品链全过程中可能会影响食品安全和质量的关键要素所涉及的全部标准。食品安全标准的确立，以预防性和科学性为原则，将风险评估、风险监测、风险管理和风险交流的数据量化，以实现对食品安全的有效监控，提升食品安全的整体水平。因此食品安全标准的科学化、精细化是食品安全治理的必要环节，对保障消费者身体健康和生命安全，提升政府食品监管能力，规范和引导食品生产者和经营者行为都具有重要意义。

（二）配料或成分的添加量或含量与食品安全

根据《食品安全国家标准　预包装食品标签通则》（GB 7718—2011），配料是指在制造或加工食品时使用的，并存在（包括以改性的形式存在）于产品中的任何物质，包括食品添加剂。简单来说，“配料或成分的添加量或含量”主要是对食品的组成成分及成分比例的展示，是食品标签的重要组成部分，是食品生产企业向社会明示产品信息、向消费者传递产品信息的重要方式，也是消费者获知产品信息的有效途径。因此配料或成分的添加量或含量是否标注，标注是否真实准确关系到消费者的身体健康与合法权益。

我国关于“配料或成分的添加量或含量”的规定，主要集中在《食品安全国家标准　预包装食品标签通则》（GB 7718—2011）、《预包装饮料酒标签通则》（GB 10344—2005）、《预包装特殊膳食用食品标签通则》（GB 13432—2004）、《食品安全国家标准　预包装食品营养标签通则》（GB 28050—2011）等文件，其中运用最具普适性的是《食品安全国家标准　预包装食品标签通则》（GB 7718—2011），其规定了直接提供给消费者的预包装食品的标签规则和非直接提供给消费者的预包装食品的标签规则。

《食品安全国家标准　预包装食品标签通则》（GB 7718—2011）

4.1.3 对配料表的相关内容及标示方式予以规范，规定预包装食品的标签上应标示配料表以及配料表中的各种配料；4.1.4 对配料的定量标示进行了明确，例如 4.1.4.1 规定了如果在食品标签或食品说明书上特别强调添加了或含有一种或多种有价值、有特性的配料或成分，应标示所强调配料或成分的添加量或在成品中的含量。4.1.4.2 规定了如果在食品的标签上特别强调一种或多种配料或成分的含量较低或无时，应标示所强调配料或成分在成品中的含量。此外，文件中对于食品添加剂在配料表中的标示形式也有详细的罗列。该规定中涉及的“配料或成分的添加量或含量”的核心内容包括“有价值”“有特性”和“标示强调”，基于标签标示的价值取向，我们在解读时倾向于，如果是“有价值”“有特性”的就应当对“添加量或含量”有强调性标示，如果进行了强调性标示，则表明是“有价值”“有特性”的，在配料表中值得重点考量的是有没有对“添加量或含量”进行了强调性标示以及怎样的标示才算得上是强调性的标示。

食品标签往往通过汉字词语、图形等方式向消费者表明内容，当一段语句中以图形、字体、文字说明等方式重点突出强调某一词语时，多数社会公众印象深刻的往往是这一段语句中最显著突出的词语。本案中，被上诉人（原审被告）佳格食品（中国）有限公司生产的多力牌橄榄葵花食用调和油，外包装印有橄榄及葵花图案，正面用较大字号标注“橄榄葵花食用调和油”，侧面配料栏标注“葵花籽油、特级初榨橄榄油”，“橄榄”二字，强调了该食用调和油添加了橄榄油的配料，其传递的信息足以让消费者对橄榄油产生价值取向上的倾向性。涉案产品在特别强调了“橄榄油”“葵花籽油”后，却未对配料含量作标明，违反了《食品安全国家标准　预包装食品标签通则》（GB 7718—2011）第 4.1.4.1 条“如果在食品标签或食品说明书上特别强调添加了或含有一种或多种有价值、有特性的配料或成分，应标示所强调配料或成分的添加量或在成品中的含量”的规定。

根据《食品安全法》第 150 条第 1 款第 2 项的规定，食品安全是指食品无毒、无害，符合应当有的营养要求，对人体健康不造成任何急性、亚急性或者慢性危害。某一食品或许在配料或成分的添加量或含量的标注上存在不规范不合法的地方，但并不一定会导致食品本身有毒有害。配料或成分的添加量或含量属于食品标签标识的一部分，如果仅仅是标示上的形式瑕疵，实质上的“添加量或含量”并没有突破允许添加的限制性标准，则对食品的安全性可能不会产生实质性影响。但是，如果配料或成分的量已经实质上超过了限量值，则无论标签标识是否合理科学，该食品已然会对人体健康造成潜在的不良影响。由此可以得知，“配料或成分的添加量或含量”与“食品安全”之间并不必然存在逻辑上的因果关系，但是两者之间又是紧密联系的。任何食品吃过量了都是不好的。健康的碘盐，摄入合理的量，有利于人体发展，但碘的摄入量过高时同样会诱发或加重甲状腺免疫性疾病，从而对人体健康造成威胁。安全食品（此处指允许进行添加）尚是如此，非安全食品（此处指不允许进行添加）更是如此。

配料表是食品工艺和特性追溯的重要信息来源，也是消费者了解产品组成的主要参考依据，然而目前市场上频频出现配料表不规范的现象。例如有的配料表中的配料未按加入量递减顺序标注；有的配料表中的食品添加剂未按标准的规定标示具体名称或种类名称；有的配料表中未标注完整的配料，而使用“等”字样；有的配料表会标示食品中未使用的原料或添加剂，却不标示已使用的原料或添加剂；有的配料表会超范围标示、使用食品添加剂；还有的配料表就类似本案的问题，在食品标签或食品说明书上特别强调添加了或含有一种或多种有价值、有特性的配料或成分，应标示但没有标示其含量。以上种种都对消费者的判断和选择产生影响甚至是误导。因而本案二审法院审理后支持了上诉人（原审原告）“退还购货价款”这一诉讼请求。至于原告请求的十倍赔偿，根据我国《食品安全法》第 148 条的规定，只有在生产不符合食品安全标准的食品或者经营明知是不符合食品安全标准的食品，消费者才可以在要求赔偿损失外，还可以向生产者或者经营者要求支付价款十倍或者损失三倍的赔偿金，由于食品的标签、说明书存在的瑕疵，如果不影响食品安全且不会对消费者造成误导的，则不适用十倍的惩罚性赔偿。本案中涉及的标签标识瑕疵问题，一审法院认为不影响食品的安全也不会对消费者造成误导，所以没有支持原告的请求。

随着社会与食品工业的发展，人们的生活水平不断提高，在日常生活中所消费的预包装食品种类不断增加，对所消费食品是否安全和健康的关注愈来愈重视。大量消费者开始关注预包装食品质量，关注食品配料表及其他标签标示内容，该内容既为消费者提供所消费食品的基本信息，也为其消费提供基本判断和选择的依据。为了更好地保障食品安全、提高食品质量和维护消费者合法权益，食品生产经营者应自觉规范生产经营行为，树立标签标识应“真实准确”的意识，强化配料成分标注的合法性；食品监管部门应加强监管与引导；消费者应理性消费积极监督。通过各方努力，共建一个健康、安全、放心的食品质量安全体系。

（执笔：鲍丹丹，盛利）

案例1-3　蒋某亮诉善地（北京）生物科技有限公司等网络购物合同纠纷案①

一、案件概要

本案因蒋某亮与善地（北京）生物科技有限公司等网络购物合同纠纷一案，由北京市第二中级人民法院于2017年11月10日作出〔2017〕京02民终8649号民事判决书，审判长周岩。本案上诉人（原审原告）为蒋某亮，被上诉人（原审被告）为善地（北京）生物科技有限公司和北京京东叁佰陆拾度电子商务有限公司（原审被告）。本案涉及上诉人（原审原告）蒋某亮通过京东公司网站的"善地旗舰店"购买了涉案商品，认为涉案商品中添加了"五味子"，而涉案商品为普通食品，不应当添加药材，"五味子"为中药材，因此该涉案产品不符合国家食品安全相关标准。据此，依据《食品安全法》的规定，要求善地（北京）生物科技有限公司承担十倍损害赔偿，一审法院仅支持退还原告货款，但驳回了十倍损害赔偿的诉讼请求。上诉人（原审原告）以一审法院判决认定事实错误、适用法律错误为由提起上诉。二审法院以一审判决认定事实清楚，但适用法律错误为由对一审判决予以改判。

本案涉及的主要法律规范:《食品安全法》第38条、第148条。

二、思考问题

（1）普通食品、保健食品、药品以及中药材的添加。

---

① 案件来源:【法宝引证码】CLI. C. 10187814.

（2）添加中药材的产品标签规则。

（3）涉及食品安全的检验检测报告的实质要件和程序规则。

三、案件正文

（一）案件当事人及其主张

上诉人（原审原告）蒋某亮的上诉要点和请求，撤销〔2017〕京0115民初7690号民事判决，改判支持蒋某亮的一审全部诉讼请求；本案一、二审诉讼费用由善地公司承担。

被上诉人（原审被告）善地（北京）生物科技有限公司（以下简称善地公司）的答辩要点和请求：一审判决认定事实清楚，适用法律正确，同意一审判决，请求二审法院驳回蒋某亮的上诉，维持原判。

被上诉人（原审被告）北京京东叁佰陆拾度电子商务有限公司述称，服从一审判决。

（二）法庭查明的事实

一审法院查明2016年4月15日，蒋某亮通过京东公司网站的“善地旗舰店”购买“善地酵素复合水果酵素原液非酵素粉酵素原液750 mL/瓶”，订单号为153××××××××，数量为5，京东价为892元，实际支付4 460元。善地公司通过快递向蒋某亮邮寄送达。另查明涉案商品包装记载，品名为善地复合水果酵素原液；产品类型为饮料（水果发酵）；原料为野生木瓜、野生蓝莓、有机桑葚、食用玫瑰花、野生五味子、有机杨梅、柠檬、橙子、香水梨、沙果酵素原液；执行标准代号为GB/T 31121—2014；生产许可证号为QS11×××0520。另，善地旗舰店系善地公司负责经营。另查明“五味子”被收录于中华人民共和国药典2015年版一部。2009年7月22日原卫生部关于普通食品中有关原料问题的批复，卫监督函〔2009〕326号载明：上海市食品药品监督管理局，你局《关于普通食品中有关原料问题的请示》（沪食药监食安〔2009〕303号）收悉，经研究，《卫生部关于进一步规范保健食品原料管理的通知》（卫法监发

〔2002〕51号）规定的可用于保健食品的物品名单中所列物品及冬虫夏草目前均不得作为普通食品原料使用。2002年2月28日，原卫计委食品安全标准与监测评估司发布《卫生部关于进一步规范保健食品原料管理的通知》，通知中公布了既是食品又是药品的物品名单，可用于保健食品的物品名单，保健食品禁用物品名单，其中“五味子”属于可用于保健食品的物品名单。另，善地公司提交的北京福莱氏饮料有限公司750 mL精品复合酵素配料表显示配料成分不包含“野生五味子”；善地公司提交的入库单显示购买原料不包含“野生五味子”。

二审法院审理期间善地公司提交了《检测报告》和《检验检测机构资质认定证书》各一份，用以证明涉案商品中不含有五味子。经质证，蒋某亮认为上述证据属于非法证据，与本案无关。二审经审查认为，善地公司送检的样品并非从蒋某亮购买的涉案商品中选取，且检测结果为“未检出五味子醇甲”，在没有其他证据佐证的情况下，上述证据不足以证明善地公司的事实主张，故本院对上述证据不予确认。本院对一审法院查明的事实予以确认。

（三）诉辩理由和依据

1. 上诉人的上诉理由和依据

（1）一审法院认定善地公司作为食品经营者经营不符合食品安全标准的添加食品在主观上难以认定为“明知”是错误的。

（2）善地公司作为涉案商品的经营企业，应当依据《食品安全法》第33条第3项之规定，配备专业的食品安全技术人员和食品安全管理人员并履行查验义务。

（3）涉案商品标签标识配料含有“野生五味子”系显而易见，而五味子不得用于普通食品中作为专业技术人员和食品安全管理人员应当熟知。因此，善地公司销售涉案自有品牌产品的行为应当认定为明知，一审法院将善地公司明显没有尽到履行法定职责的行为说成“难以认定”系为不法经营者开脱，系对消费者的不负责任。

（4）原审法院认定事实错误，适用法律错误。

2. 被上诉人的辩称理由和依据

善地公司辩称，一审判决认定事实清楚，适用法律正确，同意一审判决，请求二审法院驳回蒋某亮的上诉，维持原判。

（四）本案的争议焦点及审理意见

1. 一审法院

一审法院认为本案主要争议焦点是善地公司销售的涉案商品是否为不符合食品安全标准的食品；善地公司销售涉案商品是否存在明知的故意。

（1）善地公司销售的涉案商品是否为不符合食品安全标准的食品。对此，一审法院认为，《食品安全法》第 38 条规定：“生产经营的食品中不得添加药品，但是可以添加按照传统既是食品又是中药材的物质。按照传统既是食品又是中药材的物质目录由国务院卫生行政部门会同国务院食品安全监督管理部门制定、公布。”涉案商品外包装配料表中标注“野生五味子”，“五味子”属于可用于保健食品的物品名单，并无明确规定“五味子”可用于普通食品，因此善地公司销售的涉案商品外包装配料标注“五味子”不符合相关法律规定，善地公司抗辩称涉案商品未添加“野生五味子”，仅是标签印刷错误，但其提交的证据不足以证明涉案商品的成分是否包含“野生五味子”，消费者在购买商品时以商品配料表信息为参考，而不可能得知商品实际是否添加某一成分，故对于蒋某亮要求善地公司退货并退款 4 460 元的诉讼请求，一审法院予以支持。

（2）善地公司在销售涉案商品时是否存在明知的故意。《食品安全法》第 148 条第 2 款规定：“生产不符合食品安全标准的食品或者经营明知是不符合食品安全标准的食品，消费者除要求赔偿损失外，还可以向生产者或者经营者要求支付价款十倍或者损失三倍的赔偿金；增加赔偿的金额不足一千元的，为一千元。但是，食品的标签、说明书存在不影响食品安全且不会对消费者造成误导的瑕疵的除外。”善地公司销售的食品在其配料表标注含有“野生五味子”，而蒋某亮亦认可“五味子”属于可用于保健食品的物品，“五味子”添加到普通食品中，未经相关部门专业判断，无法确定涉案商品属于不符合食品安全标准的食品，因食品中添加药材是否符合食品安全标准需要专业性的判断，并非通过食品的形式和外观并借助普通食品安全知识即可加以判断，故善地公司作为食品经营者经营不符合食品安全标准的添加食品在主观上难以认定为“明知”，因此，对于蒋某亮要求善地公司承担购物价款十倍赔偿责任的诉讼请求，一审法院不予支持。

另外，一审法院审理认为京东公司作为第三方平台在其平台上公布了商家名称、所在地、客服电话等商家信息，且已经提供商家有效地址及联系方式，根据《消费者权益保护法》第 44 条的规定：消费者通过网络交易平台购买商品或者接受服务，其合法权益受到损害的，可以向销售者或者服务者要求赔偿。网络交易平台提供者不能提供销售者或者服务者的真实名称、地址和有效联系方式的，消费者也可以向网络交易平台提供者要求赔偿；网络交易平台提供者作出更有利于消费者的承诺的，应当履行承诺。网络交易平台提供者赔偿后，有权向销售者或者服务者追偿。故对于蒋某亮要求京东公司承担责任的诉讼请求，于法无据，一审法院不予支持。

2. 二审法院

二审法院认为本案的争议焦点是善地公司销售的涉案商品是否为不符合食品安全标准的食品；善地公司销售涉案商品是否存在明知的故意。

(1) 善地公司销售的涉案商品是否为不符合食品安全标准的食品。《食品安全法》第 38 条规定：“生产经营的食品中不得添加药品，但是可以添加按照传统既是食品又是中药材的物质。按照传统既是食品又是中药材的物质目录由国务院卫生行政部门会同国务院食品安全监督管理部门制定、公布。”本案中，善地公司销售的涉案商品中含有五味子，但根据《卫生部关于进一步规范保健食品原料管理的通知》（卫法监发〔2002〕51 号）文件附件一和附件二的内容，五味子并不属于既是食品又是中药材的物质，而属于保健食品原料，且根据《卫生部关于普通食品中有关原料问题的批复》（卫生部卫监督函〔2009〕326 号）文件的规定，《卫生部关于进一步规范保健食品原料管理的通知》（卫法监发〔2002〕51 号）规定的可用于保健食品的物品名单中所列物品及冬虫夏草目前均不得作为普通食品原料使用，故善地公司销售的涉案商品中含有五味子违反了食品安全国家标准，属于不符合食品安全国家标准的食品。《食品安全法》第148条第二款规定："生产不符合食品安全标准的食品或者经营明知是不符合食品安全标准的食品，消费者除要求赔偿损失外，还可以向生产者或者经营者要求支付价款十倍或者损失三倍的赔偿金；增加赔偿的金额不足一千元的，为一千元。但是，食品的标签、说明书存在不影响食品安全且不会对消费者造成误导的瑕疵的除外。"

（2）善地公司销售涉案商品是否存在明知的故意。本案中，善地公司作为涉案商品的销售者，又系涉案商品的委托生产方，对于涉案商品中是否添加了五味子应当是明知的，对于涉案商品标签标示的内容也应当尽到充分的审查义务，但其销售的涉案商品标签中却标示含有"野生五味子"，故应当认定善地公司主观上构成明知。

（五）二审法院的终审判决

上诉人蒋某亮的上诉请求的合理部分，本院予以支持；一审判决认定事实清楚，但适用法律错误，本院予以纠正。依照《食品安全法》第38条、第148条第二款，《民事诉讼法》第170条第一款第2项规定，（1）判决维持北京市大兴区人民法院〔2017〕京0115民初7690号民事判决第一项；（2）撤销北京市大兴区人民法院〔2017〕京0115民初7690号民事判决第二项；（3）善地（北京）生物科技有限公司于本判决生效之日起十日内支付蒋某亮赔偿金44 600元；（4）驳回蒋某亮的其他诉讼请求。一审案件受理费513元，由善地（北京）生物科技有限公司负担（于本判决生效之日起七日内交至一审法院）；二审案件受理费1 028元，由善地（北京）生物科技有限公司负担（于本判决生效之日起七日内交纳）。

四、问题解答

（一）普通食品、保健食品中药品以及中药材的添加

食品是一个动态的概念，伴随着人类社会的发展而不断变化。日常生活意义上的食品是指商店出售的经过加工制作的食物，强调了食物的商品

属性。而在法律中规定的“食品”概念，则必须具有一定的确定性和可操作性，《食品安全法》将食品定义为各种供人食用或者饮用的成品和原料以及按照传统既是食品又是药品的物品，但是不包括以治疗为目的的物品。

保健食品是食品的一种。《保健食品注册管理办法》中将保健食品定义为声称具有特定保健功能或以补充维生素、矿物质为目的的食品。即适宜于特定人群食用，具有调节机体功能，不以治疗疾病为目的，并且对人体不产生任何急性、亚急性或慢性危害的食品。

关于何谓药品，《中华人民共和国药品管理法》（以下简称《药品管理法》）第 102 条专门进行了规定，将药品定义为“用于预防、治疗、诊断人的疾病，有目的地调节人的生理机能并规定有适应证或者功能主治、用法和用量的物质，包括中药材、中药饮片、中成药、化学原料药及其制剂、抗生素、生化药品、放射性药品、血清、疫苗、血液制品和诊断药品等”，该定义明确了药品是以治疗为目的的物品。

中药材是药品的一种，主要指依据中医学的理论和临床经验应用于医疗保健的药物。中药材即是切制成饮片，供调配中医处方煎服，或磨成细粉服用或调敷作用；又是供中药厂生产中药成方制剂或只要工业提取有效化学成分的原料药，现今常用的中药材包括植物药、动物药和矿物药。

我国自古以来就有“医食同源，食药同用”的传统，讲究通过饮食的调节达到食疗、食补、预防、治疗疾病的效果，从这个意义上说，食品和药品不分。例如蜂蜜是十分普遍的具有很高营养价值的食品，但其也可以作为药品及中药制剂的成分。为防止一些食品生产者在食品中添加药品，《食品安全法》第 38 条规定，“生产经营的食品中不得添加药品，但是可以添加按照传统既是食品又是中药材的物质。按照传统既是食品又是中药材的物质目录由国务院卫生行政部门会同国务院食品安全监督管理部门制定、公布。”因此，对于“目录”之外的中药材不能作为食品或者食品添加剂添加到食品中，只能作为药品按照《药品管理法》的规定进行管理。

关于食品、保健食品与药品（主要是中药）的界限划分，原卫生部于 2002 年 3 月发布的《关于进一步规范保健食品原料管理的通知》（以下简称《通知》)，为进一步规范保健食品原料管理，在《通知》中印发了《既是食品又是药品的物品名单》《可用于保健食品的物品名单》和《保健食品禁用物品名单》。

在《既是食品又是药品的物品名单》中的药品既作为食品的原料或辅料来加工成普通食品，当然也可用于制作保健食品。既是食品又是药品的物品名单目录包括丁香、八角茴香、刀豆、小茴香、小蓟、山药、山楂、马齿苋、乌梢蛇、乌梅、木瓜、火麻仁、代代花、玉竹、甘草、白芷、白果、白扁豆、白扁豆花、龙眼肉（桂圆)、决明子、百合、肉豆蔻、肉桂、余甘子、佛手、杏仁（甜、苦)、沙棘、牡蛎、芡实、花椒、赤小豆、阿胶、鸡内金、麦芽、昆布、枣（大枣、酸枣、黑枣)、罗汉果、郁李仁、金银花、青果、鱼腥草、姜（生姜、干姜)、枳子、枸杞子、栀子、砂仁、胖大海、茯苓、香橼、香薷、桃仁、桑叶、桑葚、橘红、桔梗、益智仁、荷叶、莱菔子、莲子、高良姜、淡竹叶、淡豆豉、菊花、菊苣、黄芥子、黄精、紫苏、紫苏籽、葛根、黑芝麻、黑胡椒、槐米、槐花、蒲公英、蜂蜜、榧子、酸枣仁、鲜白茅根、鲜芦根、蝮蛇、橘皮、薄荷、薏苡仁、薤白、覆盆子、藿香。

在《可用于保健食品的物品名单》中的药品只能作为保健食品的原料或辅料来加工制作成保健食品。可用于保健食品的物品名单目录包括人参、人参叶、人参果、三七、土茯苓、大蓟、女贞子、山茱萸、川牛膝、川贝母、川芎、马鹿胎、马鹿茸、马鹿骨、丹参、五加皮、五味子、升麻、天门冬、天麻、太子参、巴戟天、木香、木贼、牛蒡子、牛蒡根、车前子、车前草、北沙参、平贝母、玄参、生地黄、生何首乌、白及、白术、白芍、白豆蔻、石决明、石斛（须提供可使用证明)、地骨皮、当归、竹茹、红花、红景天、西洋参、吴茱萸、怀牛膝、杜仲、杜仲叶、沙苑子、牡丹皮、芦荟、苍术、补骨脂、诃子、赤芍、远志、麦门冬、龟甲、佩兰、侧柏叶、制大黄、制何首乌、刺五加、刺玫果、泽兰、泽泻、玫瑰花、玫瑰茄、知母、罗布麻、苦丁茶、金荞麦、金樱子、青皮、厚朴、厚朴花、姜黄、枳壳、枳实、柏子仁、珍珠、绞股蓝、胡芦巴、茜草、荜茇、韭菜子、首乌藤、香附、骨碎补、党参、桑白皮、桑枝、浙贝母、益母草、积雪草、淫羊藿、菟丝子、野菊花、银杏叶、黄芪、湖北贝母、番泻叶、蛤蚧、越橘、槐实、蒲黄、蒺藜、蜂胶、酸角、墨旱莲、熟大黄、熟地黄、鳖甲。

在《保健食品禁用物品名单》中的药品既不可以作为原辅料制成保健食品，更不可以作为原辅料制成普通食品。保健食品禁用物品名单目录包括八角莲、八里麻、千金子、土青木香、山莨菪、川乌、广防己、马桑叶、马钱子、六角莲、天仙子、巴豆、水银、长春花、甘遂、生天南星、生半夏、生白附子、生狼毒、白降丹、石蒜、关木通、农吉痢、夹竹桃、朱砂、米壳（罂粟壳）、红升丹、红豆杉、红茴香、红粉、羊角拗、羊踯躅、丽江山慈姑、京大戟、昆明山海棠、河豚、闹羊花、青娘虫、鱼藤、洋地黄、洋金花、牵牛子、砒石（白砒、红砒、砒霜）、草乌、香加皮（杠柳皮）、骆驼蓬、鬼臼、莽草、铁棒槌、铃兰、雪上一枝蒿、黄花夹竹桃、斑蝥、硫黄、雄黄、雷公藤、颠茄、藜芦、蟾酥。

如果保健食品中涉及的物品（或原料）是我国新研制、新发现、新引进的无食用习惯或仅在个别地区有食用习惯的中药材，则按照原国家卫生和计划生育委员会颁布的《新食品原料安全性审查管理办法》的有关规定执行。

本案涉案产品外包装配料表中含有传统药材五味子，根据原卫生部颁布的《可用于保健食品的物品名单》中的物品目录包括五味子，但是《可用于保健食品的物品名单》中的物品只能用于保健食品而不能作为食品原辅料加入普通食品中，而本案的涉案产品属于普通食品而非保健食品，其外包装配料表中标明五味子的成分是属于不符合食品安全标准的食品，且作为涉案商品的委托生产方，对涉案商品中是否添加了五味子应当是明知的，二审法院依据《食品安全法》第148条第二款的规定，支持了上诉人蒋某亮对善地（北京）生物科技有限公司提出的十倍赔偿的请求。

（二）添加中药材的产品标签规则

1. 普通食品添加中药材的标签规则

普通食品中可以添加原卫生部规定的80余种食药同源的中药材，且其标签规则遵循《食品安全国家标准 预包装食品标签通则》(GB 7718—2011)。根据《食品安全国家标准 预包装食品标签通则》(GB 7718—2011)第4.1.4.1条规定:“如果在食品标签或食品说明书上特别强调添加了或含有一种或多种有价值、有特性的配料或成分,应标示所强调配料或成分的添加量或在成品中的含量。”如果在普通食品中加入一种或数种食药同源的中药材时,在强调其专属性价值的同时应在食品标签和说明书上标明所使用食药同源中药材的名称及含量,并且不应标注或者暗示具有预防、治疗疾病作用的内容。

本案中涉案商品的外包装配料表中标注“野生五味子”,但是五味子并不在既是食品又是药品的物品名单目录上,而是在可用于保健食品的物品名单目录上,由于涉案商品仅仅是普通食品,而不是保健食品,因此,涉案商品中添加了“野生五味子”的行为违反了《关于进一步规范保健食品原料管理的通知》的要求,同时也违反了《食品安全国家标准 预包装食品标签通则》(GB 7718—2011)的基本标示原则。按中医药理论五味子本身有极高的药用价值,有强身健体之效,所以无论商品中是否实际添加了五味子作为食品原材料,从标签标识来看,其普通食品的配料表中标示了五味子成分会对消费者产生误导,即误导消费者认为该食品具有“强身健体之效”,该行为同样违反了《食品安全国家标准 预包装食品标签通则》(GB 7718—2011)第3.6条规定:“不应标注或者暗示具有预防、治疗疾病作用的内容,非保健食品不得明示或者暗示具有保健作用。”因此,本案涉案产品标签存在瑕疵,且此瑕疵足以导致消费者产生误解。

2. 保健食品添加中药材的标签规则

1996年3月15日卫生部令第46号专门发布了《保健食品管理办法》,该办法第四章对保健食品的标签等做了专门的规定。其中第21条规定“保健食品标签和说明书必须符合国家有关标准和要求,并标明下列内容:(1)保健作用和适宜人群;(2)食用方法和适宜的食用量;(3)贮藏方法;(4)功效成分的名称及含量。因在现有技术条件下,不能明确功效成分的,则须标明与保健功能有关的原料名称;(5)保健食品批准文号;(6)保健食品标志;(7)有关标准或要求所规定的其他标签内容。”根据标签规则的基本原则，以及《中华人民共和国广告法》（以下简称《广告法》）的相关条款的精神，该办法第 23 条还专门规定："保健食品的标签、说明书和广告内容必须真实，符合其产品质量要求。不得有暗示可使疾病痊愈的宣传。"第 25 条明确未经原卫生部按本办法审查批准的食品，不得以保健食品名义进行宣传。

若在保健食品中加入列于《可用于保健食品的物品名单》目录上的中药材，需要在保健食品的标签和说明书中标明所使用的中药材名称及含量，但不得因此夸大宣传，暗示加入此中药材后，该保健食品可使疾病痊愈的功效。

我国《食品安全法》第 74～79 条专门规定了保健食品的生产经营管理制度，其中第 77 条规定，生产保健食品的应当依法注册，注册时应当提交保健食品的研发报告、产品配方、生产工艺、安全性和保健功能评价、标签、说明书等材料及样品，并提供相关证明文件。对使用保健食品原料目录以外原料的保健食品做出准予注册决定的，应当及时将该原料纳入保健食品原料目录。依法应当备案的保健食品，备案时应当提交产品配方、生产工艺、标签、说明书以及表明产品安全性和保健功能的材料。第 78 条规定保健食品的标签、说明书不得涉及疾病预防、治疗功能，内容应当真实，与注册或者备案的内容相一致，载明适宜人群、不适宜人群、功效成分或者标志性成分及其含量等，并声明"本品不能代替药物"。保健食品的功能和成分应当与标签、说明书相一致。

（三）涉及食品安全的检验检测报告的实质要件和程序规则

食品检验是指研究和评定食品质量及其变化，依据物理、化学、生物化学的一些基本理论和各种技术，按照指定的技术标准，对原料、辅助材料、成品的质量进行检验。食品检验检测是依据国家相关的法律法规，对食品的卫生、质量安全进行系统的检测与评价，在食品质量安全评价、市场监管和食品贸易方面起着非常重要的技术支撑职能，对保证食品质量安全、提高食品生产水平都具有重要的保障作用。由于食品检验检测水平关系到广大人民群众的身体健康和生命安全，影响到社会的稳定，所以建立以食品安全为主导的统一的国家食品检验检测体系，不仅在行政执法、市场监管和食品贸易中有着重要的作用，而且也是我国经济和国际贸易发展、维护社会稳定、创建和谐社会的必要条件。

食品检验内容十分丰富，包括食品营养成分分析，食品中污染物质分析，食品辅助材料及食品添加剂分析，食品感官鉴定等。狭义的食品检验通常是指食品检验机构依据《食品安全法》规定的卫生标准，对食品质量所进行的检验，包括对食品的外包装、内包装、标志、商品和商品体外观的特性、理化指标以及其他一些卫生指标所进行的检验。检验方法主要有感官检验法、理化检验法、微生物检验法等。

食品检验检测报告是由取得国家有关资质认定的食品检验机构，通过对送检食品样品进行感官、理化、微生物等食品检验方法进行检测，出具的有关食品成分及安全性的报告。

食品与其他单一产品不同，除了食品的种类繁多，成分十分复杂外，随检验的目的和检验项目的不同，食品检验报告也十分不同。特别是某些食品还有特定的分析检验项目，这使得食品检验的内容和范围十分广泛，概括地看，食品检验报告主要包括以下内容①。

1. 食品感官评价

各种食品都有各自的感官特征，除了色、香、味是所有食品共有的感官特征外，液态食品还有澄清、透明等感官指标，而固态、半固态食品还有软、硬、弹性、韧性、黏、滑、干燥等一切为人体感官判定和接受的指标。好的食品不但要符合营养和卫生的要求，而且要有良好的可接受性。因此，各类食品的质量标准中都有感官指标。感官鉴定是食品质量检验的主要内容之一，在食品分析检验中占有重要的地位。

2. 食品添加剂

在食品生产中，为改善食品品质和色、香、味以及为防腐、保鲜和加工工艺的需要而加入一些人工合成或者天然的物质——食品添加剂。天然的食品添加剂一般对人体无害，但目前使用的添加剂中，绝大多数是化学合成的食品添加剂，化学合成的食品添加剂的安全性并不能得到完全保证，如不加以限制使用，对人体健康将产生危害。故国家对其使用范围及

---

① 刘绍. 食品分析与检验. 武汉：华中科技大学出版社，2011.

用量均作了严格的规定。为监督在食品生产中合理使用食品添加剂，保证食品的安全性，必须对食品添加剂进行检测，这是进行食品检验的一项重要内容。

3. 食品中有毒有害物质

正常的食品应当无毒无害，符合应有的营养要求，具有相应的色、香、味等感官性状。但食品在生产、加工、包装、运输、储存、销售等各个环节中，可能产生、引入某些对人体有害的物质，包括：（1）有害元素，主要有砷、镉、汞、铅、铜、锡、铬等；（2）农药及兽药；（3）细菌、霉菌及其毒素，此类污染物中，危害最大的是黄曲霉毒素；（4）食品加工、储存中形成的有害物质；（5）包装材料带来的有害物质。

食品纠纷案件中，往往需要对食品中的成分进行检测，进而判定该涉案食品是否属于符合食品安全标准的食品，而将涉案食品检验检测报告作为庭审的证据。鉴定结论必须符合证据要求和法律规范，若出具虚假或者不实的鉴定结论，则不能作为定案的证据。一份准确有效的食品安全检测报告需要符合以下三个实质性要素：检测机构具备资质、检测人独立检测、责任承担。

1. 检测机构具备资质

《食品安全法》第 84 条规定："食品检验机构按照国家有关认证认可的规定取得资质认定后，方可从事食品检验活动。但是，法律另有规定的除外。食品检验机构的资质认定条件和检验规范，由国务院食品安全监督管理部门规定。符合本法规定的食品检验机构出具的检验报告具有同等效力。"检测机构应是获得相应资质的第三方食品检测机构。同时根据《食品检验机构资质认定管理办法》第 7 条规定："食品检验机构应当按照国家有关认证认可的规定依法取得资质认定后，方可从事食品检验活动。未依法取得资质认定的食品检验机构，不得向社会出具具有证明作用的检验数据和结果。"

2. 检测人独立检测

食品检验机构作为食品安全卫生的保障机构之一，应该维持其中立性和权威性。根据《食品安全法》第 85 条规定："食品检验由食品检验机构指定的检验人独立进行。检验人应当依照有关法律、法规的规定，并按照食品安全标准和检验规范对食品进行检验，尊重科学，恪守职业道德，保证出具的检验数据和结论客观、公正，不得出具虚假检验报告。”实践中，一些检验机构参与市场竞争，片面考虑自身的经济利益，在食品检验过程中不能保持中立，服从于送检单位的利益，严重影响了食品检验的公信力。因此相关立法规定，食品检验机构应当独立于食品检验活动所涉及的利益相关方，不受任何可能干扰其技术判断因素的影响，并确保检验数据和结果不受其他组织或者人员的影响。食品检验机构应当指定检验人员独立进行食品检验，与检验业务委托人有利害关系的检验人员应当予以回避。食品检验人员不得与其食品检验活动所涉及的检验业务委托人存在利益关系；不得参与任何影响其检验判断独立性和公正性的活动。

3. 责任承担

检验结果客观公正对保证食品安全至关重要，它是食品检验机构权威性的源泉，也是食品检验工作的基本要求和价值所在。检验人员应当尊重科学，恪守职业道德，保持食品检验的中立性，保证出具的检验数据和结论客观、公正、准确，不得出具虚假或者不实数据和结果的检验报告。如果出具了虚假的检验报告，检验人就要承担相应的法律责任。根据《食品安全法》138 条规定：“违反本法规定，食品检验机构、食品检验人员出具虚假检验报告的，由授予其资质的主管部门或者机构撤销该食品检验机构的检验资质，没收所收取的检验费用，并处检验费用五倍以上十倍以下罚款，检验费用不足一万元的，并处五万元以上十万元以下罚款；依法对食品检验机构直接负责的主管人员和食品检验人员给予撤职或者开除处分；导致发生重大食品安全事故的，对直接负责的主管人员和食品检验人员给予开除处分。违反本法规定，受到开除处分的食品检验机构人员，自处分决定做出之日起十年内不得从事食品检验工作；因食品安全违法行为受到刑事处罚或者因出具虚假检验报告导致发生重大食品安全事故受到开除处分的食品检验机构人员，终身不得从事食品检验工作。食品检验机构聘用不得从事食品检验工作的人员的，由授予其资质的主管部门或者机构撤销该食品检验机构的检验资质。食品检验机构出具虚假检验报告，使消费者的合法权益受到损害的，应当与食品生产经营者一起承担连带责任。”

食品检验的程序应符合规范操作要求，包括样品处理与保存、鉴定的双签章制度、补充鉴定等。各个环节上必须符合诉讼法和其他相关法律法规和部门规章的规定。

1. 样品处理与保存

检测食品应使用该涉案产品，且保留部分样品。根据最高人民法院《关于民事诉讼证据的若干规定》第10条规定："当事人向人民法院提供证据，应当提供原件或者原物。如须自己保存证据原件、原物或者提供原件、原物确有困难的，可以提供经人民法院核对无异的复制件或者复制品。"根据案件实际情况，在食品纠纷中，涉案产品的食品检验检测报告需要以涉案食品作为检验的原材料，而不是使用同批次的食品作为检测的原材料。

2. 鉴定的双签章

为了更好地落实食品检验机构与检验人共同负责制，法律规定食品检验报告应当加盖食品检验机构公章，并有检验人的签名或者盖章。根据《食品安全法》第86条规定："食品检验实行食品检验机构与检验人负责制。食品检验报告应当加盖食品检验机构公章，并有检验人的签名或者盖章。食品检验机构和检验人对出具的食品检验报告负责。"食品检验机构和检验人对出具的食品检验报告负责。这是对食品检验报告的程序要求。这里规定的"双签章"制度，就是要标明检验机构和检验人对检验报告的客观性和公正性共同负有责任，一旦出现问题造成不良后果的，都要依法承担相应的法律责任。

3. 补充鉴定

补充鉴定是指在诉讼程序中，如果食品检验报告出现无法满足原来的鉴定需求的；出现新证据需要检验的；检验人、检验机构做虚假鉴定的；鉴定程序违法的；检验样品是伪造的等五种情况时，当事人有权申请补充鉴定。《食品安全法》及《中华人民共和国食品安全法实施条例》（以下简称《食品安全法实施条例》）对食品检验的补充鉴定（复检）做了具体规定。

（执笔：阮超，杜嘉佳）

案例1－4　深圳市安来平商贸有限公司与吴某珍网络购物合同纠纷案[①]

一、案件概要

本案因深圳市安来平商贸有限公司与吴某珍网络购物合同纠纷一案，由龙岩市中级人民法院于2017年9月19日做出〔2017〕闽08民终1102号民事判决，审判长郑国柱。本案上诉人（原审被告）为深圳市安来平商贸有限公司（以下简称安来平公司），被上诉人（原审原告）为吴某珍。本案涉及被上诉人（原审原告）吴某珍在上诉人（原审被告）安来平公司开设的天猫商城安来平保健品专营店购买"百合康DHA藻油亚麻籽油软胶囊"（DHA藻油的基本信息见表1－3），认为该保健品中DHA藻油的含量不符合食品安全标准，遂提起诉讼，请求上诉人退货、返还货款，并承担货款十倍的惩罚性赔偿责任。一审法院依据国家卫生计生委公告中关于DHA藻油的含量规定，认为涉案保健品系不符合食品安全标准的特殊食品，故支持了吴某珍的诉讼请求。上诉人不服一审判决，提起上诉。二审法院经审理认为一审法院适用法律错误，判决结果不当，应予以纠正，撤销了一审判决，支持了上诉人的诉讼请求。

本案主要涉及以下法律规范。

（1）《食品安全法》第37条、第74条、第82条、第148条。

（2）《新食品原料安全性审查管理办法》第4条、第19条、第23条，对应2017年版《新食品原料安全性审查管理办法》第4条、第20条、第

① 案件来源：【法宝引证码】CLI. C. 9972614.

24条。

（3）《关于批准DHA藻油、棉籽低聚糖等7种物品为新资源食品及其他相关规定的公告（2010年第3号）》（公告内容如下文所示）。

根据《食品安全法》和《新资源食品管理办法》的规定，现批准DHA藻油、棉籽低聚糖、植物甾醇、植物甾醇酯、花生四烯酸油脂、白子菜、御米油等7种物品为新资源食品，允许玫瑰花（重瓣红玫瑰 *Rose rugosa cv. Plena*）、凉粉草（仙草 *Mesona chinensis Benth.*）作为普通食品生产经营，允许夏枯草（*Prunella vulgaris L.*）、布渣叶（破布叶 *Microcos paniculata L.*）、鸡蛋花（*Plumeria rubra L. cv. Acutifolia*）作为凉茶饮料原料使用。生产经营上述食品应当符合有关法律、法规、标准规定。

表1-3 DHA藻油的基本信息

中文名称	DHA藻油	
英文名称	DHA Algal Oil	
主要成分	二十二碳六烯酸（DHA）	
基本信息	来源：裂壶藻（*Schizochytrium sp.*） 吾肯氏壶藻（*Ulkenia amoeboida*） 寇氏隐甲藻（*Crypthecodinium cohnii*）	
生产工艺简述	以裂壶藻（或吾肯氏壶藻或寇氏隐甲藻）种为原料，通过发酵、分离、提纯等工艺生产DHA	
推荐食用量	≤300 mg/d（以纯DHA计）	
质量要求	性状	淡黄色到橙色油状液体
	DHA含量	≥35 g/100 g
	反式脂肪酸	<1%
	水分及可挥发物	<0.05%
其他需要说明的情况	在婴幼儿食品中使用应符合相关标准的要求	

二、思考问题

（1）食品、食品原料、保健食品、特殊医学用途配方食品、婴幼儿配方乳粉等概念的含义及基本特征，新资源食品与新食品原料的概念辨识。

（2）推荐食用量、服用量在食品安全法领域的适用问题。

三、案件正文

（一）案件当事人及其主张

上诉人（原审被告）安来平公司的上诉要点和请求：撤销一审判决，依法改判驳回被上诉人的全部诉讼请求。

被上诉人（原审原告）吴某珍的答辩要点和请求：一审判决认定事实清楚、适用法律正确，上诉人的理由不成立，依法予以驳回。

（二）法庭查明的事实

一审法院审理查明 2016 年 12 月 22 日、2017 年 1 月 12 日，吴某珍二次在安来平公司开设的天猫商城安来平保健品专营店购买“百合康 DHA 藻油亚麻籽油软胶囊”共 11 瓶，合计花费 1 914 元（订单号 29268×××12108、29912×××52108），并预留收货地址为福建龙岩市连城县莲峰镇 116 路 99 号。2016 年 12 月 24 日、2017 年 1 月 15 日，安来平公司二次以快递包邮形式将 11 瓶“百合康 DHA 藻油亚麻籽油软胶囊”邮寄给预留地址的吴某珍。“百合康 DHA 藻油亚麻籽油软胶囊”实物包装标签上标明标志性成分及含量为：100 g 含 DHA20 g；规定的食用方法和食用量为：每日 2 次、每次 2 粒、每粒 0.5 g；折算 DHA 每日用量为：2 次×2 粒×0.5 g×20%（100 g 含 DHA 20 g）= 400 mg，与原卫计委《关于批准 DHA 藻油、棉籽低聚糖等 7 种物品为新资源食品及其他相关规定的公告》（2010 年第 3 号）规定的 DHA 藻油推荐日食用量（≤300 mg/d）相比，超过了 100 mg。

二审法院经审理查明，双方当事人对于原审认定的事实均无异议。审理期间，上诉人安来平公司提交涉案保健食品批准证书，证明该批准的内容与涉案保健食品标签内容一致。被上诉人质证认为对该证据没有意见。经审查，二审法院对上诉人提交的该证据的真实性予以认可，该证据可以证明涉案产品是经过原国家食品药品监督管理总局批准的保健食品。被上诉人吴某珍在二审中未提交新证据。本院对双方无争议的事实予以确认。

（三）诉辩理由和依据

1. 上诉人的上诉理由和依据

（1）一审法院应当引用原计生委《新食品原料安全性审查管理办法》第23条的规定，但却错误引用该办法第19条的规定，从而混淆了食品原料、保健食品的基本概念，导致认定事实错误。

涉案保健食品为威海百合生物技术股份有限公司依法生产，一审判决引用《新食品原料安全性审查管理办法》第19条规定认定涉案保健食品应当像对待“新食品原料”一样进行安全性审查，明显引用规章错误，从而混淆了食品原料、保健食品的基本概念。

（2）涉案保健食品系经过法定程序注册审批，标签标注的用量等也经原国家食品药品监督管理总局核准，该食品完全符合食品安全法规定的食品安全标准。《食品安全法》第82条第三款规定：“保健食品、特殊医学用途配方食品、婴幼儿配方乳粉生产企业应当按照注册或者备案的产品配方、生产工艺等技术要求组织生产。”涉案保健食品2015年3月16日经过原国家食品药品监督管理总局批准生产，批准文号为G 20150261，有效期至2020年3月15日，该被批准的食用方法和食用量为：每日2次、每次2粒。涉案保健食品没有违反批文规定标注，生产企业的相关行为没有违反《食品安全法》的规定。

（3）涉案保健食品被批准的食用量不会对食用人群造成危险。

① 原卫计委2010年第3号公告推荐食用量小于等于300 mg/d。而360百科对“推荐”的解释是：介绍，建议最好去选择你看中的答案，推举。就是说，因为公告中有“推荐”一词的存在，故300 mg/d不是硬性指标。

② 上述300 mg/d不适用于保健食品。

③ 原卫计委2010年第3号公告中其他6种新资源食品公告中凡限定用量的均标注为“服用量”，而没有“推荐”字样。

④ 原国家食品药品监督管理总局批准的其他相关保健食品食用量超过300 mg/d还有很多。

⑤ 没有证据证实按涉案保健食品用量服用可能对人体健康产生危害。

（4）本案判决上诉人承担十倍赔偿责任，没有法律依据。《食品安全法》第148条规定的经营者承担责任的前提必须是经营“明知”是不符合食品安全标准的食品，生产者承担责任的前提是生产不符合食品安全的食品。本案根本不存在经营者和生产者承担该责任的前提条件。如果判决上诉人承担十倍责任，这不是在正确适用法律、保护消费者权益，而是通过民事判决直接否定原国家食品药品监督管理总局批准生产的行政许可行为。

2. 被上诉人的辩称理由和依据

（1）保健食品是食品的一种特殊类型。依据原卫生部关于进一步规范保健食品原料管理的通知卫法监发〔2002〕51号第1条申报保健食品中涉及的物品（或原料）是我国新研制、新发现、新引进的无食用习惯或仅在个别地区有食用习惯的，按照《新资源食品卫生管理办法》的有关规定执行。《新食品原料安全性审查管理办法》作为《新资源食品卫生管理办法》的延续应当适用。

（2）依据《新食品原料安全性审查管理办法》第4条、第6条、第15条，涉案产品在推荐食用量及质量要求上明显不符合卫计委公告要求，当属不符合食品安全标准的食品。

（3）依据原卫计委《关于批准DHA藻油、棉籽低聚糖等7种物品为新资源食品及其他相关规定的公告（2010年第3号）》，其中关于DHA藻油的推荐食用量≤300 mg/d，质量要求DHA含量≥35 g/100 g，涉案产品在推荐食用量及质量要求上明显不符合原卫计委公告要求，当属不符合食品安全标准的食品。

（4）网查资料显示，世界卫生组织（World Health Organization，WHO），世界粮农组织（Food and Agriculture Organization，FAO），国际脂肪酸和类脂研究学会一致推荐，6个月婴儿至5岁儿童每天DHA摄入量100 mg，6岁以上每天摄入量200 mg，其推荐食用量也低于原卫计委公告要求。大部分专家学者均有DHA摄入过量会造成免疫力下降等副作用的观点。任何一种营养的摄入都必须在一个度的范围内，一旦一种营养摄入过量就会打破人体所需的营养平衡链条，很明显这对于人体健康而言绝对是负面影响。

（四）本案的争议焦点及审理意见

1. 一审法院

一审法院认为本案主要争议焦点是涉案产品作为保健食品是否符合特殊食品的食品安全标准。

根据《食品安全法》第 37 条规定“利用新的食品原料生产食品，或者生产食品添加剂新品种、食品相关产品新品种，应当向国务院卫生行政部门提交相关产品的安全性评估材料”；《食品安全国家标准　预包装食品标签通则》第 5 条规定“按国家相关规定需要特殊审批的食品，其标签标识按照相关规定执行”；原卫计委的《新食品原料安全性审查管理办法》第 4 条、第 19 条规定“新食品原料应当经过国家卫生计生委安全性审查后，方可用于食品生产经营”“食品中含有新食品原料的，其产品标签标识应当符合国家法律、法规、食品安全标准和国家卫生计生委公告要求”；原卫计委《关于批准 DHA 藻油、棉籽低聚糖等七种物品为新资源食品及其他相关规定的公告》及附件等规定，DHA 藻油为新资源食品，原卫计委推荐的 DHA 藻油的用量为≤300 mg/d，而安来平公司出售的“百合康 DHA 藻油亚麻籽油软胶囊”包装标签上标明标志性成分及含量为：100 g 含 DHA20 g；食用方法和食用量为：每日 2 次、每次 2 粒、每粒 0.5 g，折算 DHA 每日用量为 400 mg［2 次×2 粒×0.5 g×20%（100 g 含 DHA 20 g）］，已经超过原卫计委推荐的用量 100 mg，违反了上述有关法律、法规、食品安全标准的规定，系不符合食品安全标准的特殊食品。根据《食品安全法》第 148 条的规定，吴某珍主张退回货款、支付十倍赔偿金的诉讼请求有事实和法律依据，予以支持。安来平公司提出“涉案的产品是经过批准的保健食品，标签也是严格按照保健食品批准证书和食品安全法规定的，符合《食品安全法》，吴某珍是用新食品原料的相关法律规定来证明涉案的保健食品不符合食品安全标准，如同张冠李戴一样，吴某珍要求安来平公司退货退款并以货款十倍进行赔偿没有法律依据，请求驳回吴某珍的诉讼请求”等辩解，没有事实和法律依据，不予采纳。安来平公司经法院传票传唤未到庭参加诉讼，属对其诉讼权利的处分，依法缺席审理。依照《食品安全法》第74条、第148条、《民事诉讼法》第144条规定，判决（1）安来平公司应在判决生效之日起五日内退还吴某珍货款1 914元，吴某珍在收到货款的同时退还安来平公司“百合康DHA藻油亚麻籽油软胶囊”共11瓶，退货产生的费用由吴某珍承担。（2）安来平公司应在判决生效之日起五日内赔偿吴某珍19 140元。如果未按判决指定的期间履行给付金钱义务，应当依照《民事诉讼法》第253条规定，加倍支付迟延履行期间的债务利息。案件受理费326.35元，减半收取163.18元，由安来平公司负担。

2. 二审法院

二审法院认为本案的争议焦点为上诉人所销售的产品是否属于含有新食品原料的食品，以及上诉人是否应当承担退货以及赔偿责任。

二审法院审理认为，根据原卫计委《关于批准DHA藻油、棉籽低聚糖等7种物品为新资源食品及其他相关规定的公告》（2010年第3号）及该产品的《保健食品批准证书》，应认定上诉人销售的产品是属于含有新食品原料的保健食品。虽然上诉人所销售的保健食品含有新食品原料，但根据《新食品原料安全性审查管理办法》第23条“本办法所称的新食品原料不包括转基因食品、保健食品、食品添加剂新品种。转基因食品、保健食品、食品添加剂新品种的管理依照国家有关法律法规执行”之规定，本案不应适用《新食品原料安全性审查管理办法》。涉案保健食品于2015年3月16日经过原国家食品药品监督管理总局批准备案的标志性成分及含量为每100 g含二十二碳六烯酸（DHA）20 g，产品规格为0.5 g/粒，食用方法和食用量为每日2次、每次2粒。现上诉人所销售的涉案保健食品的食用量并没有违反原国家食品药品监督管理总局批准的用量，故符合《食品安全法》第82条第三款“保健食品、特殊医学用途配方食品、婴幼儿配方乳粉生产企业应当按照注册或者备案的产品配方、生产工艺等技术要求组织生产”之规定。再者，原卫计委《关于批准DHA藻油、棉籽低聚糖等7种物品为新资源食品及其他相关规定的公告》（2010年第3

号）关于DHA藻油的食用量规定中用的是“推荐”一词，并未对食用量做出绝对限制。且吴某珍未提供证据证明因涉案产品的用量问题对其产生误导或造成损害。

（五）二审法院的终审判决

二审法院认为，上诉人安来平公司的上诉有理，予以支持。原审判决适用法律错误，判决结果不当，二审法院予以纠正。依照《食品安全法》第82条，《民事诉讼法》第170条第一款第2项的规定，判决如下。（1）撤销连城县人民法院〔2017〕闽0825民初299号民事判决。（2）驳回被上诉人吴某珍一审诉讼请求。二审案件受理费326.35元，由被上诉人吴某珍负担；一审案件受理费163.18元，亦由被上诉人吴某珍负担。

四、问题解答

（一）食品、食品原料、保健食品、特殊医学用途配方食品、婴幼儿配方乳粉等概念的含义及基本特征；新资源食品与新食品原料的概念辨识

食品一词在人们的日常生活中是一个较为宽泛的概念，是指除了药品以外所有进入人们口腔并能满足人们某种需要的物品[①]。从商品经济的角度可以将食品定义为用于销售的供人食用的物品。例如《新华汉语词典》中将“食品”解释为：用于出售的经过加工制作的食物，而食物泛指可以充饥的东西。[②]《商务国际现代汉语词典》将“食品”定义为：商店出售的经过加工制作的食物，食物泛指吃的东西。[③] 从食品安全角度出发，食品的概念往往还涉及：所有生产食品的原料，食品原料种植、养殖过程接触的物质和环境，食品的添加物质，所有直接或间接接触食品的包装材

① 曾祥华：《食品安全法导论》，法律出版社2013年版，第1页。

② 《新华汉语词典》编委会：《新华汉语词典：最新修订版·彩色本》，商务印书馆2013年版。

③ 商务国际辞书编辑部：《商务国际现代汉语词典：彩色插图本》，商务印书馆2013年版，第952页。

料、设施以及影响食品原有品质的环境[1]。为了区别食品原料与食品的概念，也有将食品定义为经特定方式加工后供人类食用的食物，食物是指可供人类使用的物质原料的统称[2]。

我国法律中对“食品”定义的主要依据是《食品安全法》。根据《食品安全法》第 150 条的规定，食品是指各种供人食用或者饮用的成品和原料以及按照传统既是食品又是中药材的物品，但是不包括以治疗为目的的物品。同时可参考 GB/T 15091—1994《食品工业基本术语》对食品的定义：可供人类食用或饮用的物质，包括加工食品、半成品和未加工食品，不包括烟草或只作药品用的物质。从中可知，食品包括了食品原料、半成品、食品成品以及既是食品又是中药材的物品，其最主要的特征是可以供人食用或者饮用。笔者认为法律中对“食品”的定义更为全面，包含了食品获取的各种途径以及食品的各种存在状态。

食品原料没有明确的法律定义。有学者认为，食品原料就是指用来加工成食品的、用量较大，并构成食品主要成分的物质[3]。也有学者从食品加工学的角度出发，认为食品原料是指通过农业生产获得的可被人们食用和加工利用的农产品，包括植物性原料、动物性原料和微生物性原料等[4]。也有学者认为，食品原料也可称为食品资源，用于食品加工的原料种类繁多，类别复杂，它不仅有采后的生鲜食品，还包括供加工或烹饪用的初级品、半成品等；既有有机物质，也有无机物质[5]。GB/T 15091—1994《食品工业基本术语》将“食品原料”定义为：加工食品时使用的原始物料。笔者认为可以将食品原料定义为食品生产者采购的用于生产加工的而非直接食用的原材料。同样作为添加到食品中的物质，食品原料与食品添加剂有着本质区别。GB/T 15091—1994《食品工业基本术语》将“食品添加剂”定义为：“为改善食品的品质和色、香、味，以及为防腐和加工工艺的需要，加入食品中的化学合成物质或天然物质。”《食品安全

① 阮赞林：《食品安全法原理》，华东理工大学出版社 2016 年版，第 5 页。
② 李红：《食品化学》，中国纺织出版社 2015 年版，第 1 页。
③ 石彦国：《食品原料学》，科学出版社 2016 年版，第 1 页。
④ 徐幸莲、彭增起、邓尚贵：《食品原料学》，中国计量出版社 2006 年版，第 1 页。
⑤ 艾启俊、陈辉：《食品原料安全控制》，中国轻工业出版社 2006 年版，第 30 页。

国家标准 食品添加剂使用标准》（GB 2760—2014）将食品添加剂定义为："为改善食品品质和色、香、味，以及为防腐、保鲜和加工工艺的需要而加入食品中的人工合成或者天然物质。食品用香料、胶基糖果中基础剂物质、食品工业用加工助剂也包括在内。"食品原料与食品添加剂的主要区别在于：食品添加剂的使用品种、应用范围以及最大使用量均有严格的限制和要求[①]，而食品原料是加工为食品的主要材料，只要符合食品安全标准没有特别的用量限制；食品原料经加工后或者其本身的主要用途就是供人食用，而食品添加剂的主要功能不是食用，而是其他有助于食品生产、制造、包装、加工、运输、贮藏等过程的防腐、保鲜等功能。同时，我们还需要注意"食品原料"与下文将提到的"新食品原料"之间的区别。广义的"食品原料"应该包括"新食品原料"，因为"新食品原料"具有食品原料的一般特性，只是在我国无传统食用习惯。但是由于"新食品原料"的特殊性，它的审批与管理、使用范围和使用量限制都与一般的食品原料要求不同，因此需要单独列出讨论。

何谓保健食品，在现行有效的法律中并没有直接的定义。在《食品安全国家标准 食品安全国家标准保健食品》（GB 16740—2014）中对保健食品进行了定义：声称并具有特定保健功能或者以补充维生素、矿物质为目的的食品，即适用于特定人群食用，具有调节机体功能，不以治疗疾病为目的，并且对人体不产生任何急性、亚急性或慢性危害的食品。另外，《食品安全法》第75条规定："保健食品声称保健功能，应当具有科学依据，不得对人体产生急性、亚急性或者慢性危害。"结合上述两个规定，笔者认为可以将保健食品定义为：具有特定保健功能，适用于特定人群食用的，且不会对人体产生急性、亚急性或者慢性危害的食品。由于保健食品具有一定的保健功能，在食品科学与食品行业中，也有很多人会将其称为"功能性食品"[②]。保健食品有以下几点基本特征：（1）区别于一般食品，具有特殊的保健功能，例如补充营养素、预防疾病、提高免疫力等，

① 高彦祥：《食品添加剂》，中国林业出版社2013年版，第5页。

② 例如在张小莺、孙建国、陈启和主编的《功能性食品学（第二版）》中就说明，我国对功能性食品的定义通常是指保健食品。

并且一般有特定的适用人群；（2）区别于药品，不是用来治疗疾病的，不能代替药物，对于生理机能正常，想要维护健康或预防某种疾病的人来说，保健食品是一种应用补充剂，对于生理机能异常的人来说，保健食品可以调节某种生理机能、强化免疫系统①；（3）符合食品安全的要求，对人体无毒、无害，符合食品的一般功能。

特殊医学用途配方食品。根据《特殊医学用途配方食品注册管理办法》第 48 条、第 49 条、第 50 条、第 51 条的规定，特殊医学用途配方食品是指为满足进食受限、消化吸收障碍、代谢紊乱或者特定疾病状态人群对营养素或者膳食的特殊需要，专门加工配制而成的配方食品，包括适用于 0~12 月龄的特殊医学用途婴儿配方食品和适用于 1 岁以上人群的特殊医学用途配方食品。适用于 0~12 月龄的特殊医学用途婴儿配方食品包括无乳糖配方食品或者低乳糖配方食品、乳蛋白部分水解配方食品、乳蛋白深度水解配方食品或者氨基酸配方食品、早产或者低出生体重婴儿配方食品、氨基酸代谢障碍配方食品和母乳营养补充剂等。适用于 1 岁以上人群的特殊医学用途配方食品，包括全营养配方食品、特定全营养配方食品、非全营养配方食品。但是，医疗机构配制供病人食用的营养餐不包括在内。也有学者认为，特殊医学用途配方食品是一类针对疾病或特定疾病状态下人群使用的食品，是肠内营养类食品的一种②。《特殊医用食品标签和声称法典标准 CODEX STAN 180—1991》将“特殊医用食品”定义为：“指为病人进行膳食管理并仅能在医生监督下使用的，经特殊加工或配制的用于特殊膳食的一类食品。这种食品是为那些对普通食品或其中的某些营养素在进食、消化、吸收或代谢方面受限或有障碍的病人，或因病情有其他特殊的营养需求的人，或者他们的膳食并不能仅通过改善正常膳食进行管理，而必须使用特殊膳食的其他食品或两者结合使用。”结合上述规定及观点来看，特殊医学用途配方食品应为：为满足进食受限、消化吸收障碍、代谢紊乱或者特定疾病状态人群对营养素或者膳食的特殊需要，专

---

① 陈波等：《保健食品安全与检测》，科学出版社 2017 年版，第 2 页。

② 梁栋、韩军花：“特殊医学用途配方食品——标准与管理”，载《卫生研究》2014 年第 43 卷第 3 期。

门加工配制而成的，仅能在医生或临床营养师指导下使用的配方食品。特殊医学用途配方食品的特征为：（1）针对的是特殊人群，即进食受限、消化吸收障碍、代谢紊乱或者特定疾病状态人群；（2）区别于药品，不能替代药物的治疗作用，只是为了满足特殊人群对营养素或者膳食的特殊需求，起到补充营养的作用；（3）这类食品须在医生或者临床营养师指导下使用。

婴幼儿配方乳粉。根据《婴幼儿配方乳粉产品配方注册管理办法》第48条的规定，婴幼儿配方乳粉产品配方，是指生产婴幼儿配方乳粉使用的食品原料、食品添加剂及其使用量，以及产品中营养成分的含量。并且根据该办法第9条规定，每个企业原则上不得申请注册超过3个配方系列9种产品配方，每个配方系列包括婴儿配方乳粉（0~6月龄，1段）、较大婴儿配方乳粉（6~12月龄，2段）、幼儿配方乳粉（12~36月龄，3段）。《食品安全国家标准　婴儿配方食品》（GB 10765—2010）中将婴儿配方食品分为乳基婴儿配方食品与豆基婴儿配方食品，将乳基婴儿配方食品定义为："以乳类及乳蛋白制品为主要原料，加入适量的维生素、矿物质和/或其他成分，仅用物理方法生产加工制成的液态或粉状产品。适于正常婴儿食用，其能量和营养成分能够满足0~6月龄婴儿的正常营养需要。"《食品安全国家标准　较大婴儿和幼儿配方食品》（GB 10767—2010）将较大婴儿和幼儿配方食品定义为："以乳类及乳蛋白制品和/或大豆及大豆蛋白制品为主要原料，加入适量的维生素、矿物质和/或其他辅料，仅用物理方法生产加工制成的液态或粉状产品，适用于较大婴儿和幼儿食用，其营养成分能满足正常较大婴儿和幼儿的部分营养需要。"从上述相关规定以及国家标准可以看出，婴幼儿配方食品包括婴幼儿乳基配方食品和婴幼儿豆基配方食品，而婴幼儿配方乳粉则是婴幼儿乳基配方食品。据此，我们可以概括出婴幼儿乳粉就是指以乳类及乳蛋白制品为主要原料，加入适量的维生素、矿物质和/或其他成分，仅用物理方法生产加工制成的粉状，供婴幼儿食用且能满足其营养需求的产品。婴幼儿配方乳粉产品的主要特征在于：（1）针对的是特殊人群，即婴幼儿，包括婴儿（0~6月龄）、较大婴儿（6~12月龄）以及幼儿（12~36月龄）；（2）是一种以乳类及乳蛋白制品为原料的食品，符合食品的无毒无害的要求；

（3）不具有保健功能、疾病预防及疾病治疗功能；（4）对生产方式有严格要求，必须为物理方法生产加工；（5）对能量和营养成分有严格要求。

新资源食品与新食品原料。“新资源食品”这一概念来源于《中华人民共和国食品卫生法》（以下简称《食品卫生法》），但《食品卫生法》已被废止，且《新资源食品管理办法》也自2013年10月1日被《新食品原料安全性审查管理办法》所替代，“新资源食品”这个概念也失去了法律效力。但是，我们有必要厘清“新资源食品”与现在的“新食品原料”之间的区别。

已废止的《新资源食品管理办法》第2条规定，新资源食品包括：（1）在我国无食用习惯的动物、植物和微生物；（2）从动物、植物、微生物中分离的在我国无食用习惯的食品原料；（3）在食品加工过程中使用的微生物新品种；（4）因采用新工艺生产导致原有成分或者结构发生改变的食品原料。

《新食品原料安全性审查管理办法》第2条规定，新食品原料是指在我国无传统食用习惯的以下物品：（1）动物、植物和微生物；（2）从动物、植物和微生物中分离的成分；（3）原有结构发生改变的食品成分；（4）其他新研制的食品原料。《新食品原料申报与受理规定》则从积极和消极两个侧面对新食品原料进行了界定，其中第3条规定，新食品原料应当具有食品原料的特性，符合应当有的营养要求，且无毒、无害，对人体健康不造成任何急性、亚急性、慢性或者其他潜在性危害。第4条则规定“以下情形不属于新食品原料的申报范围：（1）不具有食品原料特性；（2）已列入食品安全国家标准《食品安全国家标准　食品添加剂使用标准》（GB 2760—2011）、《食品安全国家标准　食品营养强化剂使用标准》（GB 14880—2012）的；（3）国家卫生计生委已作出不予行政许可决定的；（4）其他不符合有关法律、法规规定和新食品原料管理要求的。”

对比两部办法中的定义，第一，从两部办法的命名来看，《新食品原料安全性审查管理办法》针对的是“食品原料”，而《新资源食品管理办法》针对的是“食品”，并且“新资源食品”的名称来源于《食品卫生法》，“新食品原料”这一名称能够与《食品安全法》相衔接；第二，从两部办法第 2 条的表述来看，《新食品原料安全性审查管理办法》规范的是新食品原料与新食品成分，《新资源食品管理办法》规范的是新资源食品与新食品原料；第三，从两部办法第 2 条分项来看，第 1 项和第 2 项都是对应的；《新食品原料安全性审查管理办法》第 2 条第3 项也是与《新资源食品管理办法》第 2 条第 4 项对应，但是《新资源食品管理办法》第 2 条第 3 项关于微生物新品种的规定被《新食品原料安全性审查管理办法》第 2 条第 4 项的兜底规定取代。可以说，《新食品原料安全性审查管理办法》对比《新资源食品管理办法》有了更细更广的规定。

《新食品原料安全性审查管理办法》第 3 条还对新食品原料做出了一般性的要求，即新食品原料应当具有食品原料的特性，符合应当有的营养要求，且无毒、无害，对人体健康不造成任何急性、亚急性、慢性或者其他潜在性危害。新食品原料由于在我国无传统食用习惯，因此需要进行特别的安全性审查，以确保该新食品原料能够达到食品安全的要求。

(二) 推荐食用量、服用量在食品安全法领域的适用问题

“食用量”针对的是食品，是食品行业、营养学角度的概念。“服用量”一般针对的是药品、保健产品等，是医学领域的概念。“食用量”“服用量”表示的是一种数量范围。“食用量”若表示为小于等于某一数值，则表示最大食用量不能超过这一数值，否则可能会出现危害健康的情况，但是危害健康的情况不一定马上出现，因为毕竟食品不是药品，食品是无毒无害的，但是长期食用过量的某种食品或者食品中的某种成分长期摄入过量会对人体的生命健康造成影响。与“食用量”相关的这些数值都是有科学依据的，会经过科学分析研究、化学实验、生物实验等方式进行检测，基本能够保证对一般人来说在“食用量”范围内食用是安全的、无害的。但是“食用量”也并不是绝对的，只是对绝大多数人来说这个“量”是合适的，并不能保证个别人在限量内食用会出现问题，并且每个人的身体状况都不一样，过量食用对一些人来说会有不利影响，而对另一些人来说最高“食用量”可能还未达到其摄入的最佳食用量。规定“食用量”的意义在于给予食品生产、销售、进出口等经营活动以及消费者食

用、使用时一个标准，不至于因不合理使用、食用而产生危害人体健康的情况，更好地保证食品的安全。一般来说，对“量”的描述，具有指导意义、参考意义，毕竟一般人对于“量”不会做精确的计量。但是由于食品、药品行业关乎人的生命健康，因此需要通过法律规定、政策决定等形式，给“量”赋予强制效力，对食品、药品行业进行规范。

从常识性角度，任何食品的过量食用，无论食用者是否存在着个体差异，都可能产生不利于健康或者产生安全性问题。我们这里讨论的食用量是从营养科学的角度，明确食品的食用安全量，否则就有可能对人体造成危害。例如，人体对碘的需求量，对于个体而言，正常人每天碘的推荐摄入量为150~300 μg，一般可以耐受的最高摄入量为每天1 000 μg，即在这个范围内是安全的[①]。由于我国公众的碘摄入量普遍低于正常水平，国家为了消除碘缺乏危害[②]，自1994年开始实施《食盐加碘消除碘缺乏危害管理条例》（2017年进行了修订），采取长期供应加碘食盐为主的综合防治措施。但是由于加碘盐的盛行，很多地区的居民出现了碘摄入过量的症状，例如甲状腺功能减退、高碘性甲亢、甲状腺肿瘤等疾病。因此有很多人提出应该“因地制宜，分类指导，科学补碘”，例如，中国质量报曾载文认为，从2002年开始，到2009年达到高峰的关于碘盐问题的讨论，各地高碘危害纷纷见诸报端，各路精英见仁见智，补碘不仅应因地制宜，更应该因人而异的观点获广泛共识[③]。加碘盐的例子说明，人体对于某种食品，或者某种食品中包含的元素的需求量是有安全范围的，如果超出这一范围，可能就会对人体造成损害，甚至引发一些疾病。因此，对于特定的食品、药品、成分、物质等，规定“食用量”“服用量”为的就是维护人的安全和生命健康，使人们能够在安全的范围内食用、服用、使用。

对于本案中涉及的新食品原料更应该关注“食用量”的问题。因为新

---

① 浙江健康教育．对照一下，你摄入的碘适量吗？2017－5－12．http：//www.sohu.com/a/140075868_ 250182.

② 由于环境缺碘、公民摄碘不足所引起的地方性甲状腺肿、地方性克汀病和对儿童智力发育的潜在性损伤。

③ 罗兵．过量添加可能导致食品安全和健康问题　强制全民补碘值得商榷．中国质量报，2013－8－15．http：//www.cqn.com.cn/news/zgzlb/diliu/755716.html.

食品原料作为在我国无传统使用习惯的物品，并且大多数新食品原料是依靠食品工业的发展，从动植物中提取、通过化学方式合成的，虽然经过一些科学验证适量食用不会对人体造成伤害，并且可能还具有一些对人体有利的特定功能，但是仍然具有一定的风险。为了满足食品工业以及人们对某种特殊营养物质的需求，考虑到食品的安全性，对于这些物品，往往会对食用量、适用范围等进行规定，包括达到效果的一般推荐摄入量；依据安全性评估确定的人体每日摄入总量；人群膳食调查得出的安全食用量等[①]。

本案中，在适用《关于批准 DHA 藻油、棉籽低聚糖等 7 种物品为新资源食品及其他相关规定的公告》时出现了分歧，根据该公告，DHA 藻油的推荐食用量为≤300 mg/d（以纯 DHA 计）。一审法院认为涉案产品的 DHA 藻油含量超过公告中的推荐食用量，属于不符合食品安全标准的情况。而二审法院认为，公告中用的是“推荐”二字，并未对食用量作出绝对限制，因此超过推荐食用量，未必就一定不符合食品安全标准，这也是二审法院改判的理由之一。那么，到底“推荐食用量”“推荐服用量”等类似的用语，应该如何在食品安全领域适用？

以《关于批准 DHA 藻油、棉籽低聚糖等 7 种物品为新资源食品及其他相关规定的公告》为例，该公告中只有 DHA 藻油采用了“推荐食用量”的说法，白子菜没有关于食用量的规定，其余 5 种物品都采用了“食用量”的说法。从文义解释来看，“推荐”本身就不具有强制性、绝对性，只起到鼓励适用、参考适用的作用，可能在这一食用量下可以使该物品发挥最大的效用，但是超过这一食用量也不会对人体健康造成任何急性、亚急性、慢性或者其他潜在性危害。从系统解释来看，在该公告中，其他五种物品都采用了“食用量”的说法而唯独 DHA 藻油采用了“推荐食用量”的说法，说明是希望将 DHA 藻油的用量进行区别，因此不应该直接以“食用量”来理解，而应该注意“推荐”的含义。结合分析公告中提到的白子菜，对于白子菜即没有规定“食用量”或者“推荐食用量”，连“其他需要说明的情况”一栏都没有任何特别表示，也就说明食用白子菜没有量的限制，也没有适用范围。因此整个公告中，体现了对于

① 杨宪、张雪：《新食品原料及特征分析》，科学出版社 2018 年版，第 5 页。

不同新食品原料的至少三个层级的要求，一种是有严格具体限量的，一种是有推荐食用量的，还有一种是无限量规定的。从食品安全的角度来看，这三个层级的食品的安全性也是逐渐提高的。因此，我们认为“推荐食用量”应该理解为非强制性、非绝对性的对食用量的规定。既然没有强制适用的法律效果，为什么还要对食用量进行规定？既然不能凭借“推荐食用量”判断产品是否符合食品安全标准，那么“推荐食用量”有什么意义呢？

笔者认为，“推荐食用量”的意义在于参考价值。前文提到，一般来说，对“量”的描述具有指导意义和参考意义，但是通过公告形式确认的“食用量”本身应该具有强制性。当失去强制性之后，“推荐食用量”这个表述仍然具有一般的指导意义与参考意义。在食品工业中，企业仍然应该按照“推荐食用量”来进行生产加工，因为至少在这个范围内，能够确保他们生产加工的食品是安全的。在本案涉及的公告中，对于DHA藻油，特别采用了“推荐食用量”的表述，“推荐”一词的使用减弱了强制效力，就和法律规定中使用“建议”“提倡”“鼓励”等词时一样，表示的是一种非强制的效果。那么，食品中的DHA藻油含量就算高于“推荐食用量”，如果没有证据能够证明该食品确实会造成损害或标签会造成误导，生产者和销售者也无须承担法律责任。因此笔者赞同二审法院对于“推荐食用量”的理解。虽然“推荐食用量”在评判是否符合食品安全标准时，没有法律强制力，但是就如我们生活中经常碰到的“每日油脂的推荐摄入量”“坚果的推荐食用量”等（假设这些推荐食用量都具有科学依据），是对食品、营养摄入的一种推荐用法，具有参考价值。但是这些物品的食用量，都是因人而异的，就如肥胖人群需要摄入的脂肪应低于推荐摄入量，而一些体脂含量过低的人群则需要摄入高于推荐摄入量的脂肪。

本案二审改判的真正关键其实是在于涉案食品“百合康DHA藻油亚麻籽油软胶囊”为保健食品而非一般食品，因此，就算以“推荐食用量”做强制解释，仍然不能适用于保健食品。一般来说保健食品会含有某种或某几种特殊的营养成分，而该成分肯定会比一般食品高出很多。并且，为了增加某一项或某几项特殊的保健功能，某些成分的含量也可能会超过一般食品安全标准，这也是为什么保健食品会被列为特殊食品的原因之一。并且对于保健食品也有特殊的审查标准，我国《食品安全法》第82条第三款规定，保健食品生产企业应当按照注册或者备案的产品配方、生产工艺等技术要求组织生产。因此，判定保健食品是否符合食品安全标准，主要还是依据生产企业注册或者备案的产品配方、生产工艺等技术要求。

综上所述，“推荐食用量”仍然应该按照其字面意思理解，做非强制、非绝对性的解释。虽然“推荐食用量”不具有法律强制效力，但是对食品生产企业以及食用者来说同样有指导、参考意义，对于一般食品来说应该尽量按照推荐食用量的标准进行生产，或者在推荐食用量上下小幅变动，这样可以降低食品安全风险，也可以降低食品生产企业的违法风险。因此“推荐食用量”在使用时，不能直接作为判断食品行业经营者是否应该承担责任的依据，因为它只有指导意义与参考意义，而应该结合超出“推荐食用量”是不是真的对消费者产生了损害，或者是否让消费者产生了误解进行综合考量，这样才能真正发挥“推荐食用量”的意义，起到保障食品安全与消费者权益、公民生命健康权的作用。

（执笔：胡葳，盛利）

案例1－5 普洱健源油脂有限公司与李某滨网络购物合同纠纷案[①]

一、案件概要

本案因普洱健源油脂有限公司与李某滨之间的网络购物合同纠纷一案，由龙岩市中级人民法院于2017年6月22日做出〔2017〕闽08民终497号民事判决书，审判长张文池。本案上诉人（原审被告）为普洱健源油脂有限公司，被上诉人（原审原告）为李某滨。本案涉及被上诉人（原审原告）李某滨于2016年9月1日和9月12日在被告普洱健源油脂有限公司开设的京东商城六大茶山官方旗舰店购买“六大茶山云南普洱茶茶叶籽油”1 L铁桶装共21桶，共支付费用合计3 770元，该产品的标签没有标示产品食用量及不适宜人群。据此，依据《食品安全法》及《关于批准茶叶籽油等7种物品为新资源食品的公告》的规定，要求普洱健源油脂有限公司退回货款3 770元并支付十倍赔偿金37 700元，一审法院支持了原告的诉讼请求。上诉人（原审被告）以一审判决认定事实错误、适用法律错误为由提起上诉。二审法院以一审判决认定事实错误、适用法律错误为由对一审判决予以改判。

本案主要涉及以下法律规范。

（1）《食品安全法》第25条、第26条、第67条、第148条。

（2）《新食品原料安全性审查管理办法》第19条。

（3）原卫生部的《关于批准茶叶籽油等7种物品为新资源食品的公告》（2009年第18号）附件中关于茶叶籽油基本信息。

---

① 案件来源：【法宝引证码】CLI. C. 9413538.

二、思考问题

（1）食品的食用量、使用范围的标示规则。

（2）《食品安全法》第67条第（9）项中“法律、法规或者食品安全标准”含义的理解。

三、案件正文

（一）案件当事人及其主张

上诉人（原审被告）普洱健源油脂有限公司的上诉要点和请求：被上诉人并非普通消费者，属于恶意诉讼；一审法院认定涉案产品应按新食品原料的要求进行标识属于法律适用错误；涉案产品的标签标示符合食品安全标准。请求撤销原审判决，改判驳回被上诉人的全部诉讼请求。

被上诉人（原审原告）李某滨的答辩要点和请求：认为其消费者身份正当；涉案商品应按新食品原料的要求进行标识适用法律正确；涉案商品的标签标示不属于瑕疵而是严重危及食品安全的行为。一审法院适用法律正确，认定事实清楚，请求二审人民法院维持一审法院判决。

（二）法庭查明的事实

一审法院查明原告李某滨于2016年9月1日和9月12日在被告普洱健源油脂有限公司开设的京东商城六大茶山官方旗舰店购买“六大茶山云南普洱茶茶叶籽油”1 L铁桶装共21桶，共支付费用合计3 770元，普洱健源油脂有限公司分别于9月2日和9月13日发货，李某滨分别于9月4日和9月16日确认收货。

双方当事人均提交了原卫生部的《关于批准茶叶籽油等7种物品为新资源食品的公告》（2009年第18号），该份公告的附件列明了茶叶籽油基本信息，其中：茶叶籽油食用量为≤15 g/d，其他需要说明的情况为使用范围不包括婴幼儿食品。李某滨当庭提交涉案产品实物，证明涉案产品实物的标签没有标示产品食用量及不适宜人群。

二审法院查明的事实与原判决认定的事实一致。

（三）诉辩理由和依据

1. 上诉人的上诉理由和依据

（1）被上诉人并非普通消费者，其是以营利为目的而购买，属于恶意诉讼，不应该得到法律的支持。① 被上诉人于 2016 年 9 月 1 日和 2016 年 9 月 12 日分别在上诉人开设的京东商城六大茶山旗舰店购买涉案产品1 L装 21 桶，明显超过普通消费者的正常生活需要，是以营利为目的而购买，不符合法律定义的普通消费者，不应该得到法律的支持。② 被上诉人从未食用过涉案产品却一次性购买 21 桶（即 21 L），其起诉显然是恶意诉讼行为，既浪费了司法资源，还损害了上诉人的商誉，故上诉人保留追究因被上诉人恶意诉讼对上诉人造成的损害赔偿责任。

（2）一审法院认定涉案产品应按新食品原料的要求进行标识属于法律适用错误。《食品安全法》第 67 条规定：预包装食品的包装上应当有标签。标签应当标明下列事项：① 名称、规格、净含量、生产日期；② 成分或者配料表；③ 生产者的名称、地址、联系方式；④ 保质期；⑤ 产品标准代号；⑥ 贮存条件；⑦ 所使用的食品添加剂在国家标准中的通用名称；⑧ 生产许可证编号；⑨ 法律、法规或者食品安全标准规定应当标明的其他事项。可见，食品标签应当标明事项除上述①至⑧外，只能由“法律、法规或者食品安全标准”规定。而无论是于 2013 年 10 月 1 日已废止的《新资源食品管理办法》，还是现行的《新食品原料安全性审查管理办法》均不属于“法律、法规或者食品安全标准”，不应作为食品标签是否合法的评判依据。根据《食品安全法》第三章的规定，食品安全标准分为国家标准、地方标准和企业标准；各层级标准分别由不同的主体制定、公布；地方标准和企业标准还需要进行备案；省级以上人民政府卫生行政部门应当在其网站上公布制定和备案的食品安全国家标准、地方标准和企业标准，供公众免费查阅、下载。可见，食品安全标准是由特定主体制定、经特定程序公布的特定文件，不是与食品安全有关的宽泛的规定。

上诉人生产经营的产品所执行的食品安全标准（企业标准 Q/PJY0001S—2013）是按《食品安全法》通过有关部门的审核备案并公布的，涉案产品是按合法有效的食品安全标准进行生产和标示的。同时，《食品安全法》第25条明确规定："食品安全标准是强制执行的标准。除食品安全标准外，不得制定其他食品强制性标准。"所以，一审法院引用《食品安全法》第三章第26条第4项评判食品标签的合法性是对《食品安全法》第三章的片面理解，是错误的。因此，涉案产品标签未标明食用量及使用范围不违反法律规定，一审法院认定涉案产品应按新食品原料的要求进行标识系法律适用错误。

（3）涉案产品的标签标示并不违反原卫生部《关于批准茶叶籽油等7种物品为新资源食品的公告》（2009年第18号）。原卫生部《关于批准茶叶籽油等7种物品为新资源食品的公告》（2009年第18号）中关于茶叶籽油的规定，并未明确要求在产品标签和说明书中标注不适宜人群和食用限量，而同在该公告中的"地龙蛋白"明确要求在产品的标签和说明书中应标注"婴幼儿、少年儿童、孕产妇、过敏体质者不宜食用"。原卫生部《关于批准DHA藻油、棉籽低聚糖等7种物品为新资源食品及其他相关规定的公告》（2010年第3号）中也有明确要求"标签、说明书中应当标注不适宜人群和食用限量"。可见，原卫生部关于新资源食品的公告中，如须标注不适宜人群和食用限量的一定会明确要求标注，而原卫生部2009年第18号公告中，"茶叶籽油"并未要求标注食用限量和不适宜人群。因此，涉案产品并未违反国家法律、法规、食品安全标准和原卫生部及国家卫生计生委公告要求。

（4）一审法院判令上诉人十倍赔偿适用法律错误。《食品安全法》第148条规定，生产不符合食品安全标准的食品或者经营明知是不符合食品安全标准的食品，消费者除要求赔偿损失外，还可以向生产者或者经营者要求支付价款十倍或者损失三倍的赔偿金；增加赔偿的金额不足一千元的，为一千元。但是，食品的标签、说明书存在不影响食品安全且不会对消费者造成误导的瑕疵的除外。同时，涉案产品的生产是按Q/PJY0001S—2013《食用茶籽油》食品安全标准进行生产检验的，故涉案产品符合食品安全标准，并不存在食品安全问题，更没有对被上诉人造成任何伤害。因此，涉案产品的标签标示即使有瑕疵，但并不影响食品安全且不会对消费者造成误导，并不适用于十倍赔偿。

（5）涉案产品系符合食品安全标准的食品，标签已经按照《食品安全法》的规定进行了标注，上诉人不应当承担民事责任。

2. 被上诉人的辩称理由和依据

（1）上诉人并未举证证明被上诉人消费者身份问题，且无证据证明被上诉人是以营利为目的而购买，被上诉人购买涉案商品后发现有安全隐患问题，要求索赔属正当诉求，并无恶意之说。被上诉人购买 21 桶涉案商品是用于馈赠亲友，因存在安全隐患，故未食用。

（2）一审法院认定涉案商品应按新食品原料的要求进行标识适用法律正确。我国《食品安全法》第 37 条规定利用新的食品原料生产食品，或者生产食品添加剂新品种、食品相关产品新品种，应当向国务院卫生行政部门提交相关产品的安全性评估材料。国务院卫生行政部门应当自收到申请之日起六十日内组织审查；对符合食品安全要求的，准予许可并公布；对不符合食品安全要求的，不予许可并书面说明理由。由此可见，茶叶籽油属新食品原料，原卫计委公布并公示其最大食用量，适用人群，利用新食品原料生产食品应当符合该公告要求。《新食品原料安全性审查管理办法》是依据《食品安全法》制作的部门规章，同样具有法律效力。

（3）涉案商品的标签标示明显违反原卫计委公告要求，茶叶籽油作为新食品原料通过原卫计委的审查，并作出食用量≤15 g/d 的食用量要求，就说明该产品长期超量食用会造成健康隐患，如若无食用限量要求，原卫计委也会发布公告予以说明，例如 2009 年第 3 号公告批准蛹虫草为新资源食品，且作出食用限量≤2 g/d 的要求，2014 年第 10 号公告对蛹虫草的食用量，质量指标要求和食用范围作出了变更，此后并未限定最大食用量。由此可见，无须标注限定食用量的新资源食品原卫计委会作出说明并公布，茶叶籽油作为新资源食品原料在目前为止，原卫计委并未撤销或者变更该公告内容。

（4）一审法院适用法律正确。《食品安全法》第 148 条规定：消费者因不符合食品安全标准的食品受到损害的，可以向经营者要求赔偿损失，也可以向生产者要求赔偿损失。接到消费者赔偿要求的生产经营者，应当实行首负责任制，先行赔付，不得推诿；属于生产者责任的，经营者赔偿后有权向生产者追偿；属于经营者责任的，生产者赔偿后有权向经营者追偿。生产不符合食品安全标准的食品或者经营明知是不符合食品安全标准的食品，消费者除要求赔偿损失外，还可以向生产者或者经营者要求支付价款十倍或者损失三倍的赔偿金；增加赔偿的金额不足一千元的，为一千元。但是，食品的标签、说明书存在不影响食品安全且不会对消费者造成误导的瑕疵的除外。涉案产品内含新食品原料，未按要求标注最大食用量，此信息关乎消费者的生命健康安全，若未标示，将置消费者于误食、过量服食的危险之中，因此涉案产品的标签内容未标注食用限量是严重危及食品安全的行为，并不属于瑕疵。

综上所述，一审法院适用法律正确，认定事实清楚，恳请二审人民法院维持一审法院判决。

（四）本案的争议焦点及审理意见

1. 一审法院

一审法院认为本案主要争议焦点：围绕涉案产品标签未标明食用量及使用范围是否违反法律规定，一审法院从以下几个方面进行审理：双方网络购物合同关系是否存在；普洱健源油脂有限公司生产经营的六大茶山云南普洱茶茶叶籽油是否系不符合食品安全标准的食品，从而退还货款并赔偿十倍赔偿金。

（1）双方网络购物合同关系是否存在。李某滨在普洱健源油脂有限公司开设的京东商城六大茶山官方旗舰店购买“六大茶山云南普洱茶茶叶籽油”1 L 铁桶装 21 桶，并履行了支付货款 3 770 元的义务，普洱健源油脂有限公司也履行了交付货物的义务。可以认定李某滨与普洱健源油脂有限公司存在网络购物合同关系，且网络购物合同的内容未违反法律、行政法规的强制性规定应属有效。

（2）普洱健源油脂有限公司生产经营的六大茶山云南普洱茶茶叶籽油是否系不符合食品安全标准的食品，从而应退还货款并赔偿十倍赔偿金。食品生产经营者应当依照法律、法规和食品安全标准从事生产经营活动，保证食品安全，诚信自律，对社会和公众负责，接受社会监督，承担社会责任。普洱健源油脂有限公司生产的涉案产品标签使用范围未标注不包括婴幼儿食品和食用量为≤15 g/d 的信息，违反了食品安全国家标准关于强制标示内容的规定。普洱健源油脂有限公司作为涉案产品的生产经营者，未尽到警示说明的义务，极有可能损害消费者身体健康。因此，普洱健源油脂有限公司生产经营的六大茶山云南普洱茶茶叶籽油系不符合食品安全标准的食品，应承担相应民事责任。李某滨要求普洱健源油脂有限公司退回货款 3 770 元并支付十倍赔偿金 37 700 元的诉讼请求有事实和法律依据，一审法院予以支持。同时根据权利义务相一致原则，李某滨在收到退款 3 770 元的同时，应退还普洱健源油脂有限公司全部产品。

2. 二审法院

二审法院认为本案的争议焦点：涉案产品的标识是否符合法律法规的规定；上诉人是否应当承担退还货款以及赔偿责任。

（1）涉案产品的标识是否符合法律法规的规定。《食品安全法》第 67 条规定了一般预包装食品的包装上应当有的标签事项。对专供婴幼儿和其他特定人群的主辅食品，其标签还应当标明主要营养成分及其含量。食品安全国家标准对标签标注事项另有规定的从其规定。《新食品原料安全性审查管理办法》第 19 条规定："食品中含有新食品原料的，其产品标签标识应当符合国家法律、法规、食品安全标准和国家卫生计生委公告要求。"

（2）上诉人是否应当承担退还货款以及赔偿责任。首先，讼争涉案产品已按照《食品安全法》第 67 条规定标注了相关事项。其次，涉案产品茶叶籽油为新资源食品，其标签标识应当符合原卫计委公告要求，根据国家卫生行政部门的相关公告可见，如对新资源食品的标签和说明书的标注等有特殊要求的，公告中会明确规定应当标注的内容，而原卫生部《关于批准茶叶籽油等 7 种物品为新资源食品的公告》（2009 年第 18 号）关于茶叶籽油的规定中，并未明确要求在产品标签和说明书中标注不适宜人群和食用限量。且李某滨未提供证据证明因涉案产品的标识问题对其产生误导或造成损害。综上，上诉人普洱健源油脂有限公司生产经营的六大茶山云南普洱茶茶叶籽油标注未违反国家法律、法规、食品安全标准和国家卫生计生委公告要求，不属于不符合食品安全标准的食品。李某滨主张普洱健源油脂有限公司退还货款及十倍赔偿无事实和法律依据，本院不予支持。

（五）二审法院的终审判决

上诉人普洱健源油脂有限公司的上诉有理，本院予以支持。原审判决认定事实有误，适用法律错误，判决结果不当，本院予以纠正。依照《食品安全法》第 67 条，《民事诉讼法》第 170 条第一款第 2 项的规定，判决撤销连城县人民法院〔2016〕闽 0825 民初 924 号民事判决；驳回被上诉人李某滨一审诉讼请求。二审案件受理费 836.75 元，由被上诉人李某滨负担；一审案件受理费 418.38 元，亦由被上诉人李某滨负担。

四、问题解答

（一）食品的食用量、使用范围的标示规则

食品的食用量是指某食品一天或一次可食用的数量范围。食品的使用范围是指该可使用食品的对象包含的范围。一般情况下，食品并不需要特意标示食用量与使用范围。但在某些特殊情况下，出于安全健康的考虑需要特别标出。

食用量主要针对的是保健品、新食品原料、既是食品又是药品的一系列特殊食品，这类食品的设计是依据中医药理论和中医养生思想以及其他医学知识，科学组方配伍而成的，不仅具有一般食品的属性，还带有辅助治疗，增强调理生理功能的作用，虽然不是药品，但具有一部分特殊的医用功效，是介于一般食品与药品之间的特殊食品，因而需要特别标示食用量以防不达到相应食用量而没有发挥其相应功效，或超出食用量而造成食品安全问题，危害消费者生命健康。

食品的使用范围主要针对特殊人群，如孕妇、哺乳期妇女、婴幼儿、过敏体质者，以及某些特殊食品的适宜人群需要进行标示。特殊人群的身体较为脆弱，禁忌较多，因此某些食品对普通消费者是无害的，但极易对

特殊人群造成损害。虽然申报的可能是 27 项功能[①]中的同一个功能，但由于组方不同、原理不同，甚至配伍剂量不同、原料来源不同、工艺剂型不同，均可能对人体的健康产生不同的影响和作用，而且在不同人群（年龄、性别、职业、身体状况、生活区域、生活环境、生活方式）当中也会有不同的体现，因此也需要进行特别标示。

在本案中，就涉案产品的标识是否符合法律法规的规定产生争议。上诉人认为其不标示涉案产品的不适宜人群和食用限量并未违反法律法规，其理由是涉案产品茶叶籽油为新资源食品，根据国家卫生行政部门的相关公告可知，如对新资源食品的标签和说明书的标注等有特殊要求的，公告中会明确规定应当标注的内容，而原卫生部《关于批准茶叶籽油等 7 种物品为新资源食品的公告》（2009 年第 18 号）关于茶叶籽油的规定中，并未明确要求在产品标签和说明书中标注不适宜人群和食用限量，因此，本案的涉案产品未标示不适宜人群和食用限量并未违反规定。被上诉人则认为涉案商品的标签标示明显违反原卫计委公告要求，理由是涉案的茶叶籽油作为新食品原料通过原卫计委的审查，并作出食用量≤15 g/d 的食用量要求，就说明该产品长期超量食用会造成健康隐患，如若无食用限量要求，原卫计委也会发布公告予以说明。

一审法院支持被上诉人（即原审原告）的观点，认为上诉人（即原审被告）的标示违反了《新食品原料安全性审查管理办法》与《食品安全法》；二审法院则支持上诉人的观点，认为其不标示涉案产品的不适宜人群和食用限量并未违反法律法规。二级法院之所以产生分歧在于对原卫生部《关于批准茶叶籽油等 7 种物品为新资源食品的公告》的不同解读。

---

① 国家对保健食品的功能规定有 27 种，包括：1. 增强免疫力功能；2. 辅助降血脂功能；3. 辅助降血糖功能；4. 抗氧化功能；5. 辅助改善记忆功能；6. 缓解视疲劳功能；7. 促进排铅功能；8. 清咽功能；9. 辅助降血压功能；10. 改善睡眠功能；11. 促进泌乳功能；12. 缓解体力疲劳功能；13. 提高缺氧耐受力功能；14. 对辐射危害有辅助保护功能；15. 减肥功能；16. 改善生长发育功能；17. 增加骨密度功能；18. 改善营养性贫血功能；19. 对化学肝损伤有辅助保护功能；20. 祛痤疮功能；21. 去黄褐斑功能；22. 改善皮肤水分功能；23. 改善皮肤油分功能；24. 调节肠道菌群功能；25. 促进消化功能；26. 通便功能；27. 对胃黏膜损伤有辅助保护功能。而同一保健功能却有不同人体作用效果的事实，需要在上市后通过循证医学研究加以产品作用和用差异化的客观评价。这既是为了真实而准确地反映出不同产品同一保健功能的效果不同于使用价值，也是为了广大消费者能够从中了解到真实的产品功能信息，以便正确掌握产品的人体适用性。

关于新食品原料的标示的规定，《新食品原料安全性审查管理办法》第 19 条规定："食品中含有新食品原料的，其产品标签标识应当符合国家法律、法规、食品安全标准和国家卫生计生委公告要求。"本案涉案产品茶叶籽油确属新资源食品，其标签标示不仅需要符合《食品安全法》以及《食品标签管理规定》等，还须符合原卫计委公告要求。

我国《食品安全法》对食品是否须标示食用量或者使用范围以及如何标示都没有明确规定，原卫生部《关于批准茶叶籽油等 7 种物品为新资源食品的公告》（2009 年第 18 号）中关于茶叶籽油的规定中，虽然做出食用量≤15 g/d 的食用量要求，但并未明确要求在产品标签和说明书中标注不适宜人群和食用限量，而同在该公告中的"地龙蛋白"明确要求在产品的标签和说明书中应标注"婴幼儿、少年儿童、孕产妇、过敏体质者不宜食用"①。原卫生部《关于批准 DHA 藻油、棉籽低聚糖等 7 种物品为新资源食品及其他相关规定的公告》（2010 年第 3 号）中也有明确要求"标签、说明书中应当标注不适宜人群和食用限量"②。可见，原卫生部关于新资源食品的公告中，如须标注不适宜人群和食用限量的一定会明确要求标注，而原卫生部 2009 年第 18 号公告中，"茶叶籽油"并未要求标注食用限量和不适宜人群。根据体系解释，在同一公告中须标示食用量与使用范围的食品已经做出了明文规定，而茶叶籽油没有做出明文规定，我们有理由推定茶叶籽油是可以不标示食用量与使用范围的结论。

（二）《食品安全法》第 67 条第（9）项中"法律、法规或者食品安全标准"含义的理解

法律法规的含义有广义、狭义两种理解。广义上讲，法律法规泛指一切规范性文件；狭义上讲，法律仅指全国人大及其常委会制定的规范性文件，法

① 在 2009 年第 18 号附件中关于茶叶籽油"食用量：≤15 克/天；其他需要说明的情况：使用范围不包括婴幼儿食品"，关于地龙蛋白"食用量≤10 克/天；其他需要说明的情况：本产品不适宜婴幼儿、少年儿童、孕产妇、过敏体质者等人群食用"，在产品的标签、说明书中应标注"婴幼儿、少年儿童、孕产妇、过敏体质者不宜食用"。

② 在 2010 年第 3 号附件中关于御米油"其他需要说明的情况：（1）仅限用于食用油。不得再生产加工其他食品、食品添加剂。（2）标签、说明书中应当标注不适宜人群和食用限量。（3）生产经营御米油应符合《关于加强罂粟籽食品监督管理工作的通知》（卫监督发〔2005〕349 号）的要求。"

规则主要指行政法规、地方性法规、民族自治法规及经济特区法规等。《食品安全法》第67条第（9）项中所指的法律法规，我们认为应做广义解释，即是指中华人民共和国现行有效的法律、行政法规、司法解释、地方法规、地方规章、部门规章及其他规范性文件以及对于该等法律法规的修改和补充文件。

《食品安全法》第67条第（9）项中所指的食品安全标准，根据体系解释，应该包括国家标准、地方标准以及企业标准。《食品安全法》第三章中关于食品安全标准，具体规定了食品安全标准的内容、类别等。其中食品安全标准的类别包括国家标准，地方标准以及企业标准，《食品安全法》第27条规定“食品安全国家标准由国务院卫生行政部门会同国务院食品药品监督管理部门制定、公布，国务院标准化行政部门提供国家标准编号”，第29条规定“对地方特色食品，没有食品安全国家标准的，省、自治区、直辖市人民政府卫生行政部门可以制定并公布食品安全地方标准”以及第30条规定“国家鼓励食品生产企业制定严于食品安全国家标准或者地方标准的企业标准，在本企业适用，并报省、自治区、直辖市人民政府卫生行政部门备案”。因此，《食品安全法》第67条第（9）项中法律、法规或者食品安全标准规定应当标明的其他事项是指除《食品安全法》第67条（1）至（8）项规定的需要标示的内容外，法律，法律解释，行政法规，地方性法规，自治条例、单行条例和规章等规定的以及国家标准、地方标准、企业标准规定的标示内容。

在本案中，上诉人认为一审法院认定涉案产品应按新食品原料的要求进行标识属于法律适用错误。之所以认为一审法院适用法律错误的理由是一审法院视《新资源食品管理办法》（于2013年10月1日废止）《新食品原料安全性审查管理办法》不属于“法律、法规或者食品安全标准”，不应作为食品标签是否合法的评判依据。从案例中可以推导出如下的逻辑思路：根据《食品安全法》第三章“食品安全标准”的相关规定，食品安全标准分为国家标准、地方标准和企业标准；各层级标准分别由不同的主体制定、公布；地方标准和企业标准还需要进行备案；省级以上人民政府卫生行政部门应当在其网站上公布制定和备案的食品安全国家标准、地方标准和企业标准，供公众免费查阅、下载。可见食品安全标准是由特定主体制定、经特定程序公布的特定文件，不是与食品安全有关的宽泛的规定。同时根据《食品安全法》第25条的“食品安全标准是强制执行的标准。除食品安全标准外，不得制定其他食品强制性标准”的规定。从而得出《食品安全法》第三章第26条第（4）项，即食品安全标准应当包括“对与卫生、营养等食品安全要求有关的标签、标志、说明书的要求”作为评判食品标签的合法的唯一依据的结论。上诉人认为，一审法院不考虑《食品安全法》第67条第（9）项的规定，是对《食品安全法》第三章所涉及的食品安全标准的片面理解，属于适用法律错误。

被上诉人认为：一审法院认定涉案商品应按新食品原料的要求进行标识适用法律正确。我国《食品安全法》第37条规定：“利用新的食品原料生产食品，或者生产食品添加剂新品种、食品相关产品新品种，应当向国务院卫生行政部门提交相关产品的安全性评估材料。国务院卫生行政部门应当自收到申请之日起六十日内组织审查；对符合食品安全要求的，准予许可并公布；对不符合食品安全要求的，不予许可并书面说明理由。”由此认为《新食品原料安全性审查管理办法》作为部门规章，其具有法律效力是符合《食品安全法》的指示性规定的。

二审法院终审认为，在判定食品标示是否合法时可依据《新食品原料安全性审查管理办法》及原卫计委公告。《新食品原料安全性审查管理办法》是由原卫计委颁布的部门规章，应属于《食品安全法》第67条第（9）项中“法律、法规”的范围内。根据《新食品原料安全性审查管理办法》第19条“食品中含有新食品原料的，其产品标签标识应当符合国家法律、法规、食品安全标准和国家卫生计生委公告要求”的规定，新资源食品的标示还应符合国家卫生计生委公告要求。因此在本案中二审法院并不是简单地以“违反了食品安全国家标准关于强制标示内容的规定”做出判决，而是通过查看原卫计委公告而认定上诉人普洱健源油脂有限公司生产经营的六大茶山云南普洱茶茶叶籽油标注未违反国家法律、法规、食品安全标准和国家卫生计生委公告要求，不属于不符合食品安全标准的食品，支持上诉人的上诉请求。

（执笔：王琴允，盛利）

案例1－6　王某杰与昌吉市徽都食品商行网络购物合同纠纷案[①]

一、案件概要

本案因王某杰与昌吉市徽都食品商行网络购物合同纠纷一案，由北京市第二中级人民法院于2017年9月29日作出〔2017〕京02民终9300号民事判决书，审判长陈红建。本案上诉人（原审原告）为王某杰，被上诉人（原审被告）为昌吉市徽都食品商行。本案涉及上诉人（原审原告）王某杰从被上诉人（原审被告）徽都商行在阿里巴巴网络购物平台经营的店铺购买总价款15 150元“伊力老窖玛卡酒”52度（420 mL共6瓶每箱）共10箱，其认为徽都商行销售的产品存在标签问题，故诉请退还货款，并主张涉案产品不符合国家食品安全标准，徽都商行作为食品经营者未履行法定的审查验明义务，对其销售的不符合食品安全标准的产品采取放任的态度，属于明知和故意，故依据《食品安全法》的规定，要求徽都商行承担十倍的惩罚性赔偿责任。一审法院支持了原告退还货款的诉讼请求，没有支持十倍的惩罚性赔偿。上诉人（原审原告）以一审法院对法律法规理解错误，判决有失公允为由提起上诉。二审法院以一审判决认定事实清楚，适用法律正确为由维持原判。

本案主要涉及以下法律规范。

（1）《食品安全法》第33条、第34条、第37条、第148条。

（2）《食品安全标准　预包装食品标签通则》（GB 7718—2011）第5条。

---

① 案件来源：【法宝引证码】CLI. C. 9994051.

（3）原卫计委《新食品原料安全性审查管理办法》第 4 条、第 19 条。

（4）原卫计委《关于批准玛咖粉作为新资源食品的公告》（2011 年第 13 号）。

二、思考问题

（1）何种情况下需要标注食用限量和不适宜人群。

（2）结合本案评价“过量饮酒，有害健康”标注的性质。

三、案件正文

（一）案件当事人及其主张

上诉人（原审被告）王某杰的上诉要点和请求：撤销〔2017〕京 0115 民初 8794 号民事判决，依法改判支持王某杰一审中所提出的全部诉讼请求；本案第一、二审诉讼费用由徽都商行承担。

被上诉人（原审原告）昌吉市徽都食品商行答辩要点和请求：一审审理事实清楚，适用法律正确，请求二审法院维持原判。

（二）法院查明的事实

一审法院查明 2016 年 11 月 3 日王某杰从徽都商行在阿里巴巴网络购物平台经营的店铺购买“伊力老窖玛卡酒”52 度（420 mL 共 6 瓶每箱）共 10 箱，单价 1 515 元，王某杰共实际支付购物价款 15 150 元。该产品单瓶外包装盒上，一侧有“伊力老窖”“酒精度：52% vol，净含量：420 mL，制造者名称：新疆伊力特实业股份有限公司”“玛卡酒”“露酒”字样；另一侧有“来自慕士塔格山脚下玛卡自然生长区”字样，标注了“原料：水、浓香型白酒、玛卡、蜂蜜，加工工艺：浸提类（动植物类），总糖：1.0 g/L，执行标准：《露酒》（GB/T 27588—2011），产地：新疆伊犁”，并标注了“过量饮酒，有害健康”字样。

一审法院另查明，2011 年 5 月 18 日，原卫计委食品安全标准与检测评估司发布的《关于批准玛咖粉作为新资源食品的公告（2011 年第 13

号）》载明，根据《食品安全法》和《新资源食品管理办法》的规定，现批准玛咖粉作为新资源食品。新资源食品的生产经营应当符合有关法律、法规、标准规定。附件载明，玛咖粉，生产工艺简述为以玛咖为原料，经切片、干燥、粉碎、灭菌等步骤制成，食用量为小于等于 25 g/d，其他需要说明的情况为：（1）婴幼儿、哺乳期妇女、孕妇不宜食用；（2）食品的标签、说明书中应当标注不适宜人群和食用限量。

一审庭审中，徽都商行称涉案商品系使用玛咖粉进行浸泡制作而成，商品中的“玛卡”即为新资源食品“玛咖”。

二审期间当事人没有提交新证据。二审法院对一审查明的事实本院予以确认。

（三）诉辩理由和依据

1. 上诉人的上诉理由和依据

王某杰上诉理由为：一审法院对法律法规理解错误，判决有失公允。一审法院认为徽都商行不存在主观恶意，以婴幼儿、孕妇、哺乳期妇女不适宜饮酒为常识，认定涉案产品未标注不适宜人群及使用限量为标签瑕疵，系对法律法规理解存在错误而造成本案的不公判决。主要依据如下。

（1）涉案产品是以玛咖粉为原料进行浸泡制成。

《关于批准玛咖粉作为新资源食品的公告（卫生部公告第 13 号）》附件（见本节末表 1－4）载明，“生产工艺简述：以玛咖为原料，经切片、干燥、粉碎、灭菌等步骤制成。食用量≤25 g/d；其他需要说明的情况：① 婴幼儿、哺乳期妇女、孕妇不宜食用。② 食品的标签、说明书中应当标注不适宜人群和食用限量。”

（2）徽都商行明知销售的产品不符合食品安全标准，涉案产品违反了原卫生部对玛咖粉的公告要求。徽都商行作为专业的经营者同时又是涉案产品公司授权的伊力特官网专卖店，应当知晓国家相关的规定并对销售产品的合法性进行审查，即依据《食品安全法》第 33 条第一款第 13 项、第 34 条第一款第 13 项的规定进行合法性审查。

同时，涉案产品不符合国家食品安全标准，凭肉眼即可辨识，不需要特殊仪器或设备进行检验，因此，徽都商行作为食品经营者显然未履行法定的审查验明义务，无视国家法律规定，为了赚取巨额利润，对其销售的不符合食品安全标准的产品采取放任的态度，属于明知和故意，一审法院认为应该标注而没有标注的涉案产品属于瑕疵的认定是错误的。玛咖粉属于具有特殊营养价值的原料，过度食用或者不当食用会对消费者身体产生危害，企业不能因为自己的私利而忽略消费者的人身安全。徽都商行既然知道玛咖粉可以作为食品原料生产就更知道应该在标签或说明书中标注不适宜人群和食用限量，但徽都商行为了私利而选择性不标注，王某杰认为其具有故意性，应当予以惩罚性赔偿以达到警示作用。

（3）一审法院认定涉案产品婴幼儿、孕妇、哺乳期妇女不宜饮用是常识，在日常生活中婴幼儿不会喝酒，但孕妇、哺乳期妇女喝酒的也不是没有，食品安全法是保障所有人的食品安全健康，不能因为食用人群较少，而忽略此人群的存在。一审法院认定王某杰是成年男性所以没有影响，这是将应该由徽都商行标签告知的事情强加给消费者。

2. 被上诉人的上诉理由和依据

（1）王某杰从徽都商行处购买的玛卡酒是徽都商行从合法供应商处按正常市场价格购买的，尽到了应有的谨慎注意义务。徽都商行一直通过正当渠道获取商品，王某杰诉称的该批次伊力老窖玛卡酒为徽都商行在供应商昌吉市宏发商贸经营部购买的，供应商具有营业执照、酒类批发许可证等合法资质。徽都商行作为普通零售商从合法供应商处采购产品，按照《食品安全法》第 53 条要求，查验了供货者的许可证和食品出厂检验合格证或者其他合格证明，已尽到了应有的谨慎注意义务。

（2）涉案商品伊力老窖玛卡酒为符合国家标准的安全食品，王某杰所诉产品不符合食品安全标准没有事实依据。徽都商行销售的该批次伊利老窖玛卡酒的生产厂家委托国家农副产品质量监督检验中心（新疆）对涉诉商品进行了检验，得出的检验结论是“该送样品经检验，所检项目符合《露酒》（GB/T 27588—2011）标准的规定”，该结论有力地证明了涉诉商品为符合国家标准的安全食品，充分说明其严格执行了国家食品安全标准《露酒》（GB/T 27588—2011），并且按照《食品安全法》第 67 条的规定，该批次伊利老窖玛卡酒已明确标明了商品名称、规格、净含量、生产日期、成分或者配料表，生产者的名称、地址、联系方式，保质期，产品标准代号，储存条件，所使用的食品添加剂，生产许可证编号等国家食品安全法规定的标识信息。徽都商行销售的商品完全符合食品安全标准。

（3）王某杰主张涉诉商品未标注不适宜人群和适用限量，要求徽都商行以十倍价款向其赔偿，是对法律的认识不清，是权利的过度使用。上诉人诉称涉案商品未按照《卫生部公告 2011 年第 13 号——关于批准玛咖粉作为新资源食品的公告》规定标注不适宜人群和食用限量，但该公告是将玛咖粉作为新资源食品的公告，同时规定了工艺及质量要求，规定了不适宜人群和食用限量，该公告中没有国家标准的字样，并非《食品安全法》中所称的“食品安全国家标准”。该公告规定玛咖粉为新资源食品，是针对单纯食用玛卡粉或以玛咖粉作为主要原料产品的规定，并不是对仅使用极小量玛咖粉而作出的规定，因此该公告内容不应适用于本案诉争产品。《食品安全法》第 25 条规定食品安全标准是强制执行的标准。除食品安全标准外，不得制定其他食品强制性标准。原卫生部公告并非食品安全标准，伊力老窖玛卡酒预包装标签未标注不适宜人群和食用限量，属于标注不规范的情形，依法属于市场监督管理部门的管辖范围，王某杰作为消费者可以向有关行政部门反映情况，但不能以此认定徽都商行所售商品不合格，王某杰混淆了行政部门要求与法律规定的界限，要求适用十倍价款的赔偿条款的主张不能成立。

（4）王某杰并未因伊力老窖玛卡酒遭受损失。《食品安全法》第 148 条规定：消费者因不符合食品安全标准的食品受到损害的，可以向经营者要求赔偿损失。徽都商行出售的伊力老窖玛卡酒并无食品安全问题，不会对消费者人身、财产造成任何损害，王某杰也未举证证明自己因食用涉案产品而遭受了人身、财产方面的损害事实。因此，王某杰要求徽都商行返还购物款以及给予十倍赔偿的诉讼请求于法无据。

（5）诉争产品上没有标注玛咖粉的不适宜人群和食用限量，不会影响食品安全，且不会对消费者造成误导。诉争产品的原料是：水、浓香型白酒、玛卡、蜂蜜。根据《露酒》（GB/T 27588—2011）的规定，干浸出物应≥0.50 g/L，国家检验机构的检验结果为0.70 g/L，干浸出物的理化要求符合国家标准的要求。诉争产品的原料中只有玛卡、蜂蜜可以产生干浸出物，假设所有干浸出物均为玛卡，1 L诉争产品中只有0.70 g玛卡，每瓶诉争产品的总量为420 mL，那么每瓶诉争产品中玛卡的含量为0.294 g，如果正常人饮用诉争产品而达到每天使用玛咖25 g的限量，则一天要饮用85瓶诉争产品，即要饮用35.5 kg 52度的高度酒，实际上任何人也不可能一天饮用85瓶诉争产品。因此，诉争产品未标注玛卡粉的每天限量不会影响食品安全且不会对消费者造成误导。酒类，尤其是高度酒类，本身就不宜由婴幼儿、哺乳期妇女、孕妇饮用，这是基本常识。本案诉争产品是52度的高度酒类，在标示上虽然没有标注不适宜人群，但并不会影响食品安全且不会对消费者造成误导。

综上，诉争商品为符合食品安全标准的商品，徽都商行销售未标注产品不适宜人群和食用限量的该商品并不影响其食品安全且不会对消费者造成误导；况且在本案中，徽都商行向王某杰销售诉争商品不存在任何主观恶意，因此，王某杰的上诉请求无事实和法律依据。

（四）本案的争议焦点及审理意见

1. 一审法院

一审法院认为本案的争议焦点有两个：涉案商品是否需要标注食用限量和不适宜人群；涉案商品未标注食用限量和不适宜人群是否影响食品安全。

（1）关于涉案商品是否需要标注食用限量和不适宜人群的问题。根据《食品安全国家标准　预包装食品标签通则》（GB 7718—2011）第5条、《食品安全法》第37条，以及原卫计委《新食品原料安全性审查管理办法》第4条、第19条的规定可知，玛咖粉是国家规定的需要经过特殊审批方可用于食品生产经营的新资源食品，其标签标识应当符合国家法律、法规、食品安全标准以及原卫生部公告的要求，故涉案商品应当标注食用限量和不适宜人群。

（2）关于涉案商品未标注食用限量和不适宜人群是否影响食品安全的

问题。原卫计委《关于批准玛咖粉作为新资源食品的公告》（2011 年第 13 号）规定，玛咖粉作为新资源食品，食用量<25 g/d，婴幼儿、哺乳期妇女、孕妇不宜食用，食品的标签、说明书中应当标注不适宜人群和食用限量。涉案商品配料含有玛咖，且涉案商品实际系用玛咖粉进行浸泡制成，但并未在外包装中标注不适宜人群和食用限量，不符合上述规定。徽都商行从昌吉市宏发商贸经营部采购了涉案商品，并查验了该经营部及生产商新疆伊力特实业股份有限公司的经营资质、生产许可证等，已尽到了合理审慎的注意义务，且其销售的涉案商品按其执行标准《露酒》（GB/T 27588—2011）经检测质量符合标准要求；另外，涉案商品是中度烈性白酒，婴幼儿、哺乳期妇女、孕妇不宜食用是常识，王某杰作为成年男性也不属于不适宜人群。因此，涉案商品标签虽然存在不符合相关规定的情形，但对王某杰不存在影响食品安全的隐患，且徽都商行亦不存在主观恶意，故不属于适用惩罚性赔偿的情形。

涉案商品的标签标注虽然存在一定瑕疵，但并无证据证明产品本身存在不符合食品安全标准的情形，王某杰也未能提供证据证明涉案商品因标签标注或其他安全问题受到行政部门的相关处罚。

综上，徽都商行销售的产品存在标签问题，王某杰诉请退还货款，应予支持；徽都商行表示同意退货、退款，该院不持异议；但王某杰主张十倍赔偿，该院不予支持。对王某杰主张已消费掉的货物，该院在货款中一并予以扣除。依照《食品安全法》第 148 条第二款、第 37 条之规定，作出如下判决：昌吉市徽都食品商行于本判决生效后十日内退还王某杰货款一万五千一百五十元；王某杰于本判决生效后十日内退还昌吉市徽都食品商行“伊力牌伊力老窖玛卡酒”（净含量：420 mL）六十瓶，如不能退还，则按照每瓶二百五十二元五角从上述应退货款中扣除；驳回王某杰的其他诉讼请求。如果未按判决指定的期间履行给付金钱义务，应当依照《民事诉讼法》第 253 条之规定，加倍支付迟延履行期间的债务利息。

2. 二审法院

二审法院认为本案的主要争议焦点是涉案商品的成分中含有玛咖粉，但未标注食用限量和不适宜人群是否影响食品安全的问题。

二审法院认为，王某杰在网络上查询到徽都商行销售玛咖酒的信息后，通过网络下单承诺购买徽都商行销售的玛咖酒，双方形成网络购物合同关系，该合同关系系双方当事人真实意思表示。

涉案商品玛咖酒以玛咖为配料，使用玛咖粉进行浸泡制作生产，而玛咖粉是需要经过国家特殊审批方可用于食品生产经营的新资源食品，其标签标识应当符合国家法律、法规、食品安全标准以及原卫生部公告的要求，根据原卫计委《新食品原料安全性审查管理办法》第 4 条、第 19 条的规定，故涉案商品应当标注食用限量和不适宜人群，涉案商品未进行标注，应属标签标注存在瑕疵。

根据《食品安全法》第 148 条第二款的规定，涉案商品玛卡酒是中度烈性白酒，“过量饮酒，有害健康”字样已明确标注于商品外包装上，且此亦为日常生活经验法则，而根据徽都商行的陈述及相关证据表明，通过饮用该商品而食用玛咖粉的总量超过玛咖粉规定食用限量时已远超出常人通常饮用烈性白酒的总量，不符合婴幼儿、哺乳期妇女、孕妇及其他人群的通常做法。因此，本案商品标签标注不会对消费者产生误导。故一审认定涉案商品标签标注存在瑕疵，但对王某杰不存在影响食品安全隐患，不属于适用惩罚性赔偿的情形，该认定并无不当。

（五）二审法院的终审判决

综上所述，王某杰的上诉请求不能成立，应予驳回；一审判决认定事实清楚，适用法律正确，应予维持。依照《民事诉讼法》第 170 条第一款第 1 项规定，判决如下：驳回上诉，维持原判。二审案件受理费3 634 元，由王某杰负担（已交纳）。

四、问题解答

（一）何种情况下需要标注食用限量和不适宜人群的问题

所谓食用限量，指的是一种食品的食用数量的范围；而不适宜人群，则是指不应当食用该食品或者食用该食品会对人体产生负面影响的人群。食用限量和不适宜人群的标注是依法保护消费者合法权益的重要途径。

食用限量和不适宜人群等相关要素对食品安全的影响不仅表现在食品质量安全方面，而且还表现在是否向消费者提供了准确的信息，食品即使符合质量安全标准，如果不能真实提供食用限量、不适宜人群的信息也可能导致对食用者的身体健康、甚至生命安全产生危害。食用限量和不适宜人群信息的标注不仅关乎食品安全，而且在保障消费者知情权方面也起着重要的作用。《消费者权益保护法》第 8 条规定：消费者享有知悉其购买、使用的商品或者接受的服务的真实情况的权利。消费者有权根据商品和服务的不同情况要求经营者提供商品的价格、产地、生产者、用途、性能、规格、等级、主要成分、生产日期、有效期限、检验合格证明、使用方法说明书、售后服务或者服务的内容、规格、费用等有关情况。食用限量和不适宜人群的标注作为消费者"知情权"内容的体现，虽然这两个标签内容并不包括在《消费者权益保护法》第 8 条的列举内容中，但是其作为可能对消费者产生健康、生命安全的重要信息，对消费者知情权的实现仍然起着非常重要的作用。如果没有这两个信息，消费者很难根据自己的情况控制该食品的用量，也更加不能确定自己是否应当食用甚至购买该食品以及该食用会不会对自身产生不利影响。因此，标注食用限量和不适宜人群是非常必要的，是保障食品安全的重要措施之一。

根据《食品安全法》第 67 条的规定，预包装食品的包装标签应当标明下列事项：(1) 名称、规格、净含量、生产日期；(2) 成分或者配料表；(3) 生产者的名称、地址、联系方式；(4) 保质期；(5) 产品标准代号；(6) 贮存条件；(7) 所使用的食品添加剂在国家标准中的通用名称；(8) 生产许可证编号；(9) 法律、法规或者食品安全标准规定应当标明的其他事项。专供婴幼儿和其他特定人群的主辅食品，其标签还应当标明主要营养成分及其含量。食品安全国家标准对标签标注事项另有规定的，从其规定。上述规定包括八项列举式的实质内容和一项兜底性条款，八项实质性内容具体可以分成两类，其中，第一、三、五、八项中的"名称、规格、净含量、生产日期；生产者的名称、地址、联系方式、产品标准代号、生产许可证编号"是关于食品的可追溯信息；剩余四项中涉及的"成分、配料、保质期以及贮存条件"等则是与食品质量安全相关的信息。食品限量和不适宜人群属于食品安全国家标准对标签标注事项另有规定的情形。《食品安全国家标准　预包装食品标签通则》（GB 7718—2011）第5条规定，按国家相关规定需要特殊审批的食品，其标签标识按照相关规定执行。《食品安全法》第37条规定："利用新的食品原料生产食品，或者生产食品添加剂新品种、食品相关产品新品种，应当向国务院卫生行政部门提交相关产品的安全性评估材料。国务院卫生行政部门应当自收到申请之日起六十日内组织审查；对符合食品安全要求的，准予许可并公布；对不符合食品安全要求的，不予许可并书面说明理由。"《新食品原料安全性审查管理办法》第4条规定，新食品原料应当经过原卫计委安全性审查后，方可用于食品生产经营；第19条规定，食品中含有新食品原料的，其产品标签标识应当符合国家法律、法规、食品安全标准和国家卫生计生委公告要求。根据上述规定可知，玛咖粉是国家规定的需要经过特殊审批方可用于食品生产经营的新资源食品，其标签标识应当符合国家法律、法规、食品安全标准以及原卫生部公告的要求，故涉案商品应当标注食用限量和不适宜人群。

（二）结合本案评价"过量饮酒，有害健康"标注的性质

在酒瓶上标注"过量饮酒，有害健康"，其目的便是提醒消费者该类食品在不注意用量的时候，会对身体产生不利影响，对于生产经营者来讲，标注"过量饮酒，有害健康"等标语不仅是其应尽的义务，也是尊重消费者知情权的体现，消费者有权知道该商品的特性。不仅仅是对酒这类商品要进行食用量的特殊标注，包括香烟在内的其他一些特殊商品也有同样的要求。对某些食品的食用限量等进行特殊标注主要是出于对该类商品本身所具有的"特质"的反应，对于像烟酒等一些容易让人"上瘾"、产生依赖性的商品，大多数消费者即使在明确得知过量食用会对身体造成危害，仍会以一种侥幸的心理作出一定的过量食用的行为，在此种情况下，就需要生产经营者进一步加强提示义务，在其商品上作出进一步的明确提示。

"过量饮酒，有害健康"作为强制性标注要求，首先出现于《食品安

全国家标准　蒸馏酒及其配制酒》（GB 2757—2012）中，在其2.1的定义中明确：以粮谷、薯类、水果、乳类等为主要原料，经发酵、蒸馏、勾兑而成的饮料酒。4.3应标示“过量饮酒有害健康”，可同时标示其他警示语。《食品安全全国家标准　发酵酒及其配制酒》（GB 2758—2012）中，在其2.1的定义中明确：以粮谷、水果、乳类等为原料，经发酵或部分发酵酿制而成的饮料酒。4.3应标示“过量饮酒有害健康”，可同时标示其他警示语。这两个标准产品的定义涵盖了所有白酒的种类，因此在白酒类产品中对“过量饮酒，有害健康”的标示具有强制性。

本案中，法院采用“常人都知道”这个逻辑来解决是否应该进行标注的问题并不具有说服力。因为任何食品过量食用都有害健康，这应该是常人都知道的，若仅以此为判定标准，对于某些特殊商品特殊标注要求没有进行区别对待，不利于对消费者权利的保护。

表1-4　玛咖粉

中文名称	玛咖粉	
拉丁名称	*Lepidium meyenii Walp*	
基本信息	种属：人工种植的玛咖（十字花科独行菜属） 食用部位：根茎	
生产工艺简述	以玛咖为原料，经切片、干燥、粉碎、灭菌等步骤制成	
食用量	≤25 g/d	
质量要求	性状	淡黄色粉末
	蛋白质含量	≥10%
	膳食纤维含量	≥10%
	水分	≤10%
其他需要说明的情况	1. 婴幼儿、哺乳期妇女、孕妇不宜食用。 2. 食品的标签、说明书中应当标注不适宜人群和食用限量	

（执笔：王猛，盛利）

第二章　食品合同纠纷案

案例2-1　何某某与云南玉溪百信商贸集团有限公司买卖合同纠纷案[①]

一、案件概要

本案因何某某与云南玉溪百信商贸集团有限公司（以下简称百信公司）、云南玉溪百信商贸集团有限公司普洱购物广场（以下简称普洱购物广场）买卖合同纠纷一案，由云南省玉溪市中级人民法院于2017年1月3日作出〔2016〕云04民终666号民事判决书，审判长刘惠。本案上诉人（原审原告）何某某。被上诉人（原审被告）云南玉溪百信商贸集团有限公司、云南玉溪百信商贸集团有限公司普洱购物广场。本案涉及上诉人（原审原告）何某某向普洱购物广场购买110瓶土蜂蜜，认为蜂蜜标签标注违法，除请求赔偿货款外，要求支付货款十倍的赔偿金。据此，一审法院依据《中华人民共和国合同法》（以下简称《合同法》）的规定，认为原告在达成口头协议当时就已经知道了其购买的蜂蜜标签存在问题，未尽查验义务，其诉讼请求不成立，不予支持。上诉人（原审原告）以一审判决认定事实错误、适用法律错误为由提起上诉。二审法院以原审法院认定事实清楚，处理得当，予以维持。

本案主要涉及以下法律规范。

（1）《食品安全法》（2009）第42条、第96条[②]。

（2）《合同法》第8条、第60条。

---

① 案件来源：【法宝引证码】CLI. C. 9417481.

② 本案审理时依据2009年颁布实施的《食品安全法》，案件正文中引用的《食品安全法》及其条款，皆按此表示。

（3）最高人民法院《关于民事诉讼证据的若干规定》第2条。

二、思考问题

（1）涉及食品买卖时《合同法》《中华人民共和国侵权责任法》（以下简称《侵权责任法》）《消费者权益保护法》《食品安全法》的适用。

（2）不符合食品标签标准规范的行政责任和民事责任。

三、案件正文

（一）案件当事人及其主张

上诉人（原审原告）何某某的上诉要点和请求：原判决认定事实不清；原判决依据《合同法》第8条、第60条的规定驳回何某某的诉讼请求明显适用法律错误。请求撤销玉溪市红塔区人民法院〔2016〕云0402民初1131号民事判决，改判支持何某某的一审全部诉讼请求。

被上诉人（原审被告）（一）云南玉溪百信商贸集团有限公司的答辩要点和请求：一审判决认定事实清楚、适用法律正确，请法院驳回对百信公司的上诉请求。

被上诉人（原审被告）（二）云南玉溪百信商贸集团有限公司普洱购物广场的答辩要点和请求如下。一审判决认定事实清楚；一审判决适用法律正确。请求依法维持玉溪市红塔区人民法院〔2016〕云0402民初1131号民事判决，驳回何某某的上诉请求。

（二）法庭查明的事实

一审法院查明，百信公司在工商局登记的类型为有限责任公司。普洱购物广场系百信公司投资设立的，机构类型为企业非法人，在工商局登记的类型为有限责任公司分公司。2015年4月20日，何某某到普洱购物广场看到其销售的罗平县腊蜂蜂业科技有限公司生产的“腊蜂蜂业”土蜂蜜后，向其主张购买110瓶。当时普洱购物广场只剩下5瓶，何某某要求普洱购物广场以其看到的样品为标准为其进货，并于当日支付了500元订金。普洱购物广场遂按何某某的要求组织进货，并于2015年4月26日交付了何某某，何某某于当日向普洱购物广场支付了 10 780 元货款。2015 年 4 月 27 日，何某某以其向普洱购物广场购买的上述蜂蜜标签标注有以下违法事实：（1）产品标注的标准号已作废；（2）没有标明储存方法；（3）非法标注（一级品）；（4）标签没有标注生产许可证号；（5）没有厂家联系电话等为由向普洱市食品药品稽查支队投诉，并于当日将其中的 108 瓶蜂蜜委托普洱市食品药品稽查支队保管。另外的 2 瓶，何某某称其已食用，但未造成损害后果。普洱市食品药品稽查支队立案调查后查明“2015 年 4 月 26 日，普洱购物广场销售的标称生产厂家为云南罗平腊蜂蜂业科技公司的土蜂蜜产品（规格 650 g/瓶），存在未标注配料表、生产者的地址、储存方法问题，产品标注的标准号 GB 18796 已作废，产品标注质量等级一级品不符合现行蜂蜜国家标准规定”。普洱市食品药品稽查支队认为普洱购物广场销售标签不符合食品安全法的规定，土蜂蜜产品违反了《食品安全法》第 42 条第 2 项、第 3 项、第 5 项、第 6 项的规定：“预包装食品的包装上应当有标签。标签应当标明下列事项（2）成分或者配料表；（3）生产者的名称、地址、联系方式；（5）产品标准代号；（6）储存条件。”于 2015 年 5 月 18 日作出的（普）食药监食罚〔2015〕6 号行政处罚决定书对普洱购物广场作出了责令改正、没收违法所得 2 160 元、罚款 25 000 元的处罚决定。

二审查明的事实与原审法院审理查明的事实一致。

(三) 诉辩理由和依据

1. 上诉人的上诉理由和依据

（1）原判决认定事实基本事实不清。主要依据如下。① 原判决遗漏基本事实。依据《食品安全法》第 96 条规定的惩罚性赔偿责任主张权利，百信公司、普洱购物广场是否应当承担惩罚性赔偿责任取决于以下两个基本事实：涉案产品是否符合食品安全标准；经营者是否明知。这才是本案必须予以查明的基本事实。但原判决偏离案件基本事实，对涉案产品是否符合食品安全标准，以及百信公司、普洱购物广场是否明知只字不提，原判决明显遗漏基本事实。② 原判决认定百信公司、普洱购物广场“按照何某某的要求组织进货”纯属主观臆断。③原判决将消费者的查验权利变成查验义务，是非不分，颠倒黑白。原判决将消费者查询的权利说成是查询的义务，而将经营者的进货查验义务转嫁给消费者，认定百信公司、普洱购物广场销售违法产品没有恶意错误。

（2）原判决依据《合同法》第8条、第60条的规定驳回何某某的诉讼请求明显适用法律错误。以上两条均为原则性规定而不是规则性规定。本案双方买卖的合同标的物是食品，并非普通物品，除受普通《合同法》调整外，还要受特别法《食品安全法》的调整。何某某的诉状已经非常明确选择按照《食品安全法》第96条的规定主张十倍赔偿，人民法院应当尊重原告选择基础法律关系的权利，应当按照《食品安全法》第96条规定处理本案。《食品安全法》第96条规定的惩罚性赔偿责任属于法定的特殊的赔偿责任，在何某某明确选择按照《食品安全法》第96条规定主张权利的前提下，原判决违反了特别法优先的原则，违反了有明确法律规则不得适用法律原则的法律适用原则，直接适用《合同法》第8条、第60条的原则性规定处理本案，明显属于适用法律错误。

2. 被上诉人的辩称理由和依据

本案何某某依据的法律规定即食品安全法，一审何某某立案及法庭审理时都是按照买卖合同的法律关系进行审理，对合同标的蜂蜜的审查义务必然要由何某某来履行，如果何某某认为合同标的物不符合双方约定其可以拒收，且何某某本人到相关行政主管部门对产品进行了化验，其主张十倍赔偿是没有法律依据的。对于本案所涉普洱市食品药品安全监督局所检验的蜂蜜，何某某陈述已经吃了两瓶，并没有不良反应和到医院救治的证据证实身体受到伤害，且说明书也未对何某某造成误导。

（1）一审判决认定事实清楚。何某某所谓“原判决遗漏基本事实”，实际上是混淆了案件事实和诉讼请求的概念，把不支持其诉讼请求说成是遗漏基本事实。一审判决认定“按照何某某的要求组织进货”是有充分事实依据的。何某某利用他人重合同守信誉的善行，恶意谋利。

（2）一审判决适用法律正确。普洱购物广场与何某某之间是一种买卖关系，何某某看样订货，付定金，普洱购物广场按其要求，专门为其组织进货，双方是买卖合同关系，不是针对不特定的消费群体。其次，普洱购物广场因信赖合同成立和有效才按其要求组织进货，并交付其指定购买的蜂蜜，不存在欺骗消费者的故意。

（四）本案的争议焦点及审理意见

1. 一审法院

一审法院认为本案的争议焦点是何某某与普洱购物广场口头达成的买卖蜂蜜的协议内容之一是由普洱购物广场按其看到的样品为其组织进货，何某某在达成口头协议当时就已经知道了其将购买的蜂蜜标签标明的标准号及标签上没有标明食品生产许可证、储存方法、配料表、生产者名称、地址、联系方式等内容。在普洱购物广场未向其交货前其有足够的时间，也有义务去查询其要求普洱购物广场进货的涉案蜂蜜的标签标明的标准号是否是作废的标准号，从而通知普洱购物广场不要再按其要求组织进货，避免其损失的发生。何某某因未尽上述义务，其诉讼请求不成立，不予支持。普洱购物广场因信赖合同成立和有效才按何某某的要求组织进货，交付了何某某指定购买的蜂蜜，其行为没有恶意。综上，依据《合同法》第8条、第60条第一款之规定，判决："驳回原告何某某的全部诉讼请求。案件受理费1 335元，由原告何某某承担。"

2. 二审法院

二审法院认为本案的争议焦点是本案的法律关系问题。二审中，上诉人何某某上诉称："何某某的诉状已经明确选择按照《食品安全法》第96条的规定主张十倍赔偿，人民法院应当尊重何某某选择基础法律关系的权利，应当按照《食品安全法》第96条规定处理本案。"对此，本院认为，何某某在原审时有明确的诉讼请求，但未明确选择法律关系，因本案存在法律关系竞合的情况，在侵权责任纠纷与买卖合同纠纷两种法律关系竞合的情况下，原审立案后确定了买卖合同的法律关系，对确定的法律关系何某某未提出异议，现二审中何某某提出本案应当以侵权为基础的法律关系进行审理，根据相关法律规定，在二审中不宜作出变更，故本院不予支持。因此，本案二审仍应以原审确定的基础法律关系，即买卖合同关系进行审理，所适用的法律也应当是《合同法》中关于买卖合同的相关规定，而不再适用《食品安全法》的相关规定进行处理。

何某某与普洱购物广场口头达成买卖蜂蜜的协议，是双方真实意思表示，未违反相关的法律法规，口头协议有效。协议约定的内容是何某某要求由普洱购物广场按实物样品为其组织进货，普洱购物广场根据何某某的要求组织进货，交付了何某某指定购买的蜂蜜，普洱购物广场的行为符合双方口头买卖合同的约定。何某某提交的证据普洱市食品药品稽查支队立案的调查，该调查认为“标签不符合食品安全法规定的土蜂蜜产品违反了《食品安全法》第42条第二项、第三项、第五项、第六项的规定”。上述调查证明普洱市食品药品稽查支队已对土蜂蜜标签不符合食品安全法的规定进行了处罚，但该证据并未证明土蜂蜜本身是否存在质量问题。故根据最高人民法院《关于民事诉讼证据的若干规定》第2条规定及《合同法》买卖合同中质量问题的相关规定，何某某的上诉证据不充分，理由不能成立，不予支持。

（五）二审法院的终审判决

原审法院认定事实清楚，处理得当，本院予以维持。依照《民事诉讼法》第170条第一款第1项之规定，判决驳回上诉，维持原判。二审案件受理费2 676元，由上诉人何某某负担。

四、问题解答

（一）涉及食品买卖时《合同法》《侵权责任法》《消费者权益保护法》《食品安全法》的适用

关于食品买卖时四部法律的适用主要包括两个层面的法律问题：一是合同责任与侵权责任的选择适用，二是惩罚性赔偿条款的选择适用。前者是关于《合同法》与《侵权责任法》《消费者权益保护法》《食品安全法》的整体法律适用问题；后者是关于《侵权责任法》第47条、《消费者权益保护法》第55条、《食品安全法》第148条[①]的具体条款的法律适

① 此处是指2015年修改后的《食品安全法》。

用问题。关于解决法律适用问题的依据主要包括《中华人民共和国立法法》（以下简称《立法法》）中“新法优于旧法，特殊法优于普通法”等一般性规定；《合同法》第122条确立的侵权损害赔偿与违约损害赔偿的“请求权自由竞合说”[①]。

1. 合同责任与侵权责任的选择适用

食品买卖的一方主体通常是消费者，其购买的食品是能够满足其生活需要的安全合格食品，当其权益受到损害时，既可以依据《合同法》的相关规定及双方买卖合同约定，追究销售者的违约责任，也可以依据《侵权责任法》《消费者权益保护法》《食品安全法》等法律来追究销售者、生产者的侵权责任。此时可以根据“请求权自由竞合说”由消费者选择依据何种法律关系来维护自身权益。在本案中，争议的焦点之一即合同责任与侵权责任的法律适用问题。根据判决书记载，上诉人在一审中的诉讼请求中明确提出要求惩罚性赔偿，但未明确选择法律关系，并对法院确立买卖合同的法律关系未提出异议；二审中何某某提出本案应当以侵权为基础的法律关系进行审理，但在二审中不宜作出变更基础法律关系，来回应法律适用问题。对此，我们可以做如下理解：明确诉讼请求不等同于法律关系的确定，在法律确认适用某种法律关系后，可以提出异议，否则该确定的法律关系将作为基础法律关系来对案件进行事实认定与法律适用。

司法实践中，涉及请求权的选择、请求权基础即法律关系的确定以及法院释明权行使仍有进一步探讨必要。本案件所反映的事实体现了两个法律关系的特征，且都可以成立，作为两种请求权的法律基础，可以提出两种请求权，由当事人自由做出选择。对请求权的选择以及寻找请求权基础支持其提出的请求权，应是原告的权利与义务。当事人对自己主张的请求权有选择和重新选择的权利，但当事人的选择明显错误时，法院可行使释明权[②]。在本案中，一审法院并未行使释明权，在当事人未明确选择法律关系时，直接对法律关系予以确定，并以此关系为中心进行审判。我国民

---

① 即同一法律事实同时符合违约赔偿责任与侵权赔偿责任的构成要件，在相同的当事人之间产生两个请求权，权利人自由选择行使，其中一个请求权的行使与责任的承担，使得另一个请求权因目的的实现而消灭。

② 胡祥甫：“请求权基础的实务分析”，载《法治研究》2018年第1期。

事诉讼法对释明权没有明确统一的规定，而是散见于相关的司法解释和规定中，由于释明权制度在我国立法中尚未成为一套完整的制度体系，使之在民事诉讼中处于可有可无的状态。本案中法院未行使释明权并没有明显地违反相关规定，但对法律关系的确定存在侵害原告诉讼权利的可能性。从司法审判实践而言，一审确定了法律关系后，在二审中仍存在变动的可能性，通常是结合案件事实的变化，找到新的请求权的构成要件，对作为请求权基础的法律关系进行变动。在本案中，上诉人并没有提出新的证据事实，仅以一审原有事实提出变动法律关系，故难以得到支持。

2. 惩罚性条款的选择适用

伴随着我国惩罚性赔偿制度的发展，已经在相关的法律中做出了具体的规定，例如，《食品安全法》规定了十倍惩罚性赔偿，《消费者权益保护法》规定了三倍惩罚性赔偿，《侵权责任法》概括性规定为相应的惩罚性赔偿，《合同法》中的违约责任具有补偿性和惩罚性的双重性质，因此也可纳入我国惩罚性赔偿制度体系中。在多数情况下，根据案件事实的不同可以准确选择适用相应的惩罚性赔偿，但在一些特殊情况下存在着事实上的竞合关系，从而引起惩罚性赔偿法律的选择适用问题。在消费者食品买卖纠纷的司法案件中，消费者往往优选《食品安全法》的十倍惩罚性赔偿，次选《消费者权益保护法》的三倍惩罚性赔偿，较少涉及《侵权责任法》的适用。食品生产经营者之间买卖食品引起的质量纠纷，因发生于商事交易活动中双方主体的特殊性而适用《合同法》的相关规定。

2015 年修订后的《食品安全法》第 148 条规定的适用前提是存在“生产不符合食品安全标准的食品或者销售明知是不符合食品安全标准的食品”的违法行为，同时规定“食品的标签、说明书存在不影响食品安全且不会对消费者造成误导的瑕疵的”除外。这一条款不用对损害后果加以考量减轻了消费者的举证责任，而适用难点在于瑕疵与明知的认定，这也是司法实践中常见的争议焦点。

《消费者权益保护法》第 55 条第一款规定的适用前提是经营者的欺诈行为，第二款规定的前提是“经营者明知商品或者服务存在缺陷，仍然向消费者提供，造成消费者或者其他受害人死亡或者健康严重损害的”。欺诈行为的规定可以作为食品买卖符合食品安全标准时的补充条款。第二款的规定与《侵权责任法》第 47 条、《食品安全法》第 148 条均有一定交叉重合之处。《食品安全法》既为最新修订的法律，自然其规定也更为明确，当消费者因不符合食品安全标准的食品受到身体、健康损害时，可优先适用。如造成消费者之外的他人身体、健康损害的，且经营者作为责任主体的可优先适用《消费者权益保护法》。《侵权责任法》第 47 条适用前提是生产经营者明知产品存在缺陷，且造成他人死亡或严重健康损害。侵权责任法的规定更多作为一般性规范，在食品买卖中适用的余地较小。三部法律适用前提及赔偿数额见表 2－1。

表 2－1　惩罚性条款的相关规范

法律规范	适用类型	适用条件	赔偿数额
《食品安全法》第 148 条	食品	生产不符合食品安全标准的食品或者销售明知是不符合食品安全标准的食品	支付价款十倍或者损失三倍的赔偿金；设定最低限额一千元
《消费者权益保护法》第 55 条	商品或服务	欺诈行为；明知商品或者服务存在缺陷	价款或者接受服务的费用的三倍；设定最低限额五百元；所受损失二倍以下的惩罚性赔偿
《侵权责任法》第 47 条	产品	明知产品存在缺陷	相应的惩罚性赔偿

（二）食品标签标准规范的行政责任和民事责任

食品标签不符合法律规范，应当承担法律规定的相应行政责任与民事责任，这是毋庸置疑的。但是食品标签不符合标准是否意味着应无差别地承担行政责任与民事责任？食品标签与食品安全之间并不存在完全对应的关系，即不符合食品标签的食品并不必然违反安全食品“无毒、无害，符合应当有的营养要求，对人体健康不造成任何急性、亚急性或者慢性危害”的实质性安全内容。违反某些技术性的标签标准对食品的安全性本身不会产生影响。本问题主要是探讨在食品标签标准多样化，法律并未明确规定违反标准应承担何种法律后果的情形下，当食品标签违反食品安全国家标准，在行政管理领域与民事司法裁判领域对法律责任的不同认定。

标准与法律属于不同范畴的事物，标准与法律又有密切的关系，在诸多领域，标准与法律呈现出相互融合的现象。法律是关于人的权利和义务的规定，反映了公平正义的价值取向，标准本身无关权利义务，它只是对生产、管理、服务的技术性要求，体现的是科学性和合理性①。在《食品安全法》中，有专门章节对食品安全标准作出规定，体现了法律对标准的引进，但在食品安全标准的法律责任上未作出对应的明确规定。

在行政领域，食品安全标准的制定对于食品安全管理与食品安全监督执法意义重大，是监管工作的重要依据。食品安全标准与食品安全法律规范关系密切，是对法律规范所设定的权利义务的细化和延伸。由于食品安全标准内容结合相关法律规范的条款，从而作为行政机关监管、执法的依据，与依法行政是相符的。同时，食品安全标准的强制力与法规范确定的强制力衔接起来，在行政领域，对执法机关和行政相对人而言，食品安全标准就取得了与法规范一样的强制力②。因此，对于食品生产经营者而言，生产经营不符合食品安全标准的食品，应当受到相应的行政处罚；同样，行政执法人员，不严格按照食品安全标准对食品生产经营者进行监督管理，放任其违反食品安全标准的行为，也应受到行政处分，承担行政责任。在本案查明的事实中，普洱市食品药品稽查支队对涉案产品行政处罚，既有基于法律规范的规定，如未标注生产者的名称、地址、联系方式，也有基于食品安全标准的规定，如违反标注一级品。在行政管理领域，两者均具有强制性，应依法予以行政处罚。

相较于食品安全标准在行政领域的确定效力，其在民事领域是否也应具有相应效力，在理论上存有争议，司法审判实践中也有不同判定。对于食品标签问题，在司法审判中存在两种不同的裁判思路。一是对食品安全

---

① 柳经纬："标准与法律的融合"，载《政法论坛》2016 年第 6 期。

② 伍劲松："食品安全标准的性质与效力"，载《华南师范大学学报（社会科学版）》2010 年第 3 期。

标准的认定采用形式审查原则，即在形式上比对食品安全标准内容即可；二是对安全标准的认定采用实质审查原则，即还需对食品标签问题与卫生、营养等食品安全要求的关联性进行实质上的认定。在本案中，法院采取的是实质审查原则的裁判思路。法院认为普洱市食品药品稽查支队对土蜂蜜标签不符合食品安全法规定进行了处罚，并不能说明土蜂蜜本身是否存在质量问题。

食品安全标准在民事领域的适用主要见于三类条文。《食品安全法》第 148 条第二款规定了惩罚性赔偿责任，它并未提及民事责任的构成要件，而是将是否符合食品安全标准作为承担该民事责任的核心构成要件。《产品质量法》第 41 条、第 42 条、第 46 条，《侵权责任法》第 41 条、第 42 条，将国家标准优先作为对产品缺陷的判断依据。《标准化法》第 14 条规定“不符合强制性标准的产品，禁止生产、销售和进口”，不符合食品安全标准是否会对食品买卖合同效力产生影响，换言之，需要法官对个案进行自由裁量。对违法性构成、产品缺陷、合同合意的个案裁量被置换为客观确定的食品安全标准，虽然简化了对事实的认定，然而会产生以下问题：食品安全标准缺失导致立法目的落空，食品安全标准或标准滞后导致司法混乱。问题的根源在于，公法上的食品安全标准不等于私法上有关食品安全的行为谨慎标准，前者是基于行政管理需要而事前设定的“一刀切”管制标准，后者是基于社会生活上避免损害他人而需要结合个案情境做出判定的注意义务标准，两者不能直接画等号[①]。因此，在民事领域，不能一味遵循违反食品安全标准，就应承担民事责任，而要对食品安全标准的内容进行进一步的认识。《食品安全法》第 148 条第 2 款的但书为食品标签不符合食品安全标准但不需承担民事责任的情形做出规定，在未来的法律完善中，应将此免责领域从标签向外进行扩展，使民事裁判更具有灵活性与针对性。

（执笔：林路索，阮超）

---

① 宋亚辉：“食品安全标准的私法效力及其矫正”，载《清华法学》2017 年第 2 期。

案例2－2　枣庄大润发商业有限公司与冯某林产品责任纠纷案[①]

一、案件概要

本案因枣庄大润发商业有限公司与冯某林产品责任纠纷一案，由山东省枣庄市中级人民法院于2017年3月10日作出〔2016〕鲁04民终1795号民事判决书，审判长李莹。本案上诉人（原审被告）为枣庄大润发商业有限公司，被上诉人（原审原告）为冯某林。本案被上诉人（原审原告）冯某林从上诉人（原审被告）枣庄大润发商业有限公司超市购买涉案商品，认为涉案商品属于超范围无证生产且包装标示厂家与生产许可证厂家不符；涉案商品执行标准错误、无配料表、冒用商品条码及标示虚假网址等，严重违反法律规定，属于不符合食品安全标准的商品；枣庄大润发商业有限公司在明知涉案商品不符合食品安全标准的情况下仍然进行出售，侵犯了消费者合法权益。据此，依据《食品安全法》的规定，要求枣庄大润发商业有限公司返还购物款并依法承担十倍的惩罚性赔偿责任，一审法院支持了原告的诉讼请求。上诉人（原审被告）以一审判决认定事实错误、适用法律错误为由提起上诉。二审法院以一审认定事实清楚，但适用法律错误为由对一审判决予以改判。

本案主要涉及以下法律规范。

(1)《消费者权益保护法》第2条、第55条。

(2)《食品安全法》原第96条、新法第148条。

(3)《产品质量法》第33条。

---

① 案件来源：【法宝引证码】CLI. C. 9061706.

（4）《合同法》第 107 条。

（5）最高人民法院《关于审理食品药品纠纷案件适用法律若干问题的规定》第 3 条。

二、思考问题

（1）食品的标签标识与食品安全。

（2）惩罚性赔偿责任的再思考。

三、案件正文

（一）案件当事人及其主张

上诉人（原审被告）枣庄大润发商业有限公司的上诉要点和请求：一审判决认定事实错误，适用法律错误；请求二审法院撤销原判，改判驳回被上诉人冯某林的诉讼请求；一、二审案件受理费由被上诉人冯某林负担。

被上诉人（原审原告）冯某林的答辩要点和请求：一审判决认定事实清楚，适用法律正确；请求二审法院驳回上诉，维持原判。

（二）法庭查明的事实

一审法院查明 2015 年 5 月 24 日和 25 日，冯某林从枣庄大润发商业有限公司超市购买溢德香牌茶叶。冯某林认为上述商品存在以下问题。（1）生产许可证：QS350714010354 没有乌龙茶的生产许可，而上述商品大红袍和铁观音为乌龙茶，属于超范围无证生产；（2）所用的产品执行标准 GB/T 5000 为食品检验方法标准；（3）均没有配料表。就上述问题，冯某林已向山东省食品药品监督管理局举报，枣庄市食品药品稽查支队经调查作出关于冯某林投诉枣庄市大润发商业有限公司销售的溢德香牌茶叶涉嫌违法情况的回复：“经调查，该公司于 2015 年 5 月 24 日和 25 日销售了 44 袋‘溢德香’福建铁观音秋韵三号和大红袍一号茶叶，货值金额 2 679.6 元……经研究认为该批茶叶标签标识不符合有关规定和要求。针对枣庄大润发商业有限公司销售标签标识不符合规定茶叶产品的行为，我局下达了责令改正并进行了立案处理……并对枣庄大润发商业有限公司给予罚款的行政处罚。”

二审中双方当事人均未提供新证据。二审法院依法确认一审查明的事实。

(三)诉辩理由和依据

1. 上诉人的上诉理由和依据

(1)被上诉人应提供全部商品实物及有效证据一并佐证双方存在买卖合同关系,但是被上诉人仅提供所谓商品本身并不能证明其是从上诉人处购买的,一审判决仅依据所谓票据、实物即认定双方存在买卖合同关系是错误的。

(2)根据《消费者权益保护法》第 54 条之规定,依法经有关行政部门认定为不合格的商品,消费者要求退货的,经营者应当负责退货。而在本案中上诉人根本没有看到被上诉人提供任何证据证实其购买的商品质量不合格,其要求退还货款的诉讼请求没有法律依据。再退一步讲,即使要退还购物款,被上诉人也应将购买的商品全部完整无损的退还给上诉人。一审法院仅判决退还购物款,对于商品未作处理是错误的。

(3)关于上诉人是否需要承担十倍赔偿责任问题。首先,根据被上诉人诉请的十倍的惩罚性赔偿成立的前提是被上诉人举证证实上诉人具有明确规定的欺诈行为或者是销售明知有食品安全问题的产品的过错,否则不应适用该惩罚性赔偿规定;其次,本案中被上诉人提供的所谓材料不能证实上诉人存在销售明知的过错。被上诉人未能提供证据证明其是商品的实际购买人,其提供的材料的效力需要进一步核实。即使被上诉人提供的材料属实,也仅能证明上诉人也是受害者,如果上诉人在后续销售中存在类似销售才能说明上诉人具有销售明知的故意;再次,我国《食品安全法》第 148 条关于十倍赔偿的规定已经进行了修改,食品标签、说明书存在不影响食品安全且不会对消费者造成误导的瑕疵除外。即使涉案商品存在瑕疵,也未影响食品安全且对消费者产生误导。上诉人也不存在《侵权责任法》第 47 条规定的销售缺陷产品造成他人死亡或者身体健康严重损害的行为。涉案商品均不是预包装产品，根本不能适用《食品安全国家标准预包装食品标签通则》作为判决的依据，同时上述产品也是由具有加工资质的合作方加工制作而成，有关厂家也已经出具证明证实不存在任何的假冒行为。上诉人已经对相应商品的供货商尽到了相应的审查义务，一审判决认定上诉人未举证证实食品是否符合安全标准故应承担赔偿责任是错误的。

（4）即使被上诉人购买行为属实，结合被上诉人购买商品的种类、数量、投诉情况以及其就同一产品在青岛等地多次提起诉讼，也能证实被上诉人系职业打假人士，其并不是纯粹的消费者。法院不能一味支持所谓打假行为满足其私益的目的。

2. 被上诉人的辩称理由和依据

（1）涉案商品生产厂家持有的生产许可证仅有绿茶和红茶的许可范围，涉案商品属于超范围无证生产且包装标示厂家与生产许可证厂家不符，该行为违反了《食品安全法》第 29 条的规定。涉案商品执行标准错误、无配料表、冒用商品条码及标示虚假网址等，这都严重违反法律规定，属于不符合食品安全标准的商品。食品药品监督管理局已对涉案商品立案查处，上诉人销售存在明知和故意。

（2）被上诉人提供的购物小票能够证实双方存在买卖合同关系，上诉人也存在明知出售不符合食品安全标准的商品。

本案适用《食品安全法》以及最高人民法院《关于审理食品药品纠纷案件适用法律若干问题的规定》进行认定是正确的。综上，原审认定事实清楚，适用法律正确，请求二审驳回上诉，维持原判。

（四）本案的争议焦点及审理意见

1. 一审法院

一审法院认为本案主要争议焦点是原告所购商品是否符合国家食品安全标准；被告是否应依法承担十倍赔偿。

（1）关于原告所购商品是否符合国家食品安全标准。冯某林购买茶叶并支付货款，枣庄大润发商业有限公司应提供符合食品安全标准的商品。茶叶属于饮用的食品，冯某林主张所购买的茶叶不符合食品安全标准，并提交了由枣庄市食品药品稽查支队经调查作出关于冯某林投诉枣庄市大润发商业有限公司销售的溢德香牌茶叶涉嫌违法情况的回复，对于枣庄大润发商业有限公司提出的茶叶不符合食品安全标准的主张，应予认定。

（2）关于被告是否应依法承担十倍赔偿。《产品质量法》第 33 条规定：销售者应当建立并执行进货检查验收制度，验明产品合格证明和其他标识。修订后的《食品安全法》第 148 条规定了生产不符合食品安全标准的食品或者销售明知是不符合食品安全标准的食品，消费者除要求赔偿损失外，还可以向生产者或者销售者要求支付价款十倍的赔偿金，本案中冯某林要求枣庄大润发商业有限公司返还货款并支付价款十倍赔偿金，理由正当，于法有据，该院予以支持。

另外，关于赔偿的数额，枣庄市食品药品稽查支队回复中明确了货款品名、数量及货值金额为 2 679.6 元，对此数额法院予以采纳。枣庄大润发商业有限公司向冯某林赔偿后，有权向生产者追偿。

2. 二审法院

二审法院认为本案的争议焦点是冯某林是否有权提起本案诉讼；枣庄大润发商业有限公司对其销售标签标识不符合规定商品的行为应承担怎样的责任。

（1）冯某林是否有权提起本案诉讼。冯某林提交的购物发票上销售方名称处载明为“大润发枣庄店”，且发票上加盖了枣庄大润发商业有限公司发票专用章，由此可以证明涉案商品是冯某林从枣庄大润发商业有限公司处购买，双方存在买卖合同关系，冯某林有权以其购买的商品存在质量问题为由向枣庄大润发商业有限公司主张权利。关于冯某林是否属于消费者的问题，该院认为，《消费者权益保护法》第 2 条规定：“消费者为生活消费需要购买、使用商品或者接受服务，其权益受本法保护；本法未作规定的，受其他有关法律、法规保护。”消费者是相对于生产者和销售者的概念，本案中枣庄大润发商业有限公司并无证据证明冯某林购买涉案商品是为了生产经营或者是再次销售经营，因此冯某林应认定为“为生活消费需要的消费者”。同时最高人民法院《关于审理食品药品纠纷案件适用法律若干问题的规定》第 3 条规定：“因食品、药品质量问题发生纠纷，购买者向生产者、销售者主张权利，生产者、销售者以购买者明知食品、药品存在质量问题而仍然购买为由进行抗辩的，人民法院不予支持。”因此枣庄大润发商业有限公司提出的冯某林系职业打假而非消费者的主张不能成立。综上，冯某林以消费者身份就产品质量问题提起赔偿之诉，并不违反法律规定，系适合的诉讼主体。

（2）销售标签标识不符合规定的商品的行为应承担怎样的责任。根据枣庄市食品药品稽查支队对涉案商品调查后作出的回复证实，冯某林在枣庄大润发商业有限公司处购买的茶叶存在标签标识不符合有关规定和要求的情形，枣庄大润发商业有限公司应对其被查处的行为向消费者承担一定的民事赔偿责任。① 本案是否适用十倍罚则问题。《食品安全法》第 96 条（新法 148 条）规定：“生产不符合食品安全标准的食品或者销售明知是不符合食品安全标准的食品，消费者除要求赔偿损失外，还可以向生产者或者销售者要求支付价款十倍的赔偿金。”第 99 条（新法 150 条）关于“食品安全”界定为“食品无毒、无害，符合应当有的营养要求，对人体健康不造成任何急性、亚急性或者慢性危害”。据此，消费者要求十倍赔偿应提供一定的证据证明其购买的食品不符合食品安全标准。本案中冯某林提供的由枣庄市食品药品稽查支队对涉案商品调查后作出的回复，仅能证实涉案商品存在标签标识不符合有关规定和要求，并不必然得出其购买的茶叶不符合食品安全标准的结论。冯某林对其主张负有举证责任，其并无证据证明其购买的茶叶存在不符合食品安全标准的情形，即有毒或有害，对人体造成急性、亚急性或者慢性危害，故对冯某林提出的要求枣庄大润发商业有限公司承担十倍赔偿责任的主张不予支持。② 对于枣庄大润发商业有限公司的赔偿责任如何认定问题。枣庄大润发商业有限公司所销售的涉案茶叶确实存在标签标识不符合有关规定和要求的情形，而产品标识是不具备专业知识的消费者认识和判断商品特征、价值、适当性和效用的基本依据，是消费者选择消费产品和进行消费判断的重要信息来源。销售者有义务保证其销售的产品标识内容的真实性。本案中枣庄大润发商业有限公司在销售过程中未尽到对涉案茶叶标签、标识的核准义务，不仅对消费者判断和了解茶叶的特征、价值、口感等适当性和效用等方面产生了误导作用，而且极大可能对消费者决定最终的消费行为产生影响。冯某林基于信赖该商品标签、标识所记载的内容而购买该茶叶，应当认定枣庄大润发商业有限公司对其销售行为有不实的意思表示，对消费者冯某林构成欺诈。根据《消费者权益保护法》第 55 条的规定，经营者提供商品或者服务有欺诈行为的，应当按照消费者的要求增加赔偿其受到的损失，增加赔偿的金额为消费者购买商品的价款或者接受服务的费用的三倍。因此枣庄大润发商业有限公司应向冯某林赔偿 8 038.8 元（2 679.6 元×3＝8 038.8 元）。

（五）二审法院的终审判决

上诉人枣庄大润发商业有限公司的上诉请求部分成立。一审认定事实清楚，但适用法律错误，本院予以纠正。依据《民事诉讼法》第 170 条第一款第 2 项规定，判决维持山东省枣庄市市中区人民法院〔2015〕市中商初字第 1181 号民事判决第一项及案件受理费部分；变更山东省枣庄市市中区人民法院〔2015〕市中商初字第 1181 号民事判决第二项为“枣庄大润发商业有限公司于本判决生效后十日内给付冯某林赔偿金 8 038.8 元”。如果未按本判决指定的期间履行给付金钱义务，应当依照《民事诉讼法》第 253 条的规定，加倍支付迟延履行期间的债务利息。二审案件受理费 838 元，由枣庄大润发商业有限公司负担 538 元，由冯某林负担 300 元。

四、问题解答

（一）食品的标签标识与食品安全

食品标签是指食品包装容器上或附于食品包装容器的一切附签、吊牌、文字、图形、符号及其他说明物。我国《食品安全法》第 67 条对食品标签的内容及格式有统一的规定，食品标签的主要内容有：食品名称、规格、净含量、生产日期，成分或配料表，生产者名称、地址、联系方式，保质期，产品标准代号，贮存条件、生产许可证编号等。《食品安全国家标准 预包装食品标签通则》中对于食品标签设置了更为细致的规范和标准。

食品标识是指粘贴、印刷、标记在食品或者其包装上，用以表示食品名称、质量等级、商品量、食用或者使用方法、生产者或者销售者等相关信息的文字、符号、数字、图案以及其他说明的总称。我国专门制订了《食品标识管理规定》，对食品标识的内容及标注要求做出了明确的规定。

食品标签标识管理属于食品安全管理的一个范畴。为了规范食品标签，正确指导食品消费，保护消费者身体健康，我国制定了一系列规范性文件，涉及食品标签的管理规定包括食品标签、食品添加剂标签和食品相关产品标签三大部分，其要求和管理主要通过法律、法规和标准及其他技术性规范文件来实现。我国食品标签规范性文件可分为几个不同的层级：国家法律、部门规章、国家强制性标准和国家推荐性标准（表 2－2）。

表 2－2　我国食品标签规范性文件

规范性文件	文件名称
法律	《中华人民共和国食品卫生法》
	《食品安全法》
	《消费者权益保护法》
	《产品质量法》
	《中华人民共和国反不正当竞争法》（以下简称《反不正当竞争法》）
部门规章	《食品添加剂卫生管理办法》
	《保健食品管理办法》
	《食品营养标签管理规范》
	《保健食品注册管理办法（试行）》
	《食品标识管理规定》
强制性标准	《食品安全国家标准　预包装食品标签通则》（GB 7718—2011）
	《食品安全国家标准　预包装特殊膳食用食品标签通则》（GB 13432—2013）
	《食品安全国家标准　预包装食品营养标签通则》（GB 28050—2011）
	《食品安全国家标准　食品添加剂标识通则》（GB 29924—2013）
推荐性标准	《白酒检验规则和标志、包装、运输、贮存》等

食品标签是记录食品综合信息的主要载体，是食品内在信息的外在直观体现。准确真实有效的标签标识不仅能够为消费者选择购买食品提供信息，还可以通过影响消费者的购物习惯，对公共健康和科普宣传起到辅助作用。因而食品标签的管理，成为食品安全管理的重要环节和方式之一。我国对于食品标签管理的重视起步较晚，在目前的食品安全监管过程中，标签标识问题是一个比重较大的风险源，因此我国有必要加强对食品标签的监管意识和规范力度，例如在立法上，持续完善食品标签的立法框架、跟进食品标签立法修改存废。在执法上，强化食品标签行政监管的力度、推进食品标签监管的社会共治、明确食品标签的信息披露制度。在司法上，必要时可合理适用食品标签惩罚性赔偿制度。通过全方位的关注促使食品标签的规范化、科学化，推动食品安全风险管理的进程。

根据我国《食品安全法》第 150 条关于“食品安全”的定义，食品安全的核心内涵在于食品本身在量和质上不会对人体健康、生命安全造成威胁。那么食品标签标识得不准确，是否会对人体健康、生命安全造成影响？食品标签标识得不准确有可能仅仅是形式上存在瑕疵，但也有可能是内容上存在缺陷，若仅仅是标签标识的形式瑕疵，通常认为对食品安全的影响比较小，但若标签标识内容存在偏差，例如过敏源未标示，导致消费者使用后出现过敏反应；再例如含糖量标示错误，导致糖尿病人病情加重，如此情形下，标签标识就与食品安全以及消费健康息息相关。因此，标签标识与食品安全之间是否存在直接联系，需要结合案件具体情况具体分析，特别问题特别处理。实务中，判断的一个基本标准是标签标识是否直接影响到食品卫生质量、健康程度和安全水平的改变，即标签标识的不准确是否会对人体造成急性、亚急性或者慢性危害等人体健康、生命安全的威胁。

本案系“枣庄大润发商业有限公司与冯某林产品责任纠纷”，原告冯某林认为涉案商品属于超范围无证生产，包装标示厂家与生产许可证厂家不符，且涉案商品执行标准错误、无配料表、冒用商品条码及标示虚假网址，属于不符合食品安全标准的商品，因而认为其属于非安全食品，由此向生产者或经营者主张十倍惩罚性赔偿。我们知道，食品的标签标识有助于消费者获取并知晓食品的卫生质量、健康程度和安全水平，但其标签标识是否会直接影响到食品本身卫生质量、健康程度和安全水平的改变，并没有统一的答案，而需要根据标签标识的瑕疵和缺陷情况综合分析，同时我们也注意到食品安全标准——包括食品标签标识规范要求与食品安全是两个并不完全一致的概念，因此食品的标签标识不符合有关规范要求虽然有违法的成分，然若无证据进一步证明该食品属于有毒有害，无法证明其会对人体造成急性、亚急性或者慢性危害等人体健康、生命安全威胁时，一般不认定其属于“不安全食品”，不能够适用《食品安全法》的十倍赔偿的规定。正是基于这样的审判思路，本案二审法院认为，冯某林提供的由枣庄市食品药品稽查支队对涉案商品调查后作出的回复，仅能证实涉案商品存在标签标识不符合有关规定和要求，并不必然得出其购买的茶叶不符合食品安全标准（不安全食品）的结论。冯某林并无证据证明其购买的茶叶存在有毒或有害，会对人体造成急性、亚急性或者慢性危害，这也是本案中冯某林要求枣庄大润发商业有限公司承担十倍赔偿责任的主张无法得到支持的原因所在。

（二）惩罚性赔偿责任的再思考

惩罚性赔偿是与补偿性赔偿相对应的一项特殊民事赔偿制度，是指当被告以恶意、故意、欺诈或放任等方式实施加害行为导致原告受损时，原告可以获得除实际损害赔偿金之外的损害赔偿。其通过让加害人承担超出实际损害数额的赔偿，对被告施以惩罚，阻止其重复实施恶意行为，并给他人提供警戒以达到惩罚和遏制严重侵权行为的目的。关于惩罚性赔偿责任的存废，学界一直有争议。反对惩罚性赔偿的理由主要有：一是惩罚性赔偿使刑法和民法的界限变得模糊，若给被告施以惩罚，被告必须享有严格的程序救济，如证据规则、保护性程序等，但惩罚性赔偿却适用民事诉讼程序，使被告缺乏充分的救济；二是被告在支付补偿性赔偿的同时，还要支付惩罚性赔偿，属于重复制裁，严重违反了正义原则；三是原告取得巨额赔偿金不具备合理性，受害人通过惩罚性赔偿获得的数额往往超过其实际损失，可能构成没有伦理基础的不当得利；四是严厉的惩罚性赔偿责任会加重企业经济负担，影响产业发展，从而阻碍经济运行。赞成惩罚性赔偿的理由主要有：一是对加害人予以惩罚，防止该特定被告继续或重复相同的不当行为；二是对潜在违法行为予以警戒，预防相同或类似违法行为的发生；三是维护实质正义，由于惩罚性赔偿责任的双方往往地位不平等，贫富差距悬殊，若仅按照补偿性原则进行赔偿，加害人对其支付的金额可能毫不在意，受害人的损失也可能不足以弥补，无法体现实质的公平正义；四是对经济发展有促进作用。例如在产品责任中适用惩罚性赔偿，可以有效提高产品质量，提高产品安全性，稳定产品的竞争力，有助于经济的发展。

惩罚性赔偿责任在我国的《侵权责任法》《消费者权益保护法》与《食品安全法》中有现实的存在意义。我国《侵权责任法》第 47 条就缺陷产品造成人身伤害的情形设置了惩罚性赔偿。《侵权责任法》中的惩罚性赔偿只适用于恶意产品侵权案件，作为补偿性赔偿责任的例外，只适用于行为人主观恶性大，行为性质恶劣的侵权行为。具体适用要件包括四点。一是主体方面，责任主体明确为生产者或销售者，不包括产品运输人和仓储人等其他主体；请求权人即被侵权人应包括直接购买产品的受害人和非直接购买产品的受害人以及死亡受害人的近亲属。二是主观方面，要求行为人主观上具有“明知”的过错。三是客观方面，要求行为人生产、销售的产品存在缺陷，且造成他人死亡或者严重损害生命健康的后果。四是因果关系上，要求行为人生产、销售缺陷产品与受害人死亡或生命健康受到严重损害之间有因果关系。然而，关于赔偿数额，目前只规定被侵权人有权依法请求“相应的”惩罚性赔偿，没有规定具体的量定标准，容易造成理解上的分歧，不利于法律的实施，可以通过司法解释予以补充。

我国《消费者权益保护法》第 55 条就经营者存在欺诈行为以及恶意提供缺陷商品的行为设置了惩罚性赔偿。《消费者权益保护法》中的惩罚性赔偿对于有效惩罚消费欺诈行为，保护消费者合法权益有重大作用，但就目前的规定来看，首先，在适用范围上只限于合同关系，法律关系双方分别是提供商品或者服务的经营者和接受商品或服务的消费者，这不利于对非购买方受害人进行保护。有些消费者主体虽然与经营者之间不具有合同关系，但却因不合格商品遭受了损害，这些受害主体能不能根据消费者权益保护法请求惩罚性赔偿，还是只能根据侵权关系向生产者或销售者请求补偿性赔偿，这个问题在理论上存在较大争议，司法实践中受害人往往只能根据侵权关系向生产者或销售者请求补偿性赔偿，权利保障有失公平。其次，在适用条件上，重客观轻主观，该条规定仅要求经营者提供商品或者服务时有“欺诈行为”即可。对于欺诈行为亦多从行为表象来认定，并非严格要求主观上具有恶意，此外对于消费者损害后果也没有明确要求，即不以消费者受到的实际损害为必要。

我国《食品安全法》第148条食品设置的惩罚性赔偿，其适用要件包括以下内容。一是须为特定的责任主体，包括食品的生产者和销售者。食品生产者，不仅指最终将食品投放市场的生产商，也包括食品生产、加工环节的每一个主体；食品销售者既包括食品流通环节的经营者，也包括提供餐饮服务环节的经营者；既包括食品实体销售者，也包括食品网络销售者；既包括食品的批发商，也包括食品的零售商，等等。二是主观上是否“明知”及认定，对于食品生产者，并未强调食品生产者的主观“明知”，因此对食品生产者适用惩罚性赔偿并不以其主观明知为要件。对于食品销售者，根据法条表述，一般认为只有明知销售的是不符合食品安全标准的食品才承担十倍惩罚性赔偿金。这里的“明知”，如何界定解释？为了避免销售者以不知作为借口逃避法律责任，也为了合理分配举证责任更好地保护消费者权益，司法实践中将主观上的“明知”作了扩大解释，即“明知”包括已经知道，也包括客观上的应当知道。三是须实施不法行为，该处的“不法行为”是指食品生产者违反《食品安全法》的规定生产不符合安全标准的食品，以及食品销售者明知或应当知道其所销售的食品存在安全隐患而予以销售。四是关于惩罚性赔偿是否以存在“损害后果”为要件，司法实践中存在较大分歧，多数法院直接通过认定销售者或生产者是否存在不法行为来作出是否给予十倍惩罚性赔偿金的裁判，并不以损害后果作为考量依据。〔2014〕浙嘉民终字第199号民事判决书中，就白某桥与嘉善大润发商业有限公司之间的产品责任纠纷，法官认为十倍赔偿属于惩罚性赔偿，除具有对受害人进行补偿和抚慰功能外，更在于通过惩罚措施达到对违法行为人的遏制功能，促使市场交易正常有序进行。因此从十倍赔偿的立法本意而言，亦不宜认定消费者主张十倍赔偿须有实际损失这一条件。因此二审法院对原审判决予以纠正，支持了上诉人白某桥的十倍赔偿诉求。但是也有些法院认为当事人应举证证明不符合食品安全标准的食品已造成了损害后果，这是适用十倍赔偿的必备要件。例如〔2016〕浙02民终2889号民事判决书中，就俞某新与浙江同泰堂药品有限公司的买卖合同纠纷，法院认为侵权行为的构成要件之一必须要有损害事实的存在。上诉人俞某新没有证据证明其购买涉案海参产品后造成损害后果，即讼争海参产品未造成俞某新《食品安全法》第148条意义上的损失，因此上诉人的十倍赔偿请求法院不予支持。可见实务中各地做法不尽相同。

在食品消费领域，消费者合法权益遭受损害时，有可能会出现上述三种惩罚性赔偿责任的竞合。而三种惩罚性赔偿责任之间的适用关系，属于司法实践中的难点问题之一。三种惩罚性赔偿的规定，在主观要件、产品类型、损害后果以及赔偿数额等方面均存在不同。适用不同的规范，会对涉诉当事人的利益带来不同的影响，因此消费者在主张权利时应当对相关法律规范、证据及损害后果等进行全面考量、综合权衡，以更好地维护自身利益。

（执笔：阮超，鲍丹丹）

案例2-3 重庆罗森便利店有限公司万达广场店与秦某产品销售者责任纠纷案[1]

一、案件概要

本案为重庆罗森便利店有限公司万达广场店与秦某产品销售者责任纠纷上诉案，由重庆市第五中级人民法院于2015年7月14日作出〔2015〕渝五中法民终字第01155号民事判决书。审判长樊仕琼。本案上诉人（原审被告）重庆罗森便利店有限公司万达广场店；上诉人（原审被告）重庆罗森便利店有限公司；被上诉人（原审原告）秦某。本案涉及被上诉人（原审原告）秦某在罗森万达店处购买了720瓶由恒大长白山矿泉水公司生产的恒大冰泉长白山天然矿泉水，认为涉案产品的标签中标明"均衡富含对人体有益的硒、锶等20多种常量及微量元素"，却没有标明这20多种常量及微量元素的含量，且涉案产品标签中未标注营养成分表，违反了《食品安全国家标准　预包装食品标签通则》及《食品安全法》第四十二条等相关规定，遂诉至法院。一审法院判决罗森万达店与罗森公司退还货款；二审法院驳回秦某的全部诉讼请求。

本案主要涉及以下法律规范。

（1）《食品安全国家标准　预包装食品营养标签通则》（GB 28050—2011）第2.1规定、第2.7规定、第4.2规定、第7规定及附录A表A.1营养成分；附录C中表C.1。

（2）《食品安全国家标准　预包装食品标签通则》（GB 7718—2011）

① 案件来源：【法宝引证码】CLI. C. 7388667.

第 4.1.4.1 规定。

（3）《饮用天然矿泉水》（GB 8537—2008）第 3.1 规定。

二、思考问题

（1）买卖合同纠纷的法律基础与食品安全纠纷的法律基础。

（2）退还货款是否应以退还涉案产品为前提。

三、案件正文

（一）案件当事人及其主张

（1）上诉人（原审被告）重庆罗森便利店有限公司万达广场店上诉要点和请求：撤销原审判决，改判驳回秦某的诉讼请求。

（2）上诉人（原审被告）重庆罗森便利店有限公司答辩要点和请求：撤销原审判决，改判驳回秦某的诉讼请求。

（3）被上诉人（原审原告）秦某答辩要点和请求：原审法院认定的事实清楚，适用法律正确。

（二）法院查明的事实

1. 一审法院查明的事实

一审法院查明秦某于 2014 年 5 月 12 日在罗森万达店处购买了 720 瓶由恒大长白山矿泉水公司生产的恒大冰泉长白山天然矿泉水，单价 4.5 元/瓶，总价 3 240 元，优惠 792 元，实付 2 448 元。该产品外包装上标注有“配料：天然矿泉水。天然矿泉水特征性指标：（mg/L）溶解性总固体 TDS 93.6~230，偏硅酸 H_2SiO_3 25~49.3，钾 K^+ 1.5~6.5，钙 Ca^{2+} 8.0~25.6，钠 Na^+ 5.5~19.5，镁 Mg^{2+} 6.6~22.9，锶 Sr^{2+} 0.015~0.085，pH 值 7.25~7.8。生产日期：2014 年 2 月 20 日，保质期：18 个月，产品标准号：GB 8537，制造商：恒大长白山矿泉水有限公司”等内容，同时该产品外包装上还标注有：“恒大冰泉，pH 值为 7.25~7.8，呈天然弱碱性，均衡富含对人体有益的硒、锶等 20 多种常量及微量元素。天天饮用，××长寿”。

一审另查明，《食品安全国家标准 预包装食品营养标签通则》（GB 28050—2011）第 2.1 规定“预包装食品标签上向消费者提供食品营养信息和特性的说明，包括营养成分表、营养声称和营养成分功能声称”。第 2.2 营养素规定“食物中具有特定生理作用，能维持机体生长、发育、活动、繁殖以及正常代谢所需的物质，包括蛋白质、脂肪、碳水化合物、矿物质及维生素等”。第 2.7 营养声称规定“对食品营养特性的描述和声明，如能量水平、蛋白质含量水平。营养声称包括含量声称和比较声称”。第 4. 强制标示内容 4.1 规定“所有预包装食品营养标签强制标示的内容包括能量、核心营养素的含量值及其占营养素参考值的百分比”。第 4.2 规定“对除能量和核心营养素外的其他营养成分进行营养声称或营养成分功能声称时，在营养成分表中还应标示出该营养成分的含量及其占营养素参考值的百分比”。第 7 规定“包装的饮用水豁免强制标示营养标签，豁免强制标示营养标签的预包装食品，如果在其包装上出现任何营养信息时，应按照本标准执行”。附录 A 表 A.1 营养成分中包含有“硒”。附录 C 中表 C.1 规定了预包装食品能量和营养成分含量声称的要求和条件，该表中含量声称方式中明确矿物质（不包括钠）的含量声称方式有“高，或富含×”。《食品安全国家标准 预包装食品营养标签通则》（GB 28050—2011）问答适用对象和范围中第 14 条关于包装饮用水规定“包装饮用水是指饮用天然矿泉水、饮用纯净水及其他饮用水，这类产品主要提供水分，基本不提供营养素，因此豁免强制标示营养标签。对于包装饮用水，依据相关标准标注产品的特征性指标，如偏硅酸、碘化物、硒、溶解性总固体含量以及主要阳离子（K^+、Na^+、Ca^+、Mg^{2+}）含量范围等，不作为营养信息”。

《食品安全国家标准 预包装食品标签通则》（GB 7718—2011）第 4.1.4.1 规定“如果在食品标签或食品说明书上特别强调添加了或含有一种或多种有价值、有特性的配料或成分，应标示所强调配料或成分的添加量或在成品中的含量”。

《饮用天然矿泉水》（GB 8537—2008）第 3.1 饮用天然矿泉水规定“从地下深处自然涌出的或经钻井采集的，含有一定量的矿物质、微量元素或其他成分，在一定区域未受污染并采取预防措施避免污染的水；在通常情况下，其化学成分、流量、水温等动态指标在天然周期波动范围内相对稳定”。

一审还查明，原卫计委食品安全标准与监测评估司于2014年10月13日依申请公开了《关于预包装食品标签标示有关问题的复函》，该复函载明：食品药品监管总局科技标准司：你司《关于商请明确恒大冰泉（长白山天然矿泉水）产品标签标示相关问题的函》收悉。经研究回复如下。根据GB 28050—2011规定，营养声称是指对食品营养特性的描述和声明，包括营养成分含量声称和比较声称。其中，含量声称是指描述食品中能量或营养成分含量水平的声称，声称用语包括“含有”“高（或‘富含’）”“低”“无”等。预包装食品标签上表示“富含某营养成分”或类似用语属于营养声称范畴，应当按照GB 28050—2011要求标示。

秦某认为涉案产品的标签中标明“均衡富含对人体有益的硒、锶等20多种常量及微量元素”，却没有标明这20多种常量及微量元素的含量，且涉案产品标签中未标注营养成分表，违反了《食品安全国家标准　预包装食品标签通则》及《食品安全法》第42条等相关规定，遂诉至法院。

2. 二审法院查明的案件事实与一审查明的事实一致。

（三）诉辩理由和依据

1. 上诉人的上诉理由和依据

（1）本案案由应为买卖合同纠纷。

（2）涉案产品经过国家饮用水产品质量监督检验中心的检测，是合格产品，标签符合《食品安全国家标准　预包装食品标签通则》（GB 7718—2011）规定。

（3）涉案产品的配料只有天然矿泉水，含有的常量及微量元素是产品的天然属性，不宜适用《食品安全国家标准　预包装食品标签通则》（GB 7718—2011）关于配料定量标示的规定。

（4）国卫食品标便函〔2014〕208号《关于预包装食品标签标示有关问题的复函》是行政机关内部文件，不对民事主体产生法律效力，不能作为法院的事实认定和判决的依据。且该函并未认定涉案产品标注的内容是营养声称，也未认定涉案产品应当标注 20 多种常量及微量元素的含量。

（5）《食品安全国家标准　预包装食品营养标签通则》（GB 28050—2011）属于特别标准和新标准，本案应适用《食品安全国家标准　预包装食品营养标签通则》（GB 28050—2011）及其问答。《食品安全国家标准　预包装食品营养标签通则》（GB 28050—2011）问答（修订版）是对《食品安全国家标准　预包装食品营养标签通则》（GB 28050—2011）的阐释和说明，应与《食品安全国家标准　预包装食品营养标签通则》（GB 28050—2011）具有同等效力。涉案产品为包装饮用水，依据《食品安全国家标准　预包装食品营养标签通则》（GB 28050—2011）问答（修订版）的规定，属于豁免强制标示营养标签的预包装食品。故涉案产品包装上"均衡富含对人体有益的硒、锶等 20 多种常量及微量元素"的表述，是产品的特征性指标，不属于强制标示的内容。

（6）一审根据《重庆市食品安全管理办法》第 67 条作出判决，属于适用法律错误。一审判决罗森万达店与罗森公司退还货款，也应同时判决秦某返还罗森万达店涉案产品。

2. 被上诉人的诉辩理由和依据

本案涉案产品外包装违反《食品安全国家标准　预包装食品标签通则》（GB 7718—2011）4.1.4.1 规定，应当标注含量。同时，"富含"属于营养声称，按照《食品安全国家标准　预包装食品营养标签通则》（GB 28050—2011）的规定，应当标注含量和 NRV。

二审中，秦某出示重庆市食品药品监督管理局对晏勇的回复 1 份，以证明诉争产品系违法食品。

（四）一审法院归纳的争议焦点及审理意见

一审法院认为本案主要争议的焦点为涉案产品是否应按照《食品安全国家标准　预包装食品营养标签通则》（GB 28050—2011）的规定进行营养成分含量的标注。

法院审理认为，根据《食品安全国家标准　预包装食品标签通则》

（GB 7718—2011）第 4. 1. 4. 1 规定“如果在食品标签或食品说明书上特别强调添加了或含有一种或多种有价值、有特性的配料或成分，应标示所强调配料或成分的添加量或在成品中的含量”。本案中，涉案产品的标签上标注“均衡富含对人体有益的硒、锶等 20 多种常量及微量元素”，却没有标明这 20 多种常量及微量元素的含量，违反了上述强制性规定。罗森万达店作为销售商，依法负有进货检验义务，且应当熟知我国关于食品生产、销售的相关法律、法规和质量标准及判定其所销售食品是否为不合格食品的判断能力。但罗森万达店在检查验收过程中对产品把关不严，导致不符合食品安全国家标准的产品流入市场，损害了秦某的合法权益。根据《重庆市食品安全管理办法》第 67 条第一款第 4 项的规定，罗森万达店应当退还秦某货款 2 448 元并五倍赔偿 12 240 元。罗森公司作为总公司，应与其分支机构共同承担赔偿责任。

根据《食品安全国家标准　预包装食品营养标签通则》（GB 28050—2011）规定，包装饮用水系豁免强制标示营养标签的预包装食品，即可以不用在标签上标注营养成分表。故对秦某诉称涉案产品应当按照相关规定标注营养成分表的理由该院不予支持。

关于罗森万达店、罗森公司辩称的涉案产品系豁免强制标示营养标签的预包装食品，硒等常量及微量元素是产品的基本属性，不是营养声称的辩称理由，该院认为，虽然涉案产品是豁免强制标示营养标签的预包装食品，但只要在其包装上出现任何营养信息时，就应当按照《食品安全国家标准　预包装食品营养标签通则》（GB 28050—2011）的规定进行营养成分含量的标注。本案中，涉案产品标注有“均衡富含对人体有益的硒、锶等 20 多种常量及微量元素”系营养声称，故应当标注硒、锶的含量。故对罗森万达店、罗森公司的该项辩称理由，该院不予采信。

（五）二审法院归纳的争议焦点及审理意见

二审法院归纳本案的争议焦点为涉案矿泉水是否符合食品安全标准。

法院审理认为，《食品安全国家标准　预包装食品标签通则》（GB 7718—2011）第 4. 1. 4. 1 规定：“如果在食品标签或食品说明书上特别强调添加了或含有一种或多种有价值、有特性的配料或成分，应标示所强调配料或成分的添加量或在成品中的含量。”本案中，涉案矿泉水是从长白山地下深处经采集、灌装而形成的产品，含有一定量的矿物质、微量元素，属于矿泉水自身的天然属性，故涉案矿泉水应与一般的经添加配料或技术加工形成的具有营养成分的预包装食品有所区别，不宜适用《食品安全国家标准　预包装食品标签通则》（GB 7718—2011）有关配料定量标示中的规定。

《食品安全国家标准　预包装食品营养标签通则》（GB 28050—2011）由原卫生部发布自 2013 年 1 月起正式实施，而《食品安全国家标准　预包装食品营养标签通则》（GB 28050—2011）问答（修订版）是国家卫生和计划生育委员会对《食品安全国家标准　预包装食品营养标签通则》（GB 28050—2011）的进一步阐释和明确，于 2014 年 2 月 26 日起发布，具有同等效力。《食品安全国家标准　预包装食品营养标签通则》（GB 28050—2011）问答第 2 条第 14 条关于包装饮用水规定“包装饮用水是指饮用天然矿泉水、饮用纯净水及其他饮用水，这类产品主要提供水分，基本不提供营养素，因此豁免强制标示营养标签。对于包装饮用水，依据相关标准标注产品的特征性指标，如偏硅酸、碘化物、硒、溶解性总固体含量以及主要阳离子（K^+、Na^+、Ca^+、Mg^{2+}）含量范围等，不作为营养信息”。故涉案矿泉水包装上标明的 20 多种常量及微量元素，属于矿泉水的特征性指标，而非营养信息可以不予标示。因此涉案矿泉水不存在不符合食品安全标准的情形，不应适用《食品安全法》的规定。

（六）二审法院的终审判决

上诉人罗森万达店和罗森公司的上诉请求成立，本院予以支持。一审适用法律错误，本院予以纠正。依照《民事诉讼法》第 170 条第一款第 2 项之规定，判决撤销重庆市南岸区人民法院〔2014〕南法民初字第 06063 号民事判决；驳回秦某的全部诉讼请求。一审案件受理费 146 元，由被上诉人秦某负担；二审案件受理费 292 元，由被上诉人秦某负担。本判决为终审判决。

四、问题解答

（一）买卖合同纠纷的法律基础与食品安全纠纷的法律基础

食品纠纷民事案件往往是以食品经营者与消费者之间发生食品买卖关系作为纠纷发生的基础，与其他产品一样，在该产品由于质量不合格或者由此造成损害时，就存在着违约责任、侵权责任或者两种责任的竞合关系。但是，食品作为交易标的的特殊之处在于尽管没有发生实际损害后果，仍可以以《食品安全法》第 148 条的惩罚性赔偿条款为依据，以购买不符合食品安全标准的食品为由要求赔偿。因此，在绝大多数情况下，买卖合同纠纷的法律基础不能涵盖食品安全纠纷。在司法实践中，原告只能选择合同关系或侵权关系作为基础法律关系进行诉讼，相应的案由为买卖合同纠纷与产品销售者责任纠纷两类，并以买卖合同纠纷为主，原告在两类案件中提出的诉求相同，均以《食品安全法》第 148 条要求十倍赔偿。案由不同，则意味着不同的法律关系，审理时举证责任、归责原则、赔偿范围也不同，造成执法尺度的不统一。同一纠纷，往往因案由选择不同，而导致最终的裁判结果有所差异①。为了更好保护当事人的诉讼权利，维护法院判决的权威性，笔者认为可将设立食品安全纠纷案由作为一种解决方式。

食品纠纷民事案件可能因原告选择合同关系或者侵权关系作为基础法律关系，从而决定了管辖法院、被告范围、举证责任等的不同，法院根据选定的基础法律关系进行审理。其中，举证责任的不同对诉讼的成败有着重要影响。选择合同关系时，原告仅须对购买食品的事实以及涉案食品不符合合同约定进行举证；选择侵权之诉时，原告需证明食品存在缺陷，所受损害，初步证明损害与食用食品或者使用药品存在因果关系。但是，食品纠纷民事案件围绕的争议焦点往往是涉案食品是否符合食品安全标准，依据的法律规定是《食品安全法》第 148 条及最高人民法院《关于审理

---

① 王毓莹：“食品药品民事纠纷案件审理中的重点与难点问题”，载《法律适用》2014 年第 3 期。

食品药品纠纷案件适用法律若干问题的规定》。主要考虑三个问题：一是涉案食品是否违反食品安全标准；二是食品经营者是否明知涉案食品是不符合食品安全标准的食品；三是涉案食品的标签问题是否属于不影响食品安全且不会对消费者造成误导的瑕疵。换言之，在事实上形成了一种食品纠纷民事案件审理的独有类型，区别于合同纠纷与侵权纠纷。在本案中，案由被确定为产品销售者责任纠纷，上诉人提出本案案由应为买卖合同纠纷。但从整个案件审理来看，关注于食品安全纠纷，围绕的焦点是对是否符合食品安全标准的认定，从一审的形式主义原则到二审的实质主义原则，最终驳回消费者请求赔偿的诉求，与合同纠纷或侵权纠纷的法律基础并无太大关联。

关于食品纠纷民事案件，笔者认为可以分为三大类，在增设食品安全纠纷案由的基础上，实现一一对应。买卖合同纠纷的案由对应于合同双方均为食品经营者，或食品经营者根据消费者要求代为购买指定食品而发生纠纷的案件，该类案件应以《合同法》相关条款作为法律依据，主要围绕是否履行合同约定义务进行举证。此外关于食品涉嫌欺诈，也可以划归为买卖合同纠纷案由，根据《合同法》第 113 条第二款，可以适用《消费者权益保护法》三倍赔偿的规定。产品责任纠纷案由对应于造成食品食用者的身体、健康损害的情形，举证时主要围绕食品缺陷与人身损害两者间的因果关系，在法律适用上，存在《侵权责任法》《消费者权益保护法》《食品安全法》相关惩罚性条款的竞合，可根据具体案情予以适用。食品安全纠纷案由对应于食品生产经营者与消费者发生纠纷，尚未造成身体、健康损害，且不存在食品欺诈行为的情形。多表现为食品标签争议，食品安全标准理解的差异等，消费者主张适用《食品安全法》第 148 条要求赔偿的情形。具体涉及标签问题的审理依据与围绕焦点在其他相关安全中已经阐述。

增设食品安全纠纷案由，形成适用于食品安全纠纷民事案件的特别规定，可以根据《关于审理食品药品纠纷案件适用法律若干问题的规定》的司法解释，对依据合同关系与侵权关系产生的不同规定进行整合。如对于管辖法院的选取，可以同时涵盖两种基础法律关系下的管辖法院，被告范围可以选取侵权关系确定的较大范围，从而实现对消费者的权利保护。同时，在立法层面，进一步细化食品安全标准、经营者明知、标签瑕疵等的裁量认定标准，完善食品安全纠纷案由的审判依据，从而维护法院判决的权威性。在案由的设立形式上，可以参照在《民事案件案由规定》将“食品责任纠纷”作为“侵权责任纠纷”的第三级案由，并且在其下设立“食品损害责任纠纷”和“食品惩罚性责任纠纷”，突出惩罚性赔偿责任[①]。

（二）退还货款是否应以退还涉案产品为前提

在食品纠纷民事案件的审理中，退货退款是一种比较常见的裁判结果，既可以在认定惩罚性赔款不成立时适用，也可以在判决惩罚性赔款的同时适用。在以合同关系的法律基础和以侵权关系的法律基础进行审理的食品纠纷民事案件中，对于退货退款是否有法律的明确依据？退还货款是否应以退还涉案产品为前提？当食品具有的危害程度不同时，是否会对退货退款造成不同影响？

合同关系与侵权关系的不同，直接体现在作为合同责任的瑕疵担保责任与作为侵权责任的产品责任的区别上。物的瑕疵担保责任与产品责任的区别体现在以下方面：有无合同关系、缺陷与瑕疵的认定、承担责任方式、案由、管辖法院等。在此，主要论述承担责任方式的不同。根据《合同法》第 111 条受损害方可以合理选择要求对方承担修理、更换、重作、退货、减少价款或者报酬等违约责任。《产品质量法》第 40 条也做出类似规定，销售者应当负责修理、更换、退货。其中，退货属于解除买卖合同的法律效果，申言之，在买卖合同依据履行的情形下，因合同被解除，购买者将产品返还给销售者，销售者返还价款给购买者[②]。上述条文，可以视为在合同关系下退货退款的法律依据。关于产品责任的承担方式，根据《侵权责任法》第 43 条、第 45 条，《产品质量法》第 44 条，承担赔偿损失、排除妨碍、消除危险等侵权责任。退货并不属于侵权责任的承担方式。在侵权责任成立的基础上进行的退货退款，可以视为消除危险的一种

① 曹俊金、阮赞林：“论食品纠纷案由之设立”，载《上海商学院学报》2015 年第 2 期。

② 程啸：《侵权责任法》，法律出版社 2015 年版。

实现形式，如果侵权责任不成立，自然就不存在退货退款。

退还货款是否以退还涉案产品为前提，在一般情况下，如未食用食品，未因产品造成实质性损害，回答是肯定的。根据公平原则，货款与涉案产品具有对应关系，当无法退回涉案产品，应从退还货款的金额中予以扣除。如在黄某华与佛山市南海区港岛良品百货店、李某买卖合同纠纷一审民事判决书中就写明：不能退还的按 258.4 元/罐在应退货款中抵扣（退货时食品需包装完好，如食品包装有损毁或者缺失，佛山市南海区港岛良品百货店和李权有权按食品列明的单价在上述总货款中予以扣减）①。在司某丰与深圳沃尔玛百货产品销售者责任纠纷一审民事判决书也写明：如不能退还，则应按每桶单价折抵判决第一项所应退还的购物款②。如果因食用后导致腹泻、食物中毒等情况，对人的身体健康造成损害，退还货款应视为对损害的赔偿，而无须根据合同关系，进行货物的返还。

根据《食品安全法》第 148 条，可以将不符合食品安全标准的食品分为实质上不符合食品安全的食品，即有毒、有害，会对人体造成危害的食品；形式上不符合食品安全的食品，即标签、说明书存在问题，可能威胁特定人群身体健康的食品；以及标签、说明书存在瑕疵的食品。结合审判实践，笔者认为第一类食品的退款不以退货为前提，因为此类产品根据食品召回制度要予以销毁，如果消费者已对其进行销毁处理，则无须再予以返还，更不能因此折抵退款。第二、三类情形下的食品，根据《食品召回管理办法》第 25 条，食品生产者可以在采取补救措施且能保证食品安全的情况下继续销售。因此，在这种情况下，产品仍具有一定价值，消费者应予以返还，如不能返还，可折抵退款。在本案中，一审判决根据《重庆市食品安全管理办法》第 67 条的规定，判令上诉人退还货款并五倍赔偿。涉案产品标签不符合食品安全标准，在此种情形下，如果判令退还货款，应以退货作为前提。

（执笔：林路索，阮超）

---

① 佛山市南海区人民法院（2016）粤 0605 民初字 10028 号民事判决书。

② 武汉市武昌区人民法院（2017）鄂 0106 民初字 1871 号民事判决书。

案例2-4　刘某诉北京市茶乡春经贸有限公司产品销售者责任纠纷案[①]

一、案件概要

本案因刘某与北京市茶乡春经贸有限公司产品销售者责任纠纷一案，由北京市第一中级人民法院2013年12月10日作出〔2013〕一中民终字第12355号民事判决书，审判长张兰珠。本案上诉人（原审原告）为刘某，被上诉人（原审被告）为北京市茶乡春经贸有限公司（以下简称茶乡春公司）与北京一商批发配送中心（以下简称一商配送中心）。本案涉及上诉人（原审原告）刘某从一商配送中心开办的马连道茶城市场上从事经营活动的被上诉人（原审被告）茶乡春公司处购买了"茶乡村"牌铁观音礼盒茶，刘某认为茶乡春公司的食品流通许可证已过期，涉案茶叶标签上没有生产日期、净含量、产品标准代号，茶乡春公司销售的产品不符合食品安全标准，导致其于2013年2月5日在医院就诊，被诊断为急性胃炎，胃肠功能紊乱，茶乡春公司违反了《食品安全法》第96条之规定，给自己造成损失，要求茶乡春公司、一商配送中心赔偿损失，并适用十倍惩罚。一审法院支持了原告退还货款与赔偿误工费的诉讼请求，没有支持十倍的惩罚性赔偿。二审法院以一审判决认定事实清楚，适用法律错误为由依法改判。

本案主要涉及以下法律规范。

（1）2009年《食品安全法》第96条、第42条、第52条、第28条、第86条、第90条。

---

① 案件来源：【法宝引证码】CLI. C. 8348477.

（2）2015 年《食品安全法》第 147 条、第 67 条、第 148 条、第 34 条、第 61 条、第 130 条、第 125 条可供比较参考。

二、思考问题

（1）集中交易市场的开办者、柜台出租者和展销会举办者的责任承担问题。

（2）何为初级农产品？初级农产品是否适用《食品安全国家标准　预包装食品标签通则》？

（3）食品生产许可证、食品卫生许可证、食品流通许可证的适用。

三、案件正文

（一）案件当事人及其主张

上诉人（原审原告）的上诉要点和请求：涉案茶叶为不符合食品安全标准的食品，原审法院认为十倍赔偿需要有人身、财产损害为依据，属于法律适用错误，故请求二审法院依法改判支持其全部诉讼请求。

被上诉人（原审被告）答辩要点和请求：一审审理事实清楚，适用法律正确，请求二审法院维持原判。

（二）法院查明的事实

1. 一审法院查明的事实

一审法院经公开审理查明，一商配送中心开办了马连道茶城市场，茶乡春公司在该市场的×层 7 组 5 号经营销售茶叶、预包装食品及茶具的业务。2013 年 1 月 16 日、21 日，刘某分两次在茶乡春公司购买了 14 盒“茶乡村”牌铁观音礼盒茶，并支付货款 9 000 元。一商配送中心为刘某开具了价值 9 000 元的发票。上述茶叶的小包装袋上的标示包括以下内容。“北京市茶乡春经贸有限公司”的名称；品名为“茶乡村”铁观音；原料为安溪铁观音；质量等级为特级；保质期为 18 个月；卫生许可证号为安卫食字〔2006〕第 CY83 号；生产许可证号为 QS35051401××××；贮藏方法为冷藏、防潮、防异味、避光直射；公司地址为北京市西城区马连道茶城×楼 7 组 5 号等内容。

另查明，安卫食字〔2006〕第 CY83 号许可证是安溪县桃源有机茶场有限公司持有，该卫生许可证已于 2010 年 7 月 23 日过期。安溪县桃源有机茶场有限公司从未生产过“茶乡村”牌铁观音礼盒茶。茶乡春公司的食品流通许可证标号为 SP110104091000××××，且已过期。茶乡春公司所售的涉案茶叶标签上没有生产日期、净含量、产品标准代号。

2. 二审法院确认一审法院认定的事实和证据。

（三）诉辩理由和依据

1. 上诉人的上诉理由和依据

茶乡春公司冒用他人生产许可证号和卫生证号，销售假冒食品；茶乡春公司的产品包装三无（没有生产日期，净含量，产品标准代号），故销售的涉案茶叶本身不符合国家食品安全标准，属于法定禁止食品标识的行为；茶乡春公司既没有产品检验合格报告又无食品流通许可证，一商配送中心对产品检验合格报告和食品流通许可证未尽到审查义务。茶乡春公司、一商配送中心应承担连带赔偿责任。本案涉案茶叶为不符合食品安全标准的食品，违反了《食品安全法》第 19 条之规定。根据《食品安全法》第 96 条之规定，应该十倍赔偿。原审法院认为十倍赔偿需要有人身、财产损害为依据，属于法律适用错误，故请求二审法院依法改判支持其全部诉讼请求。

2. 被上诉人的诉辩理由和依据

茶乡春公司辩称，2013 年 1 月 11 日、12 日，刘某先到我店里，表示购买有机铁观音茶。由于我店里销售的是散装茶叶，故从他人店里拿了给刘某，刘某拿走一些茶叶及名片后说给领导品尝。2013 年 1 月 16 日，刘某再次到店，购买了 300 元/斤的茶叶 10 斤，并要求给予分包装，当时包装茶叶的小包装袋是刘某提供的，但刘某提交的样品包装不是我公司的。刘某从茶城其他家购买了礼盒和外包装，由我公司负责包装。刘某表示为了单位报销，要求开具发票金额 5 000 元、付款人为刘某姓名的发票，并要求在出库单上注明“茶乡村”牌铁观音礼品盒，发票内容为铁观音。刘某在2013年1月21日第二次又购买了300元/斤的铁观音4斤，共计1 200元,刘某要求开具了4 000元的发票。我公司持以下观点。第一，刘某起诉的主体不适格。我公司的法人赖某梅另办理了个体工商户营业执照，字号是×××茶叶销售中心，向刘某销售茶叶的不是茶乡春公司，刘某应将与其实际发生买卖的个体工商户作为被告。我公司没有向刘某销售过茶叶，只有用个体工商户的名义销售茶叶的业务才是由一商配送中心出具发票的，故向刘某出售茶叶的业务是赖某梅用个体经商户经营的，赖某梅的个体工商户执照有食品流通许可证。第二，认定涉案茶叶就是我公司出售的茶叶证据不足。我公司记不清楚当时是用哪种小包装袋对刘某购买的茶叶进行的包装，但是我公司确实没有刘某提供这种包装。第三，我公司所售茶叶与刘某所受身体损害没有因果关系。刘某一次性购买10斤茶叶不符合常理，购买只用于一人喝不符合常理，且刘某没有证据证明喝茶与身体损害有因果关系。第四，刘某所称是对预包装食品的规定，而并非对散装食品的规定。茶叶属于初级农产品，适用《中华人民共和国农产品质量安全法》（以下简称《农产品质量安全法》）。目前国内销售散装茶叶时均是应消费者要求进行简单外包装，属于延伸服务，并不适用预包装食品的相关规定。第五，刘某购买茶叶的行为不是善意的购买行为。刘某在购买茶叶时刻意要求我公司写明全部品牌名称，发票一定要开原告的姓名，发票的额度要超过实际消费额度，有固定证据的嫌疑。刘某是在2月5日因消化道症状就医。普通消费者一般在发现产品质量问题后会找销售者退换，在协商不成时才会寻求其他渠道。但刘某舍近求远，在向多个政府部门申请公开信息查询之后才通过工商行政管理部门与我公司联系，属于有计划、有预谋的“钓鱼”行为。通过刘某的诉状可知其对相关的法律非常熟知，而在明知相关法律的情况下，明知茶叶外包装上无生产日期等标识而继续购买，不符合一般的消费习惯。综上所述，刘某的消费行为具有明显的主观恶意，目的就是索取高额赔偿。其提供的证据不能证明涉案茶叶为在我公司购买的茶叶，其身体损害与饮用本茶叶无因果关系。一审审理事实清楚，适用法律正确，请求二审法院维持原判。

一商配送中心的诉辩理由如下。我们是茶叶市场，负责出租商铺，是茶叶市场的主办方，茶叶是由各个商铺独立经营的。每个商铺均有个体经营的执照，赖某梅即是其中的一个个体工商户。我们对个体工商户负责代开发票，管理食品流通许可证。食品流通许可证是茶城统一办理的。我们对商铺所售茶叶的产品合格证进行抽查。茶城里面的商铺卖的都是散装茶，客户品尝后愿意购买的，商铺可以提供简包装，但并不是预包装。我们已经尽到了监督检查义务。一审审理事实清楚，适用法律正确，请求二审法院维持原判。

（四）一审法院归纳的争议焦点及审理意见

一审法院认为本案的争议焦点：刘某是否在茶乡春公司购买了 14 盒“茶乡村”牌铁观音礼盒茶；刘某购买的“茶乡村”牌铁观音礼盒茶是否属于预包装食品；茶乡春公司是否应承担十倍赔偿责任；一商配送中心是否应当承担连带责任。

（1）刘某是否在茶乡春公司购买了 14 盒“茶乡村”牌铁观音礼盒茶的问题。刘某提交的证据表明刘某在茶乡春公司购买了 14 盒“茶乡村”牌铁观音礼盒茶，价值 9 000 元。茶乡春公司虽主张向刘某销售茶叶的主体为在同一经营地址登记注册的个体工商户北京×××茶叶销售中心，但其提交的相关证据并不足以推翻刘某提交的证明双方买卖合同关系存在的证据，且茶乡春公司亦未就其另主张的刘某提交的茶叶样品并非该公司向刘某出具的茶叶举证证明，故法院认定刘某自茶乡春公司购买了“茶乡村”牌铁观音礼盒茶的事实成立。

（2）刘某购买的“茶乡村”牌铁观音礼盒茶是否属于预包装食品的问题。所谓预包装食品，是指预先定量包装或者制作在包装材料和容器中的食品。刘某自茶乡春公司购买的“茶乡村”牌铁观音礼盒茶，是刘某购买了散装茶后茶乡春公司协助包装的，还是该礼盒茶就是茶乡春公司事先即已包装好的预包装食品，双方存在争议。对此，茶乡春公司提交了北京福建茶叶商会的证明，该证据载明马连道茶叶商圈一直以来是中国茶的主要集散地之一，茶商以散茶批发为主。近年来，针对有商务礼品需求的客户，马连道出现了大量的茶叶包装企业，茶商一般也应客户的要求提供免费包装等延伸服务，即免费帮助客户将销售的散茶包装到客户选购的泡袋和礼盒内。该证据虽然说明茶城内的商户主要以散茶批发为主，但并不排除商户亦经营预包装食品，且茶乡春公司的营业范围内包含销售预包装食品，故现有证据不能排除茶乡春公司销售预包装食品的可能，故对茶乡春公司否认向刘某出售的茶叶礼盒为预包装食品的抗辩意见，本院不予采纳。根据我国《食品安全法》第 42 条的规定，预包装食品的包装上应当有标签。标签应当标明名称，规格，净含量，生产日期，成分或者配料表，生产者的名称、地址、联系方式，保质期，产品标准代号，贮存条件，所使用的食品添加剂在国家标准中的通用名称，生产许可证编号等内容。现有证据表明，茶乡春公司向刘某出售的茶叶标签上没有生产日期、净含量、产品标准代号，且其使用的卫生证号、生产许可证号均是冒用其他企业的，故茶乡春公司向刘某出售的茶叶之标签违反我国《食品安全法》对预包装食品标签的规定，现刘某要求茶乡春公司退还货款的请求正当，本院予以支持。

（3）刘某要求茶乡春公司支付十倍赔偿的请求的问题。依据我国《食品安全法》第 96 条规定，确定了行为人承担赔偿责任的前提须是食品的安全性违反法律规定，导致受害人合法权益遭受到实际侵害的后果，而该损害后果应由受害人承担举证责任。本案中，刘某称其因食用涉案茶叶后导致患病，但其提交的证据不足以证明该主张，现有证据亦不能证明涉案茶叶为质量不符合食品安全标准的食品。刘某因产品标识违反法律规定、茶乡春公司的食品流通许可证过期等理由要求对方承担支付价款十倍的赔偿金的诉讼请求，依据不足，法院不予支持。

（4）刘某要求赔偿误工费的请求问题。刘某主张误工费 240 元，但其并未提交相应证据予以证明。考虑到其确实为解决纠纷耽误了时间，法院对该部分费用酌情判定。

（5）一商配送中心是否应当承担连带责任的问题。依据我国《食品安全法》第 52 条规定，一商配送中心作为马连道茶叶市场的开办者，应当对入场经营者的经营行为进行监督、管理，而茶乡春公司在食品流通许可证已经过期的情形下，依然在马连道茶城内经营，一商配送中心对此未尽相关义务，但由于刘某提交的证据不能证明其身体受到伤害与饮用涉案茶叶之间具有因果关系，故本院不能据此认定该市场发生食品安全事故，刘某要求一商配送中心承担连带责任的请求不能成立，本院不予支持。

一审法院依照《食品安全法》第 28 条、第 42 条、第 52 条、第 86 条、第 90 条、第 96 条之规定，判决自判决生效之日起 7 日内，北京市茶乡春经贸有限公司退还刘某货款 9 000 元，刘某同时将剩余茶叶退还北京市茶乡春经贸有限公司；自判决生效之日起 7 日内，北京市茶乡春经贸有限公司赔偿刘某误工费 240 元；驳回刘某其他诉讼请求。

（五）二审法院归纳的争议焦点及审理意见

二审法院认为本案的主要争议焦点有三个：涉案商品是否符合食品安全标准；刘某诉请茶乡春公司支付十倍赔偿应否获得支持；一商配送中心是否应当承担连带责任。

（1）涉案商品是否符合食品安全标准问题。本案中，根据刘某提供的发票、发货单，可以认定刘某系在茶乡春公司购买了本案涉案茶叶。茶乡春公司认为其所售茶叶为散装，但在本案中举证不足，故比较双方证据，本院亦认定刘某购买的礼盒茶为预包装食品。根据刘某向相关部门的查询结果并结合本案事实可知，茶乡春公司所售的涉案茶叶标签上没有生产日期、净含量、产品标准代号，而且卫生证号和生产许可证号均是冒用其他企业的，故该产品不符合食品安全标准。

（2）刘某要求茶乡春公司支付十倍赔偿的请求的问题。《食品安全法》第 96 条规定，违反本法规定，造成人身、财产或者其他损害的，依法承担赔偿责任。生产不符合食品安全标准的食品或者销售明知是不符合食品安全标准的食品，消费者除要求赔偿损失外，还可以向生产者或者销售者要求支付价款十倍的赔偿金。因刘某购买了违反安全标准的食品本身即是一种损害，“十倍赔偿”不以发生食品以外的人身、财产等损害为前提条件，故刘某的主张符合法律规定，原审法院适用法律存在错误，本院予以纠正。根据上述规定，刘某要求茶乡春公司赔偿 90 000 元的诉讼请求，应予以支持。

（3）一商配送中心是否应当承担连带责任的问题。根据《食品安全法》第 52 条之规定，集中交易市场的开办者、柜台出租者和展销会举办者，应当审查入场食品经营者的许可证，明确入场食品经营者的食品安全管理责任，定期对入场食品经营者的经营环境和条件进行检查，发现食品经营者有违反本法规定的行为的，应当及时制止并立即报告所在地县级工商行政管理部门或者食品药品监督管理部门。集中交易市场的开办者、柜台出租者和展销会举办者未履行前款规定义务，本市场发生食品安全事故的，应当承担连带责任。本案中，刘某认为其饮用茶叶后导致疾病发生，对此证据不足，因果关系无法确立，因此，不能认定商城发生食品安全事故，故其要求一商配送中心承担连带责任的诉讼请求，本院不予支持。

（六）二审法院的终审判决

综上所述，刘某要求茶乡春公司承担十倍赔偿的上诉请求，本院予以支持；对其他上诉请求，本院不予支持。原审判决认定事实清楚，但适用法律错误，本院予以纠正。依照《食品安全法》第 19 条、第 20 条、第 28 条、第 42 条、第 52 条、第 96 条，《民事诉讼法》第 170 条第一款第 2 项之规定，作出如下判决维持北京市西城区人民法院〔2013〕西民初字第 13588 号民事判决第一、二项；撤销北京市西城区人民法院〔2013〕西民初字第 13588 号民事判决第三项；本判决生效后 7 日内，北京市茶乡春经贸有限公司向刘某支付 9 万元赔偿金；驳回刘某的其他诉讼请求。

四、问题解答

（一）集中交易市场的开办者、柜台出租者和展销会举办者的责任承担问题

集中交易市场是指在一定区域内形成的有固定的交易设施，有若干经营者进场经营、分别纳税，由市场开办者负责经营管理，实施集中、公开商品交易的场所。集中交易市场的特点是存在市场开办者和进场经营者两个主体，各自对自己的经营行为负责。集中交易市场是食品经营者开展食品流通、餐饮服务等食品经营活动的重要场所，也是易出现食品安全事故的重点监管区域。集中交易市场里的食品经营者具有经营规模小、流动性

强的特点，这给食品安全监管工作带来较大难度，发生了食品安全事故后，有些食品经营者往往一跑了之，或者因经营规模小，难以承担巨大的赔偿责任，使消费者受到的损失难以获得赔偿①。

柜台出租者是指经营者将自己经营的柜台在一定时限内，出让给他人经营的行为，其特点是经营权发生了变化，该经营权由经营者转移到了承租人，承租人对于其租赁的柜台依合同享有经营权。

展销会是指由一个或者若干个单位举办，具有相应资格的若干经营者参加，在固定场所和一定期限内，用展销的形式，以现货或者订货的方式销售商品的集中交易活动，其特点是举办时间一般为短期的，举办者和参展的经营者之间一般没有固定联系。

为了有效预防和惩治违法行为，切实保护消费者的合法权益。我国2015年10月1日起实施的《食品安全法》第61条对集中交易市场、出租柜台和展销会的食品安全问题作了有针对性的具体规范。《食品安全法》第61条规定，集中交易市场的开办者、柜台出租者和展销会举办者，应当依法审查入场食品经营者的许可证，明确其食品安全管理责任，定期对其经营环境和条件进行检查，发现其有违反本法规定行为的，应当及时制止并立即报告所在地县级人民政府食品药品监督管理部门。此外，自2016年施行的《食用农产品市场销售质量安全监督管理办法》对于集中交易市场开办者的义务问题也进行了规定，出租柜台和展销会的义务和责任问题参照该规定。《食用农产品市场销售质量安全监督管理办法》第6条规定，集中交易市场开办者应当依法对入场销售者履行管理义务，保障市场规范运行。食用农产品销售者（以下简称销售者）应当依照法律法规和食品安全标准从事销售活动，保证食用农产品质量安全。第7条规定，县级以上食品药品监督管理部门应当加强信息化建设，汇总分析食用农产品质量安全信息，加强监督管理，防范食品安全风险。集中交易市场开办者和销售者应当按照食品药品监督管理部门的要求提供并公开食用农产品质量安全数据信息。鼓励集中交易市场开办者和销售者建立食品安全追溯体系，利

① 孙燕明：“集中交易市场开办者、柜台出租者和展销会举办者承担哪些责任”，载《中国消费者报》2009年7月10日。

用信息化手段采集和记录所销售的食用农产品信息。第 8 条规定，集中交易市场开办者相关行业协会和食用农产品相关行业协会应当加强行业自律，督促集中交易市场开办者和销售者履行法律义务。同时，《食用农产品市场销售质量安全监督管理办法》在第 2 章“集中交易市场开办者”中详细规定了集中交易市场开办者的义务[①]。

考虑到集中交易市场的开办者、柜台出租者和展销会举办者作为独立主体，其共同的特征是通过提供场所和设施收取费用，他们在获取利益的同时，也应当承担相应的义务，而且他们也具有承担义务的条件，可以对入场经营者的行为进行管理，因此，《食用农产品市场销售质量安全监督管理办法》设定了集中交易市场的开办者、柜台出租者和展销会举办者的义务。

首先，对于集中交易市场的开办者、柜台出租者和展销会举办者本身作为经营者角色而言，其是防范食品安全问题出现的一大重要防线，只有其履行好自身经营义务，才能更好地对监督管理入场经营者进行监督和管理。笔者认为，集中交易市场的开办者、柜台出租者和展销会举办者本身作为经营者，其本身需要按照法律规定进行自己的经营活动，不得违反法律规定开办集中市场交易、展销会或柜台出租，亦不得以“开办集中市场交易、展销会或柜台出租”之名行“销售”之实；集中交易市场的开办者、柜台出租者和展销会举办者本身也须满足一定的主体资格，才可进行相应的经营活动；此外，其应按照食品药品监督管理部门的要求，建立食品安全管理制度，加强对食品质量安全的风险防控，制定食品安全事故处置方案，根据风险程度确定检查重点、方式、频次等，定期检查食品安全事故防范措施落实情况，及时消除食品质量存在的安全隐患；此外，集中交易市场开办者应当建立入场经营者档案，如实记录销售者名称或姓名、社会信用代码、联系方式、住所、食用产品信息、进货渠道、产地等信息；最后，集中市场交易开办者应当在醒目位置及时公布食品安全管理制度、食品安全管理人员、食品抽样检验结果及处理结果、投诉举报电话等信息。（参照《食用农产品市场销售质量安全监督管理办法》的相关规定）对于由于集中交易市场的开办者、柜台出租者和展销会举办者自身的

---

① 《食用农产品市场销售质量安全监督管理办法》第 9~22 条。

经营违反法律规定和相关部门要求从而导致食品安全问题出现的，需要对其行为承担一定的法律责任。

其次，集中交易市场的开办者、柜台出租者和展销会举办者对于入场经营者的义务问题，主要可总结为以下几点。

（1）审查和检查的义务。集中交易市场的开办者、柜台出租者和展销会举办者允许他人入场经营，应当允许有经营资格的主体入场经营，经营资格的凭证就是许可证和营业执照，包括流通许可证或者餐饮服务许可证，通过对许可证和营业执照的审查，确保入场经营者的许可证和营业执照合法有效，并复印该许可证留档备查。对取得许可证的入场经营者，集中交易市场的开办者、柜台出租者还应当采取书面形式，与其签订食品安全责任书，明确其食品安全管理责任。

集中交易市场的开办者、柜台出租者和展销会举办者作为承担义务的主体，应当建立健全本单位的食品安全管理制度，配备专职或者兼职的食品安全管理人员并进行相应培训，定期对入场食品经营者的经营环境和条件进行检查，审查入场经营者经营环境和条件是否符合《食品安全法》的要求，具体包括：是否有与经营的食品相适应的场所，场所是否环境整洁符合规定，是否有与经营的食品相适应的设备或者设施，设备或者设施是否符合要求，是否有符合健康条件的从业人员和符合要求的食品安全管理制度，贮存、运输、装卸和盛放食品的容器、工具和设备是否符合规定、要求等。

（2）制止并报告的义务。集中交易市场的开办者、柜台出租者和展销会举办者在履行审查和检查义务的过程中，发现食品经营者有违法行为的，应当采取有效措施。这里所称的违法行为，是指违反《食品安全法》的行为，包括入场经营者的经营资格、经营行为、食品质量安全等方面的违法行为。这里所称的有效措施，一是指及时制止违法行为，使违法行为得以停止、纠正；二是指立即报告辖区食品药品监督管理局。

允许应取得而未取得许可的食品经营者入场，意味着公然允许已知的违法者利用其场地、设施从事非法经营活动；没有依法履行对入场经营者的经营活动进行食品安全检查，或者发现存在食品安全问题及时报告食品药品监督管理部门的义务，意味着对违法食品经营行为的放任。作为经营场所和设施的提供者，集贸市场开办者（食用农产品批发市场）、柜台出租者和展销会举办者对食品安全负有比一般消费者和其他社会主体更多的责任和义务。同时，对入场经营者的经营活动具有其他社会主体所没有的控制、了解和掌握的能力。对于城市食品消费者而言，集贸市场（食用农产品批发市场）是食品供应的第二“源头”，是食品安全控制的关键节点。因此，如果没有赋予集贸市场开办者（食用农产品批发市场）、柜台出租者和展销会举办者以上述义务，则处于供应“源头”与“节点”的食品销售者就缺少了一个重要的控制力量。

最后，关于集中交易市场开办者、柜台出租者和展销会举办者违反《食品安全法》规定应承担的法律责任。《食品安全法》第61条规定，集中交易市场的开办者、柜台出租者和展销会举办者，应当依法审查入场食品经营者的许可证，明确其食品安全管理责任，定期对其经营环境和条件进行检查，发现其有违反本法规定行为的，应当及时制止并立即报告所在地县级人民政府食品药品监督管理部门。《食品安全法》第130条规定，违反本法规定，集中交易市场的开办者、柜台出租者、展销会的举办者允许未依法取得许可的食品经营者进入市场销售食品，或者未履行检查、报告等义务的，由县级以上人民政府食品药品监督管理部门责令改正，没收违法所得，并处五万元以上二十万元以下罚款；造成严重后果的，责令停业，直至由原发证部门吊销许可证；使消费者的合法权益受到损害的，应当与食品经营者承担连带责任。食用农产品批发市场违反本法第64条规定的，依照前款规定承担责任。《食用农产品市场销售质量安全监督管理办法》第47条规定，集中交易市场开办者违反本办法第9条至第12条、第16条第二款、第17条规定，有下列情形之一的，由县级以上食品药品监督管理部门责令改正，给予警告；拒不改正的，处5 000元以上3万元以下罚款。① 未建立或者落实食品安全管理制度的；② 未按要求配备食品安全管理人员、专业技术人员，或者未组织食品安全知识培训的；③ 未制定食品安全事故处置方案的；④ 未按食用农产品类别实行分区销售的；⑤ 环境、设施、设备等不符合有关食用农产品质量安全要求的；

⑥ 未按要求建立入场销售者档案，或者未按要求保存和更新销售者档案的；⑦ 未如实向所在地县级食品药品监督管理部门报告市场基本信息的；⑧ 未查验并留存入场销售者的社会信用代码或者身份证复印件、食用农产品产地证明或者购货凭证、合格证明文件的；⑨ 未进行抽样检验或者快速检测，允许无法提供食用农产品产地证明或者购货凭证、合格证明文件的销售者入场销售的；⑩ 发现食用农产品不符合食品安全标准等违法行为，未依照集中交易市场管理规定或者与销售者签订的协议处理的；⑪ 未在醒目位置及时公布食用农产品质量安全管理制度、食品安全管理人员、食用农产品抽样检验结果以及不合格食用农产品处理结果、投诉举报电话等信息的。

在消费者受到侵害并找不到食品销售者或者虽能找到但是困难很大的情况下，食品销售者与集中交易市场开办者、柜台出租者、展销会举办者承担的责任为连带责任，其属于突破合同相对性向第三人追偿的情形。集贸市场开办者、柜台出租者、展销会举办者就其经营活动的内容而言并不是“食品销售者”，而是“食品销售者”的“服务提供者”，应当符合法理学中权利义务相统一的原则，在通过提供场地、设施及其他有偿服务来营利的同时，理应对入场的经营者进行审慎核查，使其符合进场的资格，不仅是对自己负责，更是对广大消费者的负责。在其在食品安全的监管过程中扮演着重要的角色，应当予以严格监管。

本案中，一商配送中心作为马连道茶叶市场的开办者，应当对入场经营者的经营行为进行监督、管理，定期对入场食品经营者的经营环境和条件进行检查，发现食品经营者有违反本法规定的行为的，应当及时制止并立即报告所在地县级工商行政管理部门或者食品药品监督管理部门。而茶乡春公司在食品流通许可证已经过期的情形下，依然在马连道茶城内经营，一商配送中心对此未尽相关义务，那么对于受该行为影响所发生食品安全事故的理应承担连带的责任。

（二）何为初级农产品？初级农产品是否适用《食品安全标准　预包装食品标签通则》

农产品是农业中生产的物品，如高粱、稻子、花生、玉米、小麦以及各个地区土特产等。农产品分为初级农产品和非初级农产品，前者是未经过加工的农产品。《农产品质量安全法》第 2 条规定，本法所称农产品，是指来源于农业的初级产品，即在农业活动中获得的植物、动物、微生物及其产品。非初级农产品，则是指经过加工的农产品，其法律属性为产品。《产品质量法》第 2 条规定，本法所称产品是指经过加工、制作，用于销售的产品。因此，非初级农产品的性质应定性为产品，属于《产品质量法》的适用范围。

初级农产品是否属于产品质量法的规范对象，立法上是有争议的。初级农产品是指种植业、畜牧业、渔业未经过加工的产品。从立法上看，初级农产品未经加工，应当不属于《产品质量法》第 2 条规定的范围。但有观点认为该规定中的产品范围显然较为狭窄，初级农产品应当属于我国产品责任立法中的产品范围①。无论在国外还是在国内，否定将初级农产品列入产品责任法规范对象的原因主要有以下几点：一是认为初级农产品属于天然产品，容易产生潜在缺陷但却难以查清缺陷来源证据较难获得，责任者不好确定；二是认为初级农产品的致害程度远小于工业品；三是对在工业社会中处于弱势的农业生产者提供保护，增强本国农业在国际上的竞争力。

所谓天然产品是指未经任何人工加工的物品如原油、原煤、各种野生动植物等，它确实是大自然赋予人类的财富。其形成和产生过程完全是人力不可控制的自然因素而非人的行为，不存在所谓的生产、制造者或者说没有直接的生产、制造者。但仔细分析可以发现，天然产品只要出现在市场上就必然有直接的销售者。若天然产品的提供者或销售者没有把好检验关，未能尽职谨慎的选择、鉴别天然产品就将其投入市场并给消费者造成损害就应当承担相应的产品责任，至于以获得证据较为困难作为否定初级农产品产品责任的理由，显然难以自圆其说。可见，将天然产品列入产品的范围是必要的，它同样可能存在产品责任问题。

既然天然产品的提供者存在承担产品责任的可能性，则初级农产品的生产者承担产品责任更是可能的。初级农产品是介于工业产品与天然产品

① 朱沛智："初级农产品的产品责任"，载《法制天地》2006 年第 7 期。

之间的一类产品，它既不像工业品那样经过工业过程的加工才能形成，也不像天然产品那样完全靠自然、天然的因素而形成。它的形成既有人为的因素，又有自然环境的因素。它是人类利用生物机体的生命力，顺应自然规律，通过对外界环境中的物质和能量进行转化而形成的产品。这类产品的质量除了受光照、温度、湿度、土壤、气候等自然条件的影响外，更主要的是受人为因素（如农作物种子或畜禽品种的选择、培育，化肥、农药的施洒，种植或饲养的方式，对疾病的检测及防治水平等）的影响。初级农产品的这种生产特点决定了它的致害原因既有因生产者的过错而导致的人为因素，也有人力不可控制的自然因素。国外立法中对初级农产品是否作为产品责任法的调整对象的不同态度就是考虑上述因素的结果。有别于传统的小农生产模式，现代农业在经营上规模化、高科技化、自动化、大批量地生产，尤其是大型农牧企业在农产品生产和畜禽饲养中的现代化程度很高，其高投入、高产出、高效益的特征已无异于工业。随着多起严重危害消费者人身健康的食品安全事件的发生，人们逐渐认识到初级农产品中蕴涵的风险已经变得不可预测，致害的严重程度并不亚于工业品。因此，我们认为，初级农产品在优先适用《农产品质量安全法》的同时也可以适用《产品质量法》的相关规定。

初级农产品是否适用《食品安全国家标准　预包装食品标签通则》问题。食品标签是向消费者传递产品信息的载体。做好预包装食品标签管理，既是维护消费者权益，保障行业健康发展的有效手段，也是实现食品安全科学管理的需求。因此，修订了《食品安全国家标准　预包装食品标签通则》（GB 7718—2011）。《食品安全国家标准　预包装食品标签通则》（GB 7718—2011）第 1 条明确本标准适用于直接提供给消费者的预包装食品标签和非直接提供给消费者的预包装食品标签。本标准不适用为预包装食品在储藏运输过程中提供保护的食品储运包装标签、散装食品和现制现售食品的标识。第 2 条第一款对预包装食品定义为预先定量包装或者制作在包装材料和容器中的食品，包括预先定量包装以及预先定量制作在包装材料和容量中并且在一定限量范围内具有统一的质量或体积标识的食品。

直接提供给消费者的预包装食品，所有事项均在标签上标示。一是生产者直接或通过食品经营者（包括餐饮服务）提供给消费者的预包装食品；二是既提供给消费者，也提供给其他食品生产者的预包装食品。进口商经营的此类进口预包装食品也应按照上述规定执行。非直接向消费者提供的预包装食品标签上必须标示食品名称、规格、净含量、生产日期、保质期和贮存条件，其他内容如未在标签上标注，则应在说明书或合同中注明。例外的包括以下三种情形：一是散装食品标签；二是在储藏运输过程中以提供保护和方便搬运为目的的食品储运包装标签；三是现制现售食品标签。同时该三种例外情形也可以参照执行《食品安全国家标准　预包装食品标签通则》（GB 7718—2011）。

根据《食品安全国家标准　预包装食品标签通则》（GB 7718—2011）的适用范围，初级农产品不适用《食品安全国家标准　预包装食品标签通则》（GB 7718—2011）。初级农产品属于天然产品，其致害程度远小于工业品，且不属于直接提供给消费者的预包装食品和非直接向消费者提供的预包装食品两种类型之一。

（三）食品生产许可证、食品卫生许可证、食品流通许可证的适用

食品生产许可证，是生产经营者加工生产食品的资格证明文件，适用于食品生产环节。《食品安全法》第35条规定，国家对食品生产经营实行许可制度。从事食品生产、食品销售、餐饮服务，应当依法取得许可。但是，销售食用农产品，不需要取得许可。第122条规定，违反本法规定，未取得食品生产经营许可从事食品生产经营活动，或者未取得食品添加剂生产许可从事食品添加剂生产活动的，由县级以上人民政府食品药品监督管理部门没收违法所得和违法生产经营的食品、食品添加剂以及用于违法生产经营的工具、设备、原料等物品；违法生产经营的食品、食品添加剂货值金额不足一万元的，并处五万元以上十万元以下罚款；货值金额一万元以上的，并处货值金额十倍以上二十倍以下罚款。《国家食品药品监督管理总局令第16号——食品生产许可管理办法》对食品生产许可的申请与受理、审查与决定等事项进行了详细的规定。

食品卫生许可证简称卫生许可证，是单位和个人从事食品生产经营活

动，经卫生行政部门审查批准后，发给的卫生许可凭证。目前，餐饮服务许可证取代食品卫生许可证。《国务院关于整合调整餐饮服务场所的公共场所卫生许可证和食品经营许可证的决定》第 1 条规定，取消地方卫生部门对饭馆、咖啡馆、酒吧、茶座 4 类公共场所核发的卫生许可证，有关食品安全许可内容整合进食品药品监管部门核发的食品经营许可证，由食品药品监管部门一家许可、统一监管。

食品流通许可证，是经营者销售预包装食品或者散装食品的资格证明文件，适用于食品流通环节。《食品安全法》第 33 条规定，“食品生产经营应当符合食品安全标准，并符合下列要求。① 具有与生产经营的食品品种、数量相适应的食品原料处理和食品加工、包装、贮存等场所，保持该场所环境整洁，并与有毒、有害场所以及其他污染源保持规定的距离；② 具有与生产经营的食品品种、数量相适应的生产经营设备或者设施，有相应的消毒、更衣、盥洗、采光、照明、通风、防腐、防尘、防蝇、防鼠、防虫、洗涤以及处理废水、存放垃圾和废弃物的设备或者设施；③ 有专职或者兼职的食品安全专业技术人员、食品安全管理人员和保证食品安全的规章制度；④ 具有合理的设备布局和工艺流程，防止待加工食品与直接入口食品、原料与成品交叉污染，避免食品接触有毒物、不洁物；⑤ 餐具、饮具和盛放直接入口食品的容器，使用前应当洗净、消毒，炊具、用具用后应当洗净，保持清洁；⑥ 贮存、运输和装卸食品的容器、工具和设备应当安全、无害，保持清洁，防止食品污染，并符合保证食品安全所需的温度、湿度等特殊要求，不得将食品与有毒、有害物品一同贮存、运输；⑦ 直接入口的食品应当使用无毒、清洁的包装材料、餐具、饮具和容器；⑧ 食品生产经营人员应当保持个人卫生，生产经营食品时，应当将手洗净，穿戴清洁的工作衣、帽等；销售无包装的直接入口食品时，应当使用无毒、清洁的容器、售货工具和设备；⑨ 用水应当符合国家规定的生活饮用水卫生标准；⑩ 使用的洗涤剂、消毒剂应当对人体安全、无害；⑪ 法律、法规规定的其他要求。非食品生产经营者从事食品贮存、运输和装卸的，应当符合前款第六项的规定。”《食品安全法》在流通领域的配套规章——《食品流通许可证管理办法》和《流通环节食品安全监督管理办法》2009 年 8 月 12 日在国家工商总局官方网站正式对外公布。其规定经营者要销售食品，必须先取得由工商部门颁发的《食品流通许可证》，然后才能领取登记执照展开经营，从而取代以往申领的食品卫生许可证，但原卫生许可证在期满前，仍继续有效。工商总局发布的《食品流通许可证管理办法》，对许可证的发放条件、发放程序以及与食品卫生许可证的衔接等问题予以明确。对流通环节经营者要销售食品必须坚持“先证后照”，先到工商机关取得流通许可证审批，才能再申办工商注册登记，否则不得从事食品经营。但是《食品流通许可证管理办法》和《流通环节食品安全监督管理办法》已经被国家工商行政管理总局令第 79 号废止。

关于各类许可证的关系。食品生产许可证与食品流通许可证是食品供应链中的两个环节，即生产环节和流通环节，在食品的生产和销售过程中，必须具备这两证；食品卫生许可证为贯穿整个食品生产和销售的证件，现如今被食品流通许可证所取代。

本案中茶乡春公司在食品流通许可证已经过期，涉案茶叶标签上没有生产日期、净含量、产品标准代号，茶乡春公司销售的产品不符合食品安全标准，且对于该事实，一商配送中心亦未尽到检查和报告义务，从而出现了本案的食品安全纠纷问题。

（执笔：阮超，王猛）

第三章　食品侵权纠纷案

案例3-1 郭某与南京浩扬科技发展有限公司等买卖合同纠纷案[①]

一、案件概要

郭某与南京浩扬科技发展有限公司（以下简称浩扬公司）、江苏扬子晚报有限公司（以下简称扬子晚报公司）、新华日报社、江苏南京晨报文化传媒有限公司（以下简称南京晨报传媒公司）、江苏新华报业传媒集团有限公司（以下简称新华报业传媒集团）买卖合同纠纷一案由江苏省南京市中级人民法院于2015年3月27日作出〔2014〕宁商终字第1525号民事判决书，审判长陆正勤。上诉人（原审原告）郭某支付14.16万元在“扬子壹购酒买仓”购买53度飞天茅台酒（2009年生产）十箱共计120瓶，后经鉴定发现系假冒贵州茅台酒。故要求浩扬公司、扬子晚报公司、新华日报社和新华报业传媒集团作为共同卖方按照“假一赔百”的承诺赔偿1 416万元以及因此次纠纷支付的其他费用，并要求南京晨报传媒公司作为广告发布方承担连带责任。一审法院仅判决浩扬公司赔偿郭某42.48万元。案件受理费108 070元，由郭某负担104 828元、浩扬公司负担3 242元，保全费5 000元，由浩扬公司负担。后郭某不服提起上诉，二审以原审法院认定案件基本事实清楚，但举证责任分配有误导致部分事实认定不清，实体处理欠当为由，撤销一审判决，依法改判。

本案主要涉及以下法律规范。

（1）《合同法》第15条、第64条、第107条、第111条、第113条、第130条。

---

① 案件来源：【法宝引证码】CLI. C. 6306570.

（2）《广告法》第 2 条。

（3）《消费者权益保护法》第 45 条、第 55 条。

（4）《食品安全法》（2009 年版）第 96 条、第 55 条。

（5）最高人民法院《关于适用〈中华人民共和国合同法〉若干问题的解释（二）》第 3 条、第 39 条。

（6）最高人民法院《关于审理食品药品纠纷案件适用法律若干问题的规定》第 6 条。

（7）《人民币银行结算账户管理办法》第 45 条。

二、思考问题

（1）单方允诺与要约邀请。

（2）出借账户的法律责任。

（3）合同的相对性与第三方侵权。

（4）食品安全纠纷案的诉讼费承担问题。

三、案件正文

（一）案件当事人及其主张

上诉人（原审原告）郭某上诉要点和请求如下。（1）原审判决认定本案销售主体错误。（2）原审判决就“扬子壹购酒买仓”关于“假一罚百”的性质认定错误。（3）退而言之，即使将“假一罚百”作为合同条款，应根据《合同法》第 15 条第二款或关于商品房买卖的司法解释第 3 条，将其视为要约，而非要约邀请。（4）南京晨报传媒公司应对以上共同卖方的赔偿责任承担连带赔偿责任。请求撤销一审判决，依法改判支持其原审全部诉讼请求，并由五被上诉人共同承担本案一、二审诉讼费用。

被上诉人浩扬公司、扬子晚报公司、新华日报社、新华报业传媒集团共同答辩要点和请求：原审法院认定事实清楚，适用法律正确，请求二审驳回上诉，维持原判。

被上诉人南京晨报传媒公司答辩要点和请求如下。其不是买卖合同关系的主体，不应当承担买卖关系所引发的法律责任。虚假广告是专有概念，需要经过一个特定的程序予以认定，侵权法律关系也不应当在本案的合同关系中进行审理。

（二）法庭查明的事实

1. 一审法院查明的事实

2013 年 6 月 7 日、8 日，《南京晨报》在 A21 版刊登广告：“扬子官方购物平台扬子壹购携手 200 家酒厂把仓库搬到南京，酒买仓豪言‘酒水暴利，到此为止——扬子壹购打造酒类平价直销仓库，比市场价最低至三折，假一罚百……’为了更方便服务南京市民，扬子壹购在汉中路开设 300 多平方米的仓储酒库——酒买仓，严格设立 100 多个条款的进仓门槛，要求供货商签订质量保证书和优先赔付制度，确保瓶瓶真品，如有一瓶假酒，百倍赔偿……”在该广告中并有“《扬子晚报》官方购物平台酒买仓、扬子壹购 www. 960961. com”等字样。2013 年 6 月 8 日，《扬子晚报》在 A35 版亦刊登了上述同样内容的广告。2013 年 9 月 2 日、4 日、6 日、13 日、18 日，《扬子晚报》分别刊登了包括涉案茅台酒在内的“扬子壹购酒买仓”经营的各种酒类的优惠促销广告。

2013 年 9 月 14 日，郭某向浩扬公司购买飞天茅台 53 度（2009）白酒共 120 瓶，支付货款 14. 16 万元。浩扬公司向郭某出具发票一张。郭某在同日以四张银行卡刷卡方式支付货款，在付款的四张银联 POS 单上，商户名称为新华日报社。2013 年 10 月 11 日，郭某持上述发票在江苏省南京市钟山公证处进行了公证，2013 年 12 月 24 日，对上述四张银联 POS 单在江苏省南京市钟山公证处进行了公证。

2013 年 9 月 16 日，南京市质量技术监督局鼓楼分局向郭某出具质量技术监督扣押决定书，因郭某购买的 120 瓶茅台酒涉嫌存在质量问题，实施扣押。后贵州茅台酒股份有限公司受南京市质量技术监督局鼓楼分局的委托，对涉案茅台酒进行鉴定。2013 年 9 月 17 日出具了鉴定证明表，载明：鉴定项目为防伪标识、丝带、产品合格证，鉴定手段、方法为防伪识别器，鉴定结论为假冒贵州茅台酒。

郭某此后多次前往浩扬公司因所购假茅台酒进行交涉。2013 年 10 月

24 日,郭某向浩扬公司出具承诺一份，内容为:（1）收到购酒款 14.16 万元;（2）发票原件浩扬公司已收回;（3）收到款项后保证不到公司来，影响公司正常工作。

一审诉讼中，郭某提供相关票据及支付凭证，证明其支付公证费 1 200 元、工商档案查询费 992 元、冲洗照片费用 30 元，支付律师代理费 216 040 元。浩扬公司提交了国际域名注册证书，该证书显示 www.960961.com 域名所有人为浩扬公司，同时提供了商标注册申请书、受理通知书，上述文书显示商标“酒买仓”“扬子壹购”由浩扬公司委托南京金陵商标事务所于 2013 年 5 月 27 日向国家工商行政管理总局商标局申请注册，目前正在审查中。

一审法院另查明，2013 年 1 月 1 日，国家新闻出版署以苏报出证字 0055 号报纸出版许可证，许可出版报纸名称为《扬子晚报》、国内统一连续出版物号 CN32—0055，版期为每周七刊，出版单位为扬子晚报。许可证上注有“仅限用于扬子晚报有限公司注册用，2013.2.28”字样。2013 年 3 月 29 日，扬子晚报公司在江苏省工商行政管理局登记成立，其许可经营项目为《扬子晚报》出版发行等。新华日报社于 2001 年由中共江苏省委在江苏省事业单位登记管理局登记备案，系事业单位。浩扬公司成立于 2003 年 8 月，其股东分别为江苏扬子信息发展有限公司、南京扬子广告有限公司。新华报业传媒集团是组建成立于 2002 年 7 月的国有独资公司。

2. 二审法院查明的事实

二审法院经审理查明，一审法院查明的事实除以下两处笔误以外均属实，依法予以确认。笔误为:（1）《南京晨报》A21 版广告内容为“扬子晚报官方购物平台……”，并非“扬子官方购物平台……”；（2）浩扬公司成立于“2003 年 11 月”，并非“2003 年 8 月”。

另查明，扬子晚报公司系新华报业传媒集团的全资子公司；浩扬公司的现股东为扬子晚报公司（持股比例为 80%）、江苏新华传媒信息发展有限公司、南京扬子广告有限公司。郭某支付案涉货款时刷卡所用的 POS 机就在销售场所的付款收银台，浩扬公司开具给郭某的发票载明的收款单位为浩扬公司。新华日报社以浩扬公司系其全资子公司为由，统一办理浩扬公司的汇款业务。

“扬子壹购”网页在“关于我们”中介绍：“南京浩扬科技发展有限公司官方网购平台扬子壹购，祝您购物愉快！扬子壹购网上商城是由扬子晚报全资子公司南京浩扬科技发展有限公司、扬子晚报信息中心、扬子晚报广告部联合打造的一站式网络购物平台，是扬子晚报重拳出击电子商务的全新力作……”

还查明，浩扬公司领取食品流通许可证，许可范围为预包装食品兼散装食品的批发与零售。二审诉讼中，经二审法院释明，浩扬公司不能提供案涉酒品的《酒类流通随附单》，亦不就案涉酒品的质量是否符合食品安全标准申请鉴定。

以上事实，工商登记资料、发票、新华日报社证明、网页内容及当事人陈述在案为证。

（三）诉辩理由和依据

1. 上诉人的上诉理由和依据

（1）原审判决认定本案销售主体错误。卖方并非浩扬公司，应当是“扬子壹购酒买仓”，浩扬公司、扬子晚报公司、新华日报社、新华报业传媒集团作为共同卖方。浩扬公司因开具销售发票，新华日报社因其收款行为成为卖方。扬子晚报公司、新华日报社、新华报业传媒集团共同出版《扬子晚报》，该报与浩扬公司共同打造扬子壹购网络购物平台，酒买仓系对应的实体仓储店，两者未经工商登记，无法人资格，应类似于浩扬公司、扬子晚报公司、新华日报社、新华报业传媒集团共同开设的内设机构，应就“扬子壹购酒买仓”销售假酒的行为共同承担责任。

（2）一审判决就“扬子壹购酒买仓”关于“假一罚百”的性质认定错误。浩扬公司针对不特定的多数人作出“假一罚百”的承诺，是经营者自愿接受的并高于法律强制性惩罚性规定的意思表示，属于单方允诺，根据《江苏省实施〈中华人民共和国消费者权益保护法〉办法》第 4 条、国家工商行政管理总局《关于处理侵害消费者权益行为的若干规定》第 1

条，应依据承诺赔偿消费者。

（3）退而言之，即使将“假一罚百”作为合同条款，应根据《合同法》第15条第二款或关于商品房买卖的司法解释第3条，将其视为要约，而非要约邀请。作为“扬子壹购酒买仓”针对自身义务设定的格式条款，未经与消费者合意，不应适用《合同法》第114条第二款，将“假一罚百”作为违约金条款并进行调整。即使作为违约金条款，依据《合同法解释（二）》第29条的规定，应不予调整。如果调整，至少应适用《食品安全法》调整为价款的十倍，原审判决适用《消费者权益保护法》调整成价款的三倍与以往判例的处理不相一致。

（4）南京晨报传媒公司应对以上共同卖方的赔偿责任承担连带赔偿责任。共同卖方承担的是合同责任，南京晨报传媒公司承担的是侵权责任，由于主体各不相同，本案中，不存在违约与侵权责任竞合的问题，南京晨报传媒公司因其虚假宣传，根据《食品安全法》第96条、第55条及相关司法解释的规定，应当承担连带赔偿责任。

（5）庭审中，郭某补充上诉请求所依据的事实与理由如下。针对新华日报社，根据《人民币银行结算账户管理办法》的规定，新华日报社出借收款账户给浩扬公司使用，应当承担连带责任。针对本案诉讼费用的分担，因本案诉讼系因浩扬公司拒绝履行其承诺所致，即使法院不能全部支持原审诉讼请求，诉讼费用也应当完全由浩扬公司承担。

2. 被上诉人的辩称理由和依据

被上诉人浩扬公司、扬子晚报公司、新华日报社、新华报业传媒集团共同答辩，有如下观点。

（1）“扬子壹购”和“酒买仓”都应归结于浩扬公司，本案系以买卖合同关系为事实基础，基于合同相对性原则，与郭某建立买卖关系的当事人是浩扬公司，与其余被上诉人无关。

（2）关于“假一罚百”，并非单方允诺，郭某上诉所依据的相关办法、规定并不适用于本案。

（3）关于法律责任的承担，《食品安全法》第96条及相关司法解释对十倍赔偿的前提做出了限制规定，本案中不存在所规定的情形。

（4）就出借账户的问题，新华日报社将账户用于案涉资金转账，未占用他人资金，亦未与他人合谋套用资金，且浩扬公司已及时退还郭某购货款，并未造成其损失，故不应以出借账户为由承担责任。

（5）关于诉讼费用的负担，从该费用发生的角度来看，源于郭某提出权利主张之时过于乐观，过高估计法院对其权利保护的范围，原审法院判令其承担的诉讼费用是其诉讼风险的组成部分。

被上诉人南京晨报传媒公司答辩称：其不是买卖合同关系的主体，不应当承担买卖关系所引发的法律责任。虚假广告是专有概念，需要经过一个特定的程序予以认定，侵权法律关系也不应当在本案的合同关系中进行审理。

（四）本案的争议焦点及审理意见

1. 一审法院

一审法院认为，各被告的法律地位、“假一罚百”广告的性质及责任的承担是本案争议的焦点。

（1）关于本案各被告法律地位。一审法院多次释明要求郭某明确其请求权基础，其最终明确以买卖合同作为基础法律关系要求各被告按“假一罚百”承诺等向郭某承担共同或连带赔偿责任。现已查明，浩扬公司系独立法人单位，可以独立对外承担责任，“扬子壹购”和“酒买仓”商标系由浩扬公司申请使用。2013 年 9 月 14 日当天，卖方浩扬公司向郭某交付标的物并开具购物发票，郭某作为买方在购买涉案酒品时，应当知晓出卖方系浩扬公司，故本案买卖合同的主体为郭某和浩扬公司。扬子晚报公司、新华日报社、新华报业传媒集团均为独立的法人单位，虽然郭某通过商户名为新华日报社的收款 POS 机支付购酒款，但交付标的物和开具发票行为均与新华日报社无关，不能据此认定新华日报社为出卖人。同时，郭某认为扬子晚报和新华报业传媒集团系共同出卖方，证据不足，一审法院不予支持。

关于相关发布广告媒体的责任。郭某基于买卖合同关系主张违约责任，而广告发布、经营者承担连带责任的基础是基于侵权造成消费者损害，与本案不属同一法律关系。故郭某要求南京晨报承担连带责任，没有相应法律依据，一审法院不予支持。

（2）关于“假一罚百”广告的性质。郭某明确系以买卖合同作为本案基础法律关系主张权利，根据有关法律规定，浩扬公司在媒体上登载的扬子壹购 P2C 平台的内容，系为了推销产品，其目的并非对行为人完成一定行为支付报酬，不能认定此广告构成悬赏广告的性质，故浩扬公司通过媒介发布的内容为商业广告。作为商业广告，属于要约邀请的性质。郭某在商业广告的基础上，付款购买了一定数量的、确定的涉案标的物，郭某与浩扬公司的买卖合同成立，该商业广告的承诺内容应转化为合同内容。因此，“假一罚百”的内容应为买卖合同的条款。

（3）关于责任的承担。浩扬公司向郭某销售的茅台酒，经贵州茅台酒股份有限公司出具的鉴定意见确定为假冒贵州茅台酒，浩扬公司构成违约。违约金具有补偿性和惩罚性双重属性，合同当事人可以约定高于实际损失的违约金，但违约金的性质仍以补偿性为主。本案中，郭某在 2013 年 9 月 14 日购得假冒商品后，浩扬公司已于 2013 年 10 月 24 日退还相关货款。根据法律规定，当事人主张约定的违约金过高请求予以适当减少的，人民法院应当以实际损失为基础，兼顾合同的履行情况、当事人的过错程度以及预期利益等综合因素，根据公平原则和诚实信用原则予以衡量，并作出裁决。当事人约定的违约金超过造成损失的 30%的，一般可以认定为过分高于造成的损失。郭某主张按 14. 16 万元购酒款的一百倍即 1 416 万元支付违约金显属过高，现浩扬公司要求调整，符合法律规定，对其辩称意见，一审法院予以采纳。郭某所购茅台酒属于假冒茅台酒，可以认定浩扬公司出售商品时存在欺诈行为，应适用《消费者权益保护法》有关三倍惩罚性赔偿的规定并据此调整赔偿金额为购酒款的三倍，即 42. 48 万元。浩扬公司认为赔偿应不超过实际损失 30%的意见，一审法院不予采纳。

（4）关于其他维权损失问题。郭某在主张违约金之外，另行主张公证费、工商查档费、律师代理费等合计 218 262 元。按照我国现行立法关于违约金和损害赔偿的规定，当事人可以约定一方违约时应当根据违约情况向对方支付一定数额的违约金，也可以约定因违约产生的损失赔偿额的计算方法。当事人对违约行为是采用支付违约金作为违约的补救方法，还是采用违约损失赔偿额的计算方法进行补救，可以在订立合同时事先商定，并作为一个条款载入合同。当事人在合同中约定了违约金条款，如果因违反合同而给另一方造成损失的，违约金视为违约的损失赔偿。因为约定的违约金视为违约的损失赔偿，具有对受害方所受损失的补偿性质。根据《合同法》第112条的规定："当事人一方不履行合同义务或者履行合同义务不符合约定的，在履行义务或者采取补救措施后，对方还有其他损失的，应当赔偿损失。"也即一方未给对方造成损失或没有超过违约金的，只适用违约金，不适用赔偿金。故郭某再行主张其他维权损失，没有相应法律依据，一审法院不予支持。

2. 二审法院

经双方当事人确认，二审归纳本案争议焦点如下。(1）郭某主张浩扬公司、扬子晚报公司、新华日报社、新华报业传媒集团是案涉买卖合同的共同卖方能否成立，假定扬子晚报公司、新华日报社、新华报业传媒集团并非与浩扬公司一起构成卖方，新华日报社有无出借账户的行为，以及是否基于其出借账户而应承担与浩扬公司的连带责任；(2）商业广告中表述的"假一罚百"的法律性质应当如何认定，是单方允诺，还是要约邀请；(3）本案的法律适用是否正确，应否适用《江苏省实施〈中华人民共和国消费者权益保护法〉办法》第4条以及《食品安全法》的相关规定；(4）南京晨报传媒公司应当承担的责任能否在本案中一并处理；(5）假定郭某的上诉请求不能得到支持，其关于一审诉讼费用的分担应予调整的意见能否成立。

(1)《合同法》第130条规定，买卖合同是出卖人转移标的物的所有权于买受人，买受人支付价款的合同。作为要因合同，买卖合同的当事人双方都必须有明确的目的，即出卖人要以获取价金为目的，买受人以取得买卖标的物为目的，故出卖人最主要的合同义务就是向买受人转移物的所有权。本案中，履行该义务的民事主体是浩扬公司，与其他被上诉人无涉。《合同法》第136条规定，出卖人应当按照约定或者交易习惯向买受人交付提取标的物单证以外的有关单证和资料。结合我国《发票管理办法》中关于发票的定义，发票是指在购销商品、提供或者接受服务以及从事其他经营活动中，开具、收取的收付款凭证。本案中，亦是由浩扬公司向郭某开具发票。交易当时，郭某并未就卖方的主体身份与其本人的认知不一致提出质疑，故原审判决认定案涉买卖合同的出卖人系浩扬公司正确无误。郭某上诉主张直接向其销售的主体是“扬子壹购酒买仓”，但并未提供证据证实“扬子壹购酒买仓”符合《合同法》第 2 条规定的“其他组织”的资格，并且履行了案涉买卖合同中出卖人的主要义务；亦无证据证实“扬子壹购酒买仓”是由浩扬公司、扬子晚报公司、新华日报社、新华报业传媒集团共同开设的内设机构，而其在原审诉讼中提供的“扬子壹购”网页“关于我们”中载明“南京浩扬科技发展有限公司官方网购平台扬子壹购，祝您购物愉快!”此举表明“扬子壹购”应归属于浩扬公司；《扬子晚报》广告版面下方虽然刊登“酒买仓扬子晚报官方购物平台”，由于扬子晚报系报刊名称，并非民事主体的姓名或名称，故对郭某上诉主张出卖人系“扬子壹购酒买仓”的事实，拟达到证实扬子晚报公司、新华日报社、新华报业传媒集团系与浩扬公司一起作为共同卖方的证明目的，二审法院均不予确认。

此外，郭某以 POS 机刷卡的方式支付货款，POS 单载明商户名称为新华日报社，但浩扬公司开具的发票已经表明自己是收款单位，买卖双方对此均无异议。依据《合同法》第 64 条的规定，当事人可以约定债务人向第三人履行债务。故新华日报社系代浩扬公司收取货款，郭某以新华日报社的代收款行为主张新华日报社系共同卖方，事实依据及法律依据均不充分。根据《人民币银行结算账户管理办法》第 45 条第二款的规定，存款人不得出租、出借银行结算账户，不得利用银行结算账户套取银行信用。本案中，浩扬公司系具有独立人格的公司法人，应以其独立的法人财产对公司债务承担责任。新华日报社以浩扬公司系其全资子公司为由统一管理浩扬公司的汇款业务，但郭某已于 2013 年 10 月 24 日全额收回购酒款，新华日报社并未占用郭某的资金，故就郭某在本案二审诉讼中才补充提出的新华日报社应当承担连带责任的事实与理由，因法律依据并不充分，二审法院对此不予支持。

（2）“假一罚百”仅系《扬子晚报》《南京晨报》关于“扬子壹购”广告版页中文字内容的一小部分，郭某忽略其余文字及图片内容，单独讨论“假一罚百”的法律性质，与本案事实不符。此外，全版广告内容面向不特定的人群，但并非不特定人群均可依据该广告向浩扬公司主张“假一罚百”，只有向浩扬公司提出购买意思并与浩扬公司发生买卖合同关系的买受人才可依据该内容要求浩扬公司承担相应的质量瑕疵担保责任。而单方允诺作为单方法律行为之一，只需有一方当事人的意思表示即告成立，其本质上并不是一种契约。一般而言，单方法律行为不能附条件或者附期限。据此，郭某主张案涉“假一罚百”的内容属于单方允诺，既无法律依据，也与法律原理相悖。一审法院依据《合同法》第 15 条第一款的规定，认定该商业广告的性质为要约邀请，事实及法律依据充分。

（3）关于本案的法律适用，根据《合同法》相关规定，出卖人就其交付的标的物，应向买方承担权利瑕疵担保责任和质量瑕疵担保责任。“假一罚百”是关于卖方违反质量瑕疵担保责任时应当承担的违约责任的内容，虽然超过《消费者权益保护法》《食品安全法》关于经营者法定责任的上限，但并不违反法律法规的强制性规定，应为合法有效。郭某购买案涉酒品后即向相关质监部门投诉，所购酒品即被扣押，浩扬公司之后也全额退还了购酒款，除郭某现有举证的相关公证损失及律师代理费用支出以外，未提出还存在其他损失或者损害的事实，并提供相应的证据。一审法院在约定违约金过分高于造成的损失时，依当事人的请求进行酌减，符合《合同法》第 114 条第二款的规定。但在选取核定酌减的标准时，一审法院分配举证责任不当，导致事实认定有误。

最高人民法院《关于审理食品药品纠纷案件适用法律若干问题的规定》第 6 条规定：“食品的生产者与销售者应当对于食品符合质量标准承担举证责任。”本案中，浩扬公司领取了食品流通许可证，应当知悉我国对于酒类流通实行经营者备案登记制度和溯源制度。根据规定，酒类经营者（供货方）在批发酒类商品时应填制《酒类流通随附单》，详细记录酒类商品流通信息。《酒类流通随附单》附随于酒类流通的全过程，单随货走，单货相符，实现酒类商品自出厂到销售终端全过程流通信息的可追溯性。现郭某已经提供证据证实案涉酒品为假冒贵州茅台酒，浩扬公司既不提供随附单以便追溯全程流通信息，又拒绝申请司法鉴定，应当推定其明知销售的酒品不符合食品安全标准，为保护消费者权益，维护食品生产与流通的安全，应当参照《食品安全法》第96条的规定，按照价款的十倍酌定违约金的数额。

（4）南京晨报传媒公司刊登了关于“扬子壹购”的商业广告，《消费者权益保护法》第45条第二款规定，广告经营者、发布者设计、制作、发布关系消费者生命健康商品或者服务的虚假广告，造成消费者损害的，应当与提供该商品或者服务的经营者承担连带责任。本案中，郭某明确其行使的请求权基础为买卖合同关系，而其主张南京晨报传媒公司承担的连带责任，依据前述法律规定只能建立在侵权损害赔偿责任之上，尽管该被告的主体身份明确，符合《民事诉讼法》关于起诉受理的条件，但如上所述，郭某并未提供证据证实其所受的损害事实，一审法院判决驳回其相应的诉讼请求并无不当。

（5）就本案诉讼费用的负担，郭某作为消费者，因浩扬公司提供的商品存有欺诈行为提起本案诉讼，虽然浩扬公司在诉讼之前拒绝兑现承诺，但在司法实践中存在支持“假一罚百”，甚至“假一罚万”的判例，且对于浩扬公司是否在诉讼中请求法院核减违约金，郭某并不能事先知悉，也无法预知判决的结果。一审法院仅是依据浩扬公司的请求，核减“假一罚百”中部分的违约金数额，相应的诉讼费用并非郭某败诉的结果，故就一审案件受理费，本院认为应由浩扬公司全额承担。在原审判决的基础上，郭某提起上诉，主张一审法院对“假一罚百”系违约金性质的认定以及酌减的判决于法无据，对此，二审法院不予支持，故就超出十倍价款金额以上所对应的二审诉讼费用，属于郭某上诉败诉的部分，应由其自行承担。

（五）二审法院的终审判决

一审法院认定案件基本事实清楚，由于举证责任分配有误导致部分事实认定不清，实体处理欠当，二审法院依法予以纠正。据此，依照《合同法》第107条、第114条第二款、《食品安全法》第96条、《民事诉讼法》第170条第一款第2项、最高人民法院《关于审理食品药品纠纷案件适用法律若干问题的规定》第6条之规定，判决如下：撤销南京市鼓楼区人民法院〔2014〕鼓商初字第273号民事判决及其诉讼费用的负担；南京浩扬科技发展有限公司于本判决生效之日起十日内给付郭某违约金141.6万元；如未按判决指定的期间履行给付金钱义务，则应当依照《民事诉讼法》第253条之规定，加倍支付迟延履行期间的债务利息。驳回郭某其他诉讼请求。一审案件受理费108 070元，由浩扬公司负担；二审案件受理费108 070元，由郭某负担97 263元，浩扬公司负担10 807元。

四、问题解答

（一）单方允诺与要约邀请

《民法总则》第134条规定，“民事法律行为可以基于双方或者多方的意思表示一致成立，也可以基于单方的意思表示成立。”单方允诺又称单务约束，是指表意人自愿向相对人作出的为自己设定某项义务而使相对人获得某项权利的意思表示。该意思表示的表意主体特定而受意对象具有不特定性，只要符合表意人所列单方表示条件的，相对人便当然取得表意人所允诺的权利。

《合同法》第15条规定，“要约邀请是希望他人向自己发出要约的意思表示。寄送的价目表、拍卖公告、招标公告、招股说明书、商业广告等为要约邀请。商业广告的内容符合要约规定的，视为要约。”要约邀请的特点在于其内容的不具体和不明确，并未在作出人与不特定的主体之间产生相应权利义务关系。

单方允诺是单方法律行为，而要约邀请是希望他人向自己发出要约的非法律行为，换言之，单方允诺一经作出，只要符合相关要件，无须他人的承诺，即可成立债权债务关系。而要约邀请的作出，还需等待他人发出要约。简而言之，单方允诺与要约邀请的最大区别在于产生的法律效力不同。但现实生活中，有时意思表示发出的当事人也无法明确自己作出的是单方允诺还是要约邀请，这时则需要采用“客观推理主观”的判断手段，从现有可知道的证据链中，间接反映当时行为人的主观意图。

本案中涉及“假一罚N”的承诺，在法律性质上应认定为要约邀请还是单方允诺？单方允诺本质上是单方法律行为，仅由一方（承诺方）的意思表示即可成立。由此，经营者向不特定主体公开作出此种允诺后，允诺就发生法律效力，经营者就受“假一罚N”的赔偿责任约束。问题在于“假一罚N”的允诺在内容上通常依附于某一商品的买卖，而根据法律规定，商业广告、宣传说明等标的内容尚不具体、明确的仅为要约邀请，并未在作出人与不特定的主体之间产生相应权利义务关系，因此赔偿的权利主体尚不确定。这样，在关于某一商品的买卖合同尚未成立时，即认为关于该商品“假一罚N”的允诺已经发生法律效力存在逻辑瑕疵。因此，更为妥当的是将经营者的此种允诺和商业广告的其他内容一起作为要约邀请。但是，“假一罚N”的允诺在合同成立后应当作为合同条款，对经营者具有约束力。理由是“假一罚N”的允诺与商品买卖密切相关，经营者作出的此种性质的允诺会对消费者是否发出购买商品的要约产生重要影响。消费者在向经营者发出购买商品的要约时，通常包含有将该允诺作为合同条款的意思表示，经营者对消费者的要约为有效承诺的，即认可将该允诺作为合同条款，并受其约束。至于本案原告主张“假一罚N”的数额是否合理则是经营者违约后，根据商品类型等个案情况予以考虑的范畴。本案中一审和二审法院均采取此种观点，将“假一罚百”的允诺作为要约邀请的内容，并在原告与被告浩扬公司产生买卖合同法律关系后，将此允诺按照双方关于违约金数额的约定处理，并在诉讼中根据被告浩扬公司的请求进行调整。

（二）出借账户的法律责任

法律上出借银行账户的行为，关键在于借用人借用他人的银行账户目的是使用该银行账户进行资金流转，为自己的经济活动服务并从中获益。认定是否构成法律意义上的出借银行账户，核心在于借用人是否取得了银行账户的支配权，包括直接支配权和间接支配权。直接支配权是指出借人将银行账户和密码都交由借用人控制，借用人无须再通过出借人，可以直接用该账户进行资金流转。间接支配权是指银行账户和密码由出借人控制，借用人通过指示出借人，出借人按照借用人的指示为了借用人的利益进行资金流转。与此相反，借用人没有取得银行账户支配权的，不应认定为出借银行账户行为。

根据出借银行账户的不同情况，可以进行分类识别。（1）按出借人是否营利分类。营利型的出借银行账户是指出借人将银行账户借给他人使用，借用人给付出借人一定数额费用；非营利型的出借账户，指借用人使用出借人的银行账户，借用人不支付对价。（2）按对银行账户的管理权分类。出借人管理型账户是指出借人自己掌握银行账户和密码，依借用人的指示，为了借用人的利益使用银行账户；借用人管理型账户是指出借人将自己的银行账户和密码一并交给借用人使用，出借人丧失对该银行账户的控制管理；出借人和借用人共同管理型账户是指出借人和借用人都掌握银行账户和密码，都正常使用该银行账户。

最高人民法院《关于适用〈民事诉讼法〉的解释》第 65 条规定："借用业务介绍信、合同专用章、盖章的空白合同书或者银行账户的，出借单位和借用人为共同诉讼人。"该条仅是对银行账户出借人和借用人诉讼地位的规定，并未明确双方实体责任的承担。最高人民法院 1991 年《关于出借银行账户的当事人是否承担民事责任问题的批复》指出，"出借银行账户的违反金融管理法规的违法行为，人民法院除应当依法收缴出借账户的非法所得并可以按照有关规定处以罚款外，还应区别不同情况追究出借人相应的民事责任"，但仍未具体言明应如何区别不同情况予以区分。

出借人的法律责任如果仅着眼于其出借账户的行为，现行法律无法明确其法律责任，还应当借助具体的案件背景和情节，来判断出借人的具体法律责任。具体而言，可以大致分为三类。（1）出借人不承担责任。出借人仅一次出借银行账户、未获利且对债权人的债权损失无过错的，出借人对借用人向债权人所负债务无须承担责任。（2）出借人承担连带责任，包括出借人通过出借银行账户获利；出借人与借用人之间存在较为密切的联系，如亲属关系、挂靠关系等；出借人对债权人的债权损失有故意或者重大过失；出借人与借用人共同使用出借银行账户内资金。（3）出借人承担补充责任。如出借人主观上只有一般过失或者长期无偿出借账户等情况，出借人承担补充责任。本案中，二审法院以前述第一类情况即以新华日报社系代浩扬公司收取货款，原告向被告浩扬公司主张权利后，被告方即退还货款，新华日报社并未侵占原告的资金为由，作出不支持由被告新华日报社承担共同赔偿责任的诉讼请求的判决。

（三）合同的相对性与第三方侵权

合同的相对性是英美法中的概念，在大陆法中则称为“债的相对性”，是指合同只对合同当事人产生法律上的拘束，而不能约束合同外的第三人。债权的实现，以合同法为后盾，一般须有债务人履行债务的积极行为，且债权人债务人特定，第三人不承担合同义务，也不享有合同权利，且无强制执行合同的诉权。

合同的相对性原则是由债的特定性、意思表示的效力范围决定的，它体现了意思自治、合同自由的私法精神，表明了当事人意思表示的效力只能约束自己，而不及于第三人。合同的相对性主要包含三个方面。

（1）主体相对，即指合同关系只能发生在特定的主体之间，只有合同当事人一方能够向合同的另一方当事人基于合同提出请求或提起诉讼。具体地说，由于合同关系是仅在特定人之间发生的法律关系，因此只有合同关系当事人之间才能相互提出请求，非合同关系当事人，没有发生合同上的权利义务关系的第三人不能依据合同向合同当事人提出请求或提出诉讼。

（2）内容相对，即指除法律、合同另有规定以外，只有合同当事人才能享有合同约定的权利，并承担该合同约定的义务，当事人以外的任何第三人不能主张合同上的权利，更不负担合同中约定的义务。在双方合同中，还表现为一方的权利就是另一方的义务，权利义务相互对应，互为因果，权利人的权利须依赖于义务人履行义务的行为才能实现。

（3）责任相对。首先，违约当事人应对因自己的过错造成的违约后果承担违约责任，而不能将责任推卸给他人。其次，在因第三人的行为造成债务不能履行的情况下，债务人仍应向债权人承担违约责任。债务人在承担违约责任后，有权向第三人追偿，债务人为第三人的行为负责，既是合同相对性原则的体现，也是保护债权人利益所必需的。最后，债务人只能向债权人承担违约责任，而不应向第三人承担违约责任。

第三方侵权是指，除双方当事人之外的在法律关系或法律诉讼关系中与标的或法律诉讼有关的第三人侵犯当事人权利的行为。第三方侵权原则上并不影响合同的相对性。本案中，尽管两审法院均未判决被告南京晨报传媒公司承担连带责任，但法律依据稍有不同。首先，一审法院主要依据《民事诉讼法》第 52 条规定的“当事人一方或者双方为二人以上，其诉讼标的是共同的，或者诉讼标的是同一种类、人民法院认为可以合并审理并经当事人同意的，为共同诉讼”，以原告要求被告南京晨报传媒公司承担连带责任的请求权基础系侵权责任法律关系，而其要求其他四名被告承担责任的请求权基础系买卖合同法律关系，两种请求权基础不属于同一法律关系，故无法在一案中一并处理。二审法院虽然也提到了两者并非同一法律关系，但还考虑到原告未能在实体上提供证据证实其所受的损害事实，故不予支持原告的该项主张。最高人民法院《关于印发修改后的〈民事案件案由规定〉的通知》指出“同一诉讼中涉及两个以上的法律关系的，应当依当事人诉争的法律关系的性质确定案由，均为诉争法律关系的，则按诉争的两个以上法律关系确定并列的两个案由”，由此，请求权基础不属于同一法律关系，立法本意是允许一并审理的，只是现有实践仍以另案起诉较为常见。

(四) 食品安全纠纷案的诉讼费用承担问题

司法的运行，正义的实现，纠纷的解决，必然需要资金的支持，成本的损耗。这部分成本可分为国家承担的“审理成本”及个人承担的“诉讼成本”。其中，“审理成本”是指国家为审理案件所耗费的财政支出，而“诉讼成本”则是指当事人为了诉讼程序的进行而耗费的所有费用，其中包括到法院进行诉讼的当事人直接向法院交纳的诉讼费用；当事人为进行诉讼所委托其他诉讼代理人或聘请律师所产生的费用；证人出庭尤其是专家证人出庭所产生的费用；当事人为进行诉讼而直接支出的费用如交通费、通信费、食宿费等。由此可见，诉讼成本是一个较为宽泛的概念，而诉讼费用则属于诉讼成本的一部分。

我国《民事诉讼法》第 188 条规定：“当事人进行民事诉讼，应当按照规定交纳案件受理费。财产案件除交纳案件受理费外，并按照规定交纳其他诉讼费用。”因此，在我国的诉讼费用是诉讼成本的一部分，仅指当事人承担的法律明文规定的费用，具体包括当事人依据国家法律，按照规定的项目和标准，向国家交纳的案件受理费、申请费和其他费用。这一条原则上规定了我国实行有偿诉讼制度。

我国现行的法定诉讼费用包括四类：案件受理费；申请费；证人、鉴定人、翻译人员、清算人员在人民法院指定期日出庭所支出的食宿费、误工费及生活补贴；诉讼过程中因公告、鉴定、评估、翻译、勘验、拍卖、变卖、仓储、运输、保管、船舶监管等发生的依法应当由当事人负担的费用。

其中前三类费用由当事人直接交付给人民法院，最后一类费用由人民法院依据谁主张谁负担的方式决定负担，决定后由应当负担该费用的当事人直接支付给相关单位或者机构。这四类费用中，最重要的当数人民法院在受理案件后依标准向当事人收取的案件受理费。

在诉讼费用交纳的时间节点上，我国实行诉讼费用的预交制度。预交诉讼费用是主动提出诉讼或主动申请程序进行的一方当事人的义务，不履行该义务将会产生对其不利的法律后果，或会导致程序不予启动，或会导致程序中止。

在诉讼费用的负担原则上，我国与国际通行惯例一致，以败诉方负担诉讼费用为原则，以其他负担形式为例外。如由原告负担诉讼费的情形，原告撤诉的案件；如由上诉人负担费用的情形，上诉人申请撤诉的案件；如由双方当事人协商解决诉讼费用负担的情形，离婚案件的诉讼费用负担；执行中当事人达成和解协议的；如由破产财产中进行拨付的情形，破产案件中的诉讼费用。

按照诉讼费用由败诉一方负担的原则。本案中二审判决确认一审案件受理费 108 070 元由浩扬公司负担；二审案件受理费 108 070 元，由郭某负担 97 263 元，浩扬公司负担 10 807 元。一审与二审的诉讼费负担之所以不同，差异源于对“部分胜诉、部分败诉”的理解。诉讼费用负担的基本原则是由败诉一方承担，如果涉及部分胜诉部分败诉时则面临如何分担诉讼费的问题。例如本案中，一审法院支持原告主张的部分数额，由此是应当认定原告胜诉还是部分胜诉。为此，有必要对败诉方负担原则作类型化的处理。首先，确认之诉，双方权利义务关系并不明确，无所谓过错，裁判结果使权利义务关系明确，对双方来说均有利，故诉讼费用应当平均分摊；其次，变更之诉，对于诉请解除合同关系和解除身份关系的诉讼，不能简单地根据是否胜诉来决定诉讼费用的负担，应当更多地考虑法律关系变更的原因，对分割财产的，按照各方当事人实际分得的财产份额确定诉讼费用的负担比例比较恰当。最后，给付之诉中如果法院认定原告请求的法律基础不成立，则原告败诉，诉讼费用由原告负担；如认定原告请求的法律基础成立，且诉讼请求并无不当，只是对于损失的计算上存在差异，或因被告原因导致事实上、法律上履行不能，应认定原告胜诉；如果原告诉讼请求明显不当，还须考虑原告最终获得支持的数额。

（执笔：阮超，钟炜杰）

案例3－2　范某与河南伟康实业有限公司产品生产者责任纠纷案[①]

一、案件概要

本案因范某与河南伟康实业有限公司（以下简称伟康公司）产品生产者责任纠纷一案，由河南省焦作市中级人民法院于2016年5月12日作出〔2016〕豫08民终732号民事判决书，审判长田亮。本案上诉人（原审原告）范某。被上诉人（原审被告）河南伟康实业有限公司。本案涉及上诉人（原审原告）范某看到了涉案商品从而购买2 520元涉案产品，认为涉案产品包装上标注的“铁棍山药被CCTV2健康之路栏目誉为‘神仙之食’”字样构成虚假宣传，要求被告伟康公司赔偿损失2 520元，且支付价款十倍的惩罚性赔偿金25 200元。一审法院依据《食品安全法》规定，认为原告所购买的产品仅存在商品标识违法行为，并不存在有毒、有害，食品不安全问题，对人体健康不造成任何急性、亚急性或者慢性危害，一审法院不予支持原告的诉讼请求。上诉人（原审原告）以一审判决认定事实错误、适用法律错误为由提起上诉。二审法院以一审判决认定事实清楚，但适用法律错误为由对一审判决予以改判。

本案主要涉及以下法律规范。

（1）《消费者权益保护法》第45条、第55条。

（2）《食品安全法》第25条、第26条、第148条。

（3）《广告法》第56条。

（4）《食品安全国家标准　预包装食品标签通则》（GB 7718—2011）

① 案件来源：【法宝引证码】CLI. C. 15758481.

第 3.6 条。

二、思考问题

（1）食品标签、食品标签标示、食品广告与食品安全。

（2）质量合格食品与安全食品之间的关系。

（3）《侵权责任法》《消费者权益保护法》《食品安全法》在适用惩罚性赔偿方面的构成要件。

三、案件正文

（一）案件当事人及其主张

上诉人（原审原告）范某的上诉要点和请求，撤销〔2016〕豫 08 民终 732 号民事判决，依法改判或将本案发回重审；全部诉讼费用由被上诉人承担。

被上诉人（原审被告）河南伟康实业有限公司的答辩要点和请求如下。伟康公司只是存在食品标签不规范行为，已经过主管部门查处，且伟康公司也已进行整改。伟康公司生产的食品质量自始至终都是安全的。一审判决认定事实清楚，适用法律正确。请求二审法院维持原判。

（二）法庭查明的事实

一审法院查明 2012 年 8 月 29 日，原告范某通过网络购买了被告伟康公司生产的净含量 320 g 的怀山堂铁棍山药营养粉（大众型低糖）80 盒，单价每盒 31.5 元，计款 2 520 元。销售商怀山堂生物科技股份有限公司郑州销售分公司给原告范某出具了销售发票。该产品包装正反面均有标示名称“怀山堂铁棍山药营养粉”以及“大众型”“低糖”字样，并有“铁棍山药被 CCTV2 健康之路栏目誉为神仙之食”字样，产品品名铁棍牌山药营养粉，配料表：鲜山药粉（铁棍牌山药），天然植脂末，花生蛋白，低聚异麦芽糖，乙基麦芽酚。食品生产许可证 QS 号为 410×××001，产品标准号为 Q/jwkm009－2009。上述产品标签标注“低糖”，但未标注“糖”在产品中的含量；产品配料使用“天然植脂末”，但未依规定展开“植脂末原始配料成分”；同时在标签上标注“被 CCTV2 健康之路栏目誉为神仙之食”的字样。据此，原告范某认为所购产品系不符合食品安全标准的食品，遂向温县质量技术监督局及省、市质量技术监督局申诉举报。温县质量技术监督局立案受理后，于 2012 年 9 月 24 日给被告伟康公司下达责令改正通知书，限被告伟康公司于 2012 年 9 月 30 日前按规定要求对食品标签内容进行标注。被告伟康公司随后改正了违法行为，并对有瑕疵的包装材料进行召回、销毁。2012 年 10 月 9 日温县质量技术监督局认为被告伟康公司已于 2012 年 9 月 30 日前整改，同意结案。2013 年 2 月 7 日，温县质量技术监督局向原告范某作出回复，该公司对投诉的产品已在规定时间内改正。之后，原告范某以被告伟康公司生产的怀山堂铁棍山药营养粉（大众型低糖）违反我国《食品安全国家标准　预包装食品标签通则》（GB 7718—2011）、《食品标识管理规定》，虚假宣传标签，利用“中央电视台健康之路”的标识虚假夸大宣传，违反了《食品安全国家标准　预包装食品标签通则》（GB 7718—2011）以及《食品安全法》第 20 条、第 42 条、第 48 条、第 54 条等相关规定；该涉案产品属于不符合食品安全国家标准为由多次向相关行政部门进行投诉，并要求被告伟康公司赔偿损失 2 520 元，且支付价款十倍的惩罚性赔偿金 25 200 元，共计 27 720 元。为此，双方形成纠纷，原告范某诉至原审法院。

二审法院查明的事实与原判决认定的事实一致。

（三）诉辩理由和依据

1. 上诉人的上诉理由和依据

一审法院事实认定错误，严重违背最高人民法院关于审理食品药品案件的规定。

（1）一审法院对不该采信的证据予以采信，有失司法公正。被上诉人提供的检验部门对该企业产品的检验报告，证明涉案产品质量合格，一审法院对该证据予以认定，属于明显错误。

（2）一审法院法律适用错误，违背最高法关于审理食品药品案件的规定。首先，本案属于食品药品安全纠纷，应当适用食品安全法及最高人民法院《关于审理食品药品纠纷案件适用法律若干问题的规定》，不适用《侵权责任法》。其二，本案的法律适用及法律责任。食品安全法是侵权责任法的特别法，本案涉及食品安全问题的处理，应当适用食品安全法及相关法律法规之规定。

（3）原审裁判不公。被上诉人认可其生产的产品标签存在违法行为，且质监部门已对此作出确认和处理。原审在对上述事实已查明的情况下却对虚假宣传行为没有进行处理。

2. 被上诉人的辩称理由和依据

根据从旧兼从轻原则以及《立法法》的相关规定，本案适用新《食品安全法》，伟康公司标签存在瑕疵不适用十倍赔偿。

（四）本案的争议焦点及审理意见

1. 一审法院

一审法院认为本案主要争议焦点：被告伟康公司的主体资格是否适格；被告伟康公司是否应承担责任及支付十倍的惩罚性赔偿。

（1）关于被告伟康公司的主体资格问题，原告所举的证据足以证明被告伟康公司系怀山堂铁棍山药营养粉的生产厂家，且被告在庭审中承认其是该产品的生产厂家的事实，故被告伟康公司是本案的适格被告。被告伟康公司辩称其不是本案适格被告的理由不足，法院不予采纳。

（2）关于被告伟康公司是否应承担责任及支付十倍的惩罚性赔偿问题，在其成品产品标识中，未依据《食品安全国家标准　预包装食品标签通则》的相关规定进行全面、真实、准确标注，存在食品标识违法行为，违反了国家强制性标准。温县质量技术监督局已对被告伟康公司作出了行政处理，让被告伟康公司限期整改，且被告伟康公司已按规定进行了整改，并对有瑕疵的产品已经召回、销毁。原告所购买的产品仅存在商品标识违法行为，并不存在有毒、有害，食品不安全问题，对人体健康不造成任何急性、亚急性或者慢性危害。故原告要求被告伟康公司赔偿损失 2 520 元并支付价款十倍的惩罚性赔偿金 25 200 元的理由、证据不足，法院不予支持。

2. 二审法院

二审法院认为本案的争议焦点是范某要求伟康公司赔偿损失 2 520 元并支付价款十倍的惩罚性赔偿金 25 200 元有无事实及法律依据。

二审法院认为，根据 2015 年 4 月 24 日经全国人大常委会修订通过并自 2015 年 10 月 1 日起施行的《食品安全法》第 148 条第二款规定：“生产不符合食品安全标准的食品或者经营明知是不符合食品安全标准的食品，消费者除要求赔偿损失外，还可以向生产者或者经营者要求支付价款十倍或者损失三倍的赔偿金；增加赔偿的金额不足一千元的，为一千元。但是，食品的标签、说明书存在不影响食品安全且不会对消费者造成误导的瑕疵的除外。”根据从旧兼从轻的法律适用原则，本案审理应适用修订后的《食品安全法》的相关规定。根据双方的陈述及举证，伟康公司生产的本案所涉产品虽然存在标签标注“低糖”但未具体标注糖的含量、配料中的“天然植脂末”未按规定展开原始配料成分的食品标识违法行为，但其对人体健康不会造成急性、亚急性或者慢性危害，不存在食品安全问题；同时，根据本案所涉产品的自然特性及普通公众的日常生活常识及经验，上述食品标识违法行为亦不足以对消费者造成误导。故范某要求伟康公司支付价款十倍的赔偿金，缺乏事实和法律依据，本院依法不予支持。

但是，本案所涉产品包装上标注的“铁棍山药被 CCTV2 健康之路栏目誉为‘神仙之食’”字样构成虚假宣传，根据《消费者权益保护法》第 55 条第一款之规定，经营者提供商品或者服务有欺诈行为的，应当按照消费者的要求增加赔偿其受到的损失，增加赔偿的金额为消费者购买商品的价款或者接受服务的费用的三倍。因此，在本案所涉产品保质期为 12 个月，无法进行退货处理的情况下，伟康公司应支付范某产品价款三倍的赔偿金 7 560 元。

（五）二审法院的终审判决

对范某的部分上诉请求，本院依法予以支持。原判决对伟康公司涉案产品包装存在虚假宣传问题的处理不当，依据《民事诉讼法》第 170 条第一款第 2 项之规定，判决撤销河南省温县人民法院（2015）温民一初字第

00309号民事判决；河南伟康实业有限公司于本判决生效后十日内支付范某赔偿金7 560元；驳回范某的其他诉讼请求。如果河南伟康实业有限公司未按本判决指定的期间履行给付金钱义务，应当依照《民事诉讼法》第253条之规定，加倍支付迟延履行期间的债务利息。一审案件受理费490元，由范某负担356元，由河南伟康实业有限公司负担134元；二审案件受理费490元，由范某负担356元，由河南伟康实业有限公司负担134元。

四、问题解答

（一）食品标签、食品标签标示、食品广告与食品安全

1. 食品标签

食品标签是指食品包装上的文字、图形、符号及一切说明物，是对食品质量特征、安全性选择、食用（饮用）说明的描述。食品标签是消费者购买食品时的重要参考，其所展示的信息在很大程度上决定了消费者最终是否购买该食品。所以，一旦食品标签有误，也意味着消费者在最初的购买决策受到了干扰，轻则使消费者承受经济上的损失，重则会使消费者的人身健康受到危害。所以，食品标签作为食品信息的主要载体，是保障食品安全过程中至关重要的一个环节。

2. 食品标签标示

食品标签种类众多，根据食品种类和食品功能的分类不同，有以食品种类的食品标签，如酒类、香精类、菌类的食品标签规定；也有以食品功能分类的食品标签，如食品营养、过敏源等方面的食品标签规定；还有以食品标签的管理形式不同，分为包装食品、食品添加剂和食品包装材料等标签标示等规定。

我国食品标签的管理和国际组织、国外发达国家基本一致，都是采用横向基础标准对于包装食品、食品添加剂和食品包装材料等的标签标示原则、标示内容、标示条件和标示方式等进行规定，同时在产品标准中对于特殊产品的具体的标签标示进行了具体规定。我国现行已经颁布的基础标签标准有《食品安全国家标准　预包装食品标签通则》《预包装食品营养

标签通则》《预包装特殊膳食用食品标签通则》《预包装饮料酒包装通则》《保健（功能）食品通用标准》等。上述标签管理规定对我国食品标签上必须标示的产品名称、配料表、生产厂家、保质期、营养和营养功能声称、营养标签、转基因食品、有机食品、质量和数量声称等内容进行了综合管理。

根据食品的性质和功能，可以大致将食品划分为普通预包装食品、特殊膳食食品、保健食品和食用农产品四个大类。对于这四类食品的标签，目前均有不同的标示要求。

（1）普通预包装食品标签。2011 年，原卫生部更新颁布了《食品安全国家标准　预包装食品标签通则》（GB 7718—2011），对于普通预包装食品标签作出了更为详尽的规定。“预包装食品”是预先包装好食品之意，其特征在于“定量”，即每种规格的净含量是固定的。

《食品安全国家标准　预包装食品标签通则》（GB 7718—2011）是预包装食品的“基本标准”之一，无论是进口食品还是国产食品均须遵守该标准。该标准规定了预包装食品的强制标注项目，同时引入了标注“营养标签”的要求。此后，《食品安全国家标准　预包装食品营养标签通则》（GB 28050—2011）也随之颁布，对营养成分表和营养声称作出了严格的要求，预包装食品开启了强制标注“营养标签”的时代（豁免标注的除外）。

除《食品安全国家标准　预包装食品标签通则》（GB 7718—2011）和《食品安全国家标准　预包装食品营养标签通则》（GB 28050—2011）之外，我国自 2008 年开始大量制定、修订各类食品的国家标准和行业标准，大量食品标准得到制定和更新。其中，众多的标准对其类别食品的标签的内容作出了特殊的要求。因此，一种食品的标签不仅仅要遵循《食品安全国家标准　预包装食品标签通则》（GB 7718—2011）和《食品安全国家标准　预包装食品营养标签通则》（GB 28050—2011）这两项“基本标准”，也要遵循该类食品标准对标签的特殊规定。

（2）特殊膳食食品标签。特殊膳食食品属于供特定人群食用的食品，包括“婴幼儿配方食品”“婴幼儿辅助食品”“特殊医学用途配方食品”“其他特殊膳食用食品”四大种类。

特殊膳食由于其受众群体特殊，不仅仅在产品质量要求上区别于普通食品，其标签也与普通食品要求不同。原卫计委在 2013 年更新颁布《食品安全国家标准 预包装特殊膳食用食品标签》（GB 13432—2013）。该标准篇幅不多，但对标注内容尤其是营养成分的标示规则做出了详细的规定。

同样，特殊膳食食品的产品标准也对其类别的产品规定了特殊要求，其标签也须注意适用标准对标签的特殊要求。

（3）食用农产品标签。对于食用农产品的标签，我国是以《农产品包装和标识管理办法》作为标注的法律依据。相对普通预包装食品的标签要求，食用农产品的标签要求相对比较简单，标注的内容较少。我国对食用农产品同样制定有国家标准、行业标准、农业标准，如果对农产品进行包装后销售，具体产品标准中对于标签内容的规定不可忽略。

（4）保健食品标签。早在 1996 年，原卫生部就颁布了《保健食品标识规定》，对其标签、标识内容以及保健作用声明等作出了明确要求。2015 年 7 月 28 日，食药监总局颁布了《保健食品标识管理办法（征求意见稿）》，对实施了近 20 年的标签标识要求进行修订，对保健食品的标签作出了更加严格的要求。

3. 食品广告

广告，即向社会广大公众告知某件事物。广告就其含义来说，有广义和狭义之分。广义广告是指通过一定媒介或渠道公告某件事物。狭义广告是指以营利为目的的广告，通常指的是商业广告，或称经济广告，它是工商企业为推销商品或提供服务，通过广告媒体向消费者或用户传播商品或服务信息的手段。在法律上，我国《广告法》将广告定义为商品经营者或者服务提供者通过一定媒介和形式直接或者间接地介绍自己所推销的商品或者服务的商业广告活动。当某种信息传播与食品的生产者或经营者有关，具有投入和产出特征时，就构成了食品广告。

我国现行法律对食品广告的规定主要体现在以下几个方面。第一，《广告法》除了对广告的一般性规定，其中对保健食品的广告内容、传播方式作了特殊规定；第二，《消费者权益保护法》第 45 条对虚假广告的法律后果进行了规定；第三，《食品安全法》第 73 条中规定："食品广告的内容应当真实合法，不得含有虚假内容，不得涉及疾病预防、治疗功能。食品生产经营者对食品广告内容的真实性、合法性负责。"

结合食品广告的基本特征及相应法律的具体规定，我们可以将食品标签视为食品广告的一种。《食品安全国家标准　预包装食品标签通则》(GB 7718—2011) 定义的食品标签是"食品包装上的文字、图形、符号及一切说明物"，预包装食品上任何对其生产商以及产品的介绍、描述既是标签内容，也是广告内容，既要符合《广告法》规定，也要符合《食品安全法》和《消费者权益保护法》的要求。同时，食品广告用语通常容易与营养用语糅合在一起，在未经过严格合规审核情况下，极易发生与《食品安全国家标准　预包装食品标签通则》(GB 7718—2011)、《食品安全国家标准　预包装食品营养标签通则》(GB 28050—2011) 的规定相冲突的情形。此外，食品广告用语可能存在与其他类似产品的比较，不合规的比较表述在违反《广告法》《食品安全法》的同时，还可能违反《反不正当竞争法》，均可能导致行政处罚和民事赔偿。

在本案中，原被告双方对涉案产品标签标示名称"怀山堂铁棍山药营养粉"以及"大众型""低糖"字样和"铁棍山药被 CCTV2 健康之路栏目誉为神仙之食"字样产生了争议。最后，二审法院认为"低糖"等与食品成分有关的字样违反了食品标签标示规定，对产品介绍、描述有关的字样认为构成虚假广告宣传。

(二) 质量合格食品与安全食品之间的关系

1. 质量合格食品

质量合格食品依赖于一系列的食品质量标准，我国《产品质量法》和《食品安全法》作为上位法对食品的标准作了一系列的法律规定。但是判断具体某种食品质量是否合格，还需要依据行政法规、部门规章、规范性文件和食品标准等进行细化。所以，食品相关的法规规章标准是判定质量合格食品的关键。

质量合格食品是符合标准的食品，包括符合形式上的标准和实质上的标准。形式上的标准是指与食品标签标示、包装等有关的标准；实质上的标准涉及食品的品质，例如营养元素是否达标、有毒有害物质是否超标等。因此，质量合格食品是指符合我国有关食品质量安全法规标准的食品。

2. 安全食品

我国《食品安全法》将“食品安全”定义为：食品无毒、无害，符合应当有的营养要求，对人体健康不造成任何急性、亚急性或者慢性危害。所以，安全食品最重要的特征是对人体健康不会造成任何急性、亚急性或者慢性危害。

3. 两者的关系

质量合格的食品与安全食品是两个并不完全相等的概念，在现实情况中，即使是质量合格食品也会导致食品安全事故。例如出厂合格的预包装食品，在储藏、运输或售卖的过程中，极有可能造成食品的污染。并且，食品的安全性也会受到其他因素的影响，比如消费者自身的体质、食用或储存方式不当等。因此，质量合格的食品不一定是安全食品，但是安全食品一定是质量合格的食品。

（三）《侵权责任法》《消费者权益保护法》《食品安全法》在适用惩罚性赔偿方面的构成要件

侵权责任是指侵权人一方对自己的加害行为或者准侵权行为造成的损害等后果依法承担的各种民事责任。侵权责任具有以下几个特点。（1）从本质而言，侵权责任是侵权人一方依法承担的一种法律上的不利后果。这一不利后果包括财产方面的不利性和人身方面的不利性。（2）侵权责任的形式多样化。（3）侵权责任是民事责任的一种基本形式。同时，侵权责任还具有填补损害、预防损害、教育惩戒、分担损失、平衡社会利益的功能。

因为传统的补偿性赔偿制度在面对恶性侵权案件时，并不能充分保护受害人的合法权益，为了有效遏制和预防恶性侵权行为的发生，我国立法中相继引入了惩罚性赔偿制度。例如 1994 年颁布的《消费者权益保护法》、2009 年颁布的《食品安全法》《侵权责任法》。在侵权领域内引入惩罚性赔偿制度，立法者的初衷是希望该制度能够与传统上的补偿性赔偿制度互相补充，弥补补偿性赔偿制度的不足，以实现对弱势群体合法权益的充分保护和救济。

惩罚性赔偿责任区别于一般的民事责任填平原则在于，惩罚性赔偿不仅补偿受害人的损失，还具有主观苛责性，意在惩罚主观上具有恶意而侵害他人合法权益的不法行为人，课以他们承担高于自己侵权行为造成的损失的赔偿金额，从而达到遏制和预防类似不法行为再次发生的目的和效果。所以从表面上看，惩罚性赔偿虽然作为一种民事救济制度，但在一定程度上具有公法上的惩罚和威慑的功能。也有学者提出，惩罚性赔偿带有经济法的性质。从经济法的角度，惩罚性赔偿具备公私法的双重性质。

法律对惩罚性赔偿的适用条件有明确和严谨的规定。只有符合法律明确规定的适用条件，惩罚性赔偿才能得以适用。因为惩罚性赔偿是一种较为严厉的责任形式。加害人承担惩罚性赔偿责任，需要支付数额较大的惩罚性赔偿金，这会给其财产造成较大削减，给承担惩罚性赔偿责任的加害人带来较大的打击和痛苦。如果法律不对其适用条件做出明确而严格的规定，在侵权领域泛滥纳入惩罚性赔偿，可能会导致法律过于严苛，加害人的负担过于沉重，法官自由裁量权过大等不利后果，法律的公平也就难以得到实质上的维护。

1.《侵权责任法》的惩罚性赔偿构成要件

我国《侵权责任法》第 47 条规定：“明知产品存在缺陷仍然生产、销售，造成他人死亡或者健康严重损害的，被侵权人有权请求相应的惩罚性赔偿。”因此，惩罚性赔偿构成要件如下：第一，侵权人是产品的生产者或销售者；第二，侵权人要具有主观的故意；第三，因侵权行为造成他人死亡或健康严重受损。

2.《消费者权益保护法》的惩罚性赔偿构成要件

我国《消费者权益保护法》第 55 条第一款规定：“经营者提供商品或者服务有欺诈行为的，应当按照消费者的要求增加赔偿其受到的损失，增加赔偿的金额为消费者购买商品的价款或者接受服务的费用的三倍；增加赔偿的金额不足五百元的，为五百元。法律另有规定的，依照其规定。”第二款规定：“经营者明知商品或者服务存在缺陷，仍然向消费者提供，造成消费者或者其他受害人死亡或者健康严重损害的，受害人有权要求经营者依照本法第四十九条、第五十一条等法律规定赔偿损失，并有权要求所受损失二倍以下的惩罚性赔偿。”因此，惩罚性赔偿构成要件如下。第一，赔偿主体为商品或服务的经营者；第二，经营者有欺诈行为，或者明知商品或服务存在缺陷，仍然向消费者提供的，并造成消费者或其他受害人死亡或者健康严重损害的。其中，在第 55 条第一款的情形下，接受惩罚性赔偿的只能是消费者，而在第二款的情形下，接受赔偿的可以是消费者或其他受害人。

3.《食品安全法》的惩罚性赔偿构成要件

我国《食品安全法》第 148 条第二款规定：“生产不符合食品安全标准的食品或者经营明知是不符合食品安全标准的食品，消费者除要求赔偿损失外，还可以向生产者或者经营者要求支付价款十倍或者损失三倍的赔偿金；增加赔偿的金额不足一千元的，为一千元。但是，食品的标签、说明书存在不影响食品安全且不会对消费者造成误导的瑕疵的除外。”因此，涉及食品安全的惩罚性赔偿构成要件如下：第一，赔偿主体为食品的生产者或经营者；第二，生产者客观上生产了不符合食品安全标准的食品，或者经营者经营明知是不符合食品安全标准的食品。

《侵权责任法》第 47 条的惩罚性赔偿仅限于产品缺陷责任，相比于现实生活中侵权行为的多样性，该条款适用范围较窄。同时，在损害范围界定和赔偿数额标准上，该条款也非常笼统和模糊。所以，在司法实践中，第 47 条并未被广泛适用，且与其他两部法律中的惩罚性制度相比，第 47 条的规定过于简略。因此，在要求经营者承担惩罚性赔偿责任的消费者权益纠纷中，经常适用的法律是《食品安全法》和《消费者权益保护法》，该两部法律调整不同范围的消费者权益纠纷，对经营者应承担的惩罚性赔偿责任的规定也不尽相同，因为不同的案件适用的法律不同，所以会出现不同的赔偿责任。

消费者主张支付价款十倍或者损失三倍的惩罚性赔偿是《食品安全

法》的规定，针对的是涉及食品安全或者食品安全标准的权益。《消费者权益保护法》适用于包括食品消费在内的其他消费者权益纠纷，针对的是消费欺诈行为，如果消费者主张经营者的经营行为构成欺诈，要求经营者承担惩罚性赔偿责任的，应当按照现行《消费者权益法》第 55 条的规定，判令经营者承担消费者购买商品的价款或者接受服务的费用的三倍惩罚性赔偿责任。如果消费者购买的是食品且不符合食品安全标准，则可以按照《食品安全法》第 148 条的规定，要求食品生产者或者销售者承担十倍价款的惩罚性赔偿责任。如果消费者购买的是食品且符合食品安全标准，仅仅是销售者或者生产者对所销售的食品作夸大宣传欺骗消费者，这种情况虽然与食品有关，但不涉及食品安全，不能适用《食品安全法》，只能适用《消费者权益保护法》的欺诈条款，由销售者承担三倍的惩罚性赔偿责任。因此，同样涉及食品的纠纷也应当根据具体的违法行为适用不同的惩罚性赔偿责任制度，否则会产生“威慑边际”的现象①。

以本案为例，涉案产品仅存在商品标识违法行为，是否应承担《食品安全法》规定的十倍惩罚性赔偿责任，或者承担《消费者权益保护法》规定的三倍惩罚性赔偿，应仔细厘清法律事实后作出判断。

产品仅存在商品标识违法行为，是否构成《食品安全法》规定的十倍惩罚性赔偿，核心在于判断涉案食品是否符合食品安全标准。《食品安全法》第 148 条第二款规定：“生产不符合食品安全标准的食品或者经营明知是不符合食品安全标准的食品，消费者除要求赔偿损失外，还可以向生产者或者经营者要求支付价款十倍或者损失三倍的赔偿金；增加赔偿的金额不足一千元的，为一千元。但是，食品的标签、说明书存在不影响食品安全且不会对消费者造成误导的瑕疵的除外。”对与食品安全、营养有关的标签、标识、说明书不符合规范要求的，可以认定为属于不符合食品安

① 边际威慑是指当惩罚超过了边际均衡点，效果就会下降，严酷的惩罚并不一定能使违法犯罪人不从事对社会更有害的行为。斯蒂格勒认为“毫无疑问，惩罚越高，行为人从其违法犯罪行为中获得的预期效用就越低，但是，重罚的威慑边际会降低甚至变为负值。如果对一个轻微的袭击施以与谋杀同样的处罚，那么该处罚在两罪之间就没有威慑边际了。如果一个人偷了 5 美元就被剁去指头，他就会宁愿偷 5 000 美元”。转引自邢会强：“内幕交易惩罚性赔偿制度的构造原理与现实选择”，载《中国社会科学》2018 年第 4 期。

全法规定的食品，但是否属于“不安全食品”，则需要具体情况具体分析。在司法实践中，一般先由消费者根据《食品安全法》第26条的内容进行证明，从而初步认定为不符合食品安全标准的食品。然后由生产者或销售者证明该食品标识虽然不符合规范，但是符合《食品安全法》第150条关于食品安全的定义标准。如果证明不了，则该食品就是不符合食品安全标准的不安全食品，应当承担十倍的惩罚性赔偿责任。食品标签标识如果存在瑕疵且对消费者造成误导的，也可以要求生产经营者承担十倍的惩罚性赔偿责任。

产品仅存在商品标识违法行为，是否构成三倍惩罚性赔偿责任要件，核心在于判断是否存在欺诈。《消费者权益法》第55条第一款规定：“经营者提供商品或者服务有欺诈行为的，应当按照消费者的要求增加赔偿其受到的损失，增加赔偿的金额为消费者购买商品的价款或者接受服务的费用的三倍。”从上述规定可以看出，商品的经营者或者服务的提供者承担三倍惩罚性赔偿责任的前提条件是，对消费者采取欺诈性经营行为。可见，“欺诈行为”是认定关键，认定经营者具有“欺诈行为”是消费者主张经营者承担“退一赔三”责任的基本前提条件。在司法实践中，大多数消费欺诈案件正是由经营者所销售商品的标识不规范引起的，但是并非所有商品标识不规范均能认定为欺诈。何种商品标识不规范情形可以认定为欺诈行为，进而主张三倍惩罚性赔偿成为司法实践中的难点。一般可以从以下四个要件判断标识不规范行为是否构成欺诈行为：一是经营者客观上是否具有不规范标识商品行为；二是经营者主观上是否故意；三是商品标识不规范是否可能误导消费者；四是消费者是否因误导做出错误意思表示。通过上述四个方面认定“欺诈”，从而判断消费者是否承担三倍惩罚性赔偿责任。

结合本案情况，被告是否应当承担十倍惩罚性赔偿责任。本案中的被告伟康公司生产的涉案产品虽然存在标签标注“低糖”但未具体标注糖的含量、配料中的“天然植脂末”未按规定展示原始配料成分，其行为具有违法性，但涉案产品对人体健康并不造成急性、亚急性或者慢性危害，不存在食品安全问题，因此不适用《食品安全法》规定的承担十倍惩罚性赔偿责任的条件。

被告是否应当承担三倍的惩罚性赔偿责任。本案中的被告在产品包装上标注的“铁棍山药被CCTV2健康之路栏目誉为‘神仙之食’”字样构成虚假宣传，符合“欺诈行为”的特征。我们认为，商品标识是消费者了解产品功能的重要途径，商品标识的基本作用是通过对被标识商品的名称、成分、生产者名称、生产日期、功效等进行清晰、准确地描述，科学地向消费者传达该商品的质量特性、安全特性以及功能特性等信息。所以，标识内容应当真实合法，不得含有虚假、夸大的内容。在使用夸张性词语的情形中，普通商品由于没有长时间的市场信用积累，很多消费者对其品质并无客观评价，如果标识了诸如“最优”“最佳”“极品”“第一”“神仙级”等词语，很有可能对消费者产生误导。同时，经法庭调查本案的涉案产品从安全性上并不存在“对人体健康造成任何急性、亚急性或者慢性危害”的情形。因此，本案二审法院依据《消费者权益保护法》第55条第一款的规定，而不是《食品安全法》第148条的规定，判决被告承担消费者购买商品的价款或者接受服务的费用的三倍的惩罚性赔偿合法有据。

（执笔：钟炜杰）

案例3-3　吉林电视台与王某侵权责任纠纷案[①]

一、案件概要

本案因吉林电视台与王某之间的侵权责任纠纷，由吉林省吉林市中级人民法院于2016年6月22日作出〔2016〕吉02民终1008号民事判决书，审判长告忠杰。本案上诉人（原审被告）为吉林电视台，被上诉人（原审原告）为王某。本案涉及被上诉人（原审原告）王某通过吉林电视台发布的广告看到了涉案商品从而购买，认为广告中存在大量与事实不符的虚假宣传内容，使其受到了精神损失；吉林电视台所发布的虚假广告侵害了知情权、公平交易权和财产权；吉林电视台所发布的虚假广告是将普通食品冒充药品且该商品不符合国家食品安全相关标准的要求。据此，依据《食品安全法》的规定，要求吉林电视台承担十倍赔偿的责任，即使其能提供广告者的相关资料，依法也应承担连带赔偿责任，一审法院支持了原告的诉讼请求。上诉人（原审被告）以一审判决认定事实错误、适用法律错误为由提起上诉。二审法院以一审判决认定事实清楚，但适用法律错误为由对一审判决予以改判。

本案主要涉及以下法律规范。

(1)《广告法》第56条。

(2)《消费者权益保护法》第45条。

(3)《食品安全法》第148条。

(4)《食品安全国家标准　预包装食品标签通则》(GB 7718—2011)

---

① 案件来源：【法宝引证码】CLI. C. 8415933.

第 3.6 条。

二、问题思考

（1）直接消费者与间接消费者的诉讼地位。

（2）食品广告的特别规定。

三、案件正文

（一）案件当事人及其主张

上诉人（原审被告）吉林电视台的上诉要点和请求如下。撤销〔2015〕丰民一初字第 1127 号民事判决，改判驳回王某的原审诉讼请求；一、二审诉讼费用由王某承担。

被上诉人（原审被告）王某的答辩要点和请求如下。一审判决认定事实清楚，适用法律正确。请求二审法院驳回上诉，维持原判。

（二）法庭查明的事实

一审法院查明 2014 年 10 月王某在吉林电视台影视频道看到山苦瓜复合胶囊的广告。广告中主要介绍："山苦瓜复合胶囊的五大功效：（1）补充胰岛素、血糖控制更稳定，无依赖性和耐药性，患者不得并发症；（2）纯植物多肽蛋白提取，无毒无害，可替代传统降糖药物，避免对肝脏器官的伤害；（3）修复、再生受损的胰岛素 β 细胞，提高胰岛素受体的敏感性，恢复自身糖代谢功能；（4）全面修复长期被糖毒、药毒损坏的心脑血管，肝肾及神经损伤，预防并发症；（5）直接口服，常温保存，避免了注射胰岛素所带来的痛苦和对身体的伤害。一周见效、修复胰岛、无须服药；原装进口、深受欧美、日韩等发达国家糖友喜爱。"广告画面可见"百分之百原装进口"字样。王某看到广告后拨打了广告屏幕下方的电话，通过快递邮寄的方式，电话订购了 24 盒山苦瓜复合胶囊，发货时间为 2014 年 12 月 16 日，共计消费 6 360 元。另查明，该产品包装上原产地为台湾；品名为山苦瓜复合胶囊；说明书中介绍：本产品是目前唯一可以定量胰岛素-P（一种分子量约 1 万的多胜肽）含量不低于 1.5%的山苦瓜提取物。利用专有的苦瓜萃取制程从印度特有品种新鲜野生山苦瓜提取所得。实验研究显示，内含的胰岛素-P和胰岛素一样，能够开启葡萄糖进入细胞的通道以展现降低血糖的效果；说明书中成分：山苦瓜250 mg、肉桂、桑叶、明胶；注意事项：本品不能代替药物。另，该产品外包装上无国家食品药品监督管理部门的药品批准文号，也无保健食品的批准文号或保健食品的标志，且从产品包装的外观上看，并无中文的功效介绍，只标明营养成分表（蛋白质的含量）。

二审法院查明的事实与原判决认定的事实一致。

（三）诉辩理由和依据

1. 上诉人的上诉理由和依据

（1）王某冒充消费者，蓄意设计和制造虚假案件，原审法院对此未予查明。

（2）吉林电视台不是该广告的发布者，也不存在发布虚假广告的行为，更无义务也无法提供经营者的地址和有效联系方式。王某并无充分、有效的证据证明此广告为吉林电视台发布，原审法院在证据采信上存在错误。

（3）吉林电视台与王某之间不存在买卖合同关系，原审法院不应判定吉林电视台承担退还货款的责任。

（4）王某没有充分证据证明其购买行为属实，购买目的是为了治疗疾病，更没有证据证明在购买涉案产品后，造成了实际损害后果。

（5）王某没有充分证据证明涉案广告中的产品是否为不合格产品，也没有证据证明给王某造成何种损害。

（6）王某所购买的产品是否与涉案广告中所宣传的产品为同一产品，原审法院未予查明。

（7）王某作为本案的原告，主体错误。

（8）王某是完全民事行为能力人，对购买其所患疾病的并不是对症的药，具有重大过错。而且王某是否患有疾病，也没有证据证实。

（9）原审法院认定事实错误，而且混淆了行政管理和民事赔偿的法律适用，错误适用罚则，属适用法律错误。

2. 被上诉人的辩称理由和依据

（1）王某是通过吉林电视台发布的广告看到了涉案商品，该广告对涉案商品做了大量的治疗疾病方面的宣传，导致王某误信而购买了实际根本没有治病功效的普通食品，使王某受到了精神损失。

（2）一审中，王某所提交的视频证据已经充分证明了吉林电视台曾经发布涉案商品的广告，且广告中存在大量与事实不符的虚假宣传内容。

（3）依据《广告法》第56条的规定及《消费者权益保护法》第45条的规定，本案中吉林电视台所发布的是普通食品冒充药品的虚假广告，侵害了王某对所购商品的知情权及公平交易权、财产权，且该商品不符合国家食品安全相关标准的要求，依据《食品安全法》的规定，吉林电视台应该承担十倍赔偿的责任。即使其能提供广告者的相关资料，依法也应承担连带赔偿责任，更何况吉林电视台现在并不能提供该广告者的信息。

（四）本案的争议焦点及审理意见

1. 一审法院

一审法院认为本案主要争议焦点是王某是否是消费者；吉林电视台是否是该广告的发布者；涉案产品是否为药品及所涉广告是否为虚假广告；王某的购买行为与广告之间是否有因果关系；吉林电视台是否应承担责任及承担何种责任。

（1）王某是否是消费者。吉林电视台抗辩称王某主体错误，其不是消费者，其家人是涉案产品的使用者，其家人应为本案原告。但因王某提交了购买山苦瓜胶囊的票据，且从其提交的快递单据上可以看出收件人为王某，由此可以证明王某为涉案产品的消费者，与本案具有直接利害关系，因此，王某作为原告提起诉讼，主体适格。

（2）吉林电视台是否是该广告的发布者。根据王某提供的视频资料显示，广告中的台标为吉林电视台影视频道，吉林电视台虽抗辩其没有发布该广告，但在法院向其释明是否对该视频真伪申请鉴定后，吉林电视台表示不申请鉴定，故对吉林电视台为涉案广告发布者的事实予以确认。

（3）涉案产品是否为药品。从涉案产品的包装上看，该产品无国家食品药品监督管理部门的批准文号，外包装上无产品功效说明，只列明营养成分（能量、蛋白质含量），该产品使用说明书中的注意事项写明“本品不能代替药物”，可见其并非药品。而涉案广告夸大介绍山苦瓜胶囊的治疗功效，如“补充胰岛素、血糖控制更稳定，无依赖性和耐药性，患者不得并发症”“可替代传统降糖药物”“一周见效”“修复胰岛”“避免了注射胰岛素所带来的痛苦和对身体的伤害”。广告应当具有可识别性，对商品的性能应当清楚、明白，而涉案广告中的广告用语对于非药品的山苦瓜复合胶囊作出了不科学的表示功效的断言或者保证，误导消费者，对消费者的购买行为产生实质性的影响。广告是消费者获得商品和服务信息的重要渠道，广告必须合法，内容必须真实。传播虚假信息，不仅违反诚实信用原则，误导公众，而且扰乱市场秩序，破坏公平交易。该涉案广告违反了修订前《广告法》的规定，欺骗和误导了消费者，已构成虚假广告。

（4）本案中的因果关系。吉林电视台抗辩王某未提供证据证明其系因看到涉案广告才购买的山苦瓜复合胶囊，其购买行为与涉案广告不存在因果关系。因涉案广告播放地区覆盖王某的居住地区，而王某提供的视频属性显示广告形成时间为 2014 年 10 月 12 日，王某购买山苦瓜胶囊的时间为 2014 年 12 月，故王某的购买行为与涉案广告具有因果关系。

（5）吉林电视台是否承担责任。吉林电视台抗辩称其未发布过该广告，也未提供经营者的地址和有效联系方式。法庭对吉林电视台为涉案广告发布者的事实予以确认，故根据《消费者权益保护法》第 45 条之规定，未提供经营者的地址和有效联系方式应由吉林电视台承担赔偿责任。

关于王某主张的赔偿数额，根据修订前的《食品安全法》第 20 条“食品安全标准应当包括下列内容：（四）对与食品安全、营养有关的标签、标识、说明书的要求”，第 62 条“进口的食品、食品添加剂以及食品相关产品应当符合我国食品安全国家标准”，《食品安全国家标准　预包装食品标签通则》（GB 7718—2011）第 3.6 条的规定，涉案产品说明书中的介绍违反了上述规定，应视为不符合食品安全标准。根据《食品安全法》第 96 条及《消费者权益保护法》第 45 条的规定，王某要求吉林电视台退回货款并支付十倍赔偿金的诉讼请求，于法有据，予以支持。

2. 二审法院

二审法院认为本案的争议焦点是王某所提供的广告视频中的产品是否是王某所购买的产品；王某是否实际购买了本案涉及的产品；王某是否应当被认定为消费者；王某所提供的广告视频是否是虚假广告；吉林电视台是否是该广告的发布者；吉林电视台是否应承担赔偿购药款的责任及本案是否应适用十倍惩罚性赔偿。

（1）王某所提供的广告视频中的产品是否是王某所购买的产品。王某一审提交了山苦瓜复合胶囊包装盒一个，本院将该包装盒与其提交的视频资料进行核对，其外包装、名称、关于原装进口的说明均与视频中的药品一致，且吉林电视台也未能提供相反的证据证明王某所购买的产品并非视频中宣传的产品。

（2）王某是否实际购买了本案涉及的产品，及购买产品的价款是多少。从王某一审中提交的加盖吉林省顺丰速递有限公司吉林市分公司印章的顺丰速运运单，以及湖北省国家税务局通用机打发票联，能够证明以下事实。2014 年 12 月 16 日湖北省同济堂玫瑰西苑店出售山苦瓜复合胶囊 24 盒，总金额为 6 360 元。同日，从湖北省武汉市江岸区竹叶山通过顺丰速运邮寄该产品，收件人为王某，顺丰速运代收货款 6 360 元。

（3）王某是否应当被认定为消费者。参照最高人民法院《关于审理食品药品纠纷案件适用法律若干问题的规定》第 3 条之规定，因食品、药品质量问题发生纠纷，购买者向生产者、销售者主张权利，生产者、销售者以购买者明知食品、药品存在质量问题而仍然购买为由进行抗辩的，人民法院不予支持。故吉林电视台关于王某系冒充消费者，蓄意诉讼的主张，本院不予支持。

（4）王某所提供的广告视频是否是虚假广告，是否构成对消费者的欺骗和误导。本院将王某提交的广告视频与包装盒内部的使用说明书进行对比，该产品说明上并没有广告中所介绍的五大功效，该广告对产品功效的不实和夸大宣传，必将给广告受众即消费者带来误导性影响。

（5）吉林电视台是否是该广告的发布者。根据最高人民法院《关于适用〈民事诉讼法〉的解释》第 90 条“当事人对自己提出的诉讼请求所依据的事实或者反驳对方诉讼请求所依据的事实，应当提供证据加以证明，但法律另有规定的除外。在做出判决前，当事人未能提供证据或者证据不足以证明其事实主张的，由负有举证证明责任的当事人承担不利的后果”之规定，吉林电视台主张其并非涉案广告的发布者，对王某提交的广告视频的原始载体存在异议，在原审法院释明后，其表示不申请鉴定。在本院审理过程中，直至判决做出前，吉林电视台也不能提供 2014 年 12 月该台影视频道在视频录制同时段的播放资料，故吉林电视台应当承担举证不能的法律后果。

（6）吉林电视台是否应承担赔偿购药款的责任及本案是否应适用十倍惩罚性赔偿。根据《广告法》第 56 条第二款之规定，关系消费者生命健康的商品或者服务的虚假广告，造成消费者损害的，其广告经营者、广告发布者、广告代言人应当与广告主承担连带责任，王某因涉案虚假广告而购买产品已对其造成了财产损失，故王某要求吉林电视台承担赔偿购药款 6 360 元的民事责任的诉讼请求，本院予以支持。但是，经本院查询，近期受理了数件由王某或王某作为委托代理人起诉吉林电视台的二审案件，由此本院倾向于认为王某的消费行为系以营利为目的的可能性较大。而以营利为目的的专门购买不符合食品安全标准的食品而获得十倍价款赔偿的行为与《食品安全法》的法律价值和立法精神不符合。因此，王某要求吉林电视台支付所购产品的十倍赔偿的诉讼请求，本院不予支持。

（五）二审法院的终审判决

上诉人吉林电视台上诉请求的合理部分，本院予以支持。原判决认定事实清楚，但适用法律错误，应予改判。依照《广告法》第 56 条第二款，最高人民法院《关于审理食品药品纠纷案件适用法律若干问题的规定》第 3 条，《民事诉讼法》第 170 条第一款第二项，最高人民法院《关于适用〈民事诉讼法〉的解释》第 90 条之规定，判决撤销吉林市丰满区人民法院〔2015〕丰民一初字第 1127 号民事判决；上诉人吉林电视台于本判决生效之日起五日内赔偿被上诉人王某购药款 6 360 元；驳回原审原告王某的其他诉讼请求。一审案件受理费 1 549 元，二审案件受理费 1 549 元，合计 3 098 元，由上诉人吉林电视台负担 98 元，被上诉人王某负担 3 000 元。

四、问题解答

（一）直接消费者与间接消费者的诉讼地位

关于消费者的概念，在各国法律及一国内的各部门法中的定义并不尽相同。以经济学的视野定义消费者，则消费者是指为生产或生活目的消耗物质资料的人，不论是自然人还是法人，不论是生活消费还是生产消费，也不论是生活资料类消费者还是生产资料消费者，都属于经济学领域中消费者之列。从法律上对消费者的定义，在国际上有三种方式。第一种是通过反向排除的方式来加以规定，代表国家如德国、日本、英国。以德国为例，德国于 2000 年修订债法，于民法典中第 13 条明确规定了“消费者”的概念，这个概念主要是通过两个否定性要件“非以其营利活动为目的”“非以其独立的职业活动为目的”来对“消费者”加以界定的；第二种是正面表述消费者的概念，如国际标准化组织（ISO）认为，消费者是以个人消费为目的而购买使用商品和服务的个体社会成员。再如《美国商法典》规定，消费者是为了个人、家庭成员或者家庭目的而购买商品的个人；第三种方式为正面表述与反面排除的混合立法模式。如法国民法认为“消费者”主要是指“在从事职业行为之外，为满足个人需要而订立有关财产或服务的合同的一切自然人。”

我国《消费者权益保护法》第 2 条规定了“消费者为生活消费需要购买、使用商品或者接受服务，其权益受本法保护”。据此得知我国消费者的法律概念定义为“为生活消费需要购买、使用商品或者接受服务”的某类主体。本条款关于消费者的定义较为模糊，且理论界与实务界也存在不同的认识，理论界认为我国消费者的主体应当只包含自然人，不包含法人单位，但实务界却认为消费者的主体应当包括所有民事主体。我们在此处同意采取理论界的观点，同时认为，应当对消费者采取扩大解释，即消费者购买、使用商品或者接受服务既可以为自己，也可以为亲人、朋友等，因此，消费者可以是直接购买并消费该商品或者服务的自然人，也可以是不直接购买但可以享受（消费）该商品或者服务的自然人。

从交易关系的角度，可以根据消费者是否与经营者直接发生交易而将消费者分为直接消费者与间接消费者。直接消费者是指直接购买并消费该商品或者服务的自然人；间接消费者是不直接购买但可以享受（消费）该商品或者服务的自然人。结合本案情况，本案中的原告王某直接向商家购买商品，为直接消费者，其家人使用了原告王某购买的商品，可以界定为间接消费者。

关于诉讼地位，直接消费者与间接消费者都是消费者，都有权利和资格向人民法院提起诉讼。但是，在具体法律纠纷中基于该两类消费者与经营者之间的法律关系存在着一定的差异，其诉讼权利和诉讼地位也有所不同。

直接消费者与间接消费者若都使用经营者的商品或接受其服务，致使合法权利遭到损害，可以基于同一侵权法律关系，两者可以作为共同原告，一同诉讼。需要注意的是，直接消费者与经营者存在着直接的交易关系——两者之间是买卖合同双方当事人，若发生纠纷，直接消费者既可以依据合同主张经营者的违约责任，也可以以购买、使用商品或接受服务过程中权利遭到损害为由向经营者或生产者主张侵权责任。间接消费者并未与经营者直接交易，根据合同的相对性，其并不能向经营者主张违约责任，只能向经营者或生产者以在使用商品或接受服务过程中遭到损失为由主张《消费者权益保护法》中的二倍或者《食品安全法》中的三倍赔偿，此时，是否可以将直接消费者列为第三人，还是追加为共同原告需要结合司法实践情况才能决定。

本案中，王某主张的是“十倍赔偿”，从而可知其请求“十倍赔偿”的基数是“支付的价款”，谁支付了价款谁就取得了主张“十倍赔偿”的原告主体资格。至于消费者提起的十倍赔偿的请求权基础是违约责任还是侵权责任，比较复杂。如果认定为合同违约责任，解释为消费者与经营者之间的关系是成立的，但是生产者与消费者之间并不存在合同关系，因此，《食品安全法》规定的“消费者除要求赔偿损失外，还可以向生产者或者经营者要求支付价款十倍或者损失三倍的赔偿金”，其中向生产者要求支付价款十倍的请求似乎并不是以合同关系为基础，由此，我们是否可以得出向生产者主张“十倍赔偿”时可以由直接消费者和间接消费者共同提起，而向经营者主张“十倍赔偿”时只能由直接消费者提起？同样，间接消费者是否只能主张侵权责任，还是基于食品生产者经营者违反了食品安全性承诺而承担违约责任，从而以违约责任作为请求权基础也是值得进一步研究的问题。

直接消费者与间接消费者作为消费者都受《消费者权益保护法》的保护，都有权利在自己的利益遭到侵害时提起诉讼。但是合同的相对性限制间接消费者以违约为由请求经营者赔偿的权利，故直接消费者与间接消费者在诉讼中的诉讼权利和诉讼地位会因为法律关系的不同而相区别。

（二）食品广告的特别规定

随着市场经济的发展，越来越多的商家通过广告来宣传自己的产品。广告是指商品经营者或者服务提供者通过一定媒介和形式直接或者间接地介绍自己所推销的商品或者服务的商业活动，良好的广告能提高企业的知名度和荣誉度，让广大消费者熟知自己商品，以促进商品的销售。广告是消费者获得商品和服务信息的重要渠道，广告必须合法，内容必须真实。根据《广告法》第 3 条、第 4 条，广告应当真实、合法，不得含有虚假或者引人误解的内容，不得欺骗、误导消费者。其次在形式上，广告主、广告经营者、广告发布者之间在广告活动中应当依法订立书面合同，广告主委托设计、制作、发布广告，应当委托具有合法经营资格的广告经营者、广告发布者。最后在责任主体上，根据《广告法》第 4 条第二款，广告主应当对广告的真实性负责。

食品广告是指食品经营者或者餐饮服务提供者通过一定媒介和形式直接或者间接地介绍自己所推销的食品或者餐饮服务的商业活动。食品不仅满足人们所必需的营养需求，而且其质量与人体健康息息相关。为了保证食品安全、保护公众的健康，食品广告在我国的法律规范中有更为严格的规定。

（1）食品广告内容。根据《食品安全法》第 73 条规定：食品广告的内容应当真实合法，不得含有虚假内容，不得涉及疾病预防、治疗功能。根据《食品广告发布暂行规定》的规定，食品广告不得含有“最新科学”“最新技术”“最先进加工工艺”等绝对化的语言或者表示；不得出现与药品相混淆的用语，不得直接或者间接地宣传治疗作用，也不得借助宣传某些成分的作用明示或者暗示该食品的治疗作用。根据《食品安全国家标准　预包装食品标签通则》（GB 7718—2011）第 3.6 款的规定，不应标注或者暗示具有预防、治疗疾病作用的内容，非保健食品不得明示或者暗示具有保健作用。由此可见，普通食品广告在内容上应与保健品、药品严格区分，不得在广告中虚构保健品的保健功效以及药品的治疗功效误导消费者购买。本案中，涉案产品使用说明书中的注意事项写明“本品不能代替药物”，且无药品批文，可见其并非药品。而涉案广告夸大介绍山苦瓜胶囊的治疗功效，如“补充胰岛素、血糖控制更稳定，无依赖性和耐药性，患者不得并发症”“可替代传统降糖药物”“一周见效”“修复胰岛”“避免了注射胰岛素所带来的痛苦和对身体的伤害”，这些内容违反了上述食品广告管理的规定。

（2）食品广告责任。根据《广告法》第 56 条以及《消费者权益保护法》第 45 条规定，关系消费者生命健康的商品或者服务的虚假广告，造成消费者损害的，其广告经营者、广告发布者、广告代言人应当与广告主承担连带责任。

违反广告管理规定的法律责任主要有三种：普通赔偿责任、先行赔偿责任与连带责任。普通赔偿责任的条件是，发布虚假广告，欺骗、误导消费者，使购买商品或者接受服务的消费者的合法权益受到损害的，由广告主依法承担民事责任。此种责任是广告主独立承担的责任，责任承担的范围应该是自身“发布虚假广告，欺骗、误导消费者”的行为对消费者所造成的损害。先行赔偿责任是当广告经营者、广告发布者不能提供广告主的真实名称、地址和有效联系方式的，消费者可以要求广告经营者、广告发布者先行赔偿。广告发布者赔偿后，可向广告主追偿。连带责任主要是针对关系消费者生命健康的商品或者服务的虚假广告，造成消费者损害的情况下，由广告经营者、广告发布者、广告代言人，在明知或者应知广告虚假仍设计、制作、代理、发布或者作推荐、证明的，应当与广告主承担连带责任。

本案中，被告吉林电视台是广告发布者，其发布的涉案食品广告属于“关系消费者生命健康的商品”的虚假广告，原告作为消费者购买后受到损失，要求被告吉林电视台与本案广告主承担连带责任的请求得到二审法院的支持。

（执笔：管雨，阮超）

案例3-4 申某生与北京永辉超市有限公司顺义分公司买卖合同纠纷案[①]

一、案件概要

本案因申某生与北京永辉超市有限公司顺义分公司（以下简称永辉超市）之间的买卖合同纠纷一案，由北京市第三中级人民法院于2017年8月15日作出〔2017〕京03民终9251号民事判决书，审判长刘茵。本案上诉人（原审原告）为申某生，被上诉人（原审被告）永辉超市。本案涉及上诉人（原审原告）申某生在被上诉人（原审被告）永辉超市处购买猪肉松、牛肉松各350袋，货款共计3 150元，但经查证，涉诉产品并非“肉松”产品，而属于“肉粉松”类产品。上诉人认为被上诉人经营不符合食品安全标准且误导消费者的食品应根据食品安全法等的规定，承担退货和十倍赔偿责任，遂提起诉讼。一审法院认为，原告在一天内购买如此大量的肉松明显超出一般消费者满足生活消费需要的范畴，并对其购买大量涉诉产品用于满足生活消费需要未作出合理说明，故一审法院未支持原告十倍赔偿的诉讼请求。上诉人（原审原告）以一审法院认定事实不清，适用法律错误为由提起上诉，请求撤销一审判决，并判令被上诉人（原审被告）永辉超市退还货款3 150元以及依法承担十倍即31 500元的赔偿金。二审法院撤销了一审判决，支持了上诉人的诉讼请求。

本案主要涉及以下法律规范。

（1）1989年《标准化法》第6条（对应2018年该法第10条）、第7

---

① 案件来源：【法宝引证码】CLI. C. 10106961.

条（对应 2018 年该法第 10 条第一款）。

(2)《中华人民共和国标准化法实施条例》（以下简称《标准化法实施条例》）第 14 条、第 18 条。

(3)《食品安全法》第 148 条。

(4)《消费者权益保护法》第 2 条。

(5)《最高人民法院关于审理食品药品纠纷案件适用法律若干问题的规定》第 3 条。

二、思考问题

(1) 根据 2018 年实施的新《标准化法》的规定，各种标准如何适用。

(2) 食品安全领域涉及的标准制定及其适用问题。

三、案件正文

(一) 案件当事人及其主张

上诉人（原审原告）申某生的上诉要点和请求：一审法院认定事实不清，适用法律错误，请求判令撤销〔2017〕京 0113 民初 718 号民事判决书；判令永辉超市退还申某生货款 3 150 元并依法赔偿申某生 31 500 元，以上共计金额 34 650 元；判令永辉超市承担本案一、二审诉讼费。

被上诉人（原审被告）北京永辉超市有限公司顺义分公司的答辩要点和请求：同意一审判决，不同意申某生的上诉意见。

(二) 法庭查明的事实

一审法院审理查明申某生于 2016 年 12 月 6 日在永辉超市处购买了“鑫杏林牛肉松 100 g” 350 袋、“鑫杏林猪肉松 100 g” 350 袋，单价均为 4.5 元，共支付价款 3 150 元。申某生称所购食品的用途为自己食用及赠送亲戚朋友。

二审法院审理期间，永辉超市向二审法院提交以下新证据：猪肉松、牛肉松的商品外包装、猪肉松的检测报告封皮复印件、牛肉松的检测报告封皮及检测结果复印件。证明 SB/T 10281—2007 行标标准并未被 GB/

T 23968—2009 国标标准代替。申某生发表质证意见称：真实性均不认可，因为没有原件。牛肉松检测报告没有生产日期，是否与涉案产品属同一批不确定，故与本案无关联性。二审法院经审查认为永辉超市提交的新证据检测报告系复印件，不符合证据形式，且二审所有新证据不能证明其待证事实，与本案无关，法院不予采纳。

二审法院补充查明如下。

（1）《标准化法》第 6 条第一款规定“对需要在全国范围内统一的技术要求，应当制定国家标准。国家标准由国务院标准化行政主管部门制定。对没有国家标准而又需要在全国某个行业范围内统一的技术要求，可以制定行业标准。行业标准由国务院有关行政主管部门制定，并报国务院标准化行政主管部门备案，在公布国家标准之后，该项行业标准即行废止。对没有国家标准和行业标准而又需要在省、自治区、直辖市范围内统一的工业产品的安全、卫生要求，可以制定地方标准。地方标准由省、自治区、直辖市标准化行政主管部门制定，并报国务院标准化行政主管部门和国务院有关行政主管部门备案，在公布国家标准或者行政标准之后，该项地方标准即行废止”。根据该法的规定 GB/T 23968—2009 系 2009 年制定的国家标准，SB/T 10281—2007 系 2007 年制定的行业标准，所以国家标准出台后，行业标准立即废止。

（2）《肉松》（GB/T 23968—2009）3 术语和定义中注明下列术语和定义适用本标准：肉松、油酥肉松、焦头、结头、搓松、收汤。SB/T 10281—2007（肉松）3 术语和定义中注明下列术语和定义适用本标准：肉松、油酥肉松、肉粉松、焦头、结头、搓松、收汤。GB/T 23968—2009 标准中肉松的分类中不包含肉粉松而 SB/T 10281—2007 标准中包含肉粉松。

（3）《熟肉制品卫生标准》（GB 2726—2005）表 1 理化指标中注明油酥肉松、肉粉松的水分含量≤4 g/100 g；天津市卫生和计划生育委员会出具的 2016 第 111 号予以公开告知书载明涉案产品“牛肉松”的标准名称“调制肉松粉”，4.3 理化指标-水分一项载明“水分，g/100 g ≤ 18”；SB/T 10281—2007（肉松）表 2 理化指标中注明肉粉松的水分含量≤18 g/100 g。

（4）二审法院经审理查明的其他事实与一审法院查明的事实一致。

（三）诉辩理由和依据

1. 上诉人的上诉理由和依据

上诉理由为一审法院认定购买涉案产品并非为生活所需，并认定申某生不是《消费者权益保护法》所规定的消费者并据此不支持申某生的赔偿请求，且未对涉案产品是否符合国家食品安全标准、法律的规定作出认定，属认定事实不清，适用法律错误。主要依据如下。

（1）一审法院认定申某生购买的产品数量过多，不属于个人消费是错误的。申某生购买的涉案产品均为整箱产品，每箱 50 袋，购买数量仅仅只有 14 小箱。申某生购买的用途系自家食用以及节日前夕（元旦）送亲戚、送朋友，从而增进感情、拉近友谊。

（2）一审法院判决书第三页中认为“根据《消费者权益保护法》第 2 条的规定，任何人只要其购买产品和接受服务的目的不是为了职业需求，不是为了将产品或者服务用来经营、投入生产，或从事产品交易活动，就应视为消费者”。申某生并非用作经营，投入生产，从事交易，因此，属于正常消费的消费者。

（3）目前没有法律法规规定，购买 1 袋或者 5 袋食品就是消费者，而购买 100 袋或者 500 袋就不是消费者。依据最高人民法院《关于审理食品药品纠纷案件适用法律若干问题的规定》第 3 条的规定：因食品、药品质量问题发生纠纷，购买者向生产者、销售者主张权利，生产者、销售者以购买者明知食品、药品存在质量问题而仍然购买为由进行抗辩的，人民法院不予支持。该条款中使用的是“购买者”而非“消费者”。申某生出资购买了涉案产品，就是该条款中的“购买者”，这是没有异议的事实。即使是社会上所称的“职业打假人”“知假买假人”购买到了不符合国家标准的产品，依据该司法解释的规定，他们仍有获得赔偿的权利。

（4）最高人民法院办公厅 2017 年 5 月 19 日做出的《对十二届全国人大五次会议第 5990 号建议的答复意见》（法办函〔2017〕181 号）中明确指出：知假买假是否具有消费者身份存在争议。在存在争议的情况下，最高法院仍做出了“知假买假有权获得赔偿的权利”，也可视为最高法院是认可知假买假具有消费者身份。该《答复意见》第1条明确指出：在普通消费领域，知假买假不具有获得赔偿的权利，但不包括在食品、药品领域知假买假也不具有获得赔偿的权利。

2. 被上诉人的辩称理由和依据

同意一审法院判决，不同意申某生的上诉意见。主要依据如下。

（1）涉案产品生产商生产销售牛肉松、猪肉松已经三四十年历史，并且产品标签一直为牛肉松、猪肉松，未做任何改动。

（2）涉案产品使用的产品标准为“SB/T 10281”，这标准的总称肉松。在这个标准中，肉松包括三个品种，肉松、油酥肉松、肉粉松。生产商生产的牛肉松、猪肉松就是标准中规定的肉粉松，肉粉松就是肉松。

（3）2009年12月1日，国家又出台了一个肉松的新标准GB/T 23968—2009，在这个新标准中，缺失了肉粉松这个内容。当时生产商得知该新标准后，立即给当时的国家标准化局肉松标准的起草人打了电话，起草人说新标准出台后老标准并不失效，SB/T 10281—2007仍未被代替而废止。因为SB/T 10281—2007代替之前的标准明确注明，而GB/T 23968—2009上并未注明代替SB/T 10281—2007。

（4）为方便经营避免混淆误会，生产商于2014年7月出台了企业标准Q/08A2006S—2014调制肉粉松，并在产品标签的执行标准后予以注明。该企标的各项指标，均与SB/T 10281—2007相同。

（5）为了使产品经得起考验，生产商专门请谱尼测试（天津）有限公司对产品名称等标签各项指标进行了专门检测，并未对牛肉松标签的产品名称提出异议或判定为不合格。

（6）申某生大量购买涉案产品，不属于普通的消费者。

（四）本案的争议焦点及审理意见

1. 一审法院

一审法院认为本案主要争议焦点是申某生是不是属于《消费者权益保护法》所保护的消费者的范围及能不能适用《食品安全法》第148条第二款十倍赔偿的规定。

一审法院认为《消费者权益保护法》第2条规定消费者为生活消费需要购买、使用产品或者接受服务，其权益受本法保护。根据该条规定，任何人只要其购买产品和接受服务的目的不是为了职业需求，不是为了将产品或者服务用来经营、投入生产，或从事产品交易活动，就应视为消费者。实践中，应通过购买者购买产品的性质、用途及数量等因素，并结合其关于购买目的的陈述，运用日常生活经验法则进行综合判断。本案中，申某生主张其购买涉诉产品的目的为生活需要，永辉超市主张申某生大量购买系以索赔获利为目的，不应受《消费者权益保护法》保护。法院认为涉诉产品确属日常生活消费需要的食品，但申某生在一天购买了700袋肉松产品，经询问，申某生表示其购买涉诉产品的用途系自己食用及赠送亲戚朋友。申某生在一天内购买如此大量的肉松明显超出一般消费者满足生活消费需要的范畴，在申某生未提交其他证据证明的情况下，该购买行为有悖于日常生活消费的常理。结合全案情节，申某生对其购买大量涉诉产品用于满足生活消费需要未作出合理说明，故法院对申某生所述生活消费需要的目的不予认可，对申某生要求永辉超市支付十倍赔偿的诉讼请求不予支持。

一审法院认为申某生要求永辉超市退还货款3 150元，永辉超市表示同意，法院对此不持异议。根据公平原则，申某生应将相应的货物退还给永辉超市。

据此，一审法院依照《食品安全法》第148八条、《消费者权益保护法》第2条、《最高人民法院关于民事诉讼证据的若干规定》第2条之规定，判决（1）北京永辉超市有限公司顺义分公司于判决生效之日起七日内向申某生退还货款三千一百五十元；（2）申某生于判决生效之日起七日内退还北京永辉超市有限公司顺义分公司“鑫杏林牛肉松100 g”三百五十袋、“鑫杏林猪肉松100 g”三百五十袋（如不能退还，则按照每袋四元五角的标准从第一项货款中扣除）；（3）驳回申某生的其他诉讼请求。如果未按判决指定的期间履行给付金钱义务，应当依照《民事诉讼法》第253条的规定，加倍支付迟延履行期间的债务利息。

2. 二审法院

二审法院认为本案的争议焦点为涉案产品是否符合食品安全标准；申

某生是否有权要求退货并获得十倍的惩罚性赔偿。

（1）针对涉案产品是否符合食品安全标准，二审法院认为认定涉案产品是否符合食品安全标准需要逐一认定下列问题：一是应采用何种标准认定涉案食品是否符合食品安全标准；二是涉案产品是否符合相应的食品安全标准；三是如不符合相应食品安全标准是否可能构成对食品安全的实质影响。

① 本案中主要涉及的与案件紧密相关的食品安全标准有以下几种：GB/T 23968—2009（2009 年质检总局和国家标准化管理委发布的关于肉松的国家推荐性标准）、SB/T 10281—2007（2007 年商务部发布的关于肉松的行业性推荐性标准）、GB 2726—2005（卫生部和国家标准化管理委 2005 年实施的熟肉制品卫生标准的国家强制性标准）。

永辉超市坚持涉案商品应当使用 SB/T 10281—2007 标准，并主张 SB/T 10281—2007 仍然适用有效，并未废除。GB/T 23968—2009 系推荐性国家标准，并未强制性使用。二审法院经审查认为《标准化法》第 6 条第一款规定："对需要在全国范围内统一的技术要求，应当制定国家标准。国家标准由国务院标准化行政主管部门制定。对没有国家标准而又需要在全国某个行业范围内统一的技术要求，可以制定行业标准。行业标准由国务院有关行政主管部门制定，并报国务院标准化行政主管部门备案，在公布国家标准之后，该项行业标准即行废止。"第 7 条规定："国家标准、行业标准分为强制标准和推荐性标准。保障人体健康，人身、财产安全的标准和法律、行政法规规定强制执行的标准是强制标准，其他标准是推荐性标准。"《标准化法实施条例》第 14 条规定："行业标准由国务院有关行政主管部门编制计划，组织草拟，统一审批、编号、发布，并报国务院标准化行政主管部门备案。行业标准在相应的国家标准实施后，自行废止。"第 18 条规定："国家标准、行业标准分为强制性标准和推荐性标准。下列标准属于强制性标准：（一）药品标准，食品卫生标准，兽药标准。"

根据查明事实及法律规定，对于具体采用标准的情形，二审法院认为，首先 GB 2726—2005 作为强制性的国家标准公布施行至今仍合法有效，并未被任何形式的标准代替，对于肉松类产品应当严格适用 GB 2726—2005 规范予以调整，故 GB 2726—2005 应作为本案采用的食品安全标准之一；其次 GB/T 23968—2009 与 SB/T 10281—2007 应该如何适用问题，根据《标准化法》《标准化法实施条例》的规定行业标准在相应的国家标准实施后，自行废止，且根据法律规定关于食品卫生的标准属于强制性标准。故根据上述法律规定，二审法院认为本案中 2009 年实施的 GB/T 23968—2009 标准应属于认定食品安全的强制性标准之一。

② 涉案食品是否符合食品安全标准。首先，GB/T 23968—2009（肉松）标准中，3. 术语预定义，下列术语与定义适用本标准。肉松、酥油肉松、焦头、结头、搓松、收汤。而 SB/T 10281—2007（肉松）3. 术语和定义中注明下列术语和定义适用本标准：肉松、油酥肉松、肉粉松、焦头、结头、搓松、收汤，而本案商品性质实际为肉粉松制品。根据相关上述两项标准可见 2009 年 12 月 1 日国家标准 GB/T 23968—2009 实施后，肉粉松就不再属于肉松的一种，《食品安全法》第 71 条规定“食品和食品添加剂的标签、说明书，不得含有虚假内容，不得涉及疾病预防、治疗功能。生产经营者对其提供的标签、说明书的内容负责”。2012 年原卫生部颁发的《食品安全国家标准　预包装食品标签通则》（GB 7718—2011）第 4. 1. 2. 1 规定，应当在食品标签的醒目位置，清晰地标示反映食品真实属性的专用名称；当国家标准、行业标准或者地方标准中已规定了某食品的一个或几个名称时，应选用其中的一个或等效的名称。故本案中涉案商品在国家强制性标准生效后，应当标注以真实属性的专用名称肉粉松，永辉超市将肉粉松制品标以肉松的商品名称，违反食品安全标准。其次，退一步讲，即使在“适用行业标准”的问题上做限缩性理解，以 GB/T 23968—2009 标准属于推荐性标准为由不以该标准审查涉案产品，但以 GB 2726—2005 国家强制性标准审查涉案产品依然会得出涉案产品不符合食品安全标准的结果。根据 GB 2726—2005（熟肉制品卫生标准）表 1 理化指标中注明油酥肉松、肉粉松的水分含量≤4 g/100 g。但是涉案产品猪肉松执行的 SB/T 10281—2007、牛肉松执行的 Q/08A2006S—2014（调制肉粉松）标准中的水分含量均为≤18 g/100 g。涉案产品的水分含量不符合强制性国家标准，故涉案产品不符合食品安全标准。

③ 涉案产品不符合食品安全标准的情形是否可能构成对食品安全的

实质影响。根据《食品安全法》的规定，首先，涉案产品实质系肉粉松，根据已经查明的事实，其并不属于肉松的一种，且涉案产品名称处用显著较大黑字标明“猪肉松”“牛肉松”，但实质并不含有肉松成分，只含有肉粉松，两种食品添加品种系不同品种，此情形属于对购买者造成误导的情形。其次，涉案产品水分含量明显高于国家强制性标准中规定的水分含量，违反强制性标准本身即属于不符合食品安全标准。进一步从实质上说，根据日常生活常识可知，水分含量的多少对于食品特别是长期密封保鲜类食品的食品品质、安全非常重要，水分含量的增加往往会减少食品保鲜期间、影响食品质量、口感等。且涉案产品包装处写明“保存条件：常温保存，通风干燥”，可见通风干燥对于涉案食品的保存时间和质量至少存在积极意义，故二审法院认为，涉案食品水分含量超过国家强制标准已经构成对于食品安全的实质违反。

（2）针对申某生是否有权要求退货并获得十倍的惩罚性赔偿，二审法院审理持如下观点。

①《消费者权益保护法》第 2 条规定，只要是因生活消费需要进行的购买、使用、接受服务行为的消费主体都是消费者。本案中一审法院以申某生在永辉超市一次购买 700 袋牛肉松、猪肉松为由认定申某生不属于消费者，但申某生对此解释为自己食用及赠送亲友。申某生已对购买行为做出了合理解释，结合猪肉松、牛肉松产品保质期长达 12 个月，符合长期保存食用的条件，一审法院单以购买数量认定申某生不属于消费者不当，故二审法院对申某生主张的购买行为系普通消费使用不持异议。故如果涉案食品存在质量问题其具备主张退货的权利，如涉案食品存在食品安全问题则其可依法主张相应赔偿。

② 申某生是否系普通消费者能否影响其依法主张赔偿的权利。根据最高人民法院《关于审理食品药品纠纷案件适用法律若干问题的规定》第 3 条规定可以看出，对于食品、药品领域的质量问题，生产者、销售者不得以知假买假进行抗辩，因为食品药品安全问题是关系到人民群众生命健康的重大问题，针对新时期食品药品事故多发的问题，司法解释中强化了食品、药品安全领域的生产者和销售者的严格责任。该条款中将主张权利

的主体定义为购买者，而非普通消费者。另外，最高人民法院在近期相关问题的答复意见中也明确提出在食品、药品领域之外逐步限制职业打假人的要求。故依照现行司法解释及最高法院的相关精神，考虑到食品药品安全问题特殊性，本案购买者申某生应享有主张退货并要求赔偿的权利。

综上所述，申某生的上诉理由成立，对其上诉请求，二审法院予以支持。

（五）二审法院的终审判决

依照《食品安全法》第 148 条、最高人民法院《关于审理食品药品纠纷案件适用法律若干问题的规定》第 3 条、《民事诉讼法》第 170 条第一款第（二）项之规定，判决如下：（1）维持北京市顺义区人民法院 2017 京 0113 民初 718 号民事判决第一、二项；（2）撤销北京市顺义区人民法院 2017 京 0113 民初 718 号民事判决第三项；（3）北京永辉超市有限公司顺义分公司赔偿申某生三万一千五百元，于判决生效之日起七日内执行。如果北京永辉超市有限公司顺义分公司未按判决指定的期间履行给付金钱义务，应当依照《民事诉讼法》第 253 条的规定，加倍支付迟延履行期间的债务利息。一审案件受理费 333 元，由北京永辉超市有限公司顺义分公司负担（于判决生效之日起七日内交纳）。二审案件受理费 666 元，由北京永辉超市有限公司顺义分公司负担（于判决生效之日起七日内交纳）。

四、问题解答

（一）根据 2018 年实施的新《标准化法》的规定，各种标准如何适用

标准化是指在农业、工业、服务业以及社会事业等领域需要统一的技术要求时，通过制定、组织实施统一标准，从而提升产品和服务质量、促进技术进步，保障人身健康和生命财产安全，维护国家安全、生态环境安全，提高经济社会发展水平的过程。

1. 我国的标准体系

根据我国现行的《标准化法》第 2 条规定，标准包括国家标准、行业标准、地方标准和团体标准、企业标准。国家标准分为强制性标准、推荐

性标准，行业标准、地方标准是推荐性标准。《标准化法》第 10 条规定，对保障人身健康和生命财产安全、国家安全、生态环境安全以及满足经济社会管理基本需要的技术要求，应当制定强制性国家标准。《标准化法》第 11 条规定，对满足基础通用、与强制性国家标准配套、对各有关行业起引领作用等需要的技术要求，可以制定推荐性国家标准。《标准化法》第 12 条规定，对没有推荐性国家标准、需要在全国某个行业范围内统一的技术要求，可以制定行业标准。《标准化法》第 13 条规定，为满足地方自然条件、风俗习惯等特殊技术要求，可以制定地方标准。《标准化法》第 19 条规定，企业可以根据需要自行制定企业标准，或者与其他企业联合制定企业标准。《标准化法》第 20 条规定，国家支持在重要行业、战略性新兴产业、关键共性技术等领域利用自主创新技术制定团体标准、企业标准。综上可知我国的标准体系中主要存在：强制性国家标准、推荐性国家标准、行业标准、地方标准、团体标准以及企业标准，并且推荐性国家标准、行业标准、地方标准、团体标准、企业标准的技术要求不得低于强制性国家标准的相关技术要求。结合《标准化法实施条例》第 13 条、第 14 条、第 15 条、第 16 条、第 17 条的规定，对没有国家标准而又需要在全国某个行业范围内统一的技术要求，可以制定行业标准（含标准样品的制作），行业标准在相应的国家标准实施后，自行废止；对没有国家标准和行业标准而又需要在省、自治区、直辖市范围内统一的工业产品的安全、卫生要求，可以制定地方标准，地方标准在相应的国家标准或行业标准实施后，自行废止；企业生产的产品没有国家标准、行业标准和地方标准的，应当制定相应的企业标准，作为组织生产的依据，对已有国家标准、行业标准或者地方标准的，鼓励企业制定严于国家标准、行业标准或者地方标准要求的企业标准，在企业内部适用。团体标准由本团体成员约定采用或者按照本团体的规定供社会自愿采用。

2. 标准适用的一般规则

标准适用的具体情况首先要确定是否存在强制性国家标准。

（1）存在强制性国家标准的情况下，不应存在有效的行业标准或者地方标准，但可能会存在推荐性国家标准。推荐性国家标准是指为满足基础通用、与强制性国家标准配套、对各有关行业起引领作用等需要的技术要求而制定的标准，因此它与强制性国家标准往往是配套适用，弥补强制性国家标准的一些不足之处，同时推荐性国家标准的技术要求不得低于强制性国家标准的相关技术要求。企业可以制定严于国家标准的企业标准，在企业内部适用。团体标准由本团体成员约定采用或者按照本团体的规定供社会自愿采用，但是团体标准的技术要求同样不得低于强制性国家标准的相关技术要求。

（2）无强制性国家标准的情况下存在如下几种可能性：存在推荐性国家标准；无推荐性国家标准时，存在行业标准；在无行业标准时，存在地方标准；在无地方标准时，则只能适用团体标准或企业标准。因此，各类标准适用存在以下几种情况：① 强制性国家标准+（推荐性国家标准）+（团体、企业标准）；② 推荐性国家标准+（团体、企业标准）；③ 行业标准+（团体、企业标准）；④ 地方标准+（团体、企业标准）；⑤ 团体、企业标准。因为推荐性国家标准、行业标准、地方标准、团体标准、企业标准的技术要求都高于强制性国家标准，因此当企业选择适用推荐性标准以及团体、企业标准时，实际上已经符合了强制性国家标准的要求[①]。

3. 违反标准适用规则的法律责任

《标准化法》第 36 条规定，生产、销售、进口产品或者提供服务不符合强制性标准，或者企业生产的产品、提供的服务不符合其公开标准的技术要求的，依法承担民事责任。《标准化法》第 37 条规定，生产、销售、进口产品或者提供服务不符合强制性标准的，依照《产品质量法》《中华人民共和国进出口商品检验法》《消费者权益保护法》等法律、行政法规的规定查处，记入信用记录，并依照有关法律、行政法规的规定予以公示；构成犯罪的，依法追究刑事责任。企业未依照法律规定公开其执行的标准的，由标准化行政主管部门责令限期改正；逾期不改正的，在标准信息公共服务平台上公示。

① 例如第①种情况下，当只有强制性国家标准时，企业应按照强制性国家标准执行；当强制性国家标准与推荐性国家标准同时存在时，企业可以执行强制性国家标准，也可以执行推荐性国家标准；当强制性国家标准、推荐性国家标准、企业标准同时存在时，企业可以选择其中的任何一项执行。

结合上述规定来看，强制性国家标准具有强制性，若生产、销售、进口产品或者提供服务不符合强制性国家标准，企业需承担因此造成的民事、行政、刑事责任。企业应当公开其所执行的标准，且必须遵守其公开的标准，无论该标准是否为强制性标准，若企业违反了除强制性标准之外的其公开的标准，须为不实标注承担民事责任，但生产者在无国家强制性标准时可就多个推荐性标准择一使用，在不影响食品安全且不对消费者造成误导时，生产者、经营者就食品的瑕疵标注不承担赔偿责任①。因此，强制性国家标准的适用是毋庸置疑的，这是产品或服务的最低标准，并且不符合强制性国家标准可能会产生行政责任、刑事责任。对于企业公开的其他标准，因其不具有强制性，因此不适用这些标准不会产生行政或刑事责任，但是对企业来说，公开即表明企业承诺遵守这些标准，若没有遵守这些标准，就产生了一种不实标注的“侵权责任”——侵犯了消费者的知情权，并且若不实标注影响食品安全的，企业还侵犯了消费者的生命健康权，因此需要承担民事责任。企业应按照其公开的标准执行，若执行的是自行制定的企业标准，还应当公开产品、服务的功能指标和产品的性能指标。当没有国家强制性标准、国家推荐性标准、行业标准和地方标准时，企业就必须将其生产、销售、进口产品或者提供服务的企业内部标准进行公开，并接受标准化行政主管部门及其他有关行政主管部门的监督。

（二）食品安全领域涉及的标准制定及其适用问题

1. 食品安全标准是强制执行的标准

《食品安全法》第 25 条规定：“食品安全标准是强制执行的标准。除食品安全标准外，不得制定其他食品强制性标准。”第 29 条规定：“对地方特色食品，没有食品安全国家标准的，省、自治区、直辖市人民政府卫生行政部门可以制定并公布食品安全地方标准，报国务院卫生行政部门备案。食品安全国家标准制定后，该地方标准即行废止。”第 30 条规定：“国家鼓励食品生产企业制定严于食品安全国家标准或者地方标准的企业

---

① 重庆法院网宣传处．重庆高院发布标签瑕疵赔偿责任纠纷十大典型案件．重庆法院网，2016－03－16. http：//cqfy. chinacourt. org/article/detail/2016/03/id/1822615. shtml.

标准，在本企业适用，并报省、自治区、直辖市人民政府卫生行政部门备案。”《标准化法》第10条规定：“对保障人身健康和生命财产安全、国家安全、生态环境安全以及满足经济社会管理基本需要的技术要求，应当制定强制性国家标准。”《标准化法实施条例》第18条规定：“药品标准，食品卫生标准，兽药标准属于强制性标准。”根据上述法条的表述，食品安全标准均为强制执行的标准。食品安全关乎人身健康和生命安全，因此食品安全领域的全国性标准都应该为强制执行的标准。而对地方特色食品，在没有食品安全国家标准的前提下才允许制定地方标准，一旦食品安全国家标准制定了，该地方标准即自动废止。因此，针对同一项内容，若存在有效的国家标准，则不会存在有效的地方标准。对于食品安全标准来说，最理想的状态是食品安全标准均为强制性国家标准，这样在适用时就不会出现混乱和异议。但是，由于食品种类繁多，并且不断有新的食品、食品原料、食品添加剂的出现，同时标准不能涵盖食品安全的所有方面，且标准的制定需要经历一定过程，因此在实践中，必然会存在推荐性国家标准、行业标准、地方标准等。例如在覃某东与某超市产品责任纠纷案中①涉讼产品系红枣类干果制品，当时我国对于此类产品无国家强制标准和行业标准，只有国家推荐性标准；在延安银海百货有限公司与李某买卖合同纠纷一案中②，生

① 【法宝引证码】CLI. C. 8077325，〔2015〕渝一中法民终字第03750号覃某东与重庆永辉超市有限公司产品销售者责任纠纷上诉案民事判决书，该案也被重庆高级人民法院列为标签瑕疵赔偿责任纠纷十大典型案件，具有较大指导意义。在该案中，重庆市第一中级人民法院认为，涉讼产品系红枣类干果制品，目前我国对于此类产品无国家强制标准和行业标准，只有国家推荐性标准。按照我国标准化法之规定，强制性标准必须执行。推荐性标准，国家鼓励企业自愿采用。另外，该法还规定在没有国家标准和行业标准的情况下，企业应当制定企业标准作为组织生产的依据。涉讼红枣的生产厂家刀郎公司在成立和生产之时未制定企业标准，当时仅有干制红枣国家推荐性标准GB/T 5835—2009，此后，国家于2010年发布了免洗红枣国家推荐性标准GB/T 26150—2010，上述两个标准均是国家关于红枣的推荐性标准，而非强制标准，生产厂家可以选择适用。刀郎公司选择适用干制红枣GB/T 5835—2009符合法律规定。

② 【法宝引证码】CLI. C. 11258805，〔2018〕陕06民终308号延安银海百货有限公司与李某买卖合同纠纷二审民事判决书，陕西省延安市中级人民法院认为，被上诉人李某购买的上诉人销售的欣健源枣业有限公司生产的欣健源牌中华狗头枣，产品包装标注“精品免洗狗头枣”，食用方法为“开袋即食”，故应当适用免洗红枣的标准即GB/T 26150—2010，但该公司生产的红枣适用的标准为干制红枣的标准即GB/T 5835—2009，且没有提供该公司的生产工艺和流程，无法证实是否经过挑选、清洗、干燥、杀菌、包装等工艺制成的无杂质可以食用的干枣，无法证明是否达到“开袋即食”及“免洗红枣”的要求，属于违反食品安全标准的行为。

产者本应按照国家推荐性标准 GB/T 26150—2010《免洗红枣》执行，但标注执行的却是国家推荐性标准 GB/T 5835—2009《干制红枣》，因此法院认为这属于违反食品安全标准的行为。

2. 食品安全领域标准的制定

《食品安全法》第 27 条规定："食品安全国家标准由国务院卫生行政部门会同国务院食品药品监督管理部门制定、公布，国务院标准化行政部门提供国家标准编号。食品中农药残留、兽药残留的限量规定及其检验方法与规程由国务院卫生行政部门、国务院农业行政部门会同国务院食品药品监督管理部门制定。屠宰畜、禽的检验规程由国务院农业行政部门会同国务院卫生行政部门制定。"第 28 条规定："制定食品安全国家标准，应当依据食品安全风险评估结果并充分考虑食用农产品安全风险评估结果，参照相关的国际标准和国际食品安全风险评估结果，并将食品安全国家标准草案向社会公布，广泛听取食品生产经营者、消费者、有关部门等方面的意见。食品安全国家标准应当经国务院卫生行政部门组织的食品安全国家标准审评委员会审查通过。食品安全国家标准审评委员会由医学、农业、食品、营养、生物、环境等方面的专家以及国务院有关部门、食品行业协会、消费者协会的代表组成，对食品安全国家标准草案的科学性和实用性等进行审查。"第 29 条规定："对地方特色食品，没有食品安全国家标准的，省、自治区、直辖市人民政府卫生行政部门可以制定并公布食品安全地方标准，报国务院卫生行政部门备案。食品安全国家标准制定后，该地方标准即行废止。"第 30 条规定："国家鼓励食品生产企业制定严于食品安全国家标准或者地方标准的企业标准，在本企业适用，并报省、自治区、直辖市人民政府卫生行政部门备案。"《食品安全法实施条例》第 15 条规定："国务院卫生行政部门会同国务院农业行政、质量监督、工商行政管理和国家食品药品监督管理以及国务院商务、工业和信息化等部门制定食品安全国家标准规划及其实施计划。制定食品安全国家标准规划及其实施计划，应当公开征求意见。"第 16 条规定："国务院卫生行政部门应当选择具备相应技术能力的单位起草食品安全国家标准草案。提倡由研究机构、教育机构、学术团体、行业协会等单位，共同起草食品安全国家标准草案。国务院卫生行政部门应当将食品安全国家标准草案向社会公布，公开征求意见。”第 17 条规定：“食品安全法第 23 条规定的食品安全国家标准审评委员会由国务院卫生行政部门负责组织。食品安全国家标准审评委员会负责审查食品安全国家标准草案的科学性和实用性等内容。”第 18 条规定：“省、自治区、直辖市人民政府卫生行政部门应当将企业依照食品安全法第 25 条规定报送备案的企业标准，向同级农业行政、质量监督、工商行政管理、食品药品监督管理、商务、工业和信息化等部门通报。”《标准化法》第 10 条规定：“对保障人身健康和生命财产安全、国家安全、生态环境安全以及满足经济社会管理基本需要的技术要求，应当制定强制性国家标准。国务院有关行政主管部门依据职责负责强制性国家标准的项目提出、组织起草、征求意见和技术审查。国务院标准化行政主管部门负责强制性国家标准的立项、编号和对外通报。国务院标准化行政主管部门应当对拟制定的强制性国家标准是否符合前款规定进行立项审查，对符合前款规定的予以立项。省、自治区、直辖市人民政府标准化行政主管部门可以向国务院标准化行政主管部门提出强制性国家标准的立项建议，由国务院标准化行政主管部门会同国务院有关行政主管部门决定。社会团体、企业事业组织以及公民可以向国务院标准化行政主管部门提出强制性国家标准的立项建议，国务院标准化行政主管部门认为需要立项的，会同国务院有关行政主管部门决定。强制性国家标准由国务院批准发布或者授权批准发布。法律、行政法规和国务院决定对强制性标准的制定另有规定的，从其规定。”《标准化法实施条例》第 12 条规定：“国家标准由国务院标准化行政主管部门编制计划，组织草拟，统一审批、编号、发布。工程建设、药品、食品卫生、兽药、环境保护的国家标准，分别由国务院工程建设主管部门、卫生主管部门、农业主管部门、环境保护主管部门组织草拟、审批；其编号、发布办法由国务院标准化行政主管部门会同国务院有关行政主管部门制定。法律对国家标准的制定另有规定的，依照法律的规定执行。”第 21 条规定：“国家标准、行业标准和地方标准的代号、编号办法，由国务院标准化行政主管部门统一规定。企业标准的代号、编号办法，由国务院标准化行政主管部门会同国务院有关行政主管部门规定。”第 22 条：“标准的出版、发行办法，由制定标准的部门规定。”

根据上述法条的表述，食品安全国家标准由国务院卫生行政部门会同国务院食品药品监督管理部门制定、公布；国务院卫生行政部门负责强制性国家标准的项目提出、组织起草、征求意见并组织食品安全国家标准审评委员会作技术审查。国务院标准化行政部门应当对拟制定的强制性国家标准进行立项审查，对符合规定的予以立项，并提供国家标准编号。食品安全地方标准由省、自治区、直辖市人民政府卫生行政部门制定并公布，报国务院卫生行政部门备案，代号、编号办法，由国务院标准化行政主管部门统一规定。企业标准由食品生产企业制定，在本企业适用，并报省、自治区、直辖市人民政府卫生行政部门备案，代号、编号办法，由国务院标准化行政主管部门会同国务院有关行政主管部门规定。

3. 标准的效力及适用问题

根据《食品安全法》第 25 条规定，食品安全标准是强制执行的标准。《食品安全法》第 29 条的规定：“对地方特色食品，没有食品安全国家标准的，省、自治区、直辖市人民政府卫生行政部门可以制定并公布食品安全地方标准，报国务院卫生行政部门备案。食品安全国家标准制定后，该地方标准即行废止。”最高人民法院《关于审理食品药品纠纷案件适用法律若干问题的规定》第 6 条规定：“食品的生产者与销售者应当对于食品符合质量标准承担举证责任。认定食品是否合格，应当以国家标准为依据；没有国家标准的，应当以地方标准为依据；没有国家标准、地方标准的，应当以企业标准为依据。食品的生产者采用的标准高于国家标准、地方标准的，应当以企业标准为依据。没有前述标准的，应当以食品安全法的相关规定为依据。”从食品安全领域没有涉及行业标准。根据《标准化法》第 10 条规定：“对保障人身健康和生命财产安全、国家安全、生态环境安全以及满足经济社会管理基本需要的技术要求，应当制定强制性国家标准。”《标准化法实施条例》第 18 条的规定：“国家标准、行业标准分为强制性标准和推荐性标准。下列标准属于强制性标准：（一）药品标准，食品卫生标准，兽药标准。”从理论上来说，与食品安全相关的标准都应为强制性国家标准，除了关于地方特色食品的标准，因为并非在全国范围内有普遍意义，因此才特别制定地方标准。

《食品安全法》第25条规定“食品安全标准是强制执行的标准”。法律中的表述是“强制执行的标准”而非“强制性标准”。因此只要是属于食品安全标准的，都应该强制执行。结合本案审理的情况，二审法院认为，在GB/T 23968—2009实施后，SB/T 10281—2007应该自行废止，因此在GB/T 23968—2009与SB/T 10281—2007之间，应该使用GB/T 23968—2009。但是，其中有个问题就是关于标准对应的对象是否重合。在本案中，根据SB/T 10281—2007的规定，肉松包括三个品种，肉松、油酥肉松、肉粉松。但在GB/T 23968—2009中，没有将肉松粉列入肉松中，且GB/T 23968—2009上并未注明代替SB/T 10281—2007。那么，应该理解为肉松不再包含肉松粉，还是应理解为肉松粉的标准适用SB/T 10281—2007，而肉松、油酥肉松适用GB/T 23968—2009呢？首先，GB/T 23968—2009的全称是“GB/T 23968—2009肉松”，SB/T 10281—2007的全称是“SB/T 10281—2007肉松”，从名称来看，两个标准应该指向的是同一个食品“肉松”，因此我们认为，两者之间符合法律中“相应的”的要求，即两个标准针对的对象应该是重合的。其次，GB/T 23968—2009未注明代替SB/T 10281—2007是否即是指SB/T 10281—2007依旧有效。我们认为，SB/T 10281—2007已经失效，因为根据《标准化法实施条例》的规定，SB/T 10281—2007应该自行废止，并不一定要通过GB/T 23968—2009进行注明，或者制定部门进行公告废止，说明与公告只是起到一个提醒的作用，而SB/T 10281—2007应自GB/T 23968—2009实施之日起自行废止。最后，关于“肉松粉”的标准。如前所述，GB/T 23968—2009中没有对“肉松粉”进行规定，SB/T 10281—2007又已自行废止，那么对于“肉松粉”应该适用何种标准。我们认为，在本案中肉松粉仍然可以适用GB 2726—2005（现已废止，被GB 2726—2016替代），因为在该强制性国家标准中对肉松粉进行了规定。

（执笔：胡葳，阮超）

案例3-5　吴某与勐海吉普堂茶业有限公司昆明分公司等产品责任纠纷案①

一、案件概要

本案因吴某与勐海吉普堂茶业有限公司昆明分公司等产品责任纠纷一案，由浙江省杭州市中级人民法院于2017年7月17日作出〔2017〕浙01民终3010号民事判决书，审判长余江中。本案上诉人（原审原告）为吴某，被上诉人（原审被告）为勐海吉普堂茶业有限公司昆明分公司（以下简称吉普堂昆明分公司）、勐海吉普堂茶业有限公司（以下简称吉普堂公司）、勐海众益茶厂有限公司（以下简称众益公司）。本案涉及上诉人（原审原告）吴某向吉普堂昆明分公司开设的淘宝店铺购买8件“正宗柑普茶新会陈皮云南特级熟茶新小青柑普洱茶吉普号普洱茶”，认为涉案产品属于以茶叶为原料配以可食用的陈皮制成的调味茶，众益公司只有茶叶生产许可证而不具有调味茶的生产许可证，属于无证生产；涉案产品未适用正确的执行标准，导致产品质量不符合正确执行标准；涉案产品食品标签与食品或其包装物分离，误导消费者，因此认为涉案产品不符合食品安全标准，并且对消费者身体健康和生命安全造成威胁，严重影响食品安全。据此，依据《食品安全法》《食品生产许可管理办法》《食品安全国家标准　预包装食品标签通则》的规定，要求吉普堂昆明分公司退回货款；吉普堂昆明分公司、吉普堂公司、众益公司十倍赔偿；淘宝公司对上述二项诉讼请求承担连带责任。吉普堂昆明分公司、吉普堂公司、众益公

① 案件来源：【法宝引证码】CLI. C. 9971406.

司经原审法院合法传唤未到庭，一审法院缺席判决驳回原告吴某的诉讼请求。上诉人（原审原告）以一审判决认定事实错误、适用法律错误为由提起上诉。二审法院以一审判决认定事实清楚，但实体处理有误为由对一审判决予以改判。

本案主要涉及以下法律规范。

（1）《食品安全法》第26条、第28条。

（2）《食品生产许可管理办法》第32条、第38条、第54条。

（3）最高人民法院《关于审理食品药品纠纷案件适用法律若干问题的规定》第6条。

二、思考问题

（1）不安全食品与不合格食品。

（2）食品生产许可证、食品安全企业标准是否适用食品类别变化的情形。

（3）无食品生产许可证生产销售食品的行政责任与民事责任问题。

三、案件正文

（一）案件当事人及其主张

上诉人（原审原告）吴某的上诉要点和请求：撤销原判，支持上诉人在原审中对三被上诉人的全部请求；三被上诉人承担本案一、二审诉讼费用。

被上诉人（原审被告）吉普堂昆明分公司、吉普堂公司、众益公司的答辩要点和请求：涉案产品符合食品安全标准，请求二审法院查明事实，依法判决。

（二）法庭查明的事实

一审法院查明吴某系淘宝账户为“cafe1107”的注册人。2016年10月19日，吴某使用淘宝账户“cafe1107”向吉普堂昆明分公司开设的淘宝店铺购买8件“正宗柑普茶新会陈皮云南特级熟茶新小青柑普洱茶吉普号普洱茶”，付款2 288元，形成订单编号为：25769916×××634。吉普堂昆明分公司通过顺丰快递（单号为923706572716）向吴某寄送货物。涉案产品页面宣传好普洱与陈皮之间的碰撞，果香润甜、味醉醇滑，好茶碰上好柑，两者相互融合，碰撞出醇和、香浓的口感。恰到好处的选料令普洱与大红柑的结合得更加饱满协调，碰撞出清甜、醇和、高香的口感。

二审法院经审理查明的事实与原审判决认定的事实一致。

（三）诉辩理由和依据

1. 上诉人的上诉理由和依据

（1）原判对上诉人提供的六组证据均予以确认，仍作出与上述证据自相矛盾的事实认定。

① 原判未认定涉案产品不符合食品安全标准，实属事实认定错误。调味茶应当依据备案有效的企业标准进行生产，被上诉人众益公司错误地依据其宣传标榜的《普洱茶》（GB/T 22111）食品安全国家标准生产调味茶，导致涉案产品同时不符合普洱茶与调味茶的食品安全标准。食品安全标准是企业生产食品的依据，每一个食品安全标准都包含了《食品安全法》第26条所表述的内容，只有企业严格按照食品安全标准进行生产，才可保证食品的安全性。依照《食品安全企业标准备案办法》第2条，企业标准必须备案才可以使用。涉案产品调味茶现没有相关的国家标准或者地方标准，根据《含茶制品和代用茶生产许可审查细则》第4条，且普洱茶与调味茶是完全不同的两种食品，用适合普洱茶的食品安全标准生产调味茶显然是错误的，涉案产品应当适用备案有效的调味茶企业标准来进行生产。普洱茶的食品安全标准第6.6.1.1条关于品质的基本要求为“洁净、不含非茶类夹杂物”，依据该标准8.4条，涉案产品掺杂有新会陈皮，不符合普洱茶对于品质的要求，依据普洱茶的执行标准判定涉案产品是不合格的产品，众益公司也不可能依据普洱茶的标准生产出合格的调味茶。原判对于涉案产品是否适用了正确的执行标准，以及产品质量是否符合其执行标准的事实予以回避，对于被上诉人没有法定企业标准，也不可能依据备案有效的企业标准进行生产食品的事实也没有作出认定。众益公司让不合格产品出厂进入流通领域的行为不符合《食品安全国家标准　食品生

产通用卫生规范》（GB 14881—2013），并违反了《食品安全法》的强制性规定。根据最高人民法院《关于审理食品药品纠纷案件适用法律若干问题的规定》第 6 条，涉案调味茶依据普洱茶的国家标准检验是不合格产品。根据《食品安全国家标准　食品生产通用卫生规范》（GB 14881—2013）第 9 条、《食品安全法》第 52 条，众益公司应当对调味茶进行出厂检验，检验合格才可出厂或销售。众益公司将未经检验合格的产品出厂销售，原判未对该事实予以认定。涉案产品的标签与产品分离，不符合《食品安全国家标准　预包装食品标签通则》（GB 7718—2011）第 3.7 条的强制性条款。原判对于强制性规范中的强制性条款视而不见，将违反《食品安全国家标准　预包装食品标签通则》的行为称为瑕疵，歪曲事实。涉案产品没有法定必须备案的企业标准，也不可能按照法定的食品安全标准生产。

② 原判对众益公司在未获得涉案产品生产许可的情况下进行生产，属于无证生产，违反法律强制性规定，可以认定涉案产品为不符合食品安全标准的食品，并且对消费者身体健康和生命安全造成威胁，严重影响食品安全的客观事实进行认定，实属事实认定错误。依据《食品安全法》第 35 条强制性规定，从事食品生产的企业应当依法取得食品生产许可。众益公司获得的是茶叶（黑茶）的生产许可，生产的却是调味茶。众益公司未经行政许可擅自生产调味茶并投入流通领域，涉案产品不符合食品安全标准。根据《食品安全法》第 33 条、《食品安全法实施条例》第 20 条、《食品生产许可管理办法》第 5 条、《食品生产许可审查通则》第 3 条以及《食品生产许可分类目录》，原判已明确众益公司不具有调味茶的生产许可，却表明其行为不属于无证生产。依据《食品生产许可管理办法》第 38 条，因食品类别变化提出变更，食品生产许可证号不变，但正本的食品类别、副本的产品明细、发证日期发生改变，前后两张食品生产许可证已完全不同。众益公司生产调味茶，未获得上述食品生产许可，擅自生产，属于无证生产行为。

③ 原审无视生产企业在申请变更实质是对变更内容重新申请食品生产许可，认定不需要申请，属事实认定错误。根据 2010 年版的《食品生

产许可管理办法》，众益公司的行为属于无证生产，适用《食品安全法》第122条处罚。按原判逻辑，无证生产只需要责令改正，或者最高罚款一万元，曲解《食品生产许可管理办法》、违背《食品安全法》。原判对《食品生产许可管理办法》第54条理解偏差，该条处罚的是未及时变更的行为，不以实际投入生产为生效要件。在发生变更情形未及时变更的同时，又将违法制作出来的食品投入流通领域，应当适用第50条，即按《食品安全法》第122条进行处罚。按原判逻辑，只要有生产许可证，就可随意生产所有品种的食品，惩罚仅仅是责令改正和最高罚款一万元，那么对食品安全的监管将起不到作用。原判将如何进行行政处罚作为判断食品是否符合食品安全标准的依据，将违法行为辩白成合法行为。国家现行的SC证采取一企一证原则，根据《食品生产许可管理办法》第37条、第38条，申请食品生产许可证许可事项的变更，实质是对变更内容重新申请食品生产许可，但原审错误认定不需要申请。

④ 原审未认定涉案产品存在严重食品安全隐患、可能危害公众健康和生命安全的事实。食品安全应包含实质安全与形式安全，涉案产品均未做到。

⑤ 众益公司现对涉案产品贴牌销售。

（2）原判适用法律错误，判决显失公正。

① 原判将不符合食品安全标准的产品认定为符合食品安全标准的产品，将无证生产认定为有证生产。涉案产品是在无证生产、没有法定食品安全标准情况下生产出来的不合格食品，可能对人体造成健康威胁，上诉人作为消费者可依据《食品安全法》第148条主张产品购买金额十倍的惩罚性赔偿、要求销售者退回相应货款。原判以与本案无关的《食品生产许可管理办法》第32条、第38条、第54条为依据，以涉案产品不构成无证生产为由，错误将“未取得食品生产许可”与“无证”混淆等同、将涉案产品认定为符合食品安全标准，且错误认定标签仅为瑕疵。

② 依据《消费者权益保护法》第48条，原判拒绝判决向上诉人退回货款，显属不当。

③ 国家严格制定相关法律法规规范食品安全问题。涉案产品的生产

者、经营者，在上诉人向其反映问题后，并未及时纠正，反而推卸责任、未出席一审庭审，也未召回产品。

2. 被上诉人的辩称理由和依据

上诉人的所有上诉理由和之前的起诉理由归结为一个问题，即凡是生产形式有瑕疵的食品均为不符合食品安全标准的食品，无证生产的食品、超越许可范围、包装瑕疵等就推定为不符合食品安全标准的食品。需要说清楚《食品安全法》[①] 第 96 条对不符合食品安全标准的食品是适用实质性标准还是形式性标准问题。实质性标准是指所诉争的食品具有该法第 28 条所规定的情形，食品本身已经具有造成人身和财产的实质性损害或者即将造成实质性损害。形式性标准是指除了食品具有该法第 28 条所规定的情形外，无证生产、超范围生产、标签瑕疵、包装瑕疵等这些具有形式瑕疵的食品均推定为不符合食品安全的食品。首先根据第 96 条第一款规定，适用第 96 条是要造成实质性伤害，即食品存在实质上不符合安全标准的情形，已经造成或可能造成实质性的损伤。民事责任是根据民法的规定，公民或法人在违反自己的民事义务或侵犯他人的民事权利时所应承担的法律后果。承担民事责任的形式，在财产关系方面，恢复被违法行为所破坏的财产权利；在人身方面，除恢复人身权利外，还必须赔偿因此而受到的财产损失。对于违反本法规定，造成人身、财产或者其他损害的，除了适用本条规定外，还要依据《中华人民共和国民法通则》（以下简称《民法通则》）《产品质量法》《消费者权益保护法》等法律承担民事责任。违反本法规定，应当承担赔偿责任的行为，主要有：食品生产经营者违法生产经营，给消费者造成人身、财产损害的。食品生产经营者所承担的赔偿责任的范围包括：造成受害人人身伤害的，食品生产经营者应当赔偿医疗费、治疗期间的护理费、因误工减少的收入等费用；造成残疾的，还应当支付残疾者生活自助费、生活补助费、残疾赔偿金以及由其扶养的人所必需的生活费等费用；造成受害人死亡的，并应当支付丧葬费、死亡赔偿金以及由死者生前扶养的人所必需的生活费等费用。造成受害人财产损失的，食品生产经营者应当赔偿其财产损失。据此适用第 96 条必须是食品

① 此处《食品安全法》的条文是指 2015 年修订前的条文。

本身已经存在不符合安全标准的情形而不是用其他形式性要件推定食品不符合安全标准。其次，根据最高人民法院《关于食品药品纠纷司法解释的理解与适用》[①] 第207页对食品安全的定义“我国法律意义上的食品安全，是指食品无毒、无害，符合应当有的营养要求，对人体健康不造成任何急性、亚急性或者慢性危害”，故不符合食品安全的食品必须是有毒、有害，不符合营养要求并且对人体健康造成急性、亚急性或者慢性危害。最后，不安全食品肯定是不合格食品，反之，不合格食品不一定都是不安全食品。比如，食品不符合食品标签标明的食品成分，这只能认定为不合格食品，其法律后果是不应受到制售不安全食品的处罚。原审判决依法有据，超范围生产、无证生产、标签瑕疵并不必然认定其产品系不符合安全标准的食品。食品生产许可证制度是行政方面的管理制度，与侵权民事制度有联系也有区别，无证生产、超范围生产一定会带来行政管理的法律后果，但并不必然带来侵权民事责任。购买无证生产的食品，并不必然带来对消费者权益的损害，如上海阿大葱油饼开始时属于无证经营，但消费者并没有因此受损，还享受到了独一无二的商品服务。有证、无证与符合、不符合食品安全标准不能画等号，应具体情况具体分析。苏丹红事件、毒奶粉事件也是证件齐全的。

（四）本案的争议焦点及审理意见

1. 一审法院

一审法院认为本案主要争议焦点是众益公司是否构成无证生产；标签瑕疵是否影响食品安全。

（1）食品生产经营者应当依照法律、法规和食品安全标准从事生产经营活动，对社会和公众负责，保证食品安全，接受社会监督，承担社会责任。根据《食品安全法》第35条规定，国家对食品生产经营实行许可制度，从事食品生产、食品销售、餐饮服务，应当依法取得许可。涉案产品食品生产许可证所注编号为QS532814010055，获证企业名称为众益公司，

---

① 最高人民法院民事审判第一庭：《关于食品药品纠纷司法解释的理解与适用》，人民法院出版社2015年版。

产品名称：茶叶（黑茶、紧压茶），吉普堂昆明分公司销售的涉案产品信息卡上表明产品名称为陈皮普洱茶，涉案产品为果茶，果皮与茶同时冲泡饮用，涉案产品配料为勐海特级大树茶和新会陈皮，因此涉案产品属于以茶叶为原料配以可食用的陈皮制成的调味茶，应当取得产品名称为含茶制品的食品生产许可证。涉案产品虽然取得的是茶叶而不是含茶制品的食品生产许可证，但根据《食品生产许可管理办法》第 32 条、第 38 条、第 54 条规定，食品类别及食品类别内的事项发生变化属于需要向食品药品监督管理部门申请变更食品生产许可证载明的许可事项，准予变更后的食品生产许可证编号不变，无须重新申请食品生产许可，未按规定申请变更的，由食品药品监督管理部门责令改正或者罚款，因此众益公司未申请变更并获准许可情况下生产涉案产品应属被责令改正的事项，不构成无证生产。

（2）吴某主张的食品标签与食品或其包装物分离的问题，属标签瑕疵，不影响食品安全，吴某也未举证证明涉案产品存在其他影响食品安全的情形，故涉案产品不属于不符合食品安全标准的食品。

淘宝公司作为网络商品交易平台，在卖家开设店铺时已尽到必要的审查注意义务。因此，吴某的诉讼请求依据不足，原审法院不予支持。淘宝公司辩称不承担连带责任，原审法院予以采信。吉普堂昆明分公司、吉普堂公司、众益公司经原审法院合法传唤未到庭，不影响本案的审理。据此，原审法院依照《食品安全法》第 4 条、第 35 条，《民事诉讼法》第 64 条第一款、第 144 条，《最高人民法院关于民事诉讼证据的若干规定》第 2 条之规定，判决：驳回吴某的诉讼请求。一审案件受理费 429 元，减半收取 215 元，由吴某负担，于判决生效后七日内交纳至原审法院。

2. 二审法院

二审法院认为本案的争议焦点是众益公司的情形属于需提出食品生产许可证变更申请的情形还是无证生产的情形；涉案产品是否符合食品安全标准。

（1）我国实行食品生产许可制度，食品生产经营者应当依据法律、法规和食品安全标准从事相关生产经营活动。案涉产品包装盒外部显示为“吉普号陈皮普洱”，产品信息卡上显示产品名称为“陈皮普洱熟茶”，配料为“勐海特级大树茶+新会陈皮”，结合其载明的冲泡建议，案涉产品属于茶叶配以陈皮制成的调味茶，故其生产经营活动应取得相应的调味茶食品生产许可证。但案涉产品现有的编号为“QS532814010055”生产许可证上，产品名称为“茶叶（黑茶、紧压茶）”，系茶叶的食品生产许可证，显然案涉产品的类别与其已取得的食品生产许可证上载有的产品类别不一致，属于超出食品生产许可证许可事项范围的产品，依据《食品生产许可管理办法》，符合应向原发证的食品药品监督管理部门提出变更申请的情形。

（2）案涉产品信息卡上标注的生产厂家勐海县众益茶厂于2015年12月3日即案涉产品生产日期2015年12月6日前已经注销，且三被上诉人在本案一、二审诉讼期间均未出庭参加一审庭审与二审法庭调查、消极应诉，也并未就本案所涉及的相关生产许可证、生产厂家等关键性问题以及其答辩状中的主张提供有力的证据支撑与合理性解释，因此本院依据本案一审的相关证据材料，有理由认定在没有符合产品实际情况的生产许可证以及标明的生产厂家已经注销的情况下，案涉产品不符合食品安全标准，故对上诉人主张的吉普堂昆明分公司退还其货款2 288元，吉普堂昆明分公司、吉普堂公司、众益公司十倍赔偿22 880元，本院予以支持。原审被告淘宝公司作为网络中介平台，已经履行了相应职责，不存在过错，且鉴于二审法庭调查中，上诉人已明确表示撤回对原审被告淘宝公司的相应主张，不违反相关法律规定，故本院予以确认。

（五）二审法院的终审判决

撤销杭州市余杭区人民法院〔2016〕浙0110民初17263号民事判决；被上诉人勐海吉普堂茶业有限公司昆明分公司于本判决生效之日起十日内退还上诉人吴某货款2 288元；三个被上诉人勐海吉普堂茶业有限公司昆明分公司、勐海吉普堂茶业有限公司、勐海众益茶厂有限公司于本判决生效之日起十日内支付上诉人吴某十倍赔偿金22 880元。如果未按本判决指定的期间履行给付金钱义务，应当依照《民事诉讼法》第253条规定，加倍支付迟延履行期间的债务利息。

四、问题解答

（一）不安全食品与不合格食品

“安全”的含义，在《新华汉语词典》中解释为“无危险；没有威胁；不出事故”。全国人大常委会法制工作委员会编的《食品安全法释义》中对食品安全的概念解释为：“食品安全”是1974年由联合国粮农组织提出的概念，从广义上讲主要包括三个方面的内容：一是从数量角度，要求国家能够提供给公众足够的食物，满足社会稳定的基本需要；二是从卫生安全角度，要求食品对人体健康不造成任何危害，并获取充足的营养；三是从发展角度，要求食品的获得要注重生态环境的良好保护和资源利用的可持续性。从食品安全的类型上讲，既是指食品量上的安全——保障供给，又是指食品质上的安全——健康、营养，还可以从农业法和环境保护法等维护可持续意义上定义食品安全。当前食品安全立法的主要任务是解决食品卫生安全问题，我国《食品安全法》规定的“食品安全”是一个狭义概念，主要是从质的安全角度，即第150条规定的“食品安全，指食品无毒、无害，符合应当有的营养要求，对人体健康不造成任何急性、亚急性或者慢性危害”。

“合格”的含义，在《新华汉语词典》中解释为“符合标准，（例）质量~｜~产品”。在《法律文书大词典》中解释为“合乎规定的标准。形容词。常和‘证’‘确认’‘不’等词语搭配。（例）经检验属不合格产品”。

根据概念界定，不合格食品是指不符合标准的食品，而不安全食品是指危害身体健康或营养不满足人体所需的食品。但在法律法规与司法实践中，两者的概念是模糊的，并在很大程度上是重合的。毕竟从立法角度来看，在确立食品标准时是根据食品安全与否来确定的，在司法实践中，界定食品安全与否很大程度上是根据是否有食品检验合格证来界定的，除非经检验确认涉案产品不合格，否则，合格的食品即被认为是安全的食品。根据《〈关于审理食品药品纠纷案件适用法律若干问题的规定〉的理解与适用》[①] 一

① 张勇健、程新文、张进先，等，载《人民司法·应用》2014年第3期。

文作者的观点，不符合推荐性标准的食品，可以认定为不合格食品，但不能认定为不安全食品。不安全食品肯定是不合格食品，不合格食品不一定都是不安全食品。

不合格食品是指不符合标准的食品。食品是否合格应当以国家标准为依据，如果没有国家标准的，应当以地方标准为依据。但是，如果同一类食品在没有国家食品安全标准的情况下，制定了地方性食品安全标准，同一类食品的不同地方标准之间可能会存在差别，当该类食品跨省流通并发生质量纠纷时，应以哪个地方标准为准？应以食品生产者所在地的地方标准还是以食品销售地的地方标准为依据？我们认为应以食品生产者所在地的地方标准为依据认定食品是否合格。

一般而言，食品生产许可证是证明食品是否符合标准的重要依据。《食品生产许可管理办法》第 6 条第二款规定“县级以上地方食品药品监督管理部门负责本行政区域内的食品生产许可管理工作”以及第 61 条“各省、自治区、直辖市食品药品监督管理部门可以根据本行政区域实际情况，制定有关食品生产许可管理的具体实施办法”。食品生产者依据所在地的地方标准获得生产许可证，获得生产该食品的生产销售资格，因此，在判定食品是否合格时也应以食品生产者所在地的地方标准为依据，否则会导致地方颁发的许可证成为一纸空文。

以何种标准评价进口食品是否合格、是否安全？进口食品出口国的食品安全标准并不必然高于我国或者国际的食品安全标准，但在认定进口食品是否符合安全标准，应以我国的食品安全标准为依据。国际食品安全标准是指国际食品法典委员会等国际组织制定的食品安全标准（简称 CAC 标准），各个成员国在是否采纳 CAC 标准时可以采取完全采纳、目标采纳、参照采纳三种方式，这主要是因为不同国家的饮食习惯、人的体质差异以及国情等不同，因而在制定食品安全标准时在参照国际公认的标准的同时，各国会根据具体情况因地制宜。随着我国进口食品规模的扩大，如何评价进口食品的安全性问题，存在多重考量因素，如果出口国目前没有采纳 CAC 标准，或者出口国的食品安全标准低于我国的食品安全标准的，我国在进口食品时应当以我国的食品安全标准为依据，即只有达到我国食品安全标准的食品才允许进口，否则，依据技术性贸易壁垒协定[①]，我国有理由不予进口。

任何一个国家的食品安全标准都不是一成不变的。随着经济社会的发展、食品科学技术发展对食品安全风险评估产生的影响，以及自然环境、国际食品标准的变化，都有可能对现有的食品安全标准进行适当的调整，包括食品安全标准的参数和指标的调整。当食品安全标准进行调整时，会产生一定的问题从而引发争议，例如食品适用旧标准符合食品安全标准，适用新标准则不符合食品安全标准；食品出厂时符合旧食品安全标准，保质期内销售过程中不符合新食品安全标准。尽管监管部门在新旧标准转换中往往会采取一些过渡性措施，但是仍然不免会产生一些问题，面临这些特殊情形时，是否允许继续销售、下架还是应当召回，消费者能否以明知食品不符合安全标准而主张损害赔偿？有学者从食品生产经营者的责任角度，认为一般应当认定生产经营者无过错但不得继续销售，如果继续销售产生食品质量纠纷，法院应当适用惩罚性赔偿的规定处理[②]。我们认为这样的处理规则过于简单，如果新旧食品安全标准的交替是发现了新的食品安全风险，依据旧标准生产的食品已经不但不适宜消费而且还可能会给消费者带来危害，此种情形下的食品生产经营者应采取召回等积极措施消除潜在的食品安全隐患，如果采取措施不及时有效则要承担相应的行政责任和民事责任，包括民事惩罚性赔偿责任。但是，如果新旧食品安全标准的交替是因其他诸如不涉及安全风险的参数和指标的调整，如果旧标准的食品已经进入市场销售（零售）环节的，可以要求销售者告知消费者，以作为“等外品”形式继续销售而避免造成不必要的浪费，此时的“等外品”并不等同于“不安全食品”。从这个意义上讲，食品是否符合安全标准可以导致两个结果，一是不合格食品，一是不安全食品，尽管在具体执行中

---

① 技术性贸易壁垒协定（TBT 协定）是指国际贸易中商品进出口国在实施贸易进口管制时通过颁布法律、法令、条例、规定，建立技术标准、认证制度、检验制度等方式，对外国进出口产品制定过分严格的技术标准，卫生检疫标准，商品包装和标签标准，从而提高进口产品的技术要求，增加进口难度，最终达到限制进仁的目的的一种非关税壁垒措施。其主要的措施有：严格繁杂的技术法规和技术标准；复杂的合格评定程序；严格的包装、标签规则。

② 张勇健、程新文等：“《关于审理食品药品纠纷案件适用法律若干问题的规定》的理解与适用”，载《人民司法·应用》2014 年第 3 期。

区分不合格食品是否同时属于不安全食品存在技术上检验检测的特殊要求，但是在追究责任及责任承担方面，我们认为仍然有适当分别处理的必要。

在本案中，上诉人认为被上诉人众益公司依据《普洱茶》(GB/T 22111)食品安全国家标准生产调味茶，导致涉案产品同时不符合普洱茶与调味茶的食品安全标准。被上诉人（吉普堂昆明分公司、吉普堂公司、众益公司）认为上诉人的所有上诉理由和之前的起诉理由归结为一个问题，即凡是生产形式有瑕疵的食品均为不符合食品安全标准的食品，无证生产的食品、超越许可范围、包装瑕疵等都推定为不符合食品安全标准的食品。被上诉人认为，超范围生产、无证生产、标签瑕疵并不必然认定其产品系不符合安全标准的食品。这里主要涉及不符合食品安全标准的食品能否等同于不安全食品的问题。

一审法院认为众益公司未申请变更并获准许可情况下生产涉案产品应属被责令改正的事项，不构成无证生产。至于吴某主张的食品标签与食品或其包装物分离的问题，属标签瑕疵，不影响食品安全。二审法院认为在没有符合产品实际情况的生产许可证以及标明的生产厂家已经注销的情况下，案涉产品不符合食品安全标准。一审法院认定食品的标签有瑕疵，同时认为标签瑕疵虽然属于不合格食品却是安全的食品；二审法院认为无证生产的食品属于不符合食品安全标准、不合格的食品，进而认为无证生产的食品既是不合格食品又是不安全食品。而二级法院之间产生上述分歧的原因主要是法律本身对不安全食品与不合格食品概念界定有重合而引起的。我们认为，无论是从理论上还是从实践上，准确界定不合格食品与不安全食品是有积极意义的。

另外，在此还想说明一下我们关于食品生产许可证与食品安全之间的关系。食品生产许可证制度是行政方面的管理制度，与侵权民事责任制度有联系也有区别，无证生产、超范围生产一定会带来行政管理的法律后果，但并不必然带来侵权民事责任。购买无证生产的食品，并不必然带来对消费者权益的损害，如大家公知的上海阿大葱油饼开始时属于无证经营，但消费者并没有因此受损，还享受到了独一无二的商品服务。有证无证与符合不符合食品安全不能画等号，应具体情况具体分析，苏丹红事件、毒奶粉事件也是证件齐全的。基于这样的考虑，有助于我们在行政或者司法实践中较好地区别追究行政责任与民事赔偿责任之间的法律依据。

(二) 食品生产许可证、食品安全企业标准是否适用食品类别变化的情形

1. 食品生产许可证及其类别变化

食品生产许可证是工业产品许可证制度的一个组成部分，是为保证食品的质量安全，由国家主管食品生产领域质量监督工作的行政部门制定并实施的一项旨在控制食品生产加工企业生产条件的监控制度。该制度规定从事食品生产加工的公民、法人或其他组织，必须具备保证产品质量安全的基本生产条件，按规定程序获得标准的《食品生产许可证》方可从事食品生产。没有取得《食品生产许可证》的企业不得生产食品，任何企业和个人不得销售无证食品。

食品药品监督管理部门对食品生产实施分类许可。《食品生产许可管理办法》第 11 条规定："申请食品生产许可，应当按照以下食品类别提出：粮食加工品，食用油、油脂及其制品，调味品，肉制品，乳制品，饮料，方便食品，饼干，罐头，冷冻饮品，速冻食品，薯类和膨化食品，糖果制品，茶叶及相关制品，酒类，蔬菜制品，水果制品，炒货食品及坚果制品，蛋制品，可可及焙烤咖啡产品，食糖，水产制品，淀粉及淀粉制品，糕点，豆制品，蜂产品，保健食品，特殊医学用途配方食品，婴幼儿配方食品，特殊膳食食品，其他食品等。"

所谓食品类别的变化是指食品生产者依据我国法律规定的食品类别进行相应的食品生产许可申请。那么，当食品类别发生变化时，食品生产者应如何应对？根据《食品生产许可管理办法》第 32 条、第 38 条的规定，"食品生产许可证有效期内，现有工艺设备布局和工艺流程、主要生产设备设施、食品类别等事项发生变化，需要变更食品生产许可证载明的许可事项的，食品生产者应当在变化后 10 个工作日内向原发证的食品药品监督管理部门提出变更申请。生产场所迁出原发证的食品药品监督管理部门管辖范围的，应当重新申请食品生产许可。食品生产许可证副本载明的同

一食品类别内的事项、外设仓库地址发生变化的，食品生产者应当在变化后 10 个工作日内向原发证的食品药品监督管理部门报告。”“原发证的食品药品监督管理部门决定准予变更的，应当向申请人颁发新的食品生产许可证。食品生产许可证编号不变，发证日期为食品药品监督管理部门作出变更许可决定的日期，有效期与原证书一致。但是，对因迁址等原因而进行全面现场核查的，其换发的食品生产许可证有效期自发证之日起计算。对因产品有关标准、要求发生改变，国家和省级食品药品监督管理部门决定组织重新核查而换发的食品生产许可证，其发证日期以重新批准日期为准，有效期自重新发证之日起计算。”可见当食品类别发生变化时，应依据相关法律法规提出应变更申请，即生产者应当在变化后 10 个工作日内向原发证的食品药品监督管理部门提出变更申请。生产场所迁出原发证的食品药品监督管理部门管辖范围的，则应当重新申请食品生产许可。且生产者应注意的是许可证的有效期——变更的食品生产许可证编号不变，发证日期为食品药品监督管理部门作出变更许可决定的日期，有效期与原证书一致。但是，对因迁址等原因而进行全面现场核查的，其换发的食品生产许可证有效期自发证之日起计算。

2. 食品安全标准及其变化

食品安全企业标准是生产食品的企业自己制定的，作为企业组织生产的依据，在企业内部适用的食品安全标准，属于企业标准的范畴。根据《食品安全法》第 30 条规定国家鼓励食品生产企业制定严于食品安全国家标准或者地方标准的企业标准。企业标准是对企业范围内需要协调、统一的技术要求、管理要求和工作要求所制定的标准，是企业组织生产、经营活动的依据。企业在进行食品生产时，应当严格遵循已经备案的食品安全企业标准的规定，按照该标准组织生产、进行检验，保障其生产食品的安全。制定企业标准有利于企业强化内部管理，提高效率，降低成本，提高市场竞争力。本条的规定，既是保障食品安全的要求，也体现了对食品企业生产经营自主权的尊重。

食品安全企业标准实施备案制度，即食品安全企业标准应当报省级卫生行政部门备案，省级卫生行政部门收到企业食品安全标准的备案材料后即予登记。如果发现备案的企业食品安全标准违反有关法律、法规，或者低于国家强制性标准或地方标准时，省级卫生行政部门应当予以指出、纠正。

食品安全企业标准的变化，根据 2009 年《食品安全企业标准备案办法》[①] 第 15 条、第 17 条规定，企业应主动对企业标准进行复审，经复审认为需要修订企业标准的，应当在修订后重新备案。2010 年版《食品生产许可管理办法》第 9 条中规定食品生产许可申请需要提交的材料中，要求提供“企业标准”（2015 年版中不再需要）。现行食品安全法对企业标准持鼓励态度，很大程度上体现了尊重食品企业生产经营自主权，因此对于企业标准的相关备案制度的规定比较模糊。但企业标准，对内作为企业生产食品的依据，对外高于国家标准、地方标准的企业标准更是其增强竞争力的方式，对科学合理的食品安全企业标准，就企业本身来讲就有及时更改备案信息的内在动力，以增强自己产品的市场竞争力。

在本案中，上诉人认为根据《食品生产许可管理办法》第 37 条、第 38 条，申请食品生产许可证许可事项的变更，实质是对变更内容重新申请食品生产许可。一审法院认为根据《食品生产许可管理办法》第 32 条、第 38 条、第 54 条规定，食品类别及食品类别内的事项发生变化属于需要向食品药品监督管理部门申请变更食品生产许可证载明的许可事项，准予变更后的食品生产许可证编号不变，无须重新申请食品生产许可，未按规定申请变更的，由食品药品监督管理部门责令改正或者罚款。

二审法院认为案涉产品属于茶叶配以陈皮制成的调味茶，故其生产经营活动应取得相应的调味茶食品生产许可证。但案涉产品所使用的生产许可证，编号为“QS532814010055”，产品名称为“茶叶（黑茶、紧压茶）”，系茶叶的食品生产许可证，显然案涉产品的类别与其已取得的食品生产许可证上载有的产品类别不一致，属于超出食品生产许可证许可事项范围的产品，依据《食品生产许可管理办法》，符合应向原发证的食品

---

① 2016 年 11 月 4 日，原国家卫生计生委发布《国家卫生计生委关于宣布失效第二批委文件的决定》（国卫办发〔2016〕59 号），将原卫生部发布的《食品安全企业标准备案办法》（卫政法发〔2009〕54 号）宣布失效。之后国家并没有发布新的食品安全企业标准备案的有关规范性文件。但办法失效之后北京、福建、新疆、河南、重庆、河北、黑龙江、宁夏八省市相继发布或修订了本地的食品安全企业标准备案管理文件。

药品监督管理部门提出变更申请的情形。

本案二级法院之间产生分歧的原因是对《食品生产许可管理办法》第32条产生不同的理解与适用。当食品类别发生改变时，食品生产者应变更申请。但是，如果企业没有变更申请，是否属于无证生产？一审法院持否定态度，而二审法院则持肯定态度。我们认为二审法院的判定是正确的。从立法的目的来看，为了食品安全，不同类别的食品需要不同的产品许可证。食品生产许可证制度是为保证食品的质量安全，由国家主管食品生产领域质量监督工作的行政部门制定并实施的一项旨在控制食品生产加工企业生产条件，保障食品安全的监控制度。《食品生产许可管理办法》第5条也要求食品药品监督管理部门按照食品的风险程度对食品生产实施分类许可。而不同类别的食品需要不同的产品许可证的原因则是不同的食品，其生产条件、工艺要求、风险程度及食品标准等也不同。根据《食品生产许可管理办法》第12条规定，生产者想要申请到相应的食品生产许可证需满足以下条件：（1）与所生产的食品“相适应”的生产场所；（2）“相适应”的生产设备或者设施；（3）相对应的“专职或者兼职的”食品安全管理人员和保证食品安全的规章制度；（4）具有合理的设备布局和工艺流程。因此，在本案中被上诉人众益公司所申请的生产许可证上的产品类别是茶叶（黑茶），这只能证明其具备生产茶叶相适应的设备设施、生产场所，对应的安全管理人员与制度以及符合生产茶叶的合理的设备布局和工艺流程。但众益公司实际生产的却是其他类别的食品调味茶，那么其所申请的茶叶生产许可证并不能证明其具备相应的生产调味茶的条件。所以，众益公司如果不变更申请，属于生产超出食品生产许可证许可事项范围的产品，在不具备生产调味茶的条件的情况下生产调味茶，其食品安全无法保证，应属于无证生产。

（三）无食品生产许可证生产销售食品的行政责任与民事责任问题

行政责任一般是指不履行行政法律规范所规定的义务，包括作为与不作为所必须承担的法律后果，以及破坏、损害合法的行政法律关系，即行政违法所引起的责任。行政违法是产生行政责任的前提，行政责任是行政违法的结果。承担行政责任的主体，包括行政法律关系的双方当事人。由于行政机关是通过工作人员进行活动的，行政工作人员在执行职务时的违法行为，如果是出于工作人员的故意或重大过失，工作人员本身还要承担法律责任。因此，承担行政责任的主体应为管理一方的行政机关、行政工作人员和被管理一方（相对方）的公民、法人或其他组织。

行政责任的具体形式较多，大体上可分为惩戒性法律责任（或称制裁性）、强制性法律责任和补救性法律责任。由于违法主体的不同，他们所承担的法律责任的形式也不同。惩戒性法律责任，一般对违反禁止性义务的违法者，通过精神的、物质的以至人身自由的合法损害予以惩罚，使其并教育其他人今后不再违法。具体的措施：对行政机关有警告、通报以至改组等；对行政工作人员有记过、警告、通报批评、降职、辞职、承担赔偿损失的责任、接受行政处分等；对公民、法人或其他组织为行政处罚。强制性法律责任，一般是对违反履行义务的违法者，通过强制手段强迫其履行义务。具体的措施：对行政机关，有强制划拨、执行罚等；对公民、法人或其他组织，有代履行、执行罚和多种形式的人身的、财产的直接强制。补救性法律责任，因违法者的违法行为造成损害的，应承担补救责任。具体的措施：对行政机关有金钱赔偿、恢复原状以至赔礼道歉、恢复名誉、消除影响等；对行政工作人员有赔偿、道歉等；对公民、法人或其他组织有责令赔偿损失、责令恢复原状等。

追究行政法律责任必须根据法律法规明确规定的条件和责任形式，严格遵循法定程序。公民、法人或其他组织对行政机关追究其法律责任不服的，可根据《中华人民共和国行政诉讼法》（以下简称《行政诉讼法》）的规定提起行政诉讼。行政机关或其工作人员对追究其法律责任不服的，可依法向其上级机关或监察部门申诉。

民事责任是指民事主体在民事活动中，因实施了民事违法行为，根据民法所承担的对其不利的民事法律后果或者基于法律特别规定而应承担的民事法律责任。其构成要件主要包括以下方面。（1）损害事实的客观存在。损害是指因一定的行为或事件使民事主体的权利遭受某种不利的影响。权利主体只有在受损害的情况下才能够请求法律上的救济；（2）行为的违法性。指对法律禁止性或命令性规定的违反。除了法律有特别规定之外，行为人只应对自己的违法行为承担法律责任；（3）违法行为与损害事实之间的因果关系。作为构成民事责任要件的因果关系指行为人的行为及其物件与损害事实之间所存在的前因后果的必然联系；（4）行为人的过错。行为人的过错是行为人在实施违法行为时所具备的心理状态，是构成民事责任的主观要件。

民事责任主要有违约责任、侵权责任两种类型。其承责方式主要有停止侵害；排除妨碍；消除危险；返还财产；恢复原状；修理、重作、更换；赔偿损失；支付违约金；消除影响、恢复名誉；赔礼道歉。人民法院审理民事案件，除适用上述规定外，还可予以训诫、责令具结悔过、收缴进行非法活动的财物和非法所得，并可以依照法律规定予以罚款、拘留。

无食品生产许可证生产销售食品应如何承担行政责任？以及在虽然有许可证，但是许可证没有及时变更范围、过期等情形下，如何承担行政责任问题，依据现行法律，其责任形式主要是警告、没收违法所得以及行政处罚，如表 3－1 所示。

表 3－1　生产销售食品违法情形及行政责任

违法情形	行政责任	法律依据
① 无食品生产许可证生产销售食品	没收违法所得和违法生产经营的食品；没收用于违法生产经营的工具、设备、原料等物品；罚款	《食品生产许可管理办法》第 50 条：“未取得食品生产许可从事食品生产活动的，由县级以上地方食品药品监督管理部门依照《食品安全法》第一百二十二条的规定给予处罚。” 《食品安全法》第 122 条：“违反本法规定，未取得食品生产经营许可从事食品生产经营活动，或者未取得食品添加剂生产许可从事食品添加剂生产活动的，由县级以上人民政府食品药品监督管理部门没收违法所得和违法生产经营的食品、食品添加剂以及用于违法生产经营的工具、设备、原料等物品；违法生产经营的食品、食品添加剂货值金额不足一万元的，并处五万元以上十万元以下罚款；货值金额一万元以上的，并处货值金额十倍以上二十倍以下罚款。明知从事前款规定的违法行为，仍为其提供生产经营场所或者其他条件的，由县级以上人民政府食品药品监督管理部门责令停止违法行为，没收违法所得，并处五万元以上十万元以下罚款；使消费者的合法权益受到损害的，应当与食品、食品添加剂生产经营者承担连带责任。”

续 表

违法情形	行政责任	法律依据
② 许可证没有及时变更范围	责令改正；给予警告；拒不改正的，罚款	《食品生产许可管理办法》第54条："违反本办法第三十二条第一款规定，食品生产者工艺设备布局和工艺流程、主要生产设备设施、食品类别等事项发生变化，需要变更食品生产许可证载明的许可事项，未按规定申请变更的，由原发证的食品药品监督管理部门责令改正，给予警告；拒不改正的，处2 000元以上1万元以下罚款。违反本办法第三十二条第三款规定或者第四十一条第一款规定，食品生产许可证副本载明的同一食品类别内的事项、外设仓库地址发生变化，食品生产者未按规定报告的，或者食品生产者终止食品生产，食品生产许可被撤回、撤销或者食品生产许可证被吊销，未按规定申请办理注销手续的，由原发证的食品药品监督管理部门责令改正；拒不改正的，给予警告，并处2 000元以下罚款。"

无食品生产许可证生产销售食品，如何承担民事责任法律上没有明确的直接地规定，一般是从产品有缺陷或消费者合法权益受到侵害的角度出发，探讨其民事责任，且相关规定散见于多部法律，如表3－2所示。

表3－2　无生产许可证生产销售食品承担民事责任

相关法律	承责方式	具体条文
《食品安全法》	赔偿损失	第148条第一款："消费者因不符合食品安全标准的食品受到损害的，可以向经营者要求赔偿损失，也可以向生产者要求赔偿损失。接到消费者赔偿要求的生产经营者，应当实行首负责任制，先行赔付，不得推诿；属于生产者责任的，经营者赔偿后有权向生产者追偿；属于经营者责任的，生产者赔偿后有权向经营者追偿。"
	惩罚性赔偿（十倍或三倍）	第148条第二款："生产不符合食品安全标准的食品或者经营明知是不符合食品安全标准的食品，消费者除要求赔偿损失外，还可以向生产者或者经营者要求支付价款十倍或者损失三倍的赔偿金；增加赔偿的金额不足一千元的，为一千元。但是，食品的标签、说明书存在不影响食品安全且不会对消费者造成误导的瑕疵的除外。"

续　表

相关法律	承责方式	具　体　条　文
《产品质量法》	修理、更换、退货	第 40 条第一款："售出的产品有下列情形之一的，销售者应当负责修理、更换、退货；给购买产品的消费者造成损失的，销售者应当赔偿损失：（一）不具备产品应当具备的使用性能而事先未作说明的；（二）不符合在产品或者其包装上注明采用的产品标准的；（三）不符合以产品说明、实物样品等方式表明的质量状况的。"
	赔偿损失或恢复原状；支付相应费用	第 41 条："因产品存在缺陷造成人身、缺陷产品以外的其他财产（以下简称他人财产）损害的，生产者应当承担赔偿责任。" 第 44 条："因产品存在缺陷造成受害人人身伤害的，侵害人应当赔偿医疗费、治疗期间的护理费、因误工减少的收入等费用；造成残疾的，还应当支付残疾者生活自助费、生活补助费、残疾赔偿金以及由其扶养的人所必需的生活费等费用；造成受害人死亡的，并应当支付丧葬费、死亡赔偿金以及由死者生前扶养的人所必需的生活费等费用。因产品存在缺陷造成受害人财产损失的，侵害人应当恢复原状或者折价赔偿。受害人因此遭受其他重大损失的，侵害人应当赔偿损失。"
《消费者权益保护法》	修理、重作、更换、退货、补足商品数量、退还货款和服务费用；赔偿损失	第 52 条："经营者提供商品或者服务，造成消费者财产损害的，应当依照法律规定或者当事人约定承担修理、重作、更换、退货、补足商品数量、退还货款和服务费用或者赔偿损失等民事责任。"
	惩罚性赔偿（二倍或三倍）	第 55 条："经营者提供商品或者服务有欺诈行为的，应当按照消费者的要求增加赔偿其受到的损失，增加赔偿的金额为消费者购买商品的价款或者接受服务的费用的三倍；增加赔偿的金额不足五百元的，为五百元。法律另有规定的，依照其规定。经营者明知商品或者服务存在缺陷，仍然向消费者提供，造成消费者或者其他受害人死亡或者健康严重损害的，受害人有权要求经营者依照本法第四十九条、第五十一条等法律规定赔偿损失，并有权要求所受损失二倍以下的惩罚性赔偿。"

续 表

相关法律	承责方式	具体条文
《侵权责任法》	排除妨碍、消除危险等侵权责任	第45条："因产品缺陷危及他人人身、财产安全的，被侵权人有权请求生产者、销售者承担排除妨碍、消除危险等侵权责任。"
	惩罚性赔偿	第47条："明知产品存在缺陷仍然生产、销售，造成他人死亡或者健康严重损害的，被侵权人有权请求相应的惩罚性赔偿。"

在本案中，二审法院判定被上诉人无证生产，退还货款并赔偿十倍赔偿金。根据《食品安全法》第147条："违反本法规定，造成人身、财产或者其他损害的，依法承担赔偿责任。生产经营者财产不足以同时承担民事赔偿责任和缴纳罚款、罚金时，先承担民事赔偿责任。"因此，一般而言，无证生产的食品生产者依法既要承担行政责任，也要承担民事责任。

（执笔：王琴允，盛利）

第四章　食品网购纠纷案

案例 4-1 杭州阿里巴巴广告有限公司等诉刘某买卖合同纠纷案[①]

一、案件概要

本案由河北省沧州市中级人民法院于 2017 年 5 月 31 日作出〔2017〕冀 09 民终 2534 号民事判决书，审判长郭景岭。上诉人（原审被告）为杭州阿里巴巴广告有限公司、广西桂之味电子商务有限公司，被上诉人（原审原告）为刘某。本案被上诉人（原审原告）刘某在杭州阿里巴巴广告有限公司购买了涉案商品——8 盒原汁蛤蚧酒，认为该涉案商品违法添加中药材，违反了《食品安全法》第 38 条的规定，应属于不符合食品安全标准的食品，故诉至法院，请求原审二被告退货并承担所购商品十倍赔偿责任。另查明，被上诉人（原审原告）刘某所购买的原汁蛤蚧酒标明生产商系第三人德保县壮宝酒厂有限公司。一审法院支持了原告的诉讼请求，由广西桂之味电子商务有限公司和德保县壮宝酒厂有限公司退还原告刘某货款并给付原告刘某所购商品十倍赔偿金，杭州阿里巴巴广告有限公司承担连带责任。杭州阿里巴巴广告有限公司和广西桂之味电子商务有限公司不服提起上诉。二审法院认为杭州阿里巴巴广告有限公司不应当承担连带责任依法予以改判。

本案主要涉及以下法律规范。

（1）《食品安全法》第 38 条、第 62 条、第 74 条、第 75 条、第 78 条、第 131 条、第 148 条。

（2）《按照传统既是食品又是中药材物质目录管理办法》（征求意见稿）。

（3）最高人民法院《关于审理食品药品纠纷案件适用法律若干问题的

---

① 案件来源：【法宝引证码】CLI. C. 9272389.

规定》第 3 条、第 9 条。

(4)《消费者权益保护法》第 44 条。

(5)《侵权责任法》第 36 条。

二、思考问题

网购食品不符合食品安全标准，网络食品交易第三方平台提供者、入网食品经营者、食品生产者的民事责任承担。

三、案件正文

(一) 案件当事人及其主张

上诉人（原审被告）杭州阿里巴巴广告有限公司上诉要点和请求：本案一审判决认定事实不清、证据不足，适用法律错误，阿里巴巴公司不应当承担连带责任，请求撤销原判，改判上诉人阿里巴巴公司不承担连带赔偿责任，一、二审的诉讼费等相关费用由被上诉人承担。

上诉人（原审被告）广西桂之味电子商务有限公司上诉要点和请求：一审法院适用法律错误，请求依法改判上诉人不承担退还货款及十倍赔偿的责任，一、二审诉讼费用由被上诉人承担。

被上诉人（原审原告）刘某的答辩要点和请求：一审审理事实清楚，适用法律正确，请求二审法院维持原判。

(二) 法院查明的事实

一审法院查明原告刘某于 2015 年 11 月 14 日与 22 日在阿里巴巴网购买了 8 盒原汁蛤蚧酒，原告刘某收到所购商品后，发现该商品没有保健食品批号系普通食品，且违法添加了中药材蛤蚧，随后原告刘某就该问题与被告协商，应原告刘某的要求，被告向其提供了广西桂之味电子商务有限公司的联系方式等网上注册资料信息，原告认为其购买的商品违法添加中药材违反了《食品安全法》第 38 条的规定，应属于不符合食品安全标准的食品，故将二被告诉至法院，请求退货并由二被告承担所购商品十倍赔偿责任。另查明，原告所购买的原汁蛤蚧酒标明生产商系第三人德保县壮宝酒厂有限公司。

二审法院查明上诉人杭州阿里巴巴广告有限公司作为网络服务平台，其只是信息发布平台的服务提供商，对本案涉及无保健食品批号且添加了蛤蚧的酒类产品并没有参与制作、编辑或者给予推荐，也不参与买卖交易。合同主体是卖家广西桂之味电子商务有限公司与买家刘某，杭州阿里巴巴广告有限公司作为提供信息发布平台的服务提供商，只是为交易双方提供磋商的网络环境，并非交易的参与者。广西桂之味电子商务有限公司作为商品经营者出售不符合国家食品安全标准的食品，网络平台对此并无预见能力，因此在杭州阿里巴巴广告有限公司未直接参与或实施侵权行为时，应限制其对商品经营者的侵权行为承担连带责任的条件。

（三）诉辩理由和依据

1. 上诉人的上诉理由和依据

杭州阿里巴巴广告有限公司上诉理由及主要依据如下。

（1）一审法院事实认定错误。一审法院没有查清阿里巴巴网络平台性质，错误将卖方与平台视为一个整体，属于事实认定错误。上诉人已经尽到了法律、法规所规定的合理审慎义务，不应当承担连带责任。一审法院认为上诉人作为网络交易平台没有对网络平台所销售的商品尽到审查义务，这属于认定事实错误，实际上上诉人已经尽到了审查义务。

（2）一审法院适用法律错误。一审法院混淆了法律对生产者与销售者的惩罚责任，将惩罚责任错误归责于网络平台，属于适用法律错误。且一审法院选择性适用法律，明显于法不符。

（3）上诉人不应承担连带赔偿责任。阿里巴巴公司已经对卖家尽到了形式审查义务，包括卖家的实际身份信息及卖家资质问题。在事情发生后，阿里巴巴公司及时向买家刘某披露的卖家广西桂之味电子商务有限公司的身份信息，并且提供了经营者的真实姓名、地址和有效联系方式及商家相关注册信息。此外，上诉人也尽到了对商品的审查义务，在本案中阿里巴巴公司不存在应当承担责任的情形。

（4）被上诉人不为法律上的消费者，一审法院所依据的法律对本案不适用。

广西桂之味电子商务有限公司上诉理由及主要依据如下。

（1）一审法院认定事实错误。一审法院对“原汁蛤蚧酒”质量是否合格的基本事实没有查清，做出了错误的判决；上诉人没有生产过“原汁蛤蚧酒”，只是经销商，而一审法院却认定上诉人为“原汁蛤蚧酒”的生产者，明显是认定事实错误；上诉人不知道蛤蚧不能添加在“原汁蛤蚧酒”中，而一审法院在没有任何事实依据的情形下凭空认定上诉人明知蛤蚧不能添加在“原汁蛤蚧酒”中，实属认定事实错误。上诉人并不知道涉案产品是否符合食品安全标准，上诉人只作为经销商，对于有著名商标的一审第三人德保县壮宝酒厂有限公司生产的官方认证的名优特产“原汁蛤蚧酒”，上诉人没有理由不认可产品的合法性。

（2）一审法院适用法律错误。上诉人作为经销商，“原汁蛤蚧酒”是从正规的、合法的渠道购买的，产品符合食品安全标准。一审法院认定上诉人明知“原汁蛤蚧酒”是不符合食品安全标准的食品，没有事实依据。

（3）本案中蛤蚧酒有明确的生产商，对消费者承担责任的主体最终为生产商。

（4）被上诉人不具备诉讼主体资格，其不是法律意义上的消费者，且未造成任何损害，要求十倍的赔偿金没有法律依据。

2. 被上诉人的辩称理由和依据

（1）阿里巴巴公司向其平台的所有销售者、服务者收取了保证金、广告费、收款手续费，获取了巨大的利润，既然获取了利益就应承担责任。

（2）桂之味公司出售不符合食品安全标准的原汁蛤蚧酒，其明知蛤蚧属于国家允许用于保健食品的原料，但事实桂之味所销售的商品并非保健食品，可见桂之味属于知法犯法。桂之味公司应当和第三人酒厂共同承担赔偿责任。一审审理事实清楚，适用法律正确，请求二审法院维持原判。

（四）本案的争议焦点及审理意见

1. 一审法院

一审法院认为本案的争议焦点是涉案商品是否符合国家食品安全标

准；涉案商品生产者还是经营者作为赔偿责任承担主体的问题；被告是否应当退还刘某货款并支付货款十倍赔偿金的问题；杭州阿里巴巴广告有限公司在本案中是否承担连带责任的问题。

（1）关于涉案商品是否符合国家食品安全标准

涉案商品蛤蚧酒，其原料和配料当中包含中药材蛤蚧，但该商品没有保健食品批号。法院审理认为，根据《食品安全法》第 38 条规定："生产经营的食品中不得添加药品，但是可以添加按照传统既是食品又是中药材的物质。按照传统既是食品又是中药材的物质目录由国务院卫生行政部门会同国务院食品药品监督管理部门制定、公布。"原卫计委公布的《关于进一步规范保健食品原料管理的通知》及《按照传统既是食品又是中药材物质目录管理办法》（征求意见稿）中，对药食同源物品、可用于保健食品的物品和保健食品禁用物品做出具体规定。其中列举了既是食品又是药品的物品名单。原告通过被告杭州阿里巴巴广告有限公司发布的交易平台在被告广西桂之味电子商务有限公司处购买的蛤蚧酒，其原料和配料当中包含蛤蚧，被告广西桂之味电子商务有限公司辩称其经营的蛤蚧酒系保健食品，食品中添加的蛤蚧属于国家允许的可用于保健食品的原料，食品中添加的蛤蚧属于国家允许的可用于保健食品的原料，但《食品安全法》第 74 条规定："国家对保健食品、特殊医学用途配方食品和婴幼儿配方食品等特殊食品实行严格监督管理。"第 78 条规定："保健食品的标签、说明书不得涉及疾病预防、治疗功能，内容应当真实，与注册或者备案的内容相一致，载明适宜人群、不适宜人群、功效成分或者标志性成分及其含量等，并声明'本品不能代替药物'。保健食品的功能和成分应当与标签、说明书相一致"，我国法律规定预包装保健食品应有保健食品字样标注、"蓝帽子标志"、保健食品批号以及"本品不能代替药物"字样，因被告广西桂之味电子商务有限公司生产的原汁蛤蚧酒没有保健食品应具备的所有标识，故其不符合我国法律对保健食品的要求，其应属于普通食品，《食品安全法》第 75 条规定："……保健食品原料目录应当包括原料名称、用量及其对应的功效；列入保健食品原料目录的原料只能用于保健食品生产，不得用于其他食品生产。"因蛤蚧属于列入保健食品原料目录的原料，故其不能用于普通食品生产中。因此，被告广西桂之味电子商务有限公司向原告刘某出售的八盒原汁蛤蚧酒，系不符合食品安全标准的食品。

（2）关于涉案商品生产者还是经营者作为赔偿责任承担主体的问题

法院审理认为，根据《食品安全法》第 148 条规定，作为生产者的第三人明知蛤蚧不能添加在普通食品中，也明知保健食品应有保健食品批号而继续生产的行为，被告广西桂之味电子商务有限公司作为卖家也明知蛤蚧不能添加在普通食品当中，而向原告售卖无保健食品批号且添加了蛤蚧的酒类产品的行为，均属于《食品安全法》第 148 条规定的“消费者除要求赔偿损失外，还可以向生产者或者经营者要求支付价款十倍或者损失三倍的赔偿金”的情形，原告既可向作为生产者的第三人主张赔偿，也可向作为销售者的被告主张赔偿，故对于原告的该项诉讼请求，本院予以支持。

（3）关于被告是否应当退还刘某货款并支付货款十倍赔偿金的问题

法院审理认为，关于被告杭州阿里巴巴广告有限公司“原告为明知商品存在质量问题而故意购买，故法院不应该支持原告的诉讼请求”的辩论意见，最高人民法院《关于审理食品药品纠纷案件适用法律若干问题的规定》第 3 条规定“因食品、药品质量问题发生纠纷，购买者向生产者、销售者主张权利，生产者、销售者以购买者明知食品、药品存在质量问题而仍然购买为由进行抗辩的，人民法院不予支持”，因作为实际销售者的被告广西桂之味电子商务有限公司出售由第三人德保县壮宝酒厂有限公司生产的食品存在质量问题，原告作为购买者向二被告主张权利，作为销售者的被告广西桂之味电子商务有限公司不能以购买者明知食品、药品存在质量问题而仍然购买为由进行抗辩。因此，被告广西桂之味电子商务有限公司、第三人德保县壮宝酒厂有限公司应当承担退还原告货款并向原告支付价款十倍的赔偿责任。

（4）关于杭州阿里巴巴广告有限公司在本案中是否承担连带责任的问题

法院审理认为，被告杭州阿里巴巴广告有限公司作为网络销售平台，其应当对网络平台所销售的商品尽到审核义务，对不合法的商品积极地采取必要的措施，杭州阿里巴巴广告有限公司以其商户众多，无法一一审查所售商品的合法性为抗辩理由，本院不予采纳。最高人民法院《关于审理食品药品纠纷案件适用法律若干问题的规定》第9条规定："……网络交易平台提供者知道或者应当知道食品、药品的生产者、销售者利用其平台侵害消费者合法权益，未采取必要措施，给消费者造成损害，消费者要求其与生产者、销售者承担连带责任的，人民法院应予支持。"《消费者权益保护法》第44条规定："网络交易平台提供者明知或者应知销售者或者服务者利用其平台侵害消费者合法权益，未采取必要措施的，依法与该销售者或者服务者承担连带责任。"故对于原告关于"被告杭州阿里巴巴广告有限公司对被告广西桂之味电子商务有限公司、第三人德保县壮宝酒厂有限公司向原告刘某提供的商品给原告造成的损害承担连带责任"的诉讼请求，本院予以支持。

综上，依照《合同法》第8条、第60条，《食品安全法》第38条、第74条、第75条、第78条、第148条，《消费者权益保护法》第44条，最高人民法院《关于审理食品药品纠纷案件适用法律若干问题的规定》第3条、第9条之规定，判决被告广西桂之味电子商务有限公司、第三人德保县壮宝酒厂有限公司在本判决生效之日起十日内退还原告刘某货款18 219元；被告广西桂之味电子商务有限公司、第三人德保县壮宝酒厂有限公司在本判决生效之日起十日内给付原告刘某所购商品十倍赔偿金共计182 190元；被告杭州阿里巴巴广告有限公司对上述第一项、第二项金钱给付义务承担连带清偿责任。

2. 二审法院

二审法院认为本案的争议焦点是杭州阿里巴巴广告有限公司在本案中是否承担连带责任的问题；涉案商品生产者还是经营者作为赔偿责任承担主体的问题。

（1）杭州阿里巴巴广告有限公司在本案中是否承担连带责任的问题

法院审理认为，根据《侵权责任法》第36条规定："网络用户、网络服务提供者利用网络侵害他人民事权益的，应当承担侵权责任。网络用户利用网络服务实施侵权行为的，被侵权人有权通知网络服务提供者采取删除、屏蔽、断开链接等必要措施。网络服务提供者接到通知后未及时采取必要措施的，对损害的扩大部分与该网络用户承担连带责任。网络服务提供者知道网络用户利用其网络服务侵害他人民事权益，未采取必要措施的，与该网络用户承担连带责任。”《消费者权益保护法》第 44 条：“消费者通过网络交易平台购买商品或者接受服务，其合法权益受到损害的，可以向销售者或者服务者要求赔偿。网络交易平台提供者不能提供销售者或者服务者的真实名称、地址和有效联系方式的，消费者也可以向网络交易平台提供者要求赔偿；网络交易平台提供者作出更有利于消费者的承诺的，应当履行承诺。网络交易平台提供者赔偿后，有权向销售者或者服务者追偿。网络交易平台提供者明知或者应知销售者或者服务者利用其平台侵害消费者合法权益，未采取必要措施的，依法与该销售者或者服务者承担连带责任。”上诉人作为网络交易平台的提供者，首先依法应当提供准确的商家信息，保障消费者有效、及时维权；其次在接到通知后依法应提供必要措施制止侵权行为。本案中，杭州阿里巴巴广告有限公司提供了卖家的真实姓名、地址和有效联系方式，刘某依法应得的赔偿请求权可以得到保障，刘某在提起本案诉讼前也未就其主张通知杭州阿里巴巴广告有限公司，没有证据证明上诉人知道广西桂之味电子商务有限公司利用其网络服务平台实施侵权行为后未采取必要措施，且上诉人也向法院提供了商品的下架信息，应当视为已经采取了必要措施。

十倍赔偿的法律基础为《食品安全法》第 148 条，首先该条惩罚的主体为商品的生产者或者经营者，对网络平台并不适用；其次广西桂之味电子商务有限公司在网络平台上发布的商品信息详情中对涉案商品的产地、名称等信息进行了中文说明，并不会对消费者造成误导。故对刘某要求上诉人杭州阿里巴巴广告有限公司在本案中承担连带责任的请求，依法不予支持。

（2）关于涉案商品生产者还是经营者作为赔偿责任承担主体的问题

法院审理认为，蛤蚧作为中药材，国家对其是否可以在普通食品中添加有明确的规定，广西桂之味电子商务有限公司作为经销商，对其经销商品的质量和性能应严格把关，广西桂之味电子商务有限公司应当明知蛤蚧不能添加在普通食品当中，但未对其经销的商品严格审核，而向消费者售卖无保健食品批号且添加了蛤蚧的酒类产品，该行为属于《食品安全法》第 148 条规定的“消费者除要求赔偿损失外，还可以向生产者或者经营者要求支付价款十倍或者损失三倍的赔偿金”的情形，买家刘某既可向作为生产者的第三人主张赔偿，也可向作为销售者的上诉人主张赔偿，故广西桂之味电子商务有限公司作为商品的经营者，依法应当承担连带责任。一审法院根据当事人提交的证据及诉辩意见对此已经进行了充分的阐述，在事实清楚，证据充分的前提下，依法判令广西桂之味电子商务有限公司与第三人德保县壮宝酒厂有限公司退还刘某货款，并承担十倍赔偿金并无不当。二审期间，上诉人广西桂之味电子商务有限公司没有新的事实和理由，且就其主张未提交任何证据予以佐证，故对其上诉请求本院不予支持。

（五）二审法院的终审判决

依照《民事诉讼法》第 170 条第一款第 2 项之规定，判决如下维持河北省沧州市新华区人民法院〔2016〕冀 0902 民初 808 号民事判决第一、二项；撤销河北省沧州市新华区人民法院〔2016〕冀 0902 民初 808 号民事判决第三项；驳回刘某对杭州阿里巴巴广告有限公司的诉讼请求。一审案件受理费 4 306. 13 元，由广西桂之味电子商务有限公司和第三人德保县壮宝酒厂有限公司负担；二审案件受理费 8 612 元，由广西桂之味电子商务有限公司负担 4 306 元；刘某负担 4 306 元。

四、问题解答

本案涉及网购食品不符合食品安全标准，网络食品交易第三方平台提供者、入网食品经营者、食品生产者对食品消费者的民事责任承担问题。

民事责任是民事主体因违反民事义务所应承担的民事法律后果，它主要是一种民事救济手段，旨在使受害人被侵犯的权益得以恢复。当民事主体因食品纠纷产生违反民事义务或侵害他人的人身权利或财产权利的情形时应承担的法律责任即是食品安全民事法律责任。

食品生产经营者是传统食品安全法律责任主体。食品生产经营，包括食品的生产和经营两方面，是指一切食品（包括食品添加剂、食品相关产品）的生产（不包括种植业和养殖业）、采集、收购、加工、贮存、运输、陈列、供应、销售、餐饮服务等活动。食品生产者是对原材料进行加工完成产品的主体，食品经营者是对加工好的产品进行销售的主体。

随着网络购物的盛行，2014 年 3 月 15 日施行的新《消费者权益保护法》第 44 条增加了“网络交易平台提供者”作为责任主体。但“网络交易平台提供者”这一概念出现后，对其具体适用的对象就存在着不同的意见，原因就在于在 B2B 与 B2C 两种模式当中，很多商家不仅是食品经营者，同时还是网络交易平台提供者，如设立网站开办网店，直接向消费者销售商品或提供服务，现实中典型的如天猫超市、一号店等。2015 年 10 月 1 日施行的新《食品安全法》为了强调与区别单纯的网络交易平台提供者与既是食品经营者又是平台提供者的商家，将措辞表述为“网络食品交易第三方平台提供者”，强调“第三方”。因为当网络交易平台提供者直接向消费者销售商品或提供服务时，其法律责任与食品经营者存在重合，其法律义务、责任形式可以比照食品实体经营者进行规范。而针对网络食品交易第三方平台提供者，其主体地位不同于一般食品生产者和食品经营者，应当以正面清单的方式规定其义务、规范其行为，新《食品安全法》便体现了这种思路。

至此，当消费者网购食品受到损害时，主要存在网络食品交易第三方平台提供者、入网食品经营者（即通过互联网销售食品的食品经营者）、食品生产者三类民事法律责任主体。本案中上诉人杭州阿里巴巴广告有限公司属于网络食品交易第三方提供者，广西桂之味电子商务有限公司属于入网食品经营者，一审第三人德保县壮宝酒厂有限公司属于食品生产者。一审法院判决入网食品经营者和食品生产者退还消费者货款并给付消费者所购商品十倍赔偿金，同时网络食品交易第三方平台提供者承担连带责任。食品生产者没有提起上诉，入网食品经营者主要以其“不明知”为由提起上诉，网络食品交易第三方平台提供者则以其“尽到了审核义务”为由提起上诉。最终二审法院驳回了入网食品经营者的上诉请求，而支持了网络食品交易第三方平台提供者的上诉请求，改判其不应当承担连带责任。由此可见，网购食品不符合食品安全标准，网络食品交易第三方平台提供者、入网食品经营者、食品生产者对食品消费者承担的民事责任是不同的，究其根源，在于三类主体的食品安全义务存在差异，需要进一步梳理与归纳。

1. 食品生产经营者的民事责任

食品生产经营者是食品生产者与食品经营者的统称，食品生产经营者的民事义务较为简单，即生产销售的食品需要符合食品安全标准。在本案中，根据《食品安全法》第 38 条，《按照传统既是食品又是中药材物质目录管理办法》（征求意见稿），《关于进一步规范保健食品原料管理的通知》《食品安全法》第 75 条、第 78 条，涉案食品没有保健食品应具有的所有标识，法院认定其为普通食品。而普通食品中不能使用列入保健食品原料目录的原料但可加入“食药同源”的原料，而涉案食品中所添加的蛤蚧属于列入保健食品原料目录的原料但不属于“食药同源”原料，故其不能用于普通食品生产中，因此涉案原味蛤蚧酒系不符合食品安全标准的食品。

（1）食品生产经营者承担民事责任的一般形式。《民法通则》第 134 条规定：“承担民事责任的方式主要有：① 停止侵害；② 排除妨碍；③ 消除危险；④ 返还财产；⑤ 恢复原状；⑥ 修理、重作、更换；⑦ 继续履行；⑧ 赔偿损失；⑨ 支付违约金；⑩ 消除影响，恢复名誉；⑪ 赔礼道歉。以上承担民事责任的方式，可以单独适用，也可以合并适用。”在食品安全民事责任中，赔偿损失是主要的责任承担方式。我国法律上的赔偿损失，专指以金钱的方式赔偿对方的损失。赔偿损失的民事责任，除了法律有特别规定外，应当赔偿受害人的全部损失。在一般的产品责任中，赔偿通常包括人身损害赔偿、财产损害赔偿和精神损害赔偿等。然而由于食品不同于普通产品，食品安全事故主要是会对人身造成损害，而食品本身的财产价值或者引起的其他财产损害一般情况下不是很大。

在一个有效的合同中，如果双方约定了违约金，或者法律直接规定了违反此种合同应当支付违约金，则在一方违约的情况下，应向对方支付约定或法定的违约金。在食品安全民事责任中，如果受害人是以违约责任对责任人提起诉讼，那么责任人就应支付违约金。但一般情况下，食品安全事件的受害人以提起侵权之诉较多，侵权之诉可以请求精神损害赔偿，违约之诉不能请求精神损害赔偿。当然，并不能排除双方当事人约定了较大数额的违约金，受害人据此提起违约之诉的可能。在这种情况下，只需要根据合同约定以《合同法》的相关法律规定确定违约方的违约责任。

（2）食品生产经营者承担民事责任的特殊形式——惩罚性赔偿。惩罚性赔偿，又称示范性赔偿或报复性赔偿，是指由法庭所作出的赔偿数额超出实际损害数额的赔偿。惩罚性赔偿是严厉性程度最高的一种特殊民事责任形式，具有较强的威慑力。惩罚性赔偿是在承担补偿性民事责任基础上承担的增加赔偿责任，主要目的是为加大责任人的精神痛苦，即国家通过强制手段对责任人的财产处罚以达到惩罚之功效，我国《食品安全法》第148条规定了惩罚性赔偿制度。需要注意的是，食品生产者与食品经营者的承担惩罚性赔偿责任的归责原则存在差异，对于生产者适用无过错责任；对食品经营者适用过错责任，即需要食品经营者“明知”其销售的是不符合食品安全标准的食品，这是《食品安全法》为食品经营者设定的最终承担惩罚性赔偿责任的条件。由于“明知”属于行为主体对相关事物认识的状态，“明知”就是明确无误地知道。审判实践中对“明知”的判断存在不同认识，最高人民法院民事审判第一庭张进先审判长认为宜认定下列销售食品的情形构成《食品安全法》第148条规定的“明知”：① 更改食品生产日期、批号的；② 同一批食品经有关部门检测确定为不符合食品安全标准并要求召回或者责令下架的；③ 自未依法取得食品生产许可的食品生产者处进货的；④ 未按照《食品安全法》的规定履行进货查验记录义务的；⑤ 未按照食品安全的要求运输、储存食品的[①]。

《食品安全法》第148条规定“明知”应包括“应当知道”，即“明

---

① 张进先．严惩非法制售食品行为 切实维护百姓餐桌安全．中国审判，2015-10-05. http：//www. chinatrial. net. cn/magazineinfo331. html.

知”与“应当知道”承担同样的法律后果[1]，最高人民法院公布的指导性案例也明确将“应当知道”参照“明知”处理。例如孙某山诉南京欧尚超市买卖合同纠纷案，孙某山在该超市江宁店购买“玉兔牌”香肠15包，其中价值558.6包香肠已过保质期，孙某山到收银台结账后向该超市索赔未果，遂向南京市江宁区人民法院起诉，要求欧尚超市江宁店支付售价十倍的赔偿金5 586元，最后法院判其胜诉。与此类似的是在本案中，二审法院认为“蛤蚧作为中药材，国家对其是否可以在普通食品中添加有明确的规定，广西桂之味电子商务有限公司作为经销商，对其经销商品的质量和性能应严格把关，其应当知道蛤蚧不能添加在普通食品当中，但未对其经销的商品严格审核，而向消费者售卖无保健食品批号且添加了蛤蚧的酒类产品”，从而就其“应当知道”的责任参照“明知”的责任后果作出判决。

（3）食品生产经营者的首负责任制。《食品安全法》规定“实行首负责任制，先行赔付，不得推诿”，受害消费者起诉哪个责任人，该责任人就要首负赔偿责任，不得推诿，只是在承担了赔偿责任之后，如果不是最终责任人，可以向最终责任人进行追偿，最终责任由造成食品不安全的责任人承担。

首负责任制的基础是食品生产者与食品经营者之间的不真正连带责任。不真正连带责任是一种对外的责任承担形式，食品生产者、食品经营者之间承担中间责任，均依照无过错责任确定，而不论两者究竟是由谁承担最终的赔偿责任[2]。《侵权责任法》第43条关于“因产品存在缺陷造成损害的，被侵权人可以向产品生产者请求赔偿，也可以向产品的销售者请求赔偿”的规定，说的就是这个意思。首负责任制是对不真正连带责任对外承担中间责任不可推卸性的再强调，强化了受害消费者选择权的效力。

食品经营者对其不知道食品不安全的抗辩权仅限于在追偿诉讼或者在消费者同时起诉食品生产者和食品经营者过程中享有，而不得在消费者仅

① 我国《产品质量法》第61条即有此规定。

② 杨立新：“网购食品平台责任对网络交易平台责任一般规则的补充”，载《福建论坛（人文社会科学版）》2016年第10期。

起诉食品经营者过程中作为抗辩理由。消费者依法起诉食品经营者，食品经营者即使不是“明知”也不是“应当知道”而销售不安全食品，消费者仍然有权依法请求其承担惩罚性赔偿责任，食品经营者不得以其不知道食品不安全而提出免责抗辩，否则将会导致首负责任制落空。食品经营者赔付后向生产者追偿的，可以就其对食品不安全没有责任或者经营者依法不应赔付进行抗辩。其抗辩成立与否由人民法院审理后判定[①]。

2. 第三方平台的民事责任

本案一审法院判决网络食品交易第三方平台提供者与入网食品经营者、食品生产者承担连带责任，而二审法院认为网络食品交易第三方平台提供者不应当承担连带责任，可见本案最大的争议点在于，网络食品交易第三方平台提供者的民事责任问题。

《消费者权益保护法》将“第三方平台”称为“网络交易平台”，而新《食品安全法》将其定义为“网络食品交易第三方平台提供者”“第三方”这一表述强调了网络食品交易第三方平台提供者与入网食品经营者、食品生产者法律地位的不同。杨立新教授认为“认定网络交易平台提供者的法律地位，应当根据其在网络交易中的客观实际，实事求是地将其界定为一种新型的交易中介”[②]。本案二审法院经审查认为第三方平台杭州阿里巴巴广告有限公司作为网络服务平台，其只是信息发布平台的服务提供商，对本案涉及无保健食品批号且添加了蛤蚧的酒类产品并没有参与制作、编辑或者给予推荐，也不参与买卖交易。合同主体是卖家广西桂之味电子商务有限公司与买家刘某，杭州阿里巴巴广告有限公司作为提供信息发布平台的服务提供商，只是为交易双方提供磋商的网络环境，并非交易的参与者。因此，由于网络食品交易第三方平台提供者这一“第三方”的特殊地位，其与食品生产者、入网食品经营者承担着不同的食品安全法律义务，从而引出了不同的民事责任。

（1）网络食品交易第三方平台提供者的管理义务。《食品安全法》第

---

① 张进先．严惩非法制售食品行为切实维护百姓餐桌安全．中国审判，2015－10－05. http：//www. chinatrial. net. cn/magazineinfo331. html.

② 杨立新、韩煦：“网络交易平台提供者的法律地位 与民事责任”，载《汉江论坛》2014 年第 5 期。

63条规定："网络食品交易第三方平台提供者应当对入网食品经营者进行实名登记，明确其食品安全管理责任；依法应当取得许可证的，还应当审查其许可证。网络食品交易第三方平台提供者发现入网食品经营者有违反本法规定行为的，应当及时制止并立即报告所在地县级人民政府食品药品监督管理部门；发现严重违法行为的，应当立即停止提供网络交易平台服务。"

网络食品交易第三方平台提供者承担谨慎审查义务。从食品安全社会共治的角度，网络食品交易第三方平台提供者作为食品经营者入网经营的前线，应当承担起源头审查把关的协助监管的管理义务。网络食品交易第三方平台提供者的管理义务可以分为两个方面。

一方面针对入网食品经营者的准入把关问题，引申出网络食品交易第三方平台提供者的实名登记义务与形式审查义务。网络食品交易第三方平台提供者需要登记生产经营主体的个人身份信息、工商登记信息。而对于应该取得许可证的经营者，还应当审查其许可证。同时由于网络食品交易第三方平台提供者提供的只是一个网络平台，具有分散性和虚拟性，任何人都可以通过远程操作，按照规定程序入驻平台，导致了入网经营者基数大且覆盖范围广，因此这种审查应为形式审查，而非实质审查。网络食品交易第三方平台提供者只要尽到一般的谨慎审查义务，就不应对入网食品经营者因造假骗过审查而承担责任。在本案中网络食品交易第三方平台提供者已经对入网食品经营者进行了入网食品经营者的实际身份信息及入网食品经营者资质的形式审查，尽到了谨慎审查义务。

另一方面针对入网食品经营者的违规监控问题，引申出了网络食品交易第三方平台提供者对入网食品经营者的"制止报告"与"停止服务"义务。网络食品交易第三方平台提供者在提供交易平台和交易机会的同时，也掌握着交易双方身份信息和交易数据。这些信息数据不仅能够作为证据保存，也使网络食品交易第三方平台提供者能够及时接收到用户的反馈，发现入网食品经营者在交易过程中的违法行为，进而履行"制止报告"和"停止服务"的义务。因此，让网络食品交易第三方平台提供者履行报告管理义务，一方面能够及时有效发现违法行为，另一方面也能够分担政府部门的监管压力，降低监管难度，节约行政资源。

需要强调的是，网络食品交易第三方平台提供者只对违规入网食品经营者具有“制止报告”和“停止服务”的义务，但不承担“发现”违规经营的义务。一方面，入网食品经营者的经营信息主要通过经营者自行上传、编辑并会不定时更新，网络食品交易第三方平台提供者无法预见入网经营者即将上传的内容。另一方面，即使技术上可以实现对所有入网经营者商品信息的全面审查，这也势必大大增加网络服务成本，其后果是导致网络交易成本增加，这些成本将转嫁给网络用户并最终由消费者承担。

本案一审法院主要依据最高人民法院《关于审理食品药品纠纷案件适用法律若干问题的规定》第 9 条规定和《消费者权益保护法》第 44 条判决第三方平台承担连带责任。网络食品交易第三方平台提供者承担责任的前提是“明知”或“应知”食品生产经营者的违规行为，由于网络食品交易第三方平台提供者地位的特殊性，其“明知”或“应知”的程度与一般食品经营者不同，尤其是“应知”的推定有很大的差异。实践中，网络食品交易第三方平台提供者是否知道违规的存在，可以结合权利人是否发出违规投诉、违规现象的明显程度等因素综合判定。《食品安全法》所规定的“制止报告”和“停止服务”义务实际上是将这种主观的“应知”的推定客观化为具体的法律义务。二审法院所依据的《侵权责任法》第 36 条对网络服务提供者的“通知与移除”规则也与《食品安全法》的“制止报告”和“停止服务”类似，权利人发现网络用户发布侵权内容的，可通知网络服务提供者删除侵权信息或屏蔽相关链接。本案中，受害消费者在提起本案诉讼前也未就其主张通知网络食品交易第三方平台提供者，没有证据证明网络食品交易第三方平台提供者知道入网食品经营者利用其网络服务平台实施侵权行为后未采取必要措施，同时本案中网络食品交易第三方平台提供者也向法院提供了商品的下架信息，应当视为其已经在权利人起诉后发现违规并采取了必要措施，切实履行了其应尽的义务。

（2）网络食品交易第三方平台提供者的信息提供义务。《食品安全法》第 131 条规定：“网络食品交易第三方平台提供者不能提供入网食品经营者的真实名称、地址和有效联系方式的，由网络食品交易第三方平台提供者赔偿。网络食品交易第三方平台提供者赔偿后，有权向入网食品经营者或者食品生产者追偿。”网络食品交易第三方平台提供者提供的入网经营者信息应当具有“实质有效性”，即根据网络食品交易第三方平台提供者提供的入网食品经营者的相关信息，消费者在维权时能够找到入网食品经营者，否则应视为其提供的信息无效，属于未履行信息提供的义务。该义务的规定主要是出于便于消费者维权的考虑，需要网络食品交易第三方平台提供者提供有关信息协助消费者维权，而当其提供的信息丧失“实质有效性”无法帮助消费者准确找到入网食品经营者时，网络食品交易第三方平台提供者应当先行赔付以畅通消费者维权的途径。在本案中，网络食品交易第三方平台提供者提供了入网食品经营者的真实姓名、地址和有效联系方式，消费者依法应得的赔偿可以得到保障，因此已经“实质有效性”地履行了信息提供义务。

（3）网络食品交易第三方平台提供者的约定义务。《食品安全法》第131条规定“……网络食品交易第三方平台提供者作出更有利于消费者承诺的，应当履行其承诺”。网络食品交易第三方平台提供者如果事先有“先行赔付”等更有利于消费者保护的承诺的，就应当直接对消费者的损害承担赔偿责任，无须消费者先向入网食品经营者或者食品生产者请求赔偿。网络食品交易第三方平台提供者承担了这种约定赔偿责任后，有权向入网食品经营者或者食品生产者追偿。本案中网络食品交易第三方平台提供者与消费者并没有此种约定，因此本案中不涉及网络食品交易第三方平台提供者是否违反约定义务的问题。

（4）网络食品交易第三方平台提供者的责任形式。《食品安全法》第131条第一款规定“违反本法规定，网络食品交易第三方平台提供者未对入网食品经营者进行实名登记、审查许可证，或者未履行报告、停止提供网络交易平台服务等义务的……使消费者的合法权益受到损害的，应当与食品经营者承担连带责任”。连带责任是指尽管在中间责任的承担上可以进行选择，但其最终责任必定须分配给每一连带责任人①，因此连带责任项下，网络食品交易第三方平台提供者不能向入网食品经营者或食品生产

① 杨立新：“多数人侵权行为及责任理论的新发展”，载《法学》2012年第7期。

者全额追偿。网络食品交易第三方平台提供者没有履行其法定的管理义务就要与违规的入网食品经营者和食品生产者承担连带责任。

《食品安全法》第131条第二款规定“……网络食品交易第三方平台提供者不能提供入网食品经营者的真实名称、地址和有效联系方式的，由网络食品交易第三方平台提供者赔偿。网络食品交易第三方平台提供者赔偿后，有权向入网食品经营者或者食品生产者追偿”。此即规定了网络食品交易第三方平台提供者违反信息提供该义务时承担的是不真正连带责任。网络食品交易第三方平台提供者承担责任的前提是其未尽到信息提供义务，导致消费者无法向入网食品经营者、食品生产者维权，出于对消费者保护的考虑，消费者可以要求第三方平台提供赔偿，而网络食品交易第三方平台提供者承担赔偿责任之后，可以向入网食品经营者或食品生产者全额追偿。

（5）网络食品交易第三方平台提供者应否承担惩罚性赔偿责任。《食品安全法》第148条规定的惩罚性赔偿责任的责任主体是特定的——即食品生产者和食品经营者，在网络食品交易中即是食品生产者和入网食品经营者，不包括网络食品交易第三方平台提供者。食品生产者和入网食品经营者承担惩罚性赔偿责任的前提分别是生产了不符合食品安全标准的食品和明知是不符合食品安全标准的食品而销售，而《食品安全法》第131条规定网络食品交易第三方平台提供者与食品生产者、入网经营者承担的连带责任的前提是其违反了不能提供入网食品经营者的真实名称、地址和有效联系方式的义务，网络食品交易第三方平台提供者在食品交易中与入网食品经营者、食品生产者承担着不同的法律义务，因此其民事责任也不能一概而论。

综上所述，网络食品交易第三方平台提供者、入网食品经营者、食品生产者因消费者网购食品不符合安全标准受到损害而主张权利时，应承担何种民事责任，需要进行严格区分。究其根本原因在于三者的主体地位不同，履行的食品安全义务不同。通过上述梳理分析可以得知，网购食品不符合食品安全标准，消费者可以首先要求网络食品交易第三方平台提供者履行信息提供义务，如实告知入网食品经营者的信息，否则网络食品交易平台第三方提供者应当承担不真正连带责任进行先行赔付。如果消费者仅起诉入网食品经营者的，入网食品经营者不得以其“不知”“不应当知道”是不安全食品而提出免责抗辩，从而有利于切实落实首负责任制。如果消费者将入网食品经营者和食品生产者作为共同被告而起诉的，则由法院在查明事实的基础上确定民事责任承担者。网络食品交易平台第三方提供者违反管理、信息提供（不包括约定）义务时，消费者可以要求其承担一般民事赔偿的连带责任，但不承担惩罚性赔偿责任。

（执笔：孙佳斐，盛利）

案例4-2　蒋某亮与永安康健药业（武汉）有限公司网络购物合同纠纷案[①]

一、案件概要

本案因蒋某亮与永安康健药业（武汉）有限公司网络购物合同纠纷一案，由安徽省合肥市中级人民法院于2016年1月27日作出〔2015〕合民一终字第04995号民事判决书，审判长张文超。本案上诉人（原审被告）为永安康健药业（武汉）有限公司，被上诉人（原审原告）为蒋某亮。本案涉及被上诉人（原审原告）蒋某亮通过“1号店”网上购物平台，在线购买了上诉人（原审被告）永安康健药业（武汉）有限公司生产和销售的涉案商品，认为涉案商品中添加“牛磺酸”和“维生素e”，违反食品安全标准，要求永安康健药业承担十倍赔偿的责任，一审法院支持了原告的诉讼请求，上诉人（原审被告）以一审判决认定事实错误、适用法律错误为由提起上诉。二审法院以一审判决认定事实清楚，但适用法律错误为由对一审判决予以改判。

本案主要涉及以下法律规范。

（1）《消费者权益保护法》第55条。

（2）最高人民法院《关于审理食品药品纠纷案件适用法律若干问题的规定》第6条、第15条。

二、思考问题

（1）食品添加剂的使用及其标签规则。

---

① 案件来源：【法宝引证码】CLI. C. 15568488.

（2）营养强化剂的使用及其标签规则。

（3）食品欺诈与消费欺诈的认定及其责任。

三、案件正文

（一）案件当事人及其主张

上诉人（原审被告）永安康健药业（武汉）有限公司的上诉要点和请求：一审法院认定事实不清，适用法律错误，请求二审法院撤销原判，依法改判驳回蒋某亮的原审全部诉讼请求。

被上诉人（原审原告）蒋某亮的答辩要点和请求："维生素 e"和"牛磺酸"不得用于涉案压片糖果添加，请求二审法院驳回其上诉，维持原判。

（二）法庭查明的事实

一审法院查明 2014 年 10 月 23 日，蒋某亮通过"1 号店"网上购物平台，在线购买了永安康健公司生产和销售的蓝莓叶黄素酯片 4 盒、思黎菩片 24 瓶、先生咀嚼片 2 盒、玛咖参片 4 盒（均为压片糖果），总价款共计 6 116 元。上述产品外包装中的配料表中均明确标明"牛磺酸"，在思黎菩片的配料表中还标明"维生素 e"。收货后，蒋某亮认为上述产品违反了相关国家标准，遂诉至原审法院，请求判如所请。

二审法院审理期间上诉人提供了如下证据。

（1）《食品生产许可证》（2014 年 6 月 20 日发证）、《糖果　压片糖果》（SB/T 10347—2008），证明① 涉案产品经武汉市食品药品监督管理局检验合格，符合食品生产许可条件；② 涉案产品属于糖果、压片糖果类食品，应适用 SB/T 10347—2008 糖果、压片糖果标准；③ 压片糖果添加食品添加剂，应当符合（GB 2760）标准，添加营养强化剂应当符合（GB 14880）标准。

（2）《食品安全国家标准　食品添加剂使用标准》（GB 2760—2014）、《食品安全国家标准　预包装食品标签通则》（GB 7718）、《食品安全国家标准　食品添加剂-牛磺酸》（GB 14759—2010），证明① 牛磺酸在（GB

2760）第 100 页表 b. 3（序号为 797）可以作为香料使用；② 牛磺酸属于食品添加剂中的“香料”类别，且没有范围限制；③（GB 7718）第 7 页附录 b《食品添加剂在配料表中的标示形式》中 b. 4. 1 的一般原则中有“营养强化剂、食用香精香料、胶基糖果中基础剂物质可在配料表的食品添加剂项外标注”；④ 牛磺酸是一种食品添加剂；⑤ 涉案产品中的牛磺酸是作为食品用香料添加其中，作为香料的牛磺酸在标签中在食品添加剂项外标注符合规定。

（3）永安康健公司企业标准 Q/yakjooois－2013、Q/yakj0008s－2013、Q/yakj0009s－2013、Q/yakjo011s－2013，证明① 永安康健公司的企业标准 Q/ yakjooois － 2013、Q/yakj0008s － 2013、Q/yakj0009s － 2013、Q/ yakjoolls－2013 是经湖北省卫生厅批准的企业标准，牛磺酸以食品用香料形式存在；② 关于先生咀嚼片在公司企标中 yakjooois－2013 范围中，明确写出了本标准适用于以低聚木糖……麦芽糊精为主要原料，添加牛磺酸、木糖醇，我们将牛磺酸写在添加项目中，也证明其食品用香料的身份，在企标中 3. 2. 7 中也明确了牛磺酸应符合（GB 2760）标准，说明牛磺酸作为食品添加剂；③ 关于蓝莓叶黄素酯片，在公司企标中 yakj0008s－2013 范围中，明确写出了本标准适用于以低木糖醇……为主要原料，添加……牛磺酸……我们将牛磺酸写在添加项目中，也证明其食品用香料的身份，在企标中 3. 2. 7 中也明确了牛磺酸应符合（GB 14759）标准，说明牛磺酸作为食品添加剂；④ 关于玛咖参片，在公司企标中 yakj0009s－2013 范围中，明确写出了本标准适用于以低木糖醇……为主要原料，添加……牛磺酸……我们将牛磺酸写在添加项目中，也证明其食品用香料的身份，在企标中 3. 2. 6 中也明确了牛磺酸应符合（GB 14759）标准，说明牛磺酸作为食品添加剂；⑤ 关于思黎菩片，在公司企标中 yakjo011s－2013 范围中，明确写出了本标准适用于以低木糖醇……为主要原料，添加……牛磺酸……我们将牛磺酸写在添加项目中，也证明其食品用香料的身份，在企标中 3. 2. 4 中也明确了牛磺酸应符合（GB 14759）标准，说明牛磺酸作为食品添加剂。

（4）全国工业产品生产许可证、购销合同、湖北增值税专用发票、分析单，证明① 湖北省质量技术监督局发放给该公司的全国工业产品生产许可证，明确了该公司生产的牛磺酸为食品添加剂；② 永安康健牌先生咀嚼片中使用的牛磺酸均由潜江永安药业股份有限公司购买获得。

（5）合肥市中级人民法院〔2015〕合民一终字第 00053 号民事判决书，证明本案应当先进行行政诉讼，撤销具体行政行为。

被上诉人蒋某亮质证意见如下：上述证据均不属于新的证据，证据（5）与本案没有任何关联性，也没有提供给蒋某亮，过了举证期限；涉案产品颁发了生产许可证，但只是允许生产没有违规添加的产品，并不是生产违法添加的产品，不能证明诉争的焦点；国家标准是强制执行的标准，没有任何一项标准可以违背国家标准，不能证明涉案产品添加了牛磺酸和维生素 e 符合国家安全标准；永安康健公司并没有任何证据证明牛磺酸的功能不是属于营养添加剂，其在涉案产品中添加了牛磺酸适用于强化食品为目的，属于违规滥用食品添加剂，不符合（GB 14880）标准；在永安康健公司网站中明确牛磺酸起了营养强化作用，从永安康健公司所有证据看都不能推翻牛磺酸不属于营养强化剂。

双方当事人二审期间所举其他证据同原审，相对方的质证意见也同原审。二审法院确认原判所认定的事实。

（三）诉辩理由和依据

1. 上诉人的上诉理由和依据

（1）涉案产品不违反食品安全国家标准。《食品标识管理规定》第 11 条第二款规定“在食品中直接使用甜味剂、防腐剂、着色剂的，应当在配料清单食品添加剂项下标注具体名称；使用其他食品添加剂的，可以标注具体名称、种类或者代码”，加之《食品安全国家标准　食品添加剂使用标准》（GB 2760—2011）中也明确规定“食品添加剂是为改善食品品质和色、香、味，以及为防腐、保鲜和加工工艺的需要而加入食品中的人工合成或者天然物质，营养强化剂、食品用香料、胶基糖果中基础剂物质、食品工业用加工助剂也包括在内”。因此，原审判决仅仅以涉案产品外包装标识的配料表中食品添加剂项下不包括牛磺酸，就认为牛磺酸不是作为食品添加剂使用，同时认为食品用香料是食品添加剂，而营养强化剂则不是食品添加剂，就因此认定牛磺酸在涉案产品中只能是作为营养强化剂使用，这显然是对食品添加剂概念的理解错误。

（2）牛磺酸的化学名称是2-氨基乙基磺酸，这是科学常识，换句话说，牛磺酸和2-氨基乙基磺酸是同一种物质，原审判决以涉案产品配料表中标注的“牛磺酸”与《食品安全国家标准　食品添加剂使用标准》（GB 2760—2011）中规定的合成香料名称“牛磺酸（2-氨基乙基磺酸）”明显不符为由，就认为牛磺酸不可能作为合成香料在涉案产品中使用，这亦是对牛磺酸这一物质的基本概念的理解偏差，进而导致认定逻辑的基础存在错误。

（3）根据上述《食品标识管理规定》的规定，既然牛磺酸不是作为甜味剂、防腐剂、着色剂这类食品添加剂使用在涉案产品中，那究竟是作为合成香料还是营养强化剂使用在涉案产品中？针对此问题，因该两类添加剂的使用在国家标准对于牛磺酸的规定存在差异，简单来说，合成香料不限制牛磺酸的产品使用类别，而营养强化剂则是明确限制。永安康健公司在原审中所举《食品生产许可证》《食品流通许可证》《企业标准》《检验报告》等证据已经足以证明牛磺酸在涉案产品中是作为合成香料使用，而非营养强化剂。永安康健公司生产的涉案产品取得了以上涉及工商、食品药品监督、质量监督等食品行业各个环节主管部门颁发的资质许可和质量合格认定，充分证明涉案产品是符合国家规范标准的，其中当然包括符合食品安全标准。蒋某亮作为原告对其主张的滥用添加剂的情况应承担举证责任，在永安康健公司已充分举证的情况下，其却未能进一步提供反驳证据，证明牛磺酸是作为营养强化剂使用在涉案产品中或者证明牛磺酸存在违反食品安全国家标准的情形，理应承担举证不能的法律后果，而永安康健公司主张的事实则应得到法院认定。

（4）蒋某亮并非消费者，而是职业维权人士。永安康健公司提供了蒋某亮作为原告的涉及产品质量争议的9份裁判文书，在裁判文书网上尚能查询到大量蒋某亮在全国范围内起诉的此类案件，仅凭这一点就足以证明蒋某亮绝不是正常消费者，其向商家购买产品的目的不是自我消费，其唯一目的就是通过恶意维权来从中获利，其是典型职业维权人士。蒋某亮为达到向永安康健公司大量购买产品而提高赔偿数额的恶意目的，陆续通过几个网络购物渠道向永安康健公司大量购买相关产品，此事实亦能证明蒋某亮存在恶意维权的主观目的，最起码能够证明蒋某亮购买涉案产品不是用于消费，其不是普通消费者。

（5）赔偿责任的承担必须以消费者发生实际损害为前提，且此处规定的实际损害从法律逻辑上来分析是不应包括购买产品所产生的费用，否则此规定则毫无意义。此外，根据该条规定，十倍的惩罚性赔偿应以产品生产者主观恶意为前提。永安康健公司在原审中提交了大量证据证明其生产的涉案产品已按照法律规定向相关主管部门进行了产品检验、食品标准备案，并获得主管部门颁发的《食品生产许可证》《食品流通许可证》《企业标准》《检验报告》，永安康健公司主观上不存在明知涉案产品不符合食品安全标准的情况。综上，请求二审法院撤销原判，依法改判驳回蒋某亮的原审全部诉讼请求。

2. 被上诉人的辩称理由和依据

（1）食品安全国家标准规定的“维生素 e”允许使用的范围并不包括用于涉案产品压片糖果，很显然涉案产品违规滥用食品添加剂违反了国家食品安全强制标准的规定。

（2）永安康健公司辩称涉案产品糖果配料中添加的“牛磺酸”是作为食用香料使用，但依照《食品安全国家标准　预包装食品标签通则》（GB 7718—2011）第 4.1.3.2 表 1 规定，加入的食用香精、香料类别名称，标注方式为“食用香精”“食用香料”即可，也同时会在配料表中食品添加剂项下而进行标示。《食品安全国家标准　食品添加剂标识通则》（GB 29924—2013）规定食品用香料需列出（GB 2760）和国家主管部门批准的使用的食品添加剂中规定的中文名称，可以使用“天然”或“合成”定性说明。永安康健公司在其企业官网注明“牛磺酸功能营养品专家”，可想而知，牛磺酸其功能属于营养强化剂而不是“香料”。牛磺酸的功能系对食品进行营养强化使用，而《食品安全国家标准　营养强化剂使用标准》（GB 14880—2012）对所有用于食品的“食品营养强化剂”有着极其严格限制，其“牛磺酸”允许使用的范围并不包括用于涉案压片糖果。很显然永安康健公司滥用了食品添加剂牛磺酸强化了涉案压片糖果，不符合（GB 14880）食品安全标准。

（3）永安康健公司作为牛磺酸生产基地，当然希望牛磺酸不受限制地任意添加到食品中。按照永安康健公司的观点，违规添加就属于食用合成香料，不违规添加就属于食品营养强化剂。那么，原卫生部制定的《食品安全国家标准　食品营养强化剂使用标准》（GB 14880—2012）就没必要对牛磺酸的允许使用进行严格限制。

（4）被上诉人在其他的购物网站在线支付了相应的购物价款购买了产品，永安康健公司竟然擅自取消订单。一个陌生的男人打电话说，他们在网上不显示发货，直接亲自送货上门，被被上诉人拒绝。这明显是怕被上诉人截存证据维权，从另一侧面也能反映，永安康健公司意识到自己生产的涉案压片糖果存在着问题，多次不同的时间打电话骚扰，其录音是为了诱导消费者作出不真实的表述行为。

(四) 本案的争议焦点及审理意见

1. 一审法院

一审法院认为本案主要争议焦点：涉案商品是否符合国家食品安全标准；蒋某亮是否属于消费者。

（1）涉案商品是否符合国家食品安全标准。永安康健公司在涉案产品外包装中的配料表中对使用的食品添加剂进行了明确标注，因此配料表中记载的牛磺酸和维生素 e 不是作为食品添加剂使用。永安康健公司在庭审中辩称牛磺酸系作为合成香料使用。法院审理认为产品配料表中标明的牛磺酸名称明显不符合《食品安全国家标准　食品添加剂使用标准》（GB 2760—2011）规定的合成香料名称“牛磺酸（2-氨基乙基磺酸）”，应认定牛磺酸作为营养强化剂使用在涉案产品中。我国《食品安全国家标准　食品营养强化剂使用标准》（GB 14880—2011）对营养强化剂使用的品种及范围进行了严格的限制，该标准规定的牛磺酸的使用范围并不包括压片糖果。根据我国食品安全法律的相关规定，食品安全标准是强制执行标准，永安康健公司违反营养强化剂使用标准在涉案产品中添加牛磺酸，应认定涉案产品为不符合食品安全国家标准的食品。永安康健公司的行为已损害了消费者的合法权益，现蒋某亮依据相关法律规定要求该公司返还货款 6 116 元并支付十倍的赔偿金 61 160 元，符合法律规定，予以支持。

（2）蒋某亮是否属于消费者。法院审理认为永安康健公司虽辩称蒋某亮并非消费者，但未能提交充足证据证明其非基于个人消费而购买商品，对上述辩称不予采信。

2. 二审法院

二审法院认为本案主要争议焦点是“牛磺酸”在涉案产品中是作为食品添加剂还是营养强化剂以及是否构成消费者欺诈；上诉人（原审被告）永安康健药业（武汉）有限公司是否应当退还蒋某亮货款并支付货款十倍赔偿金；蒋某亮是否属于消费者。

（1）“牛磺酸”在涉案产品中是作为食品添加剂还是营养强化剂以及是否构成消费者欺诈。永安康健公司在涉案产品标注的配料表中将“牛磺酸”和食品添加剂并列，而非将“牛磺酸”标注在食品添加剂之中，故永安康健公司主张其是将“牛磺酸”作为食品添加剂添加在涉案产品之中，与事实不符。永安康健公司并非将“牛磺酸”作为食品添加剂添加在涉案产品之中，而是作为一种营养成分添加于涉案产品之中，其系将“牛磺酸”作为了营养强化剂，永安康健公司将本应作为食品添加剂的“牛磺酸”作为营养成分予以标注，意在表明涉案产品的特别营养，但“牛磺酸”在涉案产品中起不到营养强化的作用，因而构成对消费者的欺诈，由此给消费者造成的损失，永安康健公司应当向蒋某亮支付购买产品价款三倍的赔偿金。

（2）上诉人（原审被告）永安康健药业（武汉）有限公司是否应当退还蒋某亮货款并支付货款十倍赔偿金。根据食品安全国家标准相关规定，“牛磺酸”可以作为食品添加剂使用，但“牛磺酸”作为营养强化剂的使用范围并不包括涉案产品，说明“牛磺酸”的添加并不会导致涉案产品产生安全问题，而“维生素 e”也是可以作为营养成分添加于食品之中，因此，涉案产品中添加“牛磺酸”和“维生素 e”，并不违反食品安全标准，蒋某亮主张永安康健公司生产和销售明知不符合食品安全标准的食品，无事实依据，其要求永安康健公司向其支付价款十倍赔偿金不能成立。

（3）蒋某亮是否属于消费者。蒋某亮虽然多次作为消费者进行维权诉讼，但不影响其作为消费者的购买地位，其在购买产品遭受欺诈时理应获得法律的保护，永安康健公司主张蒋某亮不为消费者及其不应得到赔偿，本院不予采信。综上，原审判决适用法律错误，判决结果不当，本院依法予以改判。

（五）二审法院的终审判决

依照《消费者权益保护法》第 55 条第一款及《民事诉讼法》第 170 条第一款第 2 项之规定，判决维持安徽省合肥市庐阳区人民法院〔2015〕庐民一初字第 00377 号民事判决第一项；撤销安徽省合肥市庐阳区人民法院（2015）庐民一初字第 00377 号民事判决第二项；永安康健药业（武汉）有限公司于本判决生效之日起十日内赔偿蒋某亮 18 348 元；驳回蒋某亮的其他诉讼请求。

四、问题解答

（一）食品添加剂的使用及其标签规则

1. 食品添加剂的一般含义

有关食品添加剂的定义，由于各国及各地区饮食习惯、加工方法、适用范围和种类的差异，因此在定义上有所不同。如日本《食品卫生法》中对食品添加剂规定是在生产食品的过程中，为生产食品或保存食品的需要，用混合、浸润等方法在食品里使用的物质统称为食品添加剂。美国的食品营养专家委员会规定，食品添加剂是用于生产、加工、贮存或包装且存在于食品中的物质或物质混合物，但并非属于食品的基本成分。欧盟规定食品添加剂是指在食品制造、加工、准备、处理、包装、运输或贮藏过程中加入食品中，直接或间接地成为食品的组成成分，其本身不构成食品的特性成分，并且本身不能被当作食品消费的物质。由于各国及地区对食品添加剂所做的解释或定义不尽相同，因此对使用食品添加剂的范围、种类及其标准也有所差异。

我国《食品安全国家标准　食品添加剂使用标准》（GB 2760—2014）将食品添加剂定义为：为改善食品品质和色、香、味，以及为防腐、保鲜和加工工艺的需要而加入食品中的人工合成或者天然物质。食品用香料、胶基糖果中基础剂物质、食品工业用加工助剂也包括在内。

食品添加剂通常是人们为了改善食品质量和保持或提高营养价值，在食品加工或贮藏过程中添加的少量天然或合成的物质。食品添加剂可以增强营养，改善色、香、味或质地，方便加工，延长货架期。食品添加剂大大促进了食品工业的发展，并被誉为现代食品工业的灵魂，这主要是它给食品工业带来许多好处，其主要作用大致如下：（1）有利于食品的保藏，防止食品败坏变质；（2）改善食品的感官性状，适当使用着色剂、护色剂、漂白剂、食用香料以及乳化剂、增稠剂等食品添加剂，可明显提高食品的感官质量，满足人们的不同需要；（3）保持或提高食品的营养价值，在食品加工时适当地添加某些属于天然营养素范围的食品营养强化剂，可以大大提高食品的营养价值，这对防止营养不良和营养缺乏、促进营养平衡、提高人们健康水平具有重要意义；（4）增加食品的品种和方便性，通过防腐、抗氧、乳化、增稠，以及不同的着色、增香、调味乃至其他各种食品添加剂配合使用，大大增加了食品的品种，也给人们的生活和工作带来极大的方便；（5）有利食品加工操作，适应工业生产的机械化和自动化，例如使用豆腐凝固剂可有利于豆腐生产的机械化和自动化；（6）满足其他特殊需要，例如，糖尿病人不能吃糖，则可用无营养甜味剂或低热能甜味剂，如糖精或天冬酰苯丙氨酸甲酯，制成无糖食品供应。对于缺碘地区供给碘强化盐，可防治当地居民的缺碘性甲状腺肿。

但是，不可否认食品添加剂也存在一定的危害性，特别是有些添加剂品种本身尚有一定毒性，以及不当添加或者过量添加时会产生某些危害食品安全的风险，总体上看，食品添加剂的危害性主要有以下几个方面：（1）食品添加剂本身的危害，例如肉类腌制时常用的护色剂亚硝酸盐可与胺类物质生成强致癌物亚硝胺；（2）掺杂作假，尽管掺杂作假并非都是由食品添加剂所引起，然而某些食品制造者为达到欺骗顾客、推销产品、谋取经济利益的目的，如采取用色素对质量低劣或腐败的食品着色的手段，以次充好。例如，1955 年日本森永乳业公司把含有砷（AS）的磷酸氢钠作为“乳质稳定剂”加入制作奶粉的牛奶中，使 12 344 名婴儿中毒，其中 130 名婴儿因脑麻痹症而死亡。

现有大多数食品添加剂已经过严格的毒理学试验和一定的安全性评价，所有新申报的食品添加剂必须经过严格的毒理学试验和一定的安全性评价才得以许可使用，一方面禁止使用那些对人体有害、对动物致癌和致畸，并有可能危害人类健康的添加剂品种；另一方面对那些有怀疑的品种，则继续进行更严格的毒理学检验以确定其是否可用许可使用时的使用范围、最大使用量与残留量，以及建立更高标准的质量规格、分析检验方法等。

2. 食品添加剂的使用及存在的主要问题

理想的食品添加剂应该是对人体有益无害的，但目前大多数食品添加剂系化学合成物质，故往往带有一定的毒性。在使用食品添加剂时，应遵行以下几个原则：（1）各种食品添加剂都必须经过一定的安全性毒理学评价；（2）鉴于有些食品添加剂具有一定毒性，应尽可能不用或少用，必须使用时应严格控制使用范围及使用量；（3）使用添加剂应该保持和改进食品营养质量，而不能降低或破坏食品营养质量；（4）使用添加剂不得用于掩盖食品变质、腐败等缺点或为了粗制滥造而降低应有良好的加工措施和卫生要求；（5）食品添加剂应符合质量标准，不得含有有害杂质，不能超过允许限量，加入食品后应能被分析鉴定出来；（6）选用食品添加剂时还要考虑价格低廉，使用方便、安全，易于贮存、运输和处理等因素。

我国《食品安全国家标准　食品添加剂使用标准》（GB 2760—2014）第 3 条第一款明确规定了使用食品添加剂的基本要求：（1）不应对人体产生任何健康危害；（2）不应掩盖食品腐败变质；（3）不应以掩盖食品本身或加工过程中的质量缺陷或以掺杂、掺假、伪造为目的而使用食品添加剂；（4）不应降低食品本身的营养价值；（5）在达到预期效果的前提下尽可能降低在食品中的使用量。

根据《食品安全法》第 39 条的规定："国家对食品添加剂生产实行许可制度。从事食品添加剂生产，应当具有与所生产食品添加剂品种相适应的场所、生产设备或者设施、专业技术人员和管理制度，并依照本法第 35 条第二款规定的程序，取得食品添加剂生产许可。"目前制定食品添加剂的使用标准要以食品添加剂使用情况的实际调查与毒理学评价为依据，对某一种或某一组食品添加剂来说，其制定标准的一般程序如图 4-1 所示。

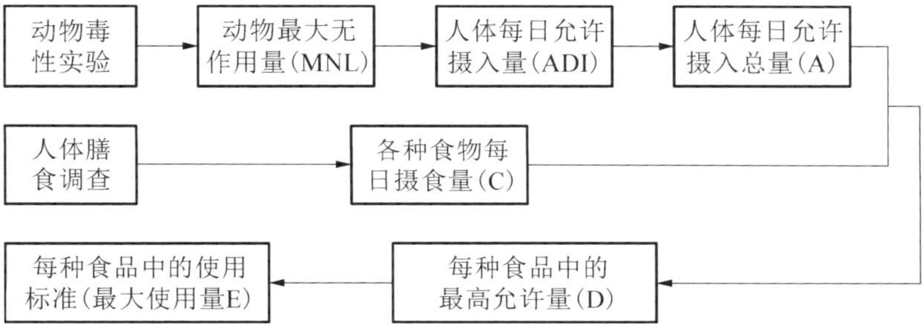

图 4-1 食品添加剂制定标准的一般程序

食品添加剂在使用中存在的主要问题是错误添加或者过量添加。食品添加剂是支撑整个食品生产加工行业的基础材料，没有食品添加剂就无法正常进行食品的生产、加工和销售。但是，错误添加或者过量添加则不仅会给消费者带来危害，而且还会出现"谈添加剂变色"的现象，从而影响食品工业本身的发展。

错误添加是将不属于食品添加剂的物质加入食品中从而产生食品安全问题。例如三鹿奶粉里掺入三聚氰胺，三聚氰胺并非食品添加剂。三聚氰胺本身无毒，其中的氮原子相对分子质量达到 84，所以含氮量极高，而当时奶粉质量的检测，主要是用凯氏定氮法测定奶粉中的氮含量，所以奶粉中掺入三聚氰胺后奶质量检测结果会显著提高。但是三聚氰胺一旦进入人体后很难进行代谢，所以可能在人体内凝聚为更大的颗粒，而对于婴幼儿而言很容易造成堵塞，产生肾脏疾病，甚至死亡。又如前几年爆出的瘦肉精事件，"瘦肉精"刚开始仅作为饲料添加剂使用，该物质对于畜禽类动物的生长具有明显的促进作用，且能够起到提高瘦肉率和减少脂肪的作用。但后来随着检测技术的发展，发现瘦肉精有严重的毒副作用，对人体会产生危害，因此禁止买卖销售使用瘦肉精作为饲料养成的畜禽，但仍有人为了谋求瘦肉精所带来的商业利益而铤而走险，仍将瘦肉精作为饲料添加剂。

过量添加是在添加食品添加剂时超过了标准限量从而产生食品安全问题。例如火腿肠、鱼、肉罐头中亚硝酸盐的过量添加，亚硝酸钠作为发色剂会与火腿肠、肉、鱼等食品中的胺类发生反应，形成有强烈致癌作用的亚硝基化合物。同时食品中抗氧化剂的过量添加会导致肠道疾病和皮肤疾病。食品中增味剂的过量添加，会导致人的神经产生压迫，出现头晕目眩等一系列的病症。食品中甜味剂的过量添加，会对老人和儿童的代谢产生一定的障碍，可能会构成严重的危害。

3. 食品添加剂的标签规范

根据《食品安全法》第 70 条规定“食品添加剂应当有标签、说明书和包装。标签、说明书应当载明本法第 67 条第一款第一项至第九项规定的事项，以及食品添加剂的使用范围、用量、使用方法，并在标签上载明‘食品添加剂’字样”。食品添加剂的标签、说明书中不能对添加剂的使用情况进行虚假描述且不得涉及疾病预防和治疗功能等功能方面的描述，以免造成消费者的误解。

（二）营养强化剂的使用及其标签规则

1. 食品营养强化剂的一般含义

人类的营养来源是多方面的，传统的食品并不是营养的唯一来源。人们为了弥补天然食品的营养缺陷或者为了弥补食品在加工、贮藏中营养素的损失，或者为了适应不同人群的生理需要和职业需要，往往采取在普通食品中加入营养强化剂的方法。根据营养需要向食品中添加一种或多种营养素或者某些天然食品，提高食品营养价值的过程称为食品营养强化，或简称食品强化。这种经过强化处理的食品称为强化食品。所添加的营养素或含有营养素的物质（包括天然的和人工合成的）称为食品营养强化剂。

我国《食品安全法》附则规定了食品营养强化剂的概念，即食品营养强化剂是指为改善食品品质和色、香、味以及为防腐、保鲜和加工工艺的需要而加入食品中的人工合成或者天然物质。食品营养强化剂主要包括维生素、矿物质、氨基酸三类。此外也包括用于营养强化的天然食品及其制品，如大豆蛋白、骨粉、鱼粉、麦麸等。原卫生部于 1986 年 11 月 14 日发布了《食品营养强化剂卫生管理办法》，并于 1994 年 11 月进一步颁发了《食品营养强化剂使用卫生标准》（GB 14880—1994），这是我国第一部有关食品营养强化方面的标准。原国家质量监督检验检疫总局于 2010 年 6 月 1 日实施了新的《食品添加剂生产监督管理规定》，根据第 53 条[①]规定食品添加剂的概念参照法律法规的规定，所以参照《食品安全法》第 150 条中对于食品添加剂的定义，《食品添加剂生产监督管理规定》已将营养强化剂纳入本管理规定。我国目前明确规定可作为强化的营养素有 31 种（共 97 种化合物），其中氨基酸及含氮化合物 2 种、维生素 17 种、微量元素 10 种以及 2 种脂肪酸。

在食品中添加食品营养强化剂，不仅可以补充天然食品的营养缺陷，而且可以改善食品中的营养成分及其比例，减少和预防很多营养缺乏症及因营养缺乏引起的其他并发症，有些营养强化剂还兼有满足人们对营养的需要、提高食品的感官质量和保藏性能等方面的作用。例如为满足婴幼儿、运动员、海员、宇航员等的特殊生理需要、营养成分平衡，利用食品营养强化剂可以特别补充某些营养物质，达到特殊饮食和健康的目的；又如维生素 C、维生素 E、卵磷脂是良好的抗氧化剂；维生素 C、维生素 PP 是肉制品的良好护色剂；一些氨基酸类营养强化剂可以提高加工制品的风味；磷酸氢钙还可以作为发酵助剂和疏松剂，在食品中添加这些物质能够满足各种需要。

2. 食品营养强化剂的使用及要求

根据《食品安全法》规定，食品营养强化剂属于食品添加剂的一种，所以食品营养强化剂的使用原则和食品添加剂的管理规范基本一致，在食品营养强化剂的使用过程中主要遵循以下使用原则：（1）允许在食品中强化的营养素，必须根据我国历年来营养调查的情况和某些地区已暴露出来

---

① 《食品添加剂生产监督管理规定》第 53 条："本规定所规定的实施生产许可的食品添加剂的品种的划分，按照法律法规和国家质检总局有关规定执行。"

的与营养缺乏有关的健康问题，或满足特殊人群对某些营养素供给量需要的原则来确定；（2）营养强化剂的使用范围和使用量，必须根据应用的对象、地区、营养素的需要及载体的性质、工艺等特点来决定；（3）所强化的食品应为食用对象的日常食品，强化剂量必须以营养素供给量标准为依据，保证食用对象能从每日食物的消耗量中摄取一定的有效剂量，即以达到供给量的1/2~2/3为依据，制定出上下限的强化剂量，特别是对一些脂溶性营养素，要注意保证人体长期食用而不会引起蓄积性副作用；（4）食品原有成分中某种物质的含量已达到营养强化剂最低标准1/2者，不应再进行强化；（5）食品在强化过程中，强化剂不应转化成其他物质，或其性质不应受到影响；（6）添加营养强化剂后，应不影响该食品中其他成分的含量及该食品的色、香、味等感观性状；（7）添加的营养强化剂应易被机体吸收利用，需要强化的食品应具有使人体对该强化剂充分吸收利用的条件；（8）所使用的营养强化剂应有质量卫生标准；（9）经营养强化的食品，不能夸大宣传，应有质量标准，必须经审查批准后才能投放市场。

我国《食品安全国家标准　食品营养强化剂使用标准》（GB 14880—2012）第4条规定："（1）营养强化剂的使用不应导致人群食用后营养素及其他营养成分摄入过量或不均衡，不应导致任何营养素及其他营养成分的代谢异常；（2）营养强化剂的使用不应鼓励和引导与国家营养政策相悖的食品消费模式；（3）添加到食品中的营养强化剂应能在特定的储存、运输和食用条件下保持质量的稳定；（4）添加到食品中的营养强化剂不应导致食品一般特性如色泽、滋味、气味、烹调特性等发生明显不良改变；（5）不应通过使用营养强化剂夸大食品中某一营养成分的含量或作用误导和欺骗消费者。"

3. 食品营养强化剂的标签规范

根据《食品安全国家标准　预包装食品营养标签通则》（GB 28050—2011）第4条第3款规定，使用了营养强化剂的预包装食品，除4.1[①]的

① 《食品安全国家标准　预包装食品营养标签通则》第4.1条规定："营养强化剂的使用不应导致人群食用后营养素及其他营养成分摄入过量或不均衡，不应导致任何营养素及其他营养成分的代谢异常。"

要求外，在营养成分表中还应标示强化后食品中该营养成分的含量值及其占营养素参考值（NRV）的百分比。

根据《食品安全国家标准　食品营养强化剂使用标准》（GB 14880—2012）第 7 条规定："食品类别（名称）说明用于界定营养强化剂的使用范围，只适用于本标准。如允许某一营养强化剂应用于某一食品类别（名称）时，则允许其应用于该类别下的所有类别食品，另有规定的除外。"即如果某一种物质既可以作为食品营养强化剂使用，又可以作为其他食品添加剂使用，那么它既可以适用食品营养强化剂标准的规定，也可以适用其在食品添加剂类别下属的规定。

结合本案的情况，本案涉案产品中含有牛磺酸，根据《食品安全国家标准　食品添加剂使用标准》（GB 2760—2014），牛磺酸（又名 2-氨基乙基磺酸）既可以作为食用合成香料加入食品之中，也可以作为营养强化剂加入食品中。又根据《食品安全国家标准　食品营养强化剂使用标准》（GB 14880—2012）中对于牛磺酸作为食品营养强化剂的适用范围的规定，牛磺酸允许使用的范围并不包括用于涉案的压片糖果。界定本案涉案产品中牛磺酸这一成分，是属于食用添加剂（合成香料）还是营养强化剂，是本案的焦点。一是因为本案的涉案产品中的牛磺酸如果是作为食用合成香料，那么涉案产品符合《食品安全国家标准　食品添加剂使用标准》，蒋某亮作为消费者无权根据《食品安全法》第 148 条第二款的规定请求永安康健公司价款十倍的赔偿；如果牛磺酸是作为食品营养强化剂加入涉案产品，那么该涉案产品属于不符合《食品安全国家标准　食品营养强化剂使用标准》，涉案产品可能会导致食品安全问题，那么蒋某亮作为消费者有权基于食品安全问题请求永安康健公司价款十倍的赔偿。二是如果本案涉案产品中的牛磺酸成分作为营养强化剂加入食品中，那么根据《食品安全国家标准　食品营养强化剂使用标准》（GB 14880—2012）中 2.1 条确定的营养强化剂是"为了增加食品的营养成分（价值）而加入食品中的天然或人工合成的营养素和其他营养成分"，营养强化剂的添加是为了增强食品的营养，如果牛磺酸的添加在涉案产品中起不到营养强化的作用，则可能构成对消费者的欺诈，蒋某亮可以作为消费者有权根据《消费者权益保护法》第 55 条的规定，请求永安康健公司给予价款三倍的赔偿。

不同的添加行为会产生两个不同的结果，如果本案涉案产品中的牛磺酸是食用合成香料，根据《食品安全国家标准　预包装食品标签通则》（GB 7718—2011）第 4. 1. 3. 2 表 1 规定：加入的食用香精、香料类别名称，标注方式为“食用香精”“食用香料”即可，也同时会在配料表中食品添加剂项下而进行标示。如果本案涉案产品中的牛磺酸是营养强化剂，那么根据《食品安全国家标准　预包装食品营养标签通则》（GB 28050—2011）第 4 条第 3 款规定：使用了营养强化剂的预包装食品，在营养成分表中还应标示强化后食品中该营养成分的含量值及其占营养素参考值的百分比。而在本案中涉案产品外包装上牛磺酸成分的标识既不符合食用香精香料的标示标准，也不符合营养强化剂的标示标准。

本案中的涉案产品究竟是属于食用香精香料类的添加剂还是营养强化剂的添加，则需要结合案件的事实进一步进行判断。本案二审法院审理认为，永安康健公司在涉案产品标注的配料表中将牛磺酸和食品添加剂并列，而非将“牛磺酸”标注在食品添加剂之中，永安康健公司是将牛磺酸作为一种营养成分添加于涉案产品之中，故认定其系将“牛磺酸”作为了营养强化剂。根据《食品添加剂使用标准》规定，“牛磺酸”可以作为食品添加剂使用，说明“牛磺酸”的添加并不会导致涉案产品产生安全问题，因此，涉案产品中添加“牛磺酸”并不违反食品安全标准，所以不支持《食品安全法》第 148 条第二款规定的价款十倍的赔偿。同时认定永安康健公司将本应作为食品添加剂的“牛磺酸”作为营养成分予以标注，其意图大概率地是在表明涉案产品的特别营养，但“牛磺酸”在涉案产品中起不到营养强化的作用，所以其牛磺酸成分的标示构成消费者欺诈，根据《消费者权益保护法》第 55 条的规定，永安康健公司应当向蒋某亮支付购买产品价款三倍的赔偿金。

（三）食品欺诈与消费欺诈的认定及其责任

欺诈一般是指以使人发生错误认识为目的的故意行为。梁慧星教授认为："所谓欺诈，指故意欺骗他人，使其陷于错误判断，并基于此错误判断而为意思表示之行为。"彭万林教授主编的《民法学》对欺诈下的界定是："欺诈是当事人一方故意捏造虚假情况，或歪曲、掩盖真实情况，使表意人陷于错误认识，并因此作出不合真意的意思表示。"王利明教授主编的《民法》一书认为："所谓欺诈，是指故意告知对方虚假情况，或者故意隐瞒真实情况，诱使对方基于错误判断作出意思表示。"根据《民法总则》及相关司法解释规定，民事欺诈行为是指在设立、变更、终止民事权利和民事义务的过程中，故意告知对方虚假情况，或者故意隐瞒真实情况，诱使对方做出错误的表示的行为。

欺诈行为必须具备欺诈方的欺诈故意、欺诈行为，受欺诈方的错误意思表示以及欺诈方的欺诈行为与受欺诈方的错误意思表示有因果关系这四个要件。（1）欺诈人有欺诈的故意，即是指欺诈的一方明知自己告知对方的情况是虚假的且会使被欺诈人陷入错误认识，而希望或放任这种结果的发生；（2）欺诈方实施了欺诈行为，即欺诈人故意陈述错误事实或故意隐瞒真实情况使他人陷入错误认识的行为；（3）被欺诈的一方因欺诈而陷入错误认识，如果欺诈人实施欺诈行为后，受欺诈人未陷入错误认识或所发生的错误内容并不是欺诈造成的，则不构成欺诈；（4）被欺诈人因错误而作出了意思表示，表明欺诈行为与受害人的不真实的意思表示之间具有因果联系。

消费欺诈是发生于消费领域的欺诈行为，是由不法商人为了贩售其产品和服务而进行的一种低劣的手段，其目的是为了排挤竞争对手或蒙骗消费者，从而抢占市场份额，从中攫取高额利润。消费欺诈行为除了一般欺诈所需承担赔偿损失的责任外，通常还涉及惩罚性赔偿的问题，惩罚性赔偿通常指的是，加害人在赔偿后害人实际损失之后还额外支付的那部分以惩罚为目的的赔偿金，即超出了补偿性赔偿的那部分赔偿。

原国家工商行政总局于 2015 年 1 月 5 日颁布了《侵害消费者权益行为处罚办法》对经营者列举了 10 种欺诈消费者的行为：（1）销售的商品或者提供的服务不符合保障人身、财产安全要求；（2）销售失效、变质的商品；（3）销售伪造产地、伪造或者冒用他人的厂名、厂址、篡改生产日期的商品；（4）销售伪造或者冒用认证标志等质量标志的商品；（5）销售的商品或者提供的服务侵犯他人注册商标专用权；（6）销售伪造或者冒用知名商品特有的名称、包装、装潢的商品；（7）在销售的商品中掺杂、掺假，以假充真，以次充好，以不合格商品冒充合格商品；（8）销售国家明令淘汰并停止销售的商品；（9）提供商品或者服务中故意使用不合格的计量器具或者破坏计量器具准确度；（10）骗取消费者价款或者费用而不提供或者不按照约定提供商品或者服务。

食品欺诈是属于消费欺诈中的一个特殊领域，其所针对的商品主要是食品，相较于消费欺诈食品欺诈更为特殊，其潜在威胁性也更大。我国目前尚未有对食品欺诈做出专门的定义，国外将食品欺诈定义为产品欺诈的一类，包括蓄意和有意图的替代、添加、调和，虚报食品、食品成分、食品包装，或对某产品进行欺骗或误导性的描述，目的是为获取更高的经济利益。美国密歇根州立大学的食品欺诈数据库（Food Fraud Database）将食品欺诈定义为用于包括食品、食品配料或食品包装中故意和有目的性地取代、添加、篡改，或虚假陈述的总称，或为了经济利益做出有关产品的虚假或误导性陈述，包含替代、添加、去除三种类型。

食品欺诈主要是指经营者知道或者应当知道在食品生产、贮存、运输、销售、餐饮服务等活动中存在虚假情况或者故意提供虚假情况，隐瞒真实情况的行为。根据我国《食品安全法》第148条第二款规定的适用十倍损害赔偿的前提在于经营者“明知”是不符合食品安全标准的食品而销售的，此处的“明知”在实践中一般扩大解释为“知道”或者“应当知道”，所以可以将销售者在“明知”情况下的销售行为界定为食品欺诈。食品欺诈除了可以适用于一般消费欺诈所需承担赔偿损失责任和三倍的惩罚性赔偿责任，还可以特别适用于《食品安全法》规定的十倍惩罚性赔偿责任。

我们认为，从食品安全与消费者的相关性角度，以及从“四个最严”的要求，消费欺诈与食品欺诈之间应当就主观故意方面存在一定的区别，消费欺诈的认定包含欺诈行为、结果、行为与结果之间的因果关系以及主观故意四个要件；食品欺诈的认定，对主观故意可以作更宽泛的解释。对消费者欺诈而言，经营者具有欺诈的故意，即明知自己的陈述是不真实的，会导致消费者陷入错误认识，而希望或放纵这种结果的发生，这里的“故意”包含了两层含义：一是陈述不真实事实的故意——积极的行为；二是隐瞒了真实事实的故意——消极的行为。《消费者权益保护法》第55条第二款关于惩罚性赔偿的规定，其适用是建立在经营者具有欺诈的故意之上的。而根据《食品安全法》第148条第二款规定承担食品欺诈的价款十倍惩罚性赔偿责任，对食品的生产者而言并不要求以“明知”为前提，对经营者虽然有“明知”的要求，但是这里的明知并不等同于“故意”，而是包括主观上的“知道”和客观上的“应当知道”。

（执笔：盛利，杜嘉佳）

第五章　食品安全行政诉讼案

案例5-1　南通颐生酒业有限公司与北京市丰台区食品药品监督管理局等处罚案[①]

一、案件概要

本案因南通颐生酒业有限公司与北京市丰台区食品药品监督管理局之间的食品药品管理行政处罚一案，由北京市第二中级人民法院于2017年3月27日作出〔2016〕京02行终1365号行政判决书，审判长严勇。本案上诉人（原审原告）为南通颐生酒业有限公司（以下简称颐生公司），被上诉人（原审被告）为北京市丰台区食品药品监督管理局（以下简称丰台食药局），被上诉人（原审第三人）北京物美商业集团股份有限公司大卖场云岗店（以下简称物美云岗店）。本案涉及上诉人（原审原告）颐生公司生产的“颐生”牌茵陈酒在物美云岗店进行销售，2015年3月24日，被上诉人（原审被告）丰台食药局对被上诉人（原审第三人）物美云岗店作出（京丰）食药监食罚〔2015〕200001－1号行政处罚决定书（以下简称《处罚决定书》）。《处罚决定书》认定物美云岗店于2014年8月6日起至2014年11月13日，在注册登记的经营场所内销售的食品“颐生”牌茵陈酒中添加了药品的行为违反了《食品安全法》（2009年）第50条及《北京市食品安全条例》第34条第（五）项的规定，依据《北京市食品安全条例》第68条第二款及《北京市食品药品监督管理局行政处罚自由裁量权适用规定（试行）》第7条第一款第2项的规定，决定对物美云岗店进行处罚。但颐生公司不服《处罚决定书》，认为其产品

---

① 案件来源：【法宝引证码】CLI. C. 9273985.

属于已有连续多年生产的传统食品，根据《食品安全法》和《禁止食品加药卫生管理办法》的有关规定，以及原卫生部作出的卫监督函〔2011〕123 号《卫生部关于“船牌颐生”茵陈大曲酒生产经营有关问题的复函》（以下简称 123 号《复函》），是允许其继续生产经营，且生产的产品已取得江苏省质量技术监督局颁发的全国工业产品生产许可证，是允许生产经营的，并未违法。据此，诉请一审法院判决撤销《处罚决定书》。一审法院认为丰台食药局所作《处罚决定书》认定事实清楚，适用法律正确，程序合法，判决驳回了颐生公司的诉讼请求。上诉人（原审原告）以一审法院认定事实不清为由提起上诉，二审法院以一审法院判决认定事实基本清楚，但适用法律有误为由改判。

本案主要涉及以下法律规范。

（1）《禁止食品加药卫生管理办法》第 7 条。

（2）《食品安全法》2009 年第 50 条、2015 年第 38 条。

（3）《北京市食品安全条例》第 34 条、第 68 条。

二、思考问题

（1）生产经营食品中的中药材添加规则。

（2）行政诉讼中的证据规则。

三、案件正文

（一）案件当事人及其主张

上诉人（原审原告）南通颐生酒业有限公司的上诉要点和请求：一审法院认定事实不清，请求判决撤销《处罚决定书》。

被上诉人（原审被告）北京市丰台区食品药品监督管理局的答辩要点和请求：请求维持一审法院所作的判决。

被上诉人（原审第三人）北京物美商业集团股份有限公司大卖场云岗店的答辩要点和请求：物美云岗店未对一审法院所作判决提起上诉。

（二）法庭查明的事实

一审法院查明2014年8月6日，物美云岗店进货“颐生”牌茵陈酒48瓶，每瓶进货价格为15.92元，销售价格为19.9元。截至2014年11月，共售出8瓶，剩余40瓶退回供货商。“颐生”牌茵陈酒商品品名为“茵陈酒”复合香型，酒精度38%vol，净含量500 mL，条形码为69217×××434，注册商标为“颐生”，生产许可证号为QS320×××××012，产品标准号为GB/T 27588，生产日期为2014/6/15，原料为水、高粱、小麦、茵陈、红花、绵白糖，总糖：≤30.0 g/L，制造商为颐生公司；2014年11月，丰台食药局接举报称物美云岗店销售的茵陈酒涉嫌违法。2014年12月10日，丰台食药局对物美云岗店销售上述食品的涉嫌违法行为予以立案。2015年1月5日，丰台食药局对物美云岗店的代理人进行询问调查，并制作笔录。调查期间，物美云岗店向丰台食药局提供了食品销售统计表，物美云岗店的营业执照、食品流通许可证、组织机构代码证、负责人身份证明、授权委托书及受委托人身份证明，并同时提供了供货商北京鑫达天洁商贸有限责任公司的营业执照、食品流通许可证、组织机构代码证、税务登记证、开户许可证等材料。丰台食药局在调查期间还发现同为颐生公司生产的“颐生”牌茵陈大曲酒。“颐生”牌茵陈大曲酒商品品名为“茵陈大曲”，酒精度42%vol，净含量500 mL，条形码为69217×××625，注册商标为“颐生”，产品标准号为Q/YSJY 0001S，原料为大曲酒、茵陈、红花、绵白糖，总糖≤30.0 g/L。丰台食药局认为，根据123号《复函》，颐生公司生产的“颐生”牌茵陈大曲酒已经有关行政机关批准生产经营，但该公司生产的“颐生”牌茵陈酒与“颐生”牌茵陈大曲酒商品名称、产品标准、原料均不相同，因此不能认定“颐生”牌茵陈酒已被允许生产经营。2015年3月18日，丰台食药局制作并向物美云岗店送达了（京丰）食药监食罚告〔2015〕200004号行政处罚事先告知书，告知拟作出行政处罚的事实、理由、依据，以及享有陈述、申辩的权利。物美云岗店未提出陈述、申辩意见。2015年3月24日，丰台食药局制作并向物美云岗店送达了（京丰）食药监食责改〔2015〕200004号责令改正通知书，责令物美云岗店立即停止经营添加有茵陈和红花药材的“颐生”牌茵陈酒的行为。同日，丰台食药局作出《处罚决定书》。此后，物美云岗店未提起行政复议和行政诉讼，并履行了缴纳罚款和上缴没收款项的义务。颐生公司对《处罚决定书》不服，直接提起本案诉讼；另查明，2009 年 11 月 19 日，颐生公司作出南颐发〔2009〕3 号关于传统特色产品颐生酒生产销售的请示，报请批准颐生酒（露酒系列）按普通食品生产销售。2010 年 8 月 9 日，颐生公司作出南颐发〔2010〕7 号关于传统产品百年老字号颐生酒有关审批问题的请示，报请江苏省卫生厅“按照《禁止食品加药卫生管理办法》第七条规定，批准‘船牌颐生’茵陈酒在生产过程中按照传统用量添加茵陈、红花二种药物和不限地区销售，并向卫生部备案”。2011 年 3 月 16 日，南通市卫生局作出通卫监督〔2011〕6 号关于我市传统产品“颐生酒”有关审批问题的请示，报请江苏省卫生厅按照《禁止食品加药卫生管理办法》第 7 条规定，批准“颐生酒”在生产过程中按照传统用量添加茵陈、红花二种药物。2011 年 3 月 30 日，江苏省食品安全委员会办公室作出苏食安办〔2011〕23 号关于颐生公司“船牌颐生”茵陈大曲酒生产经营的请示，向原卫生部请示颐生公司生产的“船牌颐生”茵陈大曲酒产品能否继续生产销售。2011 年 5 月 11 日，原卫生部作出 123 号《复函》，答复称“你办来函提出颐生公司生产经营的‘船牌颐生’茵陈大曲酒属于已有连续多年生产历史的传统食品，距今已有 100 多年的历史。根据《食品安全法》和我部发布的《禁止食品加药卫生管理办法》的有关规定，允许其继续生产经营”。2015 年 6 月 1 日，颐生公司发布并经江苏省卫生和计划生育委员会备案该公司企业标准《茵陈大曲酒（配制酒）》（Q/YSJY 0001S—2015）。该标准载明代替《颐生露酒（茵陈大曲酒）》（Q/YSJY 0001S—2014），两标准相比，主要变化是修改了标准名称、范围，增加了产品分类和定义等，其中新标准的范围载明适用于以蒸馏酒（大曲酒）为酒基，按传统配方加入茵陈、红花，再添加佛手或陈皮、金橘、薄荷、玉竹、绵白糖、蜂蜜进行调配而成的具有不同风味的茵陈大曲酒（配制酒）。新标准将产品按风味进行分类为茵陈酒、金奖颐生酒、百年颐生酒、金花酒和金梅酒。其中茵陈酒以蒸馏酒（大曲酒）为酒基，按传统加入茵陈、红花，经除杂、浸提、适量添加绵白糖调配、澄清、贮存和包装而成。2016 年 3 月 21 日，江苏省卫生和计划生育委员会出具了苏卫办〔2016〕41 号复函，称根据 123 号《复函》，“我委对颐生公司报送的企业标准——茵陈大曲酒（配制酒）予以备案。该标准适用于以蒸馏酒（大曲酒）为酒基，按传统配方加入茵陈、红花，再添加佛手或陈皮、金橘、薄荷、玉竹、绵白糖、蜂蜜进行调配而成的具有不同风味的茵陈大曲酒（配制酒）；茵陈大曲酒（配制酒）按风味进行分类：茵陈酒、金奖颐生酒、百年颐生酒、金花酒和金梅酒”。2016 年 4 月 11 日，国家卫生和计划生育委员会食品安全标准与监测评估司做出了国卫食品评便函〔2016〕54 号关于“船牌颐生”茵陈大曲酒相关问题的复函。该函表示 123 号《复函》“仅针对江苏省食品安全委员会办公室来函提出的颐生公司生产经营的‘船牌颐生’茵陈大曲酒的备案，未涉及其他产品”。另，在本院审理本案期间，国家卫生和计划生育委员会称，2011 年 5 月原卫生部根据《食品安全法》和《禁止食品加药卫生管理办法》有关规定，对颐生公司生产经营的“船牌颐生”茵陈大曲酒进行了备案（卫监督函〔2011〕123 号），有关该产品的具体情况可以向江苏省卫生和计划生育委员会了解。

在一审法院庭审期间，丰台食药局出示了以下证据材料，用以证明《处罚决定书》认定事实清楚、证据确凿，程序合法：（1）举报登记表；（2）投诉情况说明及照片；（3）购物小票；（4）现场检查笔录及现场照片；（5）案件来源登记表；（6）立案审批表；（7）询问调查笔录；（8）物美云岗店营业执照、食品流通许可证、组织机构代码证、负责人身份证明；（9）授权委托书及受委托人身份证明；（10）北京鑫达天洁商贸有限责任公司营业执照、食品流通许可证、组织机构代码证、税务登记证、开户许可证；（11）食品销售统计表；（12）案件调查终结报告；（13）案件合议记录；（14）延长办案期限审批表；（15）行政处罚事先告知书及送达回执；（16）陈述申辩笔录；（17）行政处罚决定审批表；（18）责令改正通知书及送达回执；（19）《处罚决定书》及送达回执；（20）行政处罚缴款书；（21）《中华人民共和国药典》（2010 年一部）第 141 页、第 142

页、第223页、第224页；（22）《卫生部关于进一步规范保健食品原料管理的通知》及附件；（23）原卫生部关于普通食品中有关原料问题的批复；（24）涉案商品照片；（25）关于在云岗食药所拍摄案件终结报告的说明。

在一审法院庭审期间，颐生公司出示了以下证据材料，用以证明其生产的产品已有百年历史，是中华老字号产品，在国内外获得过重要奖项，产品已取得生产许可证，且产品添加茵陈和红花已经卫生行政主管部门批准：（1）《处罚决定书》；（2）行政处罚缴款书；（3）案件调查终结报告；（4）食品生产许可证申请书；（5）全国工业产品生产许可证；（6）中国2010年上海世界博览会江苏馆参展证明；（7）获奖证书；（8）报纸及酒瓶照片；（9）中华老字号证书；（10）颐生公司企业标准《颐生酒（茵陈大曲酒）》（Q/YSJY 0001S—2011）；（11）颐生公司企业标准《颐生露酒（茵陈大曲酒）》（Q/YSJY 0001S—2014）；（12）颐生公司企业标准《茵陈大曲酒（配制酒）》（Q/YSJY 0001S—2015）；（13）广东省广州市荔湾区人民法院（2015）穗荔法民一初字第420号民事判决书及裁判文书生效证明书；（14）海门市市场监督管理局出具的证明；（15）颐生公司南颐发（2009）3号关于传统特色产品颐生酒生产销售的请示；（16）颐生公司南颐发（2010）7号关于传统产品百年老字号颐生酒有关审批问题的请示；（17）南通市卫生局通卫监督〔2011〕6号关于我市传统产品“颐生酒”有关审批问题的请示；（18）江苏省食品安全委员会办公室苏食安办〔2011〕23号关于颐生公司“船牌颐生”茵陈大曲酒生产经营的请示；（19）123号《复函》；（20）江苏省食品安全委员会办公室苏食安办〔2011〕43号转发原卫生部关于“船牌颐生”茵陈大曲酒生产经营有关问题复函的通知。

一审法院审理本案期间，物美云岗店未提交证据材料。

二审法院查明的事实与原判决认定的事实一致。

（三）诉辩理由和依据

1. 上诉人的上诉理由和依据

（1）从其产品名称备案申报过程、历史证据、企业标准备案内容等方面，可以证明江苏省卫生主管机关批准生产经营的“船牌颐生”茵陈大曲酒是其所生产系列产品的通用名称，“颐生”牌茵陈酒作为其中一种产品已经批准合法经营。一审法院未论及苏卫办函〔2016〕41 号复函，更未考虑江苏省卫生主管机关已批准其生产经营的事实，仅因名称不同就认定“船牌颐生”茵陈大曲酒与“颐生”牌茵陈酒是不同产品，认定事实错误。

（2）其产品的审批权属于江苏省卫生厅，其系列产品以“船牌颐生”茵陈大曲酒为通用名称经江苏省卫生厅批准并报送原卫生部备案，在认定其经批准备案的产品范围问题上，应以江苏省卫生厅对“船牌颐生”茵陈大曲酒所指产品范围为准。一审法院所作判决中认为不能据此得出涉案“颐生”牌茵陈酒已经相关卫生行政部门批准销售的结论，无视现存证据证明的事实，认定事实不清。

（3）江苏省卫生厅、江苏省质量技术监督局、南通市卫生及工商管理等行政机关，包括广州市荔湾区人民法院的民事判决书，均认为其生产、销售的“颐生”牌茵陈酒是合格产品、合法经营，丰台食药局作出相反认定，认定事实不清。

2. 被上诉人的辩称理由和依据

被上诉人在二审中没有提出辩称理由和依据。

（四）本案的争议焦点及审理意见

1. 一审法院

一审法院认为本案的争议焦点是原告所生产的产品中是否可以添加药品。

一审法院认为丰台食药局作为本行政区域的食品安全监督管理机关，具有受理对相关食品安全违法行为的举报，并依法作出处理的法定职责；《食品安全法》第 50 条规定，生产经营的食品中不得添加药品，但是可以添加按照传统既是食品又是中药材的物质。按照传统既是食品又是中药材的物质的目录由国务院卫生行政部门制定、公布。原卫生部《禁止食品加药卫生管理办法》第 7 条第一款规定，在食品卫生法生效以前，传统上把药物作为添加成分加入，不宣传疗效并有30年以上连续生产历史的定型包装食品品种，经所在地省、自治区、直辖市卫生行政部门批准并向原卫生部备案，可以经售，销售地区不限；本案中，丰台食药局经调查认为茵陈收录于《中华人民共和国药典》（2010年一部），属于药品。据《卫生部关于进一步规范保健食品原料管理的通知》及其附件规定，红花属于可用于保健食品的物品。故涉案“颐生”牌茵陈酒作为普通食品，不得添加茵陈、红花。对此，颐生公司虽然提供了报请批准其酒类产品添加茵陈、红花的相关审批流程文件，及123号《复函》，但并不能据此得出涉案“颐生”牌茵陈酒已经相关卫生行政部门批准销售的结论。丰台食药局所作《处罚决定书》，认定事实清楚，适用法律正确，程序合法。据此，一审法院依照《行政诉讼法》第69条的规定，判决驳回了颐生公司的诉讼请求。

2. 二审法院

二审法院认为本案的争议焦点是物美云岗店销售的“颐生”牌茵陈酒，是否属于123号《复函》中允许颐生公司生产经营产品的范围。

根据《食品安全法》《北京市食品安全条例》及北京市人民政府关于对北京市食品药品监督管理相关文件的规定，丰台食药局具有对辖区内涉嫌食品药品违法行为进行调查，并依法予以查处的法定职责。依照《行政诉讼法》的有关规定，行政机关在行使职权作出行政行为时，应当确保行政行为证据确凿，适用法律、法规正确，符合法定程序，应当对作出的行政行为负举证责任，提供作出行政行为的证据和所依据的规范性文件。本案中，丰台食药局认定物美云岗店销售的“颐生”牌茵陈酒中添加了药品，该行为违反《食品安全法》第50条等法律、法规的规定，对此，颐生公司主张依据《禁止食品加药卫生管理办法》第7条第一款规定，经江苏省卫生主管机关批准并报原卫生部备案，生产销售上述产品合法。依照上述法律规定，丰台食药局应当对物美云岗店销售的“颐生”牌茵陈酒，不在123号《复函》中允许颐生公司生产经营产品范围内承担举证责任，但丰台食药局提交的在案证据，不能对上述情形予以充分必要的证明，故《处罚决定书》认定事实所依据的证据不足，应予撤销。

（五）二审法院的终审判决

一审法院判决认定事实基本清楚，但适用法律有误。依照《行政诉讼法》第70条第1项、第89条第一款第2项的规定，二审法院判决如下：撤销北京市丰台区人民法院（2015）丰行初字第167号行政判决书；撤销北京市丰台区食品药品监督管理局所作（京丰）食药监食罚〔2015〕200001－1号行政处罚决定书；二审案件受理费各50元，均由北京市丰台区食品药品监督管理局负担。

四、问题解答

（一）生产经营食品中的中药材添加规则

我国《食品安全法》第150条定义的食品是指各种供人食用或者饮用的成品和原料以及按照传统既是食品又是中药材的物品，但是不包括以治疗为目的的物品。食品安全法规定的食品是一个大概念，不仅包括直接食用的各种食物，还包括食品原料；既包括加工食品，也包括食用农产品，囊括了从农田到餐桌的整个食物链中的食品。由此可见，食品的作用在于可食用或饮用的，具有营养价值或可充饥。

药品是指用于预防、治疗、诊断人的疾病，有目的地调节人的生理机能并规定有适应证或者功能主治、用法和用量的物质，包括中药材、中药饮片、中成药、化学原料药及其制剂、抗生素、生化药品、放射性药品、血清、疫苗、血液制品和诊断药品等，由此可见，药品的作用在于治疗疾病。

食品与药品的作用是不同的。在我们的日常生活中经常会出现在食品中添加药材的情形，例如金银花茶、鸿茅药酒等，原因在于我国有食药同源的传统，有些物质既是食品也可以是药品。中医以为食药同源，并无截然界限，饮食得当，亦可达到祛疾除病的目的。虽然有食药同源的传统，“药补不如食补”“食疗”“药膳”之说都得到了社会的广泛认可，但是“是药三分毒”的说法也同样获得广泛的共识。

从安全、健康的角度，对食品中是否可以添加药品，对其范围、数量都应该有明确的规定，否则无法分清“药膳”与“三分毒”之间的限制，增大食物的安全风险甚至可能给公众的生命安全和健康带来不利影响。即使在食品允许添加某种（类）药品，也应该是其标签标识中明确表示添加的成分和数量。

1982 年全国人民代表大会常务委员会颁布《食品卫生法（试行）》，其第 8 条规定：“食品不得加入药物，按照传统既是食品又是药品的以及作为调料或者食品强化剂加入的除外。”但根据我国 1984 年颁布的《药品管理法》第 3 条规定，药品包括现代药和传统药，而传统药主要是指中药饮片和传统中药制剂。这给既是中药又是食品的物质的管理和使用带来了很大的不便，为了调节“食品”与“药品”监管的矛盾，1987 年原卫生部、国家中医管理局联合颁发了（87）卫字第 57 号文件，在附录中公布了第一批《既是食品又是药品的品种名单》，第一款内容为 1985 年版《中国药典》和 1981 年出版的《食物成分表》（野菜除外）中共同记载的物质（名单未公布），第二款内容包括乌梢蛇等 33 种物质，1988 年原卫生部食品卫生监督检验所公布上述第一批第一款内容 29 种物质（青果重复），1991 年卫监发〔1991〕第 54 号新增了 8 种物质，1998 年卫监发〔1998〕第 9 号又增加了 8 种物质，至此三批“既是食品又是药品的名单”包括八角茴香、乌梢蛇、蒲公英等共 77 种中药。随着 1996 年《食品卫生法》和《保健食品管理办法》的颁布实施，又重新拟定药食同源物品名单和可用于保健食品的物品名单，2002 年，原卫生部颁布《卫生部关于进一步规范保健食品原料管理的通知卫法监发〔2002〕51 号》，印发新的“既是食品又是药品的物品名单”，一直沿用至今。另外，1987 年 10 月原卫生部还颁布了《禁止食品加药卫生管理办法》，其中第 7 条明确规定：“在食品卫生法生效以前，传统上把药物作为添加成分加入，不宣传疗效并有 30 年以上连续生产历史的定型包装食品品种，经所在地省、自治区、直辖市卫生行政部门批准并向原卫生部备案，可以经售，销售地区不限。在食品卫生法生效以前，按照习惯把药物作为添加成分加入食品中配制的非定型包装食品，且已沿用 30 年以上的，经所在地县以上（含县）卫生行政部门批准，可以在本地加工销售，但不得使用药膳名称。上述食品被批准后，不准增加药物品种、用量、不准扩大添加的食品品种范围。”

对食品中允许添加药品的产品，在其标签标识除了应表明其添加的品种数量，还做出了其他禁止性规定。《禁止食品加药卫生管理办法》第10条规定，按本办法第四条、第五条、第六条、第七条、第九条批准生产经营的食品禁止宣传疗效或保健作用。禁止在包装、标签、说明书或广告上有下列内容：（1）“疗效食品”“保健食品”“强壮食品”“补品”“营养滋补食品”或其他类似词句；（2）“返老还童”“延年益寿”“白发变黑”“齿落更生”“防老抗癌”“祖传秘方”“宫廷秘方”或其他类似词句；（3）中医辨证施治各项治疗原则的用语；（4）在食品名称上冠以中药名称，或以中药图像、名称暗示疗效和保健作用。

我国2009年颁布的《食品安全法》规定“生产经营的食品中不得添加药品，但是可以添加按照传统既是食品又是中药材的物质。按照传统既是食品又是中药材的物质目录由国务院卫生行政部门会同国务院食品药品监督管理部门制定、公布”。在本案中，被上诉人认为上诉人在其普通食品“颐生”牌茵陈酒中非法添加药材茵陈和红花，因而对其进行行政处罚。上诉人则认为茵陈、红花是在《既是食品又是药品的物品名单》中的，属于可添加药材，且其添加行为符合《食品安全法》第38条以及《禁止食品加药卫生管理办法》第7条规定的情形。

一审法院认为颐生公司虽然提供了报请批准其酒类产品添加茵陈、红花的相关审批流程文件及123号《复函》，但并不能据此得出涉案“颐生”牌茵陈酒已经相关卫生行政部门批准销售的结论。二审法院认为依据《禁止食品加药卫生管理办法》第7条第一款规定，经江苏省卫生主管机关批准并报原卫生部备案，生产销售涉案产品是符合法定条件和程序的。

二级法院之间之所以产生分歧是因为对食品添加药材，在合法性的条件和程序上产生理解差异。依据《禁止食品加药卫生管理办法》第7条的规定，食品添加药品需要满足以下5个要件：（1）在食品卫生法生效以前，按照习惯把药物作为添加成分加入食品中配制的非定型包装食品，且已沿用30年以上；（2）添加的药材是属于《既是食品又是药品的物品名单》范围之内的；（3）经所在地县以上（含县）卫生行政部门批准，才可以在本地加工销售；（4）被批准后，不准增加药物品种、用量、不准扩大添加的食品品种范围，严格按照批准的结果生产；（5）既是食品又是药品的产品的标签标示内容必须严格遵守《禁止食品加药卫生管理办法》第10条规定的要求。

在本案中，一审法院认为“船牌颐生”茵陈大曲酒与“颐生”牌茵陈酒是不同产品，认为其不符合上述第（4）个要件，扩大了食品品种范围，因此认为其不合法。而二审法院虽然在事实上认可一审法院的认定，但是对“船牌颐生”茵陈大曲酒与“颐生”牌茵陈酒是否属于违反了“不准扩大添加的食品品种范围”，认为依据不足，即本案被上诉人北京市丰台区食品药品监督管理局不能对上诉人是否违反了“不准扩大添加的食品品种范围”的情形予以充分必要的证明，故其《处罚决定书》认定事实所依据的证据不足，二审法院依法撤销该行政处罚决定书。

（二）行政诉讼中的证据规则

证据是证明案件事实的依据，证据问题是诉讼的核心问题，全部诉讼活动实际上都是围绕证据的搜集和运用进行的。证据规则是指确认证据的范围、调整和约束证明行为的法律规范的总称，其存在及其内容受到诉讼基本结构的制约，是证据法的集中表现。证据规则是在收集证据、采用证据、核实证据、运用证据时所必须遵循的准则，它不是一般的原则和制度，而是诉讼实践中可以操作的尺度。证据规则的存在至少有两个作用：一是在诉讼活动中规范诉讼各方的取证和举证行为；二是在根据证据认定事实时限制对证据的自由取舍。

在行政诉讼中，证据也具有客观性、关联性、合法性三个特征，但其在举证责任分配方面有其特殊性。行政诉讼中的原告在以下三类情形下承担举证责任。（1）初始证明责任，即证明其具有法定起诉条件。（2）在起诉被告不作为的案件中，原告应当提供其在行政程序中曾经提出申请的证据材料但下列情形除外：一是被告应当依职权主动履行法定职责的；二是原告因正当理由不能提供证据的。这里的正当理由范围较广，只要进行合理说明，法院应当予以支持。（3）在行政赔偿、行政补偿案件中，原告应当对被诉行政行为造成损害的事实提供证据，因被告原因导致原告无法举证的，由被告承担举证责任。

行政诉讼中的被告在以下三类情形下承担举证责任。（1）被告应对其作出的行政行为的合法性负有举证责任。（2）“卷宗主义”原则，即行政机关作出所有的行政行为，必须“先取证，后裁决”，奉行“证据在先”原则。在诉讼中，被告只能依据其行为之前调查收集完成的案卷卷宗中的所有证据，来证明其行政行为的合法性。被告及其诉讼代理人不得自行向原告、第三人和证人收集证据。（3）被告怠于举证的补救。在行政案件中，被告不提供或无正当理由逾期提供证据，视为没有相应证据，但涉及第三人合法权益，第三人提供证据的除外。

在本案中，对“船牌颐生”茵陈大曲酒与“颐生”牌茵陈酒是否是不同产品的举证责任产生争议。被上诉人认为，《复函》中提到的是“船牌颐生”茵陈大曲酒，而上诉人生产的是“颐生”牌茵陈酒，因而是不同的产品。上诉人认为两者只是名称不同，从其产品名称备案申报过程、历史证据、企业标准备案内容等方面，都可以证明江苏省卫生主管机关批准生产经营的“船牌颐生”茵陈大曲酒是其所生产系列产品的通用名称，“颐生”牌茵陈酒作为其中一种产品已经批准合法生产经营。

一审法院认为颐生公司虽然提供了报请批准其酒类产品添加茵陈、红花的相关审批流程文件及 123 号《复函》，但并不能据此得出涉案“颐生”牌茵陈酒已经相关卫生行政部门批准销售的结论。二审法院认为丰台食药局应当对物美云岗店销售的“颐生”牌茵陈酒，不在 123 号《复函》中允许颐生公司生产经营产品范围内承担举证责任。一审法院认为颐生公司应对其是否违反了“不准扩大添加的食品品种范围”的情形承担提供充分必要的证明责任，二审法院则认为被上诉人丰台食药局应对上诉人是否违反了“不准扩大添加的食品品种范围”的情形承担提供充分必要的证明责任，二审法院因此认定被上诉人丰台食药局提交的在案证据，不能对上述情形予以充分必要的证明，故《处罚决定书》认定事实所依据的证据不足，判决予以撤销。

我们认为根据行政诉讼法的证据规则，在本案被上诉人应当承担不能举证的不利法律后果。《关于执行〈中华人民共和国行政诉讼法〉若干问题的解释》第26条规定:“在行政诉讼中,被告对其作出的具体行政行为承担举证责任。被告应当在收到起诉状副本之日起10日内提交答辩状,并提供作出具体行政行为时的证据、依据;被告不提供或者无正当理由逾期提供的,应当认定该具体行政行为没有证据、依据。”据此,本案被上诉人首先应承担证明其作出的行政行为合法的举证责任,即应证明“船牌颐生”茵陈大曲酒与“颐生”牌茵陈酒是不同产品,涉案产品超越批准范围,从而证明其对上诉人的行政处罚是合法的。同时,根据《行政诉讼法》第37条的规定,即使一审原告(上诉人)在一审中提供证明其没有违反“不准扩大添加的食品品种范围”的证据不成立的,一审被告(被上诉人)仍然应承担证明原告违法的举证责任。因此,即使本案上诉人不能提供“两者”是同一类产品的证据,被上诉人仍不能免除其举证证明该“两者”不属于同一类产品的责任,否则,被上诉人就应承担不能提供证据的不利法律后果。

(执笔:阮超,王琴允)

案例5－2　益阳金福米业有限公司与佛山市南海区食品药品监督管理局食品药品安全行政管理行政判决书案[①]

一、案件概要

本案因益阳金福米业有限公司（以下简称“金福米业公司”）与佛山市南海区食品药品监督管理局（以下简称南海区食药局）之间的行政处罚及行政赔偿一案，由广东省佛山市中级人民法院于2016年6月29日作出〔2016〕粤06行终198号行政判决书，审判长周刚。本案上诉人（原审原告）为金福米业公司，被上诉人（原审被告）为南海区食药局，原审第三人为佛山市南海区绿巨人粮油有限公司（以下简称“绿巨人粮油公司”）。本案涉及被上诉人（原审被告）南海区食药局对原审第三人绿巨人粮油公司作出南食药监行罚〔2015〕133号行政处罚决定，认定原审第三人使用镉含量超出食品安全标准限量的食品原料大米，依据《食品安全法》的规定，对原审第三人处以罚款并没收上述大米；上诉人（原审原告）金福米业公司认为该行政处罚决定因被上诉人（原审被告）行政执法程序严重违法而无效，应予撤销，且被上诉人应赔偿因此对上诉人造成的重大经济损失，遂提起行政诉讼。一审法院认为原告的诉讼请求没有事实和法律依据，驳回其诉讼请求。上诉人以被上诉人抽样程序违法、作出行政决定的依据错误、作出行政决定时适用法律错误为由提起上诉，请求撤销一审判决与涉案行政处罚决定。二审法院以上诉人的上诉主张缺乏事

---

① 案件来源：【法宝引证码】CLI. C. 8520922.

实和法律依据，驳回上诉，维持原判。

本案主要涉及以下法律规范。

（1）2009 年《食品安全法》第 5 条、第 20 条、第 36 条、第 77 条、第 86 条（分别对应 2015 年《食品安全法》第 6 条、第 26 条、第 50 条、第 110 条、第 125 条）。

（2）《食品安全抽样检验管理办法》第 18 条、第 30 条、第 31 条、第 32 条。

（3）《食品药品行政处罚程序规定》第 7 条。

（4）2014 年《行政诉讼法》第 89 条（对应 2017 年《行政诉讼法》第 89 条）。

（5）《食品安全监督抽检和风险监测实施细则》第 2.5.2 条、第 2.5.3 条。

二、思考问题

（1）食品生产原料的“食品”的标签规范。

（2）食品安全检验检测的实体规范和程序规范。

（3）行政处罚决定涉及第三人利益时，该第三人的诉讼主体资格。

三、案件正文

（一）案件当事人及其主张

上诉人（原审原告）金福米业公司的上诉要点和请求：请求二审法院撤销一审判决及被上诉人作出的涉案处罚决定，维护上诉人的合法权益。

被上诉人（原审被告）南海区食药局的答辩要点和请求：请求二审法院依法维持一审判决，驳回上诉人的上诉。

原审第三人绿巨人粮油公司的答辩要点和请求：被上诉人南海区食药局对原审第三人作出的涉案处罚决定没有违法行为，一审判决正确。

（二）法庭查明的事实

一审法院审理查明：2015 年 5 月 19 日南海区食药局在对绿巨人粮油

公司进行现场检查时，发现该公司涉嫌生产经营标签不符合规定的食品，遂对其购买的用于生产加工“井冈山泉牌鼠牙香黏米”的原料大米（包括 900 袋、每袋 50 kg、标注品名为“优质大米”、生产厂家为原告的大米）作出了南食药监查扣决〔2015〕841041 号查封决定，查封期限为 2015 年 5 月 20 日起至 2015 年 6 月 19 日止，并制作了（查封）物品清单，该公司的法定代表人在上述《查封决定书》和（查封）物品清单上签名确认。同时，南海区食药局对上述涉案的 900 袋大米中的 10 袋分别进行抽样，绿巨人粮油公司的法定代表人在两份《国家食品安全抽样检验抽样单》上签名，确认对抽样程序、过程、封样状态及《抽样单》内容没有异议。经南海区食药局委托检验，广东产品质量监督检验研究院于 2015 年 6 月 3 日、6 月 5 日出具《检验报告》。根据该两份《检验报告》，上述两种样品均镉含量超标。2015 年 6 月 17 日，南海区食药局对绿巨人粮油公司发出南食药监检告（2015）841041 号《检验结果告知书》（附上述两份《检验报告》），将检验结果告知绿巨人粮油公司，并告知其如对检验结果有异议，可在收到检验报告之日起 5 个工作日内提出书面复核申请，逾期视为放弃该项权利。同日，南海区食药局对绿巨人粮油公司作出南食药监查扣决〔2015〕841052 号扣押决定，认为该公司涉嫌采购使用不符合食品安全标准的食品原料，对该公司购买的用于生产加工“井冈山泉牌鼠牙香黏米”的涉案原料大米进行扣押，扣押期限在 2015 年 6 月 18 日起至 2015 年 7 月 6 日止，并制作了（扣押）物品清单，绿巨人粮油公司的法定代表人在上述《扣押决定书》和（扣押）物品清单上签名确认。2015 年 7 月 6 日，南海区食药局分别作出查封延期决定书、扣押延期决定书，决定延长查封、扣押期限三十天，期限自 2015 年 7 月 7 日起至 2015 年 8 月 5 日止（不包括检测、检验、检疫或者技术鉴定的期间在内）。2015 年 7 月 9 日，南海区食药局对绿巨人粮油公司的法定代表人进行了调查询问。

经过调查核实，南海区食药局于 2015 年 7 月 30 日对绿巨人粮油公司作出南食药监罚告〔2015〕133 号《行政处罚事先告知书》和南食药监听告〔2015〕133 号《听证告知书》，拟对该公司进行行政处罚，并告知该公司享有陈述、申辩和要求举行听证的权利。该公司及其法定代表人明确放弃陈述、申辩和要求举行听证的权利。

2015 年 8 月 5 日南海区食药局对绿巨人粮油公司作出南食药监行罚〔2015〕133 号行政处罚决定，认定该公司使用镉含量超出食品安全标准限量的食品原料生产镉含量超出食品安全标准限量的“井冈山泉牌鼠牙香黏米”，该行为违反了《食品安全法》第 36 条第一款的规定，依据《食品安全法》第 86 第 3 项条的规定，决定对该公司处以罚款 5 000 元、没收“优质大米”（金福米业公司）共 900 包。

二审法院查明的事实与一审判决认定的事实一致。

（三）诉辩理由和依据

1. 上诉人的上诉理由和依据

（1）被上诉人抽样程序违法，所抽样品属于无效样品，不能准确反映上诉人所生产大米的真实情况。首先，抽样人员无抽样资质，未被列入食监部门的抽样人员名单，不符合《食品安全监督抽样和风险监测工作规范（试行）》第 1. 2. 1 条的规定。其次，抽取的样品不合格，不符合《食品安全监督抽样和风险监测工作规范（试行）》及《大米》（GB 1354—2009）和《粮食、油料检验扦样、分样法》（GB 5491—1985）的相关规定。再次，被上诉人抽样的对象错误，上诉人提供给原审第三人的大米是原审第三人的生产原料，生产原料不能成为被上诉人的抽样对象。最后，根据《食品安全抽样检验管理办法》等相关规定，抽样人员应当出示抽样通知书，抽样人员还应填写完整的《国家食品安全抽样检验告知书》《抽样单》《工作质量及工作纪律反馈单》等交被抽样单位，被上诉人并未按照上述规定尽到如实告知义务。

（2）《检验报告》不能作为被上诉人作出涉案处罚的依据。因为检验的样品无效，故该报告自然无效，且《检验报告》结果出来后，被上诉人未依法通知上诉人，剥夺了上诉人要求复检等相关权利。

（3）被上诉人将原审第三人处的大米予以查封的理由是绿巨人粮油公司涉嫌生产经营标签不符合规定的食品，上诉人提供给原审第三人的大米只是原审第三人用来加工的原料，对于原料如何标注，法律并没有规定，故被上诉人适用《食品安全法》第 77 条第 4 项的规定予以查封系适用法律错误。另，被上诉人的工作人员在本案执法过程中均没有有效的执法证件，其执法行为亦没有立案、报告等审批手续。

2. 被上诉人的辩称理由和依据

（1）上诉人与被上诉人作出的本案行政处罚没有利害关系。上诉人认为涉案处罚决定侵犯其商誉及财产权，对其商誉而言上诉人并没有举证；对其财产权来讲，其货款纠纷属于上诉人与其他人的民事债权债务纠纷，可遵循民事途径解决。

（2）被上诉人作出的涉案行政处罚合法有效。① 被上诉人作为区级食品药品监督管理部门，依法享有对本行政区域内的食品违法案件进行处理的职权，作出的涉案行政处罚决定程序和内容均合法。②《大米》（GB 1354—2009）和《粮食、油料检验扦样、分样法》（GB 5491—1985）均属于推荐性标准，并非强制性标准。根据 2015 年《食品安全监督抽样和风险检测实施细则》的相关规定，生产企业抽样时在成品仓库按照《粮食、油料检验扦样、分样法》（GB 5491—1985）的规定抽取样品，但是对在流通领域抽样方式、方法没有规定，上诉人生产的涉案大米被原审第三人绿巨人粮油公司采购后作为原材料用于自己生产经营，换言之，上诉人生产的涉案大米已处于流通领域，故对于流通领域的大米进行抽样，按照上述规定，只需满足检验和复检需要即可，并不需要按照《粮食、油料检验扦样、分样法》（GB 5491—1985）执行。③ 被上诉人抽样程序合法，广东产品质量监督检验研究院作出的《检验报告》程序和内容亦合法有效，被上诉人已按照《食品安全抽样检验管理办法》的相关规定，通知了原审第三人，原审第三人亦是本案的被抽检的食品生产者和经营者，被上诉人没有义务将检验结果直接告知上诉人。

(四) 本案的争议焦点及审理意见

1. 一审法院

一审法院认为本案主要争议焦点是上诉人金福米业公司是否具有原告主体资格；对 No：SP154239《检验报告》的效力认定是否属于可诉的行

政行为；被上诉人的抽样抽检程序是否合法。

（1）依据《食品安全法》（2009 年）第 4 条三款的规定，南海区食药局依法享有负责本行政区域内食品生产违法行为进行行政处罚的职权。该局所作涉案行政处罚决定认定了绿巨人粮油公司使用镉含量超出食品安全标准限量的食品原料生产镉含量超出食品安全标准限量的“井冈山泉牌鼠牙香黏米”的事实，并作出了没收“优质大米”（金福米业公司）共 900 包的决定，与金福米业公司具有法律上的利害关系。金福米业公司对该行政处罚决定具有提起行政诉讼的原告主体资格。

（2）南海区食药局作出的 0002471 号《国家食品安全抽样检验抽样单》是该局对绿巨人粮油公司进行调查的一个环节，不是独立、可诉的行政行为，对当事人的权利义务不产生影响。No：SP154239《检验报告》是由广东产品质量监督检验研究院作出，不属于行政行为，故《抽样单》及《检验报告》均不可诉。

（3）南海区药监局 2015 年 5 月 19 日进行现场检查时发现绿巨人粮油公司涉嫌生产经营标签不符合规定的食品，对其购买的用作加工原料的大米（包括涉案的 900 包标注生产厂家为金福米业公司的大米）作出查封决定，对上述大米和绿巨人粮油公司生产加工的 10 袋“井冈山泉牌鼠牙香黏米”大米进行抽样，绿巨人粮油公司的法定代表人在两份《国家食品安全抽样检验抽样单》上签名，确认对抽样程序、过程、封样状态及《抽样单》内容没有异议。该局于 2015 年 6 月 17 日将抽检结果告知绿巨人粮油公司，且告知其如对检验结果有异议，提出书面复核申请的权利。该局的抽检行为和将检验结果告知当事人的行为符合《食品安全抽样检验管理办法》第 21 条第二款、第三款、第 30 条第一款、第 34 条第一款的规定。金福米业公司认为南海区食药局抽检不通知其参加，抽检程序违法，没有法律依据，法院不予支持。

根据广东产品质量监督检验研究院所作的两份抽检报告、现场检查报告、调查询问等证据材料，绿巨人粮油公司使用镉含量超出食品安全标准限量的食品原料生产镉含量超出食品安全标准限量的“井冈山泉牌鼠牙香黏米”，南海区食药局根据《食品安全法》第 36 条第一款、第 86 条第 3

项的规定，作出涉案行政处罚决定，对绿巨人粮油公司处以罚款 5 000 元、没收“优质大米”（原告）共 900 包，具有事实和法律依据。

金福米业公司请求撤销南海区食药局所作出的南食药监行罚〔2015〕133 号行政处罚决定，并提出其他诉讼请求，没有事实和法律依据，法院不予支持，依法应予驳回。综上，依照《行政诉讼法》第 69 条的规定，判决驳回金福米业公司的诉讼请求。本案受理费 50 元由金福米业公司负担。

2. 二审法院

二审法院认为本案的争议焦点是本案原被告主体是否适格；抽样抽检程序是否合法；被上诉人处罚程序是否合法。

（1）被上诉人作出本案被诉之南食药监行罚〔2015〕133 号《行政处罚决定书》，其中认定原审第三人绿巨人粮油公司使用镉含量超出食品安全标准限量的食品原料生产镉含量超出食品安全标准限量的“井冈山泉牌鼠牙香黏米”的事实，上述事实认定与上诉人具有法律上的利害关系，上诉人的原告主体资格适格。根据 2015 年 10 月 1 日前实施的《食品安全法》第 5 条第二款、《食品药品行政处罚程序规定》第 7 条第一款的规定，被上诉人负责本行政区域的食品安全监督管理工作，并具有对本行政区域内的食品安全违法行为进行行政处罚的职责，其主体资格适格，本院予以确认。

（2）根据被上诉人对原审第三人法定代表人所作的《询问笔录》、被上诉人作出的《现场检查笔录》《国家食品安全抽样检验抽样单》、广东产品质量监督检验研究院出具的两份《检验报告》等证据可以证明原审第三人使用上诉人提供的镉含量超出食品安全标准限量的食品原料“优质大米”生产镉含量超出食品安全标准限量的“井冈山泉牌鼠牙香黏米”，基于以上事实，被上诉人认为原审第三人违反了 2015 年 10 月 1 日前实施的《食品安全法》第 36 条第一款的规定，构成不得采购并使用不符合食品安全标准的食品原料的违法行为，根据该法第 86 条第 3 项的规定，对原审第三人予以行政处罚并无不当。上诉人认为被上诉人抽样程序违反了《大米》（GB 1354—2009）和《粮食、油料检验扦样、分样法》（GB 5491—1985）的相关规定，故所取样品不合格，《检验报告》不能作为其行政处罚认定事实的依据。经查，《食品安全监督抽检和风险监测实施细则》

（国家食品药品监督管理总局食药监办食监三〔2014〕71号）第2.5.2抽样方法、基数及数量规定："生产企业抽样时，在成品仓库按照标准GB 5491规定……在流通领域抽样时，抽样基数应不少于抽取样品量……"根据上述规定可知，对于食品药品监督管理部门在流通领域抽样时只要求抽样基数应不少于抽取样品量，上诉人所称的《粮食、油料检验扦样、分样法》（GB 5491—1985）的相关规定应适用的是生产企业自行抽样，本案中，被上诉人作为县级食品药品监督管理部门，其对原审第三人购买的上诉人的大米进行抽样属于在流通领域抽样，故其未按照《大米》（GB 1354—2009）和《粮食、油料检验扦样、分样法》（GB 5491—1985）进行抽样并无不当。且根据原审第三人签名确认无异议的《国家食品安全抽样检验抽样单》可知，被上诉人对样品的处理亦符合《食品安全监督抽检和风险监测实施细则》第2.5.3样品处理"检验样品、备用样品分别装入密闭性能良好、清洁无污染的样品袋内，密封好后再将检验样品和备用样品分别装入该产品的空包装袋内。抽样完成后由抽样人与被抽查企业在抽样单和封条上签字、盖章，当场封样，为保证样品的真实性，要有相应的防拆封措施，并保证封条在运输过程中不会破损。"的规定。故上诉人的上述主张理据不足，本院不予支持。

（3）被上诉人处罚程序是否合法的问题。根据查明的案件事实可知，2015年5月19日被上诉人在原审第三人法定代表人的陪同下对原审第三人进行现场检查，发现原审第三人涉嫌生产经营标签不符合规定的食品后，遂对法定代表人进行了调查询问，对原审第三人生产的大米及购买的用于加工生产的原料大米（包括上诉人出售给原审第三人的大米）进行了查封，当场制作并向原审第三人交付了查封决定书和清单。同日，对原审第三人生产的大米及原审第三人购买的上诉人的大米进行了抽样，填写了《国家食品安全抽样检验抽样单》，原审第三人的法定代表人在上述抽样单上亦签名确认。经被上诉人委托鉴定，广东产品质量监督检验研究院作出《检验报告》，结论为两种样品均镉含量超标。被上诉人遂于2015年6月17日将检验结果告知原审第三人，并告知其复检的权利。同日，被上诉人认为原审第三人涉嫌采购使用不符合食品安全标准的食品原料，对原审第三人购买的生产厂家为上诉人的大米进行扣押，制作了（扣押）物品清单，原审第三人的法定代表人在上述《扣押决定书》和（扣押）物品清单上签名确认。经过调查核实，被上诉人于2015年7月30日对原审第三人作出南食药监罚告〔2015〕133号《行政处罚事先告知书》和南食药监听告〔2015〕133号《听证告知书》，拟对原审第三人进行行政处罚，并告知原审第三人享有陈述、申辩和要求举行听证的权利，并于2015年8月5日作出涉案《行政处罚决定书》，依法送达给原审第三人，告知原审第三人复议或诉讼的权利，被上诉人作出涉案行政处罚的程序符合《食品药品行政处罚程序规定》《中华人民共和国行政强制法》（以下简称《行政强制法》）及《中华人民共和国行政处罚法》（以下简称《行政处罚法》）的相关规定，程序合法。上诉人认为其提供给原审第三人的大米是原审第三人的生产原料，生产原料不能成为被上诉人的抽样对象，且对于原料如何标注，法律并没有规定，故被上诉人亦不能对上诉人生产的上述大米进行查封。经查，2015年10月1日前实施的《食品安全法》第20条、第77条的相关规定，以及《食品安全抽样检验管理办法》第18条第二款规定：本案中，虽然原审第三人使用上诉人生产的大米作为原材料进行加工，但相对于上诉人而言，其提供给原审第三人的大米已属于其生产经营的食品，亦属于在流通领域内，由于上诉人提供给原审第三人的大米无标注完整标签，故根据上述规定，被上诉人有权对上诉人生产的上述大米进行扣押并抽取样品进行检测。上诉人的上述主张没有事实及法律依据，本院不予支持。上诉人还认为按照《食品安全抽样检验管理办法》的相关规定及《食品安全监督抽检和风险检测工作规范（试行）》第2.7条关于地方承担的抽检检测任务，在流通环节抽样的，抽样单位应当将抽检报告、检验结果书寄送至食品标示生产者的规定，被上诉人未向其送达涉案《检验报告》，剥夺了其复检的权利，程序违法。经查，《食品安全监督抽检和风险检测工作规范（试行）》亦明确载明该规范性文件是为规范原国家食品药品监督管理总局食品安全监督抽检和风险监测工作，保证程序合法、科学、公正、统一，特制定本工作规范，即《食品安全监督抽检和风险检测工作规范（试行）》适用范围是原国家食品药品监督管理总局所进行的食品安全监督抽检和风险监测工作，本案并非国家食品药品监督管理总局组织的由被上诉人承担的抽检检测任务，故该规范性文件在本案中对被上诉人并不适用。同时，根据《食品安全抽样检验管理办法》第29条、第30条第一款和第三款、第31条及第32条的规定可知，地方食品药品监督管理部门在经营环节组织监督抽检的，标称的食品生产者在其他省级食品药品监督管理部门管辖区域的，应当按照抽检地省级食品药品监督管理部门规定的程序和时限报告抽检地省级食品药品监督管理部门，抽检地的省级食品药品监督管理部门应当在收到不合格检验结论后及时通报标称的食品生产者住所地省级食品药品监督管理部门，标称的食品生产者住所地省级食品药品监督管理部门收到不合格检验结论后，应当按照规定及时通知相关食品生产经营者。本案中，由于上诉人住所地与被上诉人的抽检地不在同一省级行政区域，故依据上述规定，向上诉人通知检验结论不合格的应为其住所地省级食品药品监督管理部门，被上诉人并不具有法定的通知义务。且被上诉人是否将《检验报告》结果通知给上诉人，不是其对原审第三人作出本案行政处罚的前置程序。故上诉人的上述主张理据不足，本院亦不予支持。

（五）二审法院的终审判决

上诉人的上诉主张缺乏事实和法律依据，本院不予支持。一审法院判决驳回上诉人的诉讼请求正确，依法应予维持。依照《行政诉讼法》第89条第一款第1项的规定，判决驳回上诉，维持原判。二审案件受理费50元，由上诉人益阳金福米业有限公司负担。

四、问题解答

（一）食品生产原料的“食品”的标签规范

首先，对于食品生产原料的概念的界定。在《食品安全法》中没有对食品生产原料进行直接的定义，有学者认为，食品原料就是指用来加工成食品的、用量较大，并构成食品主要成分的物质①。也有学者从食品加工

① 石彦国:《食品原料学》，科学出版社2016年版，第1页。

学的角度出发，认为食品原料是指通过农业生产获得的可被人们食用和加工利用的农产品，包括植物性原料、动物性原料和微生物性原料等[①]。《食品安全法》对食品原料视同“食品”纳入调整对象中，即《食品安全法》第150条中的食品定义为“各种供人食用或者饮用的成品和原料以及按照传统既是食品又是中药材的物品，但是不包括以治疗为目的的物品”。

其次，食品生产原料能否适用《食品安全法》第67条关于预包装食品的标签规定。《食品安全国家标准　预包装食品标签通则》（GB 7718—2011）将“预包装食品”定义为：“预先定量包装或者制作在包装材料和容器中的食品，包括预先定量包装以及预先定量制作在包装材料和容器中并且在一定量限范围内具有统一的质量或体积标识的食品。”根据上述定义，第一，预包装食品首先必须是“食品”；第二，包装上应该有统一的质量或体积标识。本案中的原料大米有统一的质量标识，符合预包装食品的这个特点，因此，关键在于判断该原料大米是否属于食品。根据GB 7718—2011，该标准适用于直接提供给消费者的预包装食品标签和非直接提供给消费者的预包装食品标签。非直接提供给消费者的预包装食品包括生产者提供给其他生产者的预包装食品，以及生产者提供给餐饮业作为原料、辅料使用的预包装食品[②]。同时，从逻辑解释角度，既然是属于用于食品生产加工的物质，尽管尚处于非直接提供给消费者消费，我们认为其预包装的要求仍然应符合《食品安全国家标准　预包装食品标签通则》（GB 7718—2011）的规范要求。

根据《食品安全法》第150条的表述来看，“食品”包括了“供人食用或者饮用的原料”。但是是否存在“加工前不属于直接供人食用或者饮用的物质，而是经过加工后才能成为供人食用或者饮用的物质”？如果存在这样的物质（生产食品的原料）并被用于生产食品的原料时，对该类物质的标签是否应符合“食品标签”规范要求，我们认为应该是肯定的，也即只要是用于加工生产食品的“原料”，都必须符合《食品安全法》的规

① 徐幸莲、彭增起、邓尚贵：《食品原料学》，中国计量出版社2006年版，第1页。

② 国家食品药品监督管理总局科技和标准司：《食品安全标准应用实务》，中国医药科技出版社2017年版，第2页。

定。例如本案中上诉人提出的对于原料如何标注法律没有规定的抗辩并没有得到法院的支持，既然这些“原料”是用于生产加工食品的，就应当受《食品安全法》的调整，即符合《食品安全法》第67条明确规定了预包装食品包装上的标签需要明列的事项。

最后，我们认为食品安全法关于食品的概念已经包括了食品生产原料。第一，从立法目的来看，《食品安全法》是为了保证食品安全，保障公众身体健康和生命安全，将“食品”做广义理解有助于实现这一目的，从《食品安全法》第2条的适用范围来看，除了适用食品、食品添加剂，还适用于食品相关产品，虽然这里的食品相关产品有特别的含义，但从目的解释角度同样可以将食品生产加工的原料纳入调整范围；第二，从《食品安全法》第150条的表述来看，其中提到了“原料”，法条本意就是将“原料”包括在内的，我们理解时只须将“供人食用或者饮用”做扩大解释即可，也就是说最终目的是为了供人食用或者饮用的物品即可；第三，从社会实践来看，食品原料是食品工业发展的重要保证，食品原料的品质直接影响食品成品的安全与否，无疑应将食品原料安全作为食品安全的一个重要监督对象；第四，从司法实践来看，以本案为例，一审二审法院都认为食品生产原料应符合《食品安全法》以及食品安全标准中关于标签的规定。

综上所述，作为食品生产加工原料的“食品”的标签规范应该适用法律中对“食品”的标签规范，即《食品安全法》第67条、第68条、第69条等相关法条，同时也要符合国家标准、地方标准等食品安全标准中的规定。

（二）食品安全检验检测的实体规定和程序规定

根据法律所规定的内容不同，可以将法律分为实体法和程序法。实体法指以规定和确认权利与义务或职权与职责为主的法律；程序法指以保证权利和义务得以实现或职权和职责得以履行的程序为主的法律①。法的分类从一定的角度或者按照一定的标准，对一个国家的法进行划分，与法律

① 葛洪义：《法理学（第四版）》，中国人民大学出版社2015年版，第112页。

规范、法律规则、法律规定的分类并不相同。在一部实体法中，可能既有实体性规定又有程序性规定，在程序法中也是如此。而这个话题下所讨论的实体性规定与程序性规定并不是法的分类，但是判断的标准是类似的。实体性规定就是指以规定和确认权利与义务或职权与职责的法律规定；程序性法律规定则是指以保证权利和义务得以实现或职权和职责得以履行的法律规定。因此，实体性规定的内容主要为权利义务（职权职责）的主体，权利义务（职权职责）的内容，以及权利义务（职权职责）实现或未实现（履行或未履行）的结果。而程序性规定的内容则是如何实现权利义务或者履行职权职责。

1. 食品安全检验检测的实体性规定

（1）根据《食品安全法》第 84 条、第 85 条、第 86 条规定，食品安全检验检测的检测主体为食品检验机构，食品检验机构按照国家有关认证认可的规定取得资质认定后，方可从事食品检验活动。食品检验由食品检验机构指定的检验人独立进行，食品检验实行食品检验机构与检验人负责制，食品检验报告应当加盖食品检验机构公章，并有检验人的签名或者盖章，食品检验机构和检验人对出具的食品检验报告负责。

（2）根据《食品安全法》第 87 条规定，县级以上人民政府食品药品监督管理部门应当对食品进行定期或者不定期的抽样检验，并依据有关规定公布检验结果，不得免检。

（3）根据《食品安全法》第 89 条规定，食品生产企业可以自行对所生产的食品进行检验，也可以委托符合本法规定的食品检验机构进行检验。

（4）根据《食品安全抽样检验管理办法》第 18 条规定，食品安全检验检测的内容包括：食品生产经营者的营业执照、许可证等资质证明文件，食品生产者的成品库待销产品中或者从食品经营者仓库和用于经营的食品中随机抽取样品。

（5）根据《食品安全法》第 87 条、第 112 条规定，食品安全检验检测的方式可以是国家规定的快速检测方法、定期或者不定期的抽样检验。

（6）根据《食品安全法》第 110 条规定，抽样对象包括生产经营的食品、食品添加剂、食品相关产品。

2. 食品安全检验检测的程序性规定

（1）根据《食品安全抽样检验管理办法》第 17 条对抽样人员规范：抽样人员在执行抽样任务时应当出示监督抽检通知书、委托书等文件及有效身份证明文件，并不得少于 2 人；案件稽查、事故调查中的食品安全抽样活动，应当由食品安全行政执法人员进行或者陪同；承担食品安全监督抽检抽样任务的机构和人员不得提前通知被抽样的食品生产经营者。

（2）根据《食品安全抽样检验管理办法》第 20 条、第 21 条对抽检样品的程序规范要求：抽检中的样品应当现场封样。复检备份样品应当单独封样，交由承检机构保存。抽样人员应当采取有效的防拆封措施，并由抽样人员、被抽样食品生产经营者签字或者盖章确认。食品安全监督抽检的抽样人员应当使用规范的抽样文书，详细记录抽样信息。记录保存期限不得少于 2 年。食品安全监督抽检的抽样人员应当书面告知被抽样食品生产经营者依法享有的权利和应当承担的义务。被抽样食品生产经营者应当在食品安全抽样文书上签字或者盖章，不得拒绝或者阻挠食品安全抽样工作。

（3）根据《食品安全法》第 88 条对复检程序的规范要求：食品生产经营者可以自收到检验结论之日起七个工作日内向实施抽样检验的食品药品监督管理部门或者其上一级食品药品监督管理部门提出复检申请，由受理复检申请的食品药品监督管理部门在公布的复检机构名录中随机确定复检机构进行复检。复检机构出具的复检结论为最终检验结论。复检机构与初检机构不得为同一机构。采用国家规定的快速检测方法对食用农产品进行抽查检测，被抽查人对检测结果有异议的，可以自收到检测结果时起四小时内申请复检。复检不得采用快速检测方法。

（4）根据《食品安全抽样检验管理办法》第 31 条、第 32 条对检验结果告知程序的规范要求：地方食品药品监督管理部门组织或者实施监督抽检的检验结论不合格的，抽检地与标称的食品生产者住所地不在同一省级行政区域的，抽检地的省级食品药品监督管理部门应当在收到不合格检验结论后及时通报标称的食品生产者住所地省级食品药品监督管理部门。抽检地省级食品药品监督管理部门和标称的食品生产者住所地省级食品药品监督管理部门收到不合格检验结论后，应当按照规定及时通知相关食品生产经营者。

3. 关于本案中检验结果告知义务的思考

在本案中，根据法律法规的规定，地方食品药品监督管理部门在经营环节组织监督抽检的，标示的食品生产者是在其他省级食品药品监督管理部门管辖区域的，应当按照抽检地省级食品药品监督管理部门规定的程序和时限报告抽检地省级食品药品监督管理部门，抽检地的省级食品药品监督管理部门应当在收到不合格检验结论后及时通报标示的食品生产者住所地省级食品药品监督管理部门，标示的食品生产者住所地省级食品药品监督管理部门收到不合格检验结论后，应当按照规定及时通知相关食品生产经营者。

为什么必须由住所地省级食品药品监督管理部门进行通知？从表面来看，对于本案上诉人的这种情况，即使其住所地省级食品药品监督管理部门已经依法通知，但是当其提起复议、行使诉权的时候，或者在了解行政处罚情况的时候，直接相关的仍然是作出行政处罚决定的食品药品监督管理部门。其住所地省级食品药品监督管理部门仅仅只是作为通知人，而且也并不会对行政处罚结果产生任何影响，似乎只是多了一个步骤而已。但是，如果再深入一步思考，住所地省级食品药品监督管理部门是不是仅履行告知义务？以本案为例，行政处罚决定其实证明了上诉人生产的食品存在不符合食品安全标准的情况，在其住所地省级食品药品监督管理部门收到抽检地的省级食品药品监督管理部门的通报后，往往也会立即采取一些行动，对上诉人生产的食品进行抽检。因此，除了管辖权的原因，实际上这种程序的安排也是为了加强各地食品药品监督管理的联络，更快地发现食品安全风险并尽快进行处理。

（三）行政处罚决定涉及第三人利益时，该第三人的诉讼主体资格

根据《行政诉讼法》第 2 条规定，公民、法人或者其他组织认为行政机关和行政机关工作人员的行政行为侵犯其合法权益，有权依照本法向人民法院提起诉讼。本条中没有直接规定被诉的行政行为必须与行政诉讼的

原告具有利害关系，而仅是规定当事人“认为”行政行为侵犯其合法权益即可提起行政诉讼。这里的“当事人”应当是“行政相对人”和“其他与行政行为有利害关系的公民、法人或者其他组织。”因为，可诉的行政行为一般为具体行政行为，而具体行政行为区别于抽象行政行为的最主要的一个特点即是具体行政行为是对特定的对象作出的，也就是行政相对人。《行政诉讼法》第12条以列举方式规定了法院受理行政诉讼的具体条件。在本案中涉及的行政处罚决定作为可诉的具体行政行为并无异议，值得探讨的是非处罚决定直接相对人的本案原审原告是否具有原告资格。

在本案中，虽然行政处罚决定是对佛山市南海区绿巨人粮油有限公司做出的，并且也没有对上诉人（金福米业公司）进行罚款，但是由于佛山市南海区食品药品监督管理局查封、扣押的是上诉人生产的“井冈山泉牌鼠牙香黏米”，并且在其作出的行政处罚决定中认定了该大米镉含量超出食品安全标准限量，因此该行政行为与上诉人有了一定的利害关系。因此，虽然对于行政处罚决定来说，上诉人不是该具体行政行为的相对人，但是却是与该行政行为有利害关系的人，一审判决书中表述为：行政处罚中的事实认定与没收，与金福米业公司具有法律上的利害关系，金福米业公司对该行政处罚决定具有提起行政诉讼的原告主体资格；二审判决书中表述为：行政处罚决定中的事实认定与上诉人具有法律上的利害关系，上诉人的原告主体资格适格，即可以作为原告向人民法院提起行政诉讼。在原告主体资格认定上两个法院并持相同意见，其法律依据是《行政诉讼法》第2条“认为行政行为侵犯其合法权益”。

行政诉讼中具有原告资格的可以有两类人：一类是行政行为的相对人，是指行政管理法律关系中与行政主体相对应的另一方当事人，也就是行政行为直接指向的公民、法人或其他组织；另一类是行政行为的相关人，即“其他与行政行为有利害关系的公民、法人或者其他组织”。“相关人”虽非行政行为直接针对的对象，但行政行为影响其权利义务，影响到其行政法上的地位①。而其中所提到的“利害关系”，不仅包括了法定权利，也包括了合法权益；不仅包括了既得利益，也包括了必定到来的期

① 梁凤云：《新行政诉讼法讲义》，人民法院出版社2015年版，第147页。

待利益等[1]。最高人民法院《关于适用〈中华人民共和国行政诉讼法〉的解释》中也规定："有下列情形之一的，属于行政诉讼法第25条第一款规定的'与行政行为有利害关系'：(1)被诉的行政行为涉及其相邻权或者公平竞争权的；(2)在行政复议等行政程序中被追加为第三人的；(3)要求行政机关依法追究加害人法律责任的；(4)撤销或者变更行政行为涉及其合法权益的；(5)为维护自身合法权益向行政机关投诉，具有处理投诉职责的行政机关作出或者未作出处理的；(6)其他与行政行为有利害关系的情形。"

行政行为是否对公民、法人或其他组织产生影响，就是判断是否存在利害关系的关键。行政主体行政行为对相对人权益的影响有时是直接的，有时可能是间接的，作为公民、法人或其他组织，无论是其权益受到行政主体行政行为的直接影响还是间接影响，都属于"具有利害关系"的情形。结合本案，行政行为直接影响的是原审第三人，而间接影响的为上诉人（原审原告），本案中被上诉人（原审被告）作出的行政处罚决定，认定了原审第三人使用的原料大米镉含量超出食品安全标准，也就是认定了上诉人生产的大米镉含量超出食品安全标准，因此间接影响到上诉人的市场形象以及以后的生产交易，对上诉人的既得利益与可期待利益产生了影响，因此上诉人与本案所涉行政处罚决定存在利害关系。

《行政诉讼法》第2条作为一般性条款，概括性地描述了什么情况下可以提起行政诉讼，其立法的目的是为了更好地保障公民、法人或者其他组织的诉权。因为行政诉讼是"民告官"，一直以来都面临着"立案难"的问题，以一个比较宽泛的规定，赋予公民、法人或者其他组织提起诉讼的权利，对于保护公民、法人和其他组织的合法权益、监督行政机关依法行使职权有积极意义。同时，通过《行政诉讼法》第12条对案件受理进行限定，通过最高人民法院《关于适用〈中华人民共和国行政诉讼法〉的解释》对利害关系的解释，列举一些常见的利害关系，给起诉和立案提供一些指引，对防止滥诉、恶意诉讼提供了依据。

（执笔：盛利，胡葳）

---

① 梁凤云：《新行政诉讼法讲义》，人民法院出版社2015年版，第145页。

案例 5-3　陈某松与绍兴市市场监督管理局等复议案①

一、案件概要

本案因陈某松与绍兴市市场监督管理局等复议上诉一案，由浙江省绍兴市中级人民法院于 2017 年 5 月 4 日作出〔2017〕浙 06 行终 50 号行政判决书，审判长王建。本案上诉人（原审原告）为陈某松，被上诉人（原审被告）分别为绍兴市市场监督管理局和绍兴市人民政府。本案涉及被上诉人（原审被告）绍兴市市场监督管理局在对上诉人（原审原告）陈某松所任投资人“马开山厂”的日常监督检查中，发现上诉人涉嫌在未取得食品、食品添加剂生产许可证的情况下组织生产食品、食品添加剂且已部分销售的违法行为，对违法现场进行了查封、取证，并予立案。经调查取证，被上诉人（原审被告）绍兴市市场监管局认定上诉人从 2014 年 2 月至 2014 年 6 月 20 日期间存在违法行为，并经过听证后，作出没收违法生产的产品与罚款的行政处罚，上诉人（原审原告）陈某松不服该行政处罚决定，向被上诉人（原审被告）绍兴市人民政府申请行政复议。绍兴市人民政府经审查后，于 2015 年 9 月 24 日作出绍市府复决字〔2015〕29 号行政复议决定，维持绍兴市市场监管局作出的绍市监罚字〔2014〕27 号行政处罚决定。陈某松不服该行政复议决定，认为本案被处罚人应该是老台门公司，而不是陈某松本人，并且主张不应按销售价格来认定涉案物品货值，进而主张处罚幅度过大，向法院提起行政诉讼。一审法院驳回了原告的诉讼请求。上诉人（原审原告）以一审法院审理程序违法，认定事

① 案件来源：【法宝引证码】CLI. C. 9166573.

实不清，证据不足，适用法律错误为由提起上诉。二审法院以一审判决对被诉行政处罚决定及行政复议决定的合法性评判有误为由撤销一审判决；撤销绍兴市市场监督管理局于 2015 年 5 月 22 日作出的绍市监罚字〔2014〕27 号行政处罚决定；撤销绍兴市人民政府于 2015 年 9 月 24 日作出的绍市府复决字〔2015〕29 号行政复议决定。

本案主要涉及以下法律规范。

（1）《产品质量法》第 3 条、第 2 条。

（2）2009 年《食品安全法》第 2 条、第 29 条、第 35 条、第 84 条、第 122 条。

（3）《食品药品行政处罚程序规定》第 27 条、第 30 条。

（4）《行政诉讼法》第 26 条、第 69 条。

（5）《中华人民共和国行政复议法》（以下简称《行政复议法》）第 28 条。

二、思考问题

（1）《产品质量法》与《食品安全法》的适用范围。

（2）结合本案引出对食品药品行政处罚程序规范的思考。

（3）食品生产经营者主体资格的监管与食品安全监管关系。

三、案件正文

（一）案件当事人及其主张

上诉人（原审原告）陈某松，系绍兴市马开山食品厂（个人独资企业、成立于 2014 年 6 月 20 日，以下简称“马开山厂”）的投资人，又系绍兴市老台门餐饮管理有限公司（以下简称“老台门公司”）的法定代表人。上诉要点和请求如下。（1）一审法院审理程序违法。（2）一审法院认定事实不清，证据不足。（3）一审法院适用法律错误。请求撤销一审判决，改判撤销被诉绍市监罚字〔2014〕27 号行政处罚决定及绍市府复决字〔2015〕29 号行政复议决定。本案诉讼费用由被上诉人承担。

被上诉人（原审被告）绍兴市市场监督管理局的答辩要点和请求：

(1)答辩人所作行政处罚决定认定事实清楚，适用法律正确，程序合法；(2)答辩人认定陈某松为行政处罚相对人正确；(3)一审法院审理程序合法。请求二审法院驳回上诉，维持原判。

被上诉人（原审被告）绍兴市人民政府的答辩要点和请求：(1)答辩人所作行政复议决定认定事实清楚，证据确凿；(2)答辩人所作行政复议决定适用法律、法规正确，符合法定程序。请求二审法院驳回上诉，维持原判。

（二）法庭查明的事实

1. 一审法院查明的事实

一审法院查明原告陈某松系绍兴市“马开山厂”的投资人，又系绍兴市“老台门公司”的法定代表人。2014 年 7 月 7 日及 8 日，被告绍兴市市场监管局在对马开山厂的日常监督检查中，发现原告涉嫌在未取得食品、食品添加剂生产许可证的情况下组织生产食品、食品添加剂且已部分销售的违法行为，对违法现场进行了查封、取证。并于 7 月 31 日立案。经调查取证后，被告绍兴市市场监管局认定原告从 2014 年 2 月至 2014 年 6 月 20 日期间存在以下违法行为。(1)从绍兴市富华食品有限公司购入安琪酵母股份有限公司生产的，规格为 1 kg/包的泡打粉，分装成规格为 510 g/包,共生产（分装）了 1 108 包，已销售 748 包，销售价格为 16 元/包。(2)从绍兴市富华食品有限公司和萧山街一经营部购入苏打粉进行分装，分装标称“油条料包”的苏打粉 568 包，已全部销售，销售价格为 12 元/包；分装标称“保绿素”的苏打粉 357 包，已全部销售，销售价格为 12 元/包。(3)从浙江昌达营养食品有限公司购入肉味调味素生产（分装）调味料，具体数量：库存的肉味调味料（大饼料）474 包、肉味调味料（香菇鸡肉）947 包、牛肉调味料（牛肉粉）270 包、肉味调味料（肉味包）1 包、牛肉调味料 1 052 包、肉味调味料（牛肉粉丝）520 包。已销售的调味料数量：肉味调味料（肉料包）20 783 包，肉味调味料（干菜料包）5 036 包，肉味调味料（大饼干菜）150 包，鸡肉料包 110 包，肉味调味料（香菇鸡肉）1 564 包，牛肉调味料 2 523 包，牛肉粉丝料包 43 包，牛肉调味料（牛肉粉）101 包，肉味调味料（萝卜料包）18 包，大饼馅料包 63 包，大饼面料包 8 包。上述不同品种调味料的销售价格分别为：肉味调味料（肉料包）25 元/包、肉味调味料（干菜料包）13 元/包、肉味调味料（大饼干菜）13 元/包、肉味调味料（香菇鸡肉）25 元/包、大饼馅料包 25 元/包、肉味调味料（萝卜料包）10 元/包、肉味调味料（牛肉粉丝）13 元/包、牛肉调味料（牛肉粉）100 元/包、牛肉调味料 13 元/包、牛肉粉丝料包 13 元/包、大饼面料包 25 元/包、鸡肉料包 25 元/包。涉案物品货值共计 786 070 元。

2014 年 12 月 30 日，被告绍兴市市场监管局向原告送达绍市监告字〔2014〕27 号行政处罚听证告知书，2015 年 1 月 29 日举行公开听证。2015 年 5 月 22 日，被告绍兴市市场监管局作出绍市监罚字〔2014〕27 号行政处罚决定，对原告陈某松作出如下处罚：（1）没收违法生产的肉味调味料（大饼料）474 包、肉味调味料（肉料包）1 包、肉味调味料（香菇鸡肉）947 包、牛肉调味料（牛肉粉）270 包、牛肉调味料 1 052 包、肉味调味料（牛肉粉丝）520 包、“百钻”无铝害双效泡打粉 360 包；（2）处以罚款 5 502 490 元（伍佰伍拾万贰仟肆佰玖拾圆）整。

原告陈某松不服该行政处罚决定，向被告绍兴市政府申请行政复议。被告绍兴市政府经审查后，于 2015 年 9 月 24 日作出绍市府复决字〔2015〕29 号行政复议决定，维持绍兴市市场监管局作出的绍市监罚字〔2014〕27 号行政处罚决定。

2. 二审法院查明的事实

陈某松系老台门公司的股东及法定代表人，其于 2014 年 6 月 20 日投资开办了个人独资企业马开山厂。2014 年 7 月 7 日及 8 日，绍兴市市场监管局在对马开山厂的日常监督检查中，发现该厂涉嫌“生产不符合食品安全标准食品问题”，对现场进行了取证、查封，并向马开山厂送达了绍市食药监查〔2014〕001 号查封决定书。经初步审查，绍兴市市场监管局以陈某松的行为涉嫌违反《产品质量法》第 3 条、第 31 条，《食品安全法》第 29 条第一款和《工业产品生产许可证管理条例》第 5 条的规定为由，于 2014 年 7 月 31 日审批立案。调查终结后，绍兴市市场监管局于 2014 年 12 月 30 日向陈某松作出绍市监告字〔2014〕27 号行政处罚听证告知书，告知其认定陈某松存在未经许可生产、销售食品、食品添加剂的违法行为的事实、理由、依据、拟给予的行政处罚及相应听证等权利。经陈某松申请，绍兴市市场监管局于 2015 年 1 月 29 日举行公开听证，听取了陈某松的陈述和申辩。2015 年 5 月 22 日，绍兴市市场监管局作出绍市监罚字〔2014〕27 号行政处罚决定，认定陈某松从 2014 年 2 月至 2014 年 6 月 20 日期间，分别从绍兴市富华食品有限公司购入安琪酵母股份有限公司生产的泡打粉；从绍兴市富华食品有限公司和萧山街一经营部购入苏打粉；从浙江昌达营养食品有限公司购入肉味调味素生产（分装）调味料等，涉案物品货值共计 786 070 元，属《食品安全法》第 29 条第一款规定的未经许可生产、经营食品、食品添加剂的行为，决定依据该法第 84 条的规定，给予陈某松如下处罚：（1）没收违法生产的肉味调味料；（2）处以罚款 5 502 490 元（伍佰伍拾万贰仟肆佰玖拾圆）。

陈某松不服该行政处罚决定，向绍兴市政府申请行政复议。绍兴市政府收到复议申请后，经立案、通知绍兴市市场监管局提交复议答复书及相关材料、延长复议期限审批及告知等程序，于 2015 年 9 月 24 日作出绍市府复决字〔2015〕29 号行政复议决定，决定维持绍兴市市场监管局所作绍市监罚字〔2014〕27 号行政处罚决定。

（三）诉辩理由和依据

1. 上诉人的上诉理由和依据

（1）一审法院审理程序违法

① 一审法院未对行政处罚程序的合法性进行审查。《食品药品行政处罚程序规定》第 30 条第一款规定：“查封、扣押的期限不得超过 30 日；情况复杂的，经食品药品监督管理部门分管负责人批准，可以延长，但延长的期限不得超过 30 日。”本案从 2014 年 7 月 7 日案发至同年 8 月 27 日调查终结，再至 2015 年 5 月 22 日作出处罚决定，其间绍兴市市场监管局查封、扣押相关财物 10 月有余，显然违反了上述规定。

② 一审法院未对处罚主体和被处罚主体进行实质审查。

③ 一审法院在认定违法事实时仅是复述了行政机关的查处过程和记

录，未对上诉人的具体事实和行为作出审查，也未对上诉人提交的证据进行审查。

（2）一审法院认定事实不清，证据不足

① 因绍兴市市场监管局工作人员向上诉人调查询问时称，如涉案行为被认定为老台门公司的行为则会对公司十分不利，如被认定是上诉人个人行为则影响相对较小。考虑到上述情况，上诉人才接受了涉案行为系个人行为的说法，并在笔录上签字，但无法接受罚款 550 余万元的处罚结果。且从笔录的内容看，其中所记载的名称、数量已超出普通人的记忆范畴，显然是处罚机关诱导和精心设计所致。

② 上诉人系老台门公司的大股东，亦是法定代表人，中国的企业主习惯将企业和个人混谈，在日常言谈中通常将所控制或经营的企业叙述为“我个人的”。法院不应忽略这一客观存在的事实，更不能仅凭笔录这一单一证据认定系上诉人的个人行为。且涉案对富华食品公司、张芝凤、昌达食品公司的调查材料，送货单等其他证据均可以证明上诉人是代表老台门公司进货、付款、销货和收款的。

③ 一审法院未将相关产品与行政处罚决定记载的内容进行比对，导致价值认定错误。因此，一审法院仅依据绍兴市市场监管局对上诉人所作询问笔录内容即认定系个人行为，属认定事实不清，证据不足。

（3）一审法院适用法律错误。老台门公司系从事餐饮服务的连锁企业，已依法取得相关许可及经营证照，其向其他生产企业购买相关产品用于日常经营，并将部分“分装”后配送给相应连锁经营单位并未违反法律规定，也不属于《食品安全法》第 2 条规定的应受该法调整的范围。

2. 被上诉人绍兴市市场监管局的辩称理由和依据

（1）行政处罚决定认定事实清楚，适用法律正确，程序合法

① 一审时提交的现场笔录、询问笔录、出库清单、送货单等证据已形成证据锁链，足以证明陈某松存在未经许可，生产调味品、泡打粉、苏打粉的行为，货值共计 786 070 元，属于未经许可生产、销售食品、食品添加剂的行为。上述证据均由相关当事人签字确认，符合形式要求，其中送货单包括笔迹、形成时间、内容均为连贯的书证原件，为了方便计算将

其按月分订成七本，并由陈某松在封面签字确认并无不当。且该七本送货单据所载明的内容与其他证据可以相互印证，根据《产品质量法》的相关规定，依据销售价格确定库存及已售物品的货值，符合法律规定，陈某松在一审时对该金额并无异议。

② 鉴于陈某松存在上述违法行为，答辩人依据《食品安全法》第 29 条第一款及第 84 条规定，经集体讨论，根据货值金额的七倍对其进行处罚，适用法律正确，量罚适当。

③ 在办理本案过程中，答辩人根据《行政处罚法》的规定，依法向陈某松进行了处罚前告知，根据其申请于 2015 年 1 月 29 日举行公开听证，最终于同年 5 月 22 日依法作出绍市监罚字〔2014〕27 号行政处罚决定并送达相对人，行政程序合法。

2. 认定陈某松为行政处罚相对人正确

① 答辩人工作人员于 2014 年 7 月 7 日及 8 日，在日常对陈某松开办的马开山厂监督检查过程中，发现陈某松涉嫌在未取得食品、食品添加剂生产许可证的情况下组织生产食品、食品添加剂且已经部分销售的违法行为，故对违法现场进行了查封，并提取了有关证据。陈某松在 2014 年 6 月 20 日设立马开山厂前，已经在该厂注册的厂址内违法生产食品、食品添加剂，且陈某松在多次接受询问时也认为被诉行政处罚的时间段内所从事的生产经营活动均是由其本人实施的。

② 从陈某松申请设立马开山厂的初衷看，其亦认可其在该厂址上的生产经营行为与老台门公司无关。若如陈某松所称本案行政处罚的相对人为老台门公司，则可以认定陈某松从事了违法的未经许可生产经营食品、食品添加剂的职务行为，陈某松便无须再注册一家个人独资企业。

③ 从调查笔录内容看，陈某松多次陈述“购进的原料送货单上写的是老台门，但实际是个人进货的”“发货单上写的是老台门，但实际销售不进老台门经营账户，是我个人销售的”。上诉人作为成年人，理应清楚所作陈述的真实性及法律后果。陈某松有关办案人员误导、其系代表老台门公司从事职务行为的主张，与客观事实相悖。

④ 本案查处的物品的生产及存放地址均在马开山厂址内，与老台门

公司中央厨房的生产地址不同，且后者核准的经营范围和内容并不包括生产经营食品、食品添加剂。陈某松所称涉案违法行为的生产地点和存放地点均在老台门公司的中央厨房内与客观事实不符。

（3）一审法院审理程序合法。答辩人对涉案财物进行查扣的行为属于独立的行政行为，与本案被诉行政处罚行为无关，一审法院未对查扣行为进行审查并不构成程序违法。

3. 被上诉人绍兴市人民政府的辩称理由和依据

（1）答辩人所作行政复议决定认定事实清楚，证据确凿。答辩人于2015年7月1日收到陈某松的行政复议申请，要求撤销绍兴市市场监管局2015年5月22日作出的绍市监罚字〔2014〕27号行政处罚决定。经复议，查明的事实与绍兴市市场监管局查明的事实一致。据此，答辩人认为，陈某松存在未经许可生产经营食品、食品添加剂的违法行为，具体时间从2014年2月起至2014年6月20日止。陈某松作为马开山厂的投资人，对2014年6月20日（马开山厂成立）之前发生的违法生产经营食品、食品添加剂的行为应当承担法律责任。同时，陈某松在调查笔录中多次陈述该违法行为系其个人所为，现其推翻前述调查笔录陈述，以违法生产行为涉及的人员、场地和送货单据等与老台门公司存在关联为由认为违法责任应当由老台门公司承担缺乏事实依据，绍兴市市场监管局认定陈某松为违法责任主体并无不当。认定违法生产经营的食品、食品添加剂的发货单据按月份分类装订后，每本均由陈某松在封面及统计表上签字确认，证据合法有效。陈某松在调查笔录中多次陈述“发货单上写的是老台门，但实际销售并不进老台门经营账户，是我个人销售”，绍兴市市场监管局以老台门公司上述货物销售金额，认定陈某松无证生产经营的货值并无不当。陈某松未经许可生产经营食品、食品添加剂的行为，违反了《食品安全法》第29条第一款的规定，绍兴市场监管局根据《食品安全法》第84条规定作出的行政处罚决定认定事实清楚，证据确凿，适用依据正确，程序合法，内容适当。

（2）答辩人所作行政复议决定适用法律、法规正确，符合法定程序。答辩人收到行政复议申请材料后，于同年7月6日立案并通知绍兴市市场监管局提出书面答复，该局于同月 17 日提交书面答复及作出行政处罚决定的证据、依据等材料。因案情复杂，答辩人于 2015 年 8 月 28 日根据《行政复议法》第 31 条第一款的规定，决定行政复议期限延长三十日，并将决定延期通知书邮寄送达了申请人及被申请人。2015 年 9 月 24 日，答辩人根据《行政复议法》第 28 条第一款第（一）项之规定，作出维持原行政行为的行政复议决定，并以邮寄方式向陈某松、绍兴市市场监管局进行了送达。

(四) 本案的争议焦点及审理意见

1. 一审法院

一审法院认为本案主要争议的焦点有两个：一是本案被处罚人应该是原告陈某松还是老台门公司；二是处罚幅度是否适当。同时对被告主体资格和行政复议程序的合法性也进行了审理。

（1）被处罚主体的审理意见

原告认为本案被处罚人应该是老台门公司，而不是陈某松本人，理由是陈某松系老台门公司的法定代表人，是职务行为而非个人行为。从被告绍兴市市场监管局对陈某松所作的询问调查笔录中，陈某松明确陈述“马开山食品厂成立于 2014 年 6 月 20 日，在马开山食品厂成立以前，是我个人用马开山食品厂的设备生产调味料的。具体生产时间是从 2014 年 2 月份起，直到 2014 年 6 月 20 日马开山食品厂成立，这期间的调味料都是由我个人生产的”。……“发货单上写的是老台门，但实际销售并不进入老台门经营账户，是我个人销售的。”该询问调查笔录系被告绍兴市市场监管局两名以上执法人员依职权制作，不存在诱导的情形，被告绍兴市市场监管局据此认定原告陈某松为违法责任主体并对其作出处罚并无不当。

（2）对处罚幅度的审理意见

《食品安全法》第 29 条第一款规定，国家对食品生产经营实行许可制度。从事食品生产、食品流通、餐饮服务，应当依法取得食品生产许可、食品流通许可、餐饮服务许可。第 84 条规定，违反本法规定，未经许可从事食品生产经营活动，或者未经许可生产食品添加剂的，由有关主管部门按照各自职责分工，没收违法所得、违法生产经营的食品、食品添加剂和用于违法生产经营的工具、设备、原料等物品；违法生产经营的食品、食品添加剂货值金额不足一万元的，并处二千元以上五万元以下罚款；货值金额一万元以上的，并处货值金额五倍以上十倍以下罚款。本案中，原告未经许可生产经营食品、食品添加剂的行为，违反了上述规定，应当予以处罚。被告绍兴市市场监管局根据查封的库存数量及原告提供的送货单，按原告销售的价格计算涉案物品货值 786 070 元并无不当。作出没收违法生产经营的食品、食品添加剂并处涉案物品货值七倍的罚款计人民币 5 502 490 元，量罚适当。原告提出不应按销售价格来认定涉案物品货值的意见，缺乏事实和法律依据，不予采纳。另，被告绍兴市市场监管局从立案、调查、告知、听证至集体讨论后作出行政处罚决定并送达，程序合法。

另外，法院还对被告主体资格进行审理认为，依据《行政诉讼法》第 26 条第二款的规定，经复议的案件，复议机关决定维持原行政行为的，作出原行政行为的行政机关和复议机关是共同被告，本案被告主体适格。

行政复议的程序进行审理认为，依据《行政复议法》第 28 条第一款第 1 项规定，行政复议机关负责法制工作的机构应当对被申请人作出的具体行政行为进行审查，提出意见，经行政复议机关的负责人同意或者集体讨论通过后，按照下列规定作出行政复议决定：具体行政行为认定事实清楚，证据确凿，适用依据正确，程序合法，内容适当的，决定维持。本案中，被告绍兴市政府收到原告复议申请材料后，依法通知被告绍兴市市场监管局提交行政复议答复书及相关案卷材料，依法延长复议期限并进行告知，依据案件事实作出维持的复议决定，复议程序合法。

综上，被告绍兴市市场监管局作出的绍市监罚字〔2014〕27 号行政处罚决定及被告绍兴市政府作出的绍市府复决字〔2015〕29 号行政复议决定，均事实清楚，程序合法，适用法律正确。原告之诉请，无事实和法律依据，依法应予驳回。依照《行政诉讼法》第 69 条之规定，判决驳回原告陈某松的诉讼请求。一审案件受理费 50 元，由原告陈某松负担。

2. 二审法院

二审法院认为本案主要争议焦点有两个：一是被诉行政行为所认定的

事实及适用法律是否正确；二是被诉行政处罚行为的程序是否合法。

（1）对被诉行政行为所认定的事实及法律适用的审理意见。涉案被查处的行为发生于2014年，本案应当适用2009年6月1日施行的《食品安全法》的相关规定。该法第84条规定，违反本法规定，未经许可从事食品生产经营活动，或者未经许可生产食品添加剂的，由有关主管部门按照各自职责分工，没收违法所得、违法生产经营的食品、食品添加剂和用于违法生产经营的工具、设备、原料等物品；违法生产经营的食品、食品添加剂货值金额不足一万元的，并处二千元以上五万元以下罚款；货值金额一万元以上的，并处货值金额五倍以上十倍以下罚款。故，只有上诉人陈某松存在“未经许可从事食品生产经营活动”或者“未经许可生产食品添加剂”的违法行为时，才能依据该规定对其进行处罚。本案中，上诉人陈某松兼具老台门公司法定代表人及马开山厂投资人的双重身份，且两单位经营场所相近，客观上存在陈某松、老台门公司、马开山厂混淆的可能。从现有证据看，被上诉人绍兴市市场监管局于2014年7月7日、7月18日对浙江昌达营养食品有限公司法定代表人吕忠庆的调查笔录均显示，该公司系老台门公司相应调味料的供应商，其收货及付款单位均为老台门公司；绍兴市富华食品有限公司法定代表人林新瑞在其2014年7月17日的调查笔录中亦作出了类似陈述；且涉案七本送货单中存在诸如“和面机”“永强高速压面机”“围裙”“广告牌”“硅胶笼垫”等与老台门公司经营相关的内容。而绍兴市市场监管局未考虑上述证据所反映的情况，未经调查核实，仅凭对陈某松的询问调查笔录即认定其个人实施了未经许可生产经营食品、食品添加剂的违法行为，属事实不清，证据不足。因现有证据不足以认定陈某松个人存在违反《食品安全法》第84条规定的事实，绍兴市市场监管局依据该规定对陈某松作出处罚，属于适用法律错误。

（2）被诉行政处罚程序的合法性的审理意见。《食品药品行政处罚程序规定》第27条规定，食品药品监督管理部门在案件调查时，经分管负责人批准可以依法采取查封、扣押等行政强制措施，执法人员应当向当事人出具查封、扣押决定书。情况紧急，需要当场采取查封、扣押措施的，执法人员应当在查封扣押后24小时内向分管负责人报告，并补办批准手续。分管负责人认为不应当采取行政强制措施的，应当立即解除。第30条第一款、第二款规定，查封、扣押的期限不得超过30日；情况复杂的，经食品药品监督管理部门分管负责人批准，可以延长，但延长的期限不得超过30日。作出延长查封、扣押期限决定后应当及时填写查封扣押延期通知书，书面告知当事人，并说明理由。本案中，被上诉人绍兴市市场监管局于2014年7月8日作出涉案绍市食药监查〔2014〕001号查封决定书，并于2015年5月22日决定没收相应查封物品，但未提交其分管负责人批准采取查封措施的相应手续，也未提交决定延长查封期限的证据，且客观上存在超期查封的情形。故，上诉人陈某松有关被诉行政处罚程序违法的上诉理由，本院予以采纳。

（五）二审法院的终审判决

被上诉人绍兴市市场监管局所作绍市监罚字〔2014〕27号行政处罚决定主要证据不足，适用法律错误，且程序违法，依法应予撤销。被上诉人绍兴市政府对该行政处罚行为的合法性审查不足，所作绍市府复决字〔2015〕29号行政复议决定亦应予以撤销。上诉人陈某松的上诉理由部分成立，本院予以支持。一审法院对被诉行政处罚决定及行政复议决定的合法性评判有误，本院予以纠正。依照《行政诉讼法》第70条第1项、第2项、第3项，第89条第一款第2项之规定，判决撤销诸暨市人民法院〔2016〕浙0681行初51号行政判决；撤销绍兴市市场监督管理局于2015年5月22日作出的绍市监罚字〔2014〕27号行政处罚决定；撤销绍兴市人民政府于2015年9月24日作出的绍市府复决字〔2015〕29号行政复议决定。一、二审案件受理费各50元，由绍兴市市场监督管理局、绍兴市人民政府各半负担。

四、问题解答

（一）《产品质量法》与《食品安全法》的适用范围

《产品质量法》的立法宗旨主要是为了加强对产品质量的监督管理，提高产品质量水平，明确产品质量责任，以保护消费者的合法权益，维护社会经济秩序，而《食品安全法》的立法宗旨则是为了保证食品安全，保障公众身体健康和生命安全。可见，两者的侧重点是有所不同的，前者立足于对产品质量的监督管理，后者则侧重于食品安全，但若将食品看作产品的一种，那么显然，两者之间也存在着很大的联系，因为此时对于产品质量的监督管理包含着对于食品质量监管的内容，而食品质量又是食品安全始终需要围绕和强调的问题，故从某种程度上来说，《产品质量法》和《食品安全法》天然的存在相互交叉、相互影响的联系，工商行政管理机关在依法查处食品案件时会存在选择适用《食品安全法》还是《产品质量法》的问题。

产品是指经过加工、制作，用于销售的产品，包括天然产品与人工产品。其特点是经过加工、制作的手段，通过出售以求盈利。通常一般只界定产品的内涵，其外延随着新产品的层出不穷而不断扩张。《产品质量法》第2条规定：在中华人民共和国境内从事产品生产、销售活动，必须遵守本法。本法所称产品是指经过加工、制作，用于销售的产品。建设工程不适用本法规定；但是，建设工程使用的建筑材料、建筑构配件和设备，属于前款规定的产品范围的，适用本法规定。产品是用来满足人们需求和欲望的物体或无形的载体。能够提供给市场，被人们使用和消费，并能满足人们某种需求的任何东西，包括有形的物品、无形的服务、组织、观念或它们的组合。

食品是指各种供人食用或者饮用的成品和原料以及按照传统上既是食品又是药品的物品。但不包括治疗为目的的物品。通俗来讲，食品是除药品外，通过人口摄入、供人充饥和止渴并能满足人们某种需要的物料的统称。

商品是人类社会生产力发展到一定历史阶段的产物，是用于交换的劳动产品。商品有以下三种不同的定义。(1) 商品是为交换而产生（或用于交换）的对他人或社会有用的劳动产品。(2) 商品是满足人们某种需要的，用来交换的劳动产品。(3) 商品是经过交换且非进入使用过程的劳动产品。狭义的商品仅指符合定义的有形产品；广义的商品除了可以是有形的产品外，还可以是无形的服务。比如“保险产品”“金融产品”等。经济意义上的商品指专门用来交换的产品，即生产者本身并不消费，而是用来向其他生产者交换自己需要的其他产品。在社会化大生产时代，几乎所有工业产品和绝大部分农产品都属于商品。马克思主义经济学中认为“商品首先是一个外界的对象，一个靠自己的属性来满足人的某种需要的物。物的有用性使物成为使用价值，而交换价值便是一种使用价值与另一种使用价值的交换”。马克思的观点即：商品是用于交换的有使用价值的物。

相对于产品，商品更强调的是“流通性”，商品与产品、食品的区别的关键点便是“能否交换”，商品是为了“交换”而生产，范围比产品还要小一些。恩格斯认为，“要成为商品，产品必须通过交换，转到把它当作使用价值使用的人的手里”。也就是说，只有实现了交换的劳动产品才能质变为商品①。在社会化大生产时代，除了未经加工制作便可食用的物品，大多数食品都是产品，食品可以说是产品的一种，当然，食品也可以作为商品的一种。简言之，经济学意义上的产品范围大于商品，也大于食品，商品包含食品但不限于食品。

关于《食品安全法》与《产品质量法》的适用范围以及出现冲突时两者的适用问题。食品可以说是产品的一种（其中不包括食用农产品等食品），工商行政管理机关在依法查处食品案件时会存在适用《食品安全法》还是《产品质量法》的问题。从法理上讲，在同一法律关系出现两部以上法律规范的现象叫法律适用竞合，这里的竞合指同一法律关系可以由两个或两个以上的法律共同规范，或者相互冲突的情形。对于法律适用竞合一般遵循以下原则。一是新法优于旧法，即优先使用颁布实施晚的法律。二是特别法优于一般法，即优先使用专门针对某一领域制定的法律。三是效力等级高的优先于效力等级低的，即优先使用制定法律法规的机关级别高的。四是在上述原则一致的情况下，选择最适合的法律行为内容规范。根据上述原则，《食品安全法》既是新法又是特别法，只有在《食品安全法》没有规定的情况下，且《产品质量法》有规定的才可以适用《产品质量法》。

---

① 郑光贵：“商品定义新探”，载《安徽师范大学（人文社会科学版）》2007年第4期。

本案中，涉案产品属于《食品安全法》第2条规定的适用范围中的食品，应当按照前述的原则进行适用《食品安全法》，而不应适用《产品质量法》。

（二）结合本案引出对食品药品行政处罚程序规范的思考

我们所要了解的程序是法律意义上的程序即法律程序。程序是法律的不可或缺的要素，可以说没有程序就没有法，正是程序决定了法治和任性之区别。法律程序是指人们进行法律行为所必须遵循或履行的法定的时间与空间上的步骤和形式。程序往往是相对于实体而出现的。随着社会发展，人们对程序的认识也不断发展。程序的重要性和独立性日益受到学者的重视。有学者提出“虽然我们承认两者是形式与内容之关系，但是我们也应当注意把握法律程序的相对独立性，不能轻易地说形式是次要的，所以法律程序是次要的，法律程序这种‘形式’相对于法律实体内容而言具有相对独立性”。有下述三点原因。第一，法律程序的合理性有其自身的评价标准。程序上的合理性判断，无须借助于法的实体内容就能够独立进行。第二，法律程序与实体法并不同步发展。实体法内容的优劣程度也并不必然决定法律程序内容之优劣。第三，法律程序在很多方面都保持其相对稳定性和历史的延续性。

在行政学中，行政程序的定义是“处理行政事务过程中必须遵守的一系列前后相继的工作步骤”[①]。行政法学上研究行政程序是从法律的角度来研究，强调程序的法定性及其法律上的意义。行政处罚的程序规范是指为了规范行政处罚机关依法行使职权，正确实施行政处罚，保护公民、法人或者其他组织的合法权益，所制定的规范行使行政处罚权的行政机关、法律法规授权组织、综合行政执法机关和依法受委托实施行政处罚的组织行政处罚行为的规范。行政处罚程序以规范行政处罚机关依法行使职权、保护公民、法人或者其他组织的合法权益为目的决定了其具有法治理念和价值。行政处罚的实施，既关系到社会、经济和生活秩序的维护，又必然会对行政相对人的人身、财产以及名誉造成一定的影响。客观科学的行政

① 关保英：《行政法的价值定位》，中国政法大学出版社1999年版。

处罚可以有效地惩戒违法行为、维护社会秩序，而有失公允的行政处罚不仅达不到这一目的，反而还会损害公民、法人和其他组织的合法权益。行政处罚程序正是通过对行政机关的行政处罚行为设置必要的时间、空间和步骤的限制，来实现行政处罚行为的程序化操作。行政处罚程序的规定也体现了法治的精神和要求，如“没有法定依据或不遵守法定程序实施行政处罚的，行政处罚无效”，这些原则性的规定，从某种程度而言，就是程序正义的体现。我们强调依法行政，而依法行政本质上便是要规范行政行为，所以强调程序正义，遵循行政处罚程序实施行政处罚，是法治理念和价值的体现，更是依法行政的具体行动。

目前，食品药品行政处罚方面的程序规范主要有《食品药品行政处罚程序规定》和各省、自治区、直辖市根据其自身情况制定的该规定的实施细则，如《山东省食品药品行政处罚程序规定实施细则》《云南省食品药品行政处罚程序规定实施细则》《广东省食品药品监督管理局关于食品药品行政处罚的程序细则》等。在《食品药品行政处罚程序规定》第 27 条中规定：“食品药品监督管理部门在案件调查时，经分管负责人批准可以依法采取查封、扣押等行政强制措施，执法人员应当向当事人出具查封、扣押决定书。情况紧急，需要当场采取查封、扣押措施的，执法人员应当在查封扣押后 24 小时内向分管负责人报告，并补办批准手续。分管负责人认为不应当采取行政强制措施的，应当立即解除。”《食品药品行政处罚程序规定》第 30 条规定：“查封、扣押的期限不得超过 30 日；情况复杂的，经食品药品监督管理部门分管负责人批准，可以延长，但延长的期限不得超过 30 日。作出延长查封、扣押期限决定后应当及时填写查封扣押延期通知书，书面告知当事人，并说明理由。对物品需要进行检验、检测、检疫或者鉴定的，应当填写检验（检测、检疫、鉴定）告知书。查封、扣押的期间不包括检验、检测、检疫或者鉴定的期间。符合《行政强制法》第二十八条规定的，应当解除查封、扣押。”这些规定，使得食品药品行政处罚程序更加明确清晰，使行政执法人员在食品药品的行政处罚过程中的行政行为更加有法可依，亦更能保证实体正义。

本案中，被上诉人绍兴市市场监管局于 2014 年 7 月 8 日作出涉案绍兴市食药监查〔2014〕001号查封决定书，并于2015年5月22日决定没收相应查封物品，但未提交其分管负责人批准采取查封措施的相应手续，也未提交决定延长查封期限的证据，且客观上存在超期查封的情形。上述的行为违反了《食品药品行政处罚程序规定》的相关规定。在本案中相关国家机关为了追求所谓的实体正义而置程序正义于不顾，不按法定程序进行行政处罚，一审法院也侧重于实体审理而忽视程序价值，导致了一系列问题的出现，这正体现了我国当前仍处于"重实体轻程序"的司法现状，违背了法的正义的要求，程序正义与实体正义的价值冲突问题有待我们进一步解决。为避免再次出现上述类似纠纷，我们应树立"程序正义高于实体正义"的价值理念，督促各行政机关严格按照法律规定的程序行使职权、规范自己行政行为，只有保证了程序正义才能更好地维护实体正义，实现维护公民、法人和其他组织合法权益的目标。

（三）食品生产经营者主体资格的监管与食品安全监管关系

所谓生产经营，是指围绕企业产品的投入、产出、销售、分配乃至保持简单再生产或实现扩大再生产所开展的各种有组织的活动的总称。生产经营是企业各项工作的有机整体，是一个系统①。1995年的《食品卫生法》（已失效）规定："食品生产经营：指一切食品的生产（不包括种植业和养殖业）、采集、收购、加工、贮存、运输、陈列、供应、销售等活动。食品生产经营者：指一切从事食品生产经营的单位或者个人，包括职工食堂、食品摊贩等。"虽然《食品安全法》的颁布取代了原有的《食品卫生法》，但《食品安全法》并没有对食品生产经营作出新的描述。《食品生产许可证审查通则》对食品生产加工企业进行了定义，即是指有固定的生产加工场所、相应的生产加工设备和工艺流程，制作、销售食品的企业，不包括现做现卖、流动制作等形式的食品加工场点。

食品生产经营是食品生产、加工和经营的简称，包括食品生产和食品经营。食品生产包括为食品加工提供原料（主料、辅料）而进行的采集、种植、养殖、生化合成等行为和过程。食品经营是指将食物类产品（原

① 阮赞林：《食品安全法原理》，华东理工大学出版社2016年版。

料、成品）进行交易的行为和过程。食品生产经营的主体为食品生产经营者，是指从事食品生产和加工、食品销售和餐饮服务、食品的贮存和运输的相关法人、自然人和其他经济组织①。需要强调的是，并不是任何企业或者自然人都可以从事食品生产经营者活动，对此我国《食品经营许可管理办法》中已有明确的规定，如食品经营许可实行一地一证原则，即食品经营者在一个经营场所从事食品经营活动，应当取得一个食品经营许可证。该法第 9 条至第 15 条亦明确规定了申请食品经营许可的事项，如申请食品经营许可，应当取得营业执照等合法主体资格等。可见，我国对于食品经营者的主体，要求“证照合一”。

《食品安全法》第 4 条规定食品生产经营者应当依照法律、法规和食品安全标准从事生产经营活动，保证食品安全，诚信自律，对社会和公众负责，接受社会监督，承担社会责任。《食品安全法》第 35 条规定国家对食品生产经营实行许可制度。从事食品生产、食品销售、餐饮服务，应当依法取得许可。但是，销售食用农产品，不需要取得许可。县级以上地方人民政府食品药品监督管理部门应当依照《中华人民共和国行政许可法》的规定，审核申请人提交的本法第三十三条第一款第 1 项至第 4 项规定要求的相关资料，必要时对申请人的生产经营场所进行现场核查；对符合规定条件的，准予许可；对不符合规定条件的，不予许可并书面说明理由。

民以食为天，食品安全大于天，食品安全问题是关系到千千万万人民切身利益的重大民生问题，而近几年出现的“瘦肉精”“毒奶粉”“染色馒头”“毒豆芽”等一系列的食品质量问题的曝光，使得消费者对我国食品产业的信心不断受到冲击，引发了“食品安全焦虑”，而食品生产经营者，作为食品安全领域的重要参与主体，对其进行特别监管，对于我国食品安全问题的改善将发挥极大的作用。其实，近几年我国也多次开展了“严厉打击无证无照行为、规范食品生产经营者主体资格”的活动，以清理规范食品生产经营主体为抓手，切实摸清食品生产经营者的基本情况，积极地取缔违法“黑工厂”“黑窝点”“黑作坊”。与此同时，重点针对食品小作坊、小超市、农家乐、小餐饮、小摊贩，并将农村地区食品流动摊

---

①　阮赞林：《食品安全法原理》，华东理工大学出版社 2016 年版。

贩或向农村食品生产经营者供货的游商纳入食品安全监管的范围，开展有针对性的专项治理行动。

食品安全监管是指国家职能部门对食品生产、流通企业的食品安全行使监督管理的职能。世界卫生组织和世界粮农组织把食品安全监管定义为："由国家或地方政府机构实施的强制性管理活动，旨在为消费者提供保护，确保从生产、处理、储存、加工直到销售的过程中食品安全、完整并适用于人类食用，同时按照法律规定，诚实而准确地贴上标签。"食品安全监管其中一个重要的部分就是对食品生产经营者主体资格的监管，本案中，绍兴市市监局、一审法院未对相关证据进行核实，认定该行为是陈某松的个人行为，即对陈某松个人进行处罚，不符合法律规定。由此可见，对于食品生产经营者主体资格的监管更能明确相关主体的责任，更能做到权利义务的统一。

（执笔：王猛，阮超）

案例5－4 江西省食品药品监督管理局等诉司某丰监督行政复议案[①]

一、案件概要

本案因司某丰与江西省食品药品监督管理局（以下简称省食药监局）、鹰潭市市场和质量监督管理局（以下简称鹰潭市市场局）食品药品监督行政复议一案，由江西省南昌市中级人民法院于2017年1月18日作出〔2016〕赣01行终157号行政判决书，审判长罗锦戎。本案上诉人（原审被告）省食药监局。被上诉人（原审原告）司某丰。原审第三人鹰潭市市场局。本案涉及被上诉人（原审原告）司某丰向原审第三人鹰潭市市场局投诉江西省鸽鸽食品有限公司（以下简称鸽鸽公司）经营不符合食品安全标准食品，不服第三人所作《不予行政处罚决定书》的决定，以及不服上诉人（原审被告）省食药监局作出的《复议决定书》，认为上诉人认定"第三人程序合法、查明事实清楚"错误，对第三人适用依据错误未予完全纠正，对第三人未完整履行保护消费者的知情权、获得赔偿权、获得奖励权职责的违法行为未予认定。据此，一审法院依据《行政诉讼法》规定，认为省食药监局作出的复议决定事实不清、主要证据不足为由，撤销省食药监局作出的复议决定书。上诉人（原审被告）不服一审判决，请求二审法院依法撤销一审判决，驳回司某丰的一审诉讼请求。二审法院认为原审法院审判程序合法，判决撤销行政复议决定正确，但原行政行为已不存在，再责令复议机关重新对原行政行为审查，已无实际意义，同时一审判决适用法律和处理结果部分不当，确认鹰潭市市场局的部分行政行为违法。

---

① 案件来源：【法宝引证码】CLI. C. 9752546.

本案主要涉及以下法律规范。

（1）《食品安全法》第 71 条、第 125 条。

（2）《行政诉讼法》第 89 条、第 74 条。

（3）《行政处罚法》第 27 条。

（4）《食品药品投诉举报管理办法》第 20 条。

二、思考问题

（1）《食品安全法》《食品药品行政处罚程序》《食品药品投诉举报管理办法》涉及的投诉举报处理流程。

（2）食品标签存在问题时不予行政处罚的实体性规范。

三、案件正文

（一）案件当事人及其主张

上诉人（原审被告）省食药监局的上诉要点和请求：请求二审法院依法撤销一审判决，驳回司某丰的一审诉讼请求。

被上诉人（原审原告）司某丰的答辩要点和请求。（1）第三人适用依据错误，上诉人未予完全纠正。（2）第三人超期履行处理结果告知义务，上诉人认定其程序合法错误。（3）上诉人认定第三人查明事实清楚有错误。（4）上诉人对第三人未完整履行保护消费者的知情权、获得赔偿权、获得奖励权职责的违法行为未予认定。综上，请求二审法院依法驳回上诉人请求。

原审第三人鹰潭市市场局的答辩要点和请求。（1）我局的行政处理程序合法。（2）我局的处罚行为合法、适当。（3）我局在制作行政处罚决定书时，对适用具体法律条款出现了笔误，省食药监局进行复议时，已经认定我局处罚适用法律依据不准确，责令我局重做，且我局已履行了复议决定。综上所述，我局作出的不予处罚决定是合法合理的，省食药监局的复议决定也是正确的，请贵院予以支持。

（二）法庭查明的事实

一审法院查明，原告司某丰于 2015 年 7 月 7 日通过电子邮件向第三人鹰潭市市场局提交了关于鸽鸽公司经营不符合食品安全标准食品的投诉书。同年7月10日，第三人在立案后对鸽鸽公司进行了现场检查并调取了包装袋、生产记录、检验报告、入库单、出库单等材料，取证单上加盖有公司印章，提供人“熊小生”签字并确认材料与原件经核实无误；7月13日，第三人对熊小生进行了调查询问并制作了调查笔录，该笔录上未见调查及记录人员签字；7月14日，第三人作出《产品质量申诉受理通知书》并邮寄原告。2015年10月13日，第三人作出（鹰）质监不罚字〔2015〕01号《不予行政处罚决定书》：认为鸽鸽公司生产的散称牛肉干“产品外包装标签标注‘低脂肪’，营养成分表标注‘脂肪19.9 g/100 g’”,违反了“《食品安全法》第72条第三款”的规定；鉴于该公司“已自行停止使用不合格食品包装材料，重新制作符合规定包装材料”，故根据“《行政处罚法》第20条第二款”和“《食品安全法》第125条第二款”的规定，决定对该公司不予行政处罚；“对本决定不服的，可以在接到本决定书之日起六十日内，向江西省质量技术监督局或者鹰潭市人民政府申请行政复议；也可以在三个月之内向月湖区人民法院提起行政诉讼”。2016年3月18日，第三人通过电子邮件向原告发送了该决定书。

司某丰不服上述决定，于2016年3月向省食药监局申请行政复议。省食药监局于2016年4月5日受理后向第三人和司某丰邮寄了《行政复议答复通知书（受理通知书）》，第三人提交了书面答复书和相关材料。经审查，2016年5月20日省食药监局作出（赣）食药复字〔2016〕2号《复议决定书》：认为第三人在收到投诉后，及时对鸽鸽公司进行检查并作出了处理，履行了相应的告知程序；该公司虽在散称牛肉干包装上标明“低脂肪”，但同时清晰标注了产品脂肪含量，应属标签标示上的瑕疵，在经调查后该公司及时整改和召回，符合《行政处罚法》第27条第二款不予作出行政处罚的规定；第三人行政行为认定事实清楚，证据确凿，程序合法，但适用依据错误，根据《行政复议法》第28条第一款第3项的规定，确认第三人具体行政行为违法，责令其收到复议决定书后30日内重新作出具体行政行为。司某丰仍不服该复议决定，向法院提起行政诉讼。

一审法院还查明，鸽鸽公司于2015年6月18日入库散称牛肉干32 kg,2015年6月25日入库散称牛肉干8箱（5 kg/箱）。截至第三人调查询问时，已全部出库销售完毕，其中10箱销往南昌富华，22 kg出库于阿里巴巴网店销售（其中司某丰网购了15 kg）。后鸽鸽公司决定停止使用散称牛肉干老包装袋，并作报废处理，该公司还向客服部及经销商发出召回通知，其中从南昌富华处召回散称牛肉干14.2 kg。

二审查明的事实与原审法院审理查明的事实一致。

二审法院另查明，鹰潭市市场局收到省食药监局行政复议决定后，于2016年6月17日作出撤销原（鹰）质监不罚字〔2015〕01号《不予行政处罚决定书》，重新作出了（鹰）市监（食）不罚决〔2016〕1号《不予行政处罚决定书》，该决定书对适用行政处罚法“第27条第二款”、告知向“江西省质量技术监督局或者鹰潭市人民政府”申请行政复议，“6个月内”向月湖区人民法院提起行政诉讼进行了更正。

（三）诉辩理由和依据

1. 上诉人的上诉理由和依据

司某丰提出行政复议申请，本意就是请求撤销鹰潭市市场局作出的《不予行政处罚决定书》。上诉人受理后，经审查确认鹰潭市市场局的具体行政行为违法，依法予以了撤销并责令其重新作出行政行为。上诉人已支持了司某丰的复议请求，但其依然向法院提起诉讼。原审法院经审理，认为上诉人具有行政复议的法定职权，所作出的复议决定程序合法，鹰潭市市场局作出不予处罚决定并无不当，但判决结果却是撤销复议决定。这样的判决结果，使上诉人对一审判决无所适从，同时与查明的事实不符，也与司某丰的复议请求背道而驰。

2. 被上诉人的辩称理由和依据

（1）第三人适用依据错误，上诉人未予完全纠正。鸽鸽公司的违法行为发生在2015年10月1日起施行的新食品安全法之前，故第三人应依据旧食品安全法对诉争食品进行处罚；诉争食品标示“低脂肪”虚假，不符合食品安全国家标准的规定且对消费者造成误导，故第三人依据新《食品安全法》第125条第二款，《行政处罚法》第20条第二款作出不予处罚的决定，属适用法律错误，且《行政处罚法》第20条没有第二款，不是“不予行政处罚”的规定。

（2）第三人超期履行处理结果告知义务，上诉人认定其程序合法错误。第三人2015年10月13日作出《不予行政处罚决定书》，其于2016年3月18日才向投诉举报人送达处理结果，该程序严重违反了《江西省实施〈中华人民共和国消费者权益保护法〉办法》第14条、《食品药品投诉举报管理办法》第20条等规定。

（3）上诉人认定第三人查明事实清楚错误。鸽鸽公司不符合不予处罚的情形。诉争食品不符合食品安全标准，是禁止生产、销售和进口的。该公司拒绝赔偿被上诉人的损失，不属于违法行为轻微并及时纠正，没有造成危害后果的情形；被上诉人提供了三个批次的产品，第三人仅对其中一个批次的食品进行了调查取证，属事实不清，第三人收集的《检验报告》亦不具有合法性。

（4）上诉人对第三人未完整履行保护消费者的知情权、获得赔偿权、获得奖励权职责的违法行为未予认定。

3. *原审第三人的辩称理由和依据*

（1）我局的行政处理程序合法。现场检查笔录是现场调查核实情况时所做，当时并未立案，是立案前的情况了解，非正式立案后的调查；调查笔录是对被投诉人的询问记录，只要有被调查人签字认可，属于内部程序，工作人员忘记补签字，存在工作失误。《食品药品投诉举报管理办法》第20条规定的60日，是指举报投诉的处理时间，不是行政处罚办案时限，食品药品行政处罚案件对查办案件没有时间限制，我局在收到投诉后及时受理、调查并将受理结果告知了投诉人。

（2）我局的处罚行为合法、适当。我局认为鸽鸽公司确实存在使用不符合规定包装袋的行为，包装存在瑕疵，并不影响食品本身的安全，也不会对消费者造成误导。因为牛肉无论在普通百姓的心目中，还是在食品研究人员的论文中，都是属于脂肪含量偏低，蛋白质含量较高的肉类。根据《食品安全法》第125条和《行政处罚法》第27条规定，我局经合议，对鸽鸽公司做出不予行政处罚的决定。鸽鸽公司主动对产品进行了召回，对包装袋进行了销毁与整改。且与投诉人进行了协商，同意退还货款，但因投诉人要求过高，双方协商不成，故投诉人对该企业进行投诉举报。

（3）我局在制作行政处罚决定书时，对适用具体法律条款出现了笔误，省食药监局进行复议时，已经认定我局处罚适用法律依据不准确，责令我局重做，且我局已履行了复议决定。

（四）本案的争议焦点及审理意见

1. 一审法院

一审法院认为被告省食药监局作为第三人鹰潭市市场局在食品药品监督管理方面的上一级主管部门，具有行政复议的法定职权。被告在收到复议申请后及时受理、告知，并对第三人作出的不予处罚决定进行了审查，作出了复议决定且邮寄送达了双方，符合法定程序。

第三人认为鸽鸽公司虽违反了食品安全法的有关规定，但已自行改正，符合行政处罚法中不予处罚的规定，并据此作出的决定并无不当。但第三人制作的现场检查笔录仅有一名执法人员签字，调查笔录无调查及记录人员签字，违反了食品药品行政处罚程序的规定，被告应在复议决定中查明并指正。第三人未能及时送达其作出的决定书，违反了相应的程序规定，被告在复议决定中认为其“程序合法”属事实不清。

关于司某丰提出第三人应适用旧《食品安全法》的意见，根据行政审判中的普遍认识和做法，行政相对人的行为发生在新法施行以前，行政行为作出在新法施行以后的，人民法院审查具体行政行为的合法性时，实体问题适用旧法规定，程序问题适用新法规定，但适用新法对保护行政相对人的合法权益更为有利的除外。本案，新《食品安全法》适用显然更有利于该公司，故第三人适用新《食品安全法》并无不当。另外，《食品安全法》和《行政处罚法》同属法律，效力并无高下之分，在两者规定无不一致的情形下，均可依法适用；关于司某丰主张第三人对其调解、赔偿损失等投诉请求未予处理的问题，因本案审查的对象为行政复议决定的合法性，故不属本案审理范围。一审法院以省食药监局作出的复议决定事实不清、主要证据不足为由，撤销省食药监局作出的复议决定书。

2. 二审法院

二审法院认为被上诉人司某丰向第三人鹰潭市市场局的投诉请求如下。（1）对鸽鸽公司进行惩处并公开行政处罚结果，书面回复处理结果并奖励投诉人。（2）要求鸽鸽公司向投诉人公开诉争食品生产许可证副本、相应批次的检验合格证明及营养标签的检验合格证明。如无法提供，请求依法惩处。（3）要求鸽鸽公司赔偿投诉人财产损失 5 000 元，同时向投诉人支付价款十倍的赔偿金。

被上诉人司某丰向省食药监局申请复议时的请求为：（1）撤销不予处罚决定；（2）确认鹰潭市市场局处理投诉举报的行为违法；（3）责令鹰潭市市场局重新作出行政行为。

本案，原审第三人鹰潭市市场局受理司某丰的投诉后，经调查认为鸽鸽公司虽违反了食品安全法的有关规定，属标签瑕疵但不影响食品安全、不会对消费者造成误导，且公司对产品进行了召回，对包装进行了销毁、整改，符合《行政处罚法》第 27 条第二款及新《食品安全法》第 125 条第二款的规定，原审第三人鹰潭市市场局据此作出的不予处罚决定并无不当。但原审第三人 2015 年 10 月 13 日作出行政决定，却于 2016 年 3 月 18 日才将处理结果告知司某丰，违反了《食品药品投诉举报管理办法》第 20 条的规定；现场笔录及调查笔录上调查、记录人员未签名；其对司某丰第 2、3 项投诉要求的处理情况亦未予以答复，上述情形均为程序违法。且原审第三人作出的不予处罚决定中，告知的行政复议机关及起诉期限错误，属适用法律错误。上诉人省食药监局受理行政复议申请后，依法进行了受理、决定、送达等程序，虽对原审第三人决定书中适用行政处罚法第 20 条错误予以指出，但对原审第三人的投诉处理行为未全面审查，对上述违法情形未能查明指出，其作出的复议决定，认定事实不清，主要证据不足。

（五）二审法院的终审判决

一审判决适用法律和处理结果部分不当，根据《行政诉讼法》第 89

条第一款第1项、第2项，第74条第二款第1项之规定，判决维持南昌市青山湖区人民法院〔2016〕赣0111行初10号行政判决中第一项，即“撤销江西省食品药品监督管理局作出的（赣）食药复字〔2016〕2号《复议决定书》”；撤销南昌市青山湖区人民法院（2016）赣0111行初10号行政判决中第二项，即“责令江西省食品药品监督管理局在本判决生效之日起六十日内重新作出复议决定”；确认鹰潭市市场和质量监督管理局作出的（鹰）质监不罚字〔2015〕01号《不予行政处罚决定书》（其已撤销）及对投诉人司某丰第2、3项请求未予回复的行为违法。

四、问题解答

(一)《食品安全法》《食品药品行政处罚程序》《食品药品投诉举报管理办法》涉及的投诉举报处理流程

投诉、举报是两个不同的概念，投诉一般是出于对自身利益的维护，请求公权力的帮助；举报一般是出于对公共利益的维护，要求公权力对违法行为进行追责。但两者又紧密关联，往往并存于同一受理案件中。法学视角下的投诉、举报，尽管以保护消费者或公共利益为目的，但却以满足公众监督权为逻辑起点，是宪法赋予公民申诉、控告、检举等政治权利的演绎①。换言之，投诉举报是一种政治权利的延伸，是公民在让渡部分权力于国家后，由宪法赋予而享有的根本权利。在2016年颁布的我国首部统一规定举报投诉的部门规章《食品药品投诉举报管理办法》中，将两者整合，做了如下规定：食品药品投诉举报是指公民、法人或者其他组织向各级食品药品监督管理部门反映生产者、经营者等主体在食品（含食品添加剂）生产、经营环节中有关食品安全方面，药品、医疗器械、化妆品研制、生产、经营、使用等环节中有关产品质量安全方面存在的涉嫌违法行为。该定义从主体、客体、内容上概括性地规定了食品药品投诉举报的基

① 华杰鸿、孙娟娟：《建立中国食品安全治理体系》，欧盟卢森堡出版办公室2018年版。

本规范，是对公民投诉举报权利在食品药品领域的具体落实。

对有关食品药品投诉举报制度的法律规范进行梳理，可以分为两条主线。一是从投诉举报者角度出发，涉及对投诉举报事项的受理回复以及对举报的奖励。二是从行政机关角度出发，涉及对投诉举报事项的调查、处理。相关的法律规范主要包括：《食品安全法》《食品药品投诉举报管理办法》《食品药品违法行为举报奖励办法》《食品药品行政处罚程序规定》以及以《上海市市场监督管理投诉举报处理程序规定》和《浙江省行政程序办法》为代表的地方政府规章。表 5－1 对上述法律规范中举报投诉相关内容进行简要的介绍。

表 5－1　投诉举报的相关法律规范

《食品安全法》（全国人民代表大会常务委员修订，自 2015 年 10 月 1 日起施行）	第 115 条对投诉举报制度作了原则性与总括性的规定，规定了投诉举报的渠道、“答复、核实、处理”的时限法定、对举报人的奖励与保护等
《食品药品投诉举报管理办法》（原国家食品药品监督管理总局制定，自 2016 年 3 月 1 日起施行）	（1）关于投诉举报的受理：第 10 条规定食品药品投诉举报机构负责统一受理食品药品投诉举报；第 12 条规定了是否予以受理的情形；第 15 条规定食品药品投诉举报机构或者管理部门收到投诉举报后应当统一编码，并于收到之日起 5 日内作出是否受理的决定；第 16 条规定对受理的投诉举报，按照重要投诉举报和一般投诉举报分类办理。 （2）关于投诉举报的办理程序：第 17 条规定对受理的投诉举报事项的转交办理；第 19 条规定办理结果应以适当方式反馈投诉举报人；第 20 条规定投诉举报承办部门在一般情况下应当自投诉举报受理之日起 60 日内向投诉举报人反馈办理结果
《食品药品违法行为举报奖励办法》（原国家食品药品监督管理总局、财政部修订，自 2017 年 8 月 9 日起施行）	规定了奖励条件、奖励标准、奖励程序的具体内容

续 表

《食品药品行政处罚程序规定》（原国家食品药品监督管理总局制定，自 2014 年 6 月 1 日起施行）	第 17 条把公民、法人或者其他组织投诉、举报作为引起调查处理的前提，进而认定是否需要进行立案；并对调查取证做出相应程序性规定
《浙江省行政程序办法》（浙江省人民政府制定，自 2017 年 1 月 1 日起施行）	第 78 条规定行政机关根据投诉举报实施行政检查的，应当经本行政机关负责人批准。情况紧急，需要立即进行检查的，行政执法人员应当在检查后的 2 日内向本行政机关负责人报告并补办手续；第 79 条规定行政检查可以采取的措施和要求，以及检查结果的告知
《上海市市场监督管理投诉举报处理程序规定》（上海市人民政府制定，自 2018 年 3 月 15 日起施行）	将工商、食药与质监有关投诉举报的规定进行整合，分别对消费者投诉的处理和举报的处理做出规定，在投诉处理中设有调解环节，对法定时限做了不同规定

结合本案以及实践中对投诉举报的处理，从行政机关角度投诉举报规范中的以下几个问题值得特别关注：受理回复规范；核实环节的调查检查行为规范；处理举报事项不处理投诉事项；职业打假人投诉举报的应对问题。

关于受理回复的规范性要求，由《食品药品投诉举报管理办法》和各地方性举报投诉管理办法的规定组成。需要特别注意的一是关于时限的规定，二是关于告知的规定。如《上海市市场监督管理投诉举报处理程序规定》第 15 条规定："区市场监管部门应当自收到投诉之日起 7 个工作日内，作出是否受理的决定，并告知消费者。不予受理的，应当告知不予受理的理由，并告知维护消费者权益的其他途径。"第 28 条规定："区市场监管部门应当自收到举报之日起 10 日内，组织核查并决定是否立案，有特殊情况的，可以延长至 15 日。"第 29 条规定："对举报不予立案的，区市场监管部门应当自作出决定之日起 7 个工作日内，告知举报人并说明理由。对被举报的违法行为作出行政处罚、不予行政处罚、销案、移送等处理决定的，区市场监管部门应当自作出决定之日起15个工作日内，告知举报人。因举报人提供的姓名或者名称、联系方式等不明确而无法联系的，不予告知。法律、法规另有规定的，从其规定。”在本案中，第三人收到司某丰投诉举报后，于2015年10月13日即作出不予处罚决定，却于2016年3月18日才向司某丰发送决定书予以告知，按照当时《食品药品投诉举报管理办法（试行）》的规定，明显属于违反程序规定，受理回复不规范的情形。

关于核查环节的调查检查行为，在投诉举报程序中未作单独的规定，应当参照《食品药品行政处罚程序规定》中对调查取证的相关规定。如食品药品监督管理部门进行案件调查时，执法人员不得少于2人；执法人员进行现场调查时，应当制作笔录；执法人员应当在笔录上签字等。在本案中，第三人制作了调查笔录，该笔录上却未见调查及记录人员签字，并对此辩称为立案前的内部程序，存在工作失误而非程序违法。这无疑是属于程序违法，无论是立案前还是立案后的调查检查均应遵循相应程序的规定，法院对其程序违法的认定是妥当的。

处理举报事项不处理投诉事项，这是对个人权益保护的忽视。投诉举报有两条主线，一是对公共利益的保护，二是对个人权益的保护，两者同等重要，不可偏废。对此行政机关既要查处涉嫌违法行为，也要对消费者纠纷进行调解。在本案中，二审法院确认第三人对司某丰投诉未予回应的行为违法，是对只处理举报事项不处理投诉事项的回应。

职业打假人，又称为职业索赔人，或者知假买假人，是伴随我国惩罚性赔偿制度的建立，不断发展壮大的一个群体。关于职业打假人的投诉举报，形成了流水作业的模式，索赔人先发现有问题的商品，然后向行政监管部门投诉举报。监管部门有义务根据举报线索对违法行为进行查处并向举报人提供行政处罚决定书。索赔人则将这个行政处罚决定书作为“食品不安全”的证据，向法院提起诉讼主张索赔[①]。同时，职业打假人对于行政机关的受理流程，执法程序颇有研究，一旦不能达到自己赔偿的目的，

① 华杰鸿、孙娟娟：《建立中国食品安全治理体系》，欧盟卢森堡出版办公室2018年版。

就会提起行政复议及行政诉讼，本案被上诉人司某丰即为其中一员，也采取了以上的方式。概括而言，职业打假人的投诉举报具有以下特点：事前的充分准备，过程中较强的法律意识，将投诉举报作为获取高额赔偿的手段。关于职业打假人的利弊，从其诞生之日起就争论不休。良性打假，即包含对消费者权益的保护及食品安全问题发现的内容，对市场的净化起到一定作用；但随着职业打假人的异化，为了牟取自身利益，投机型的举报，着眼于标签字体大小，单价大小写不一等与消费者权益关系不大的问题，不仅给企业的发展带来困扰，也增加了监管部门对投诉举报的处理负担。对于职业打假人的投诉举报的应对，监管部门应以遵守法律规范为前提，做好受理回复，检查调查，全面处理的工作。在自身合法合规的基础上积极应对，加强与生产经营企业、司法部门的沟通交流，探索对职业打假人投诉举报应对的标准化工作流程。

（二）食品标签存在问题时不予行政处罚的实体性规范

食品标签是指食品包装上的文字、图形、符号及一切说明物，是对食品质量特征、安全性选择、食用（饮用）说明的描述[①]。食品标签作为包含食品安全信息在内的食品相关信息的载体，是食品生产经营者向消费者作出的食品质量保障的承诺，是对消费者安全权和知情权的基础保障。我国现行的食品标签规范性文件包括国家法律法规、部门规章、技术规范和国家强制性标准。2015 年新修订的《食品安全法》对食品标签问题作了基础性规定。但鉴于食品标签的专业性对其进行法律规制多以技术规范，食品标签法律制度散见于各种法律法规及规章等文件之中，从形式上来看，食品标签法律制度较为混乱，实际上食品标签标识的管理工作缺乏内在的逻辑安排[②]。因此有必要对食品标签规定进行梳理，以更好地应对实践中频发的因标签问题而产生的投诉举报、执法处罚、诉讼审判等活动。

关于食品标签的规定，可以分为预包装食品标签、散装食品标签、普通食品标签、特殊食品标签、农产品标签、食品添加剂标签，根据食品具

---

① 阮赞林：《食品安全法原理》，华东理工大学出版社 2016 年版。

② 董强：《我国食品标签法律监管问题及对策研究》，首都经济贸易大学，2017 年。

体种类的不同，又可以分为饮料类食品标签、调味品类食品标签、食用油类食品标签、酒类食品标签、粮食类食品标签、乳制品、婴幼儿配方乳粉类食品标签以及蜂王浆、大豆、果冻等食品标签。对食品标签的内容作一个粗略的分类，可以分为影响食品安全的与不影响食品安全的情形，这对于监管部门的执法活动以及司法部门的裁判活动有重要的影响。不影响食品安全的情形即是《食品安全法》第148条新增的食品标签瑕疵情形。鉴于本书其他相关部分已有的讨论，在此仅对对预包装普通食品的标签通用规定的内容进行上述分类与探讨，以进一步明晰食品标签存在问题时不予行政处罚的实体性规范。

对食品标签问题做一宏观的分类，包括三种类型：标示缺失、标示不当、标示瑕疵。标示缺失与标示不当应被认定为影响食品安全的情形，标示瑕疵为不影响食品安全的情形，如图5-1所示。

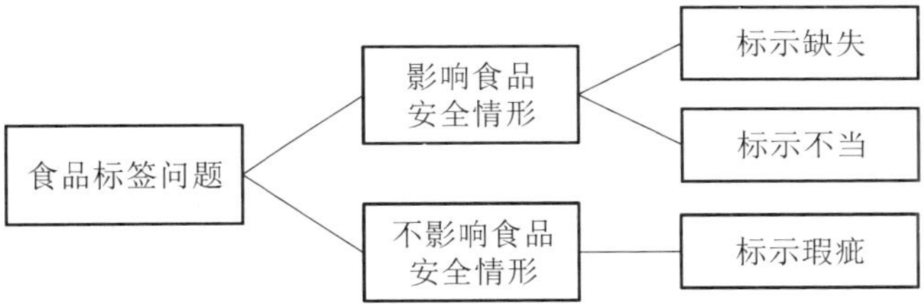

图5-1　食品标签问题分类图

标示缺失是指根据法律法规标准必须标注的内容而未标注，关于预包装食品标签应当标明的事项见《食品安全法》第67条。该条款是对预包装食品标签内容的基本规定，其中“（1）名称、规格、净含量、生产日期；（3）生产者的名称、地址、联系方式；（5）产品标准代号；（8）生产许可证编号”是关于预包装食品的可追溯信息；其中“（2）成分或者配料表；（4）保质期；（6）贮存条件；（7）所使用的食品添加剂在国家标准中的通用名称”是与食品安全相关的信息[①]。此外，“（9）法律、法规或者食品安全标准规定应当标明的其他事项”作为兜底条款。简言之，只要发现食品标签缺失了上述八项实质性内容中的一项，即可认定为影响食品安

① 冀玮、明星星：《食品安全法实务精解与案例指引》，中国法制出版社2016年版。

全的情形，应当予以行政处罚。此外，《食品安全国家标准　预包装食品营养标签通则》（GB 28050—2011）自2013年实施以来，除了被豁免标示营养标签的之外，其他预包装食品均需标示营养成分，并应符合《食品安全国家标准　预包装食品营养标签通则》的规定，如缺失其要求强制性标示的内容应视为标示缺失。《食品安全法》第67条第三款规定“食品安全国家标准对标签标注事项另有规定的，从其规定”。食品安全标准是对上述规定内容的细化，作为强制性国家标准，应当被严格遵守，如《食品安全国家标准　预包装食品标签通则》（GB 7718—2011）第4.1.4.2条规定如果在食品的标签上特别强调一种或多种配料或成分的含量较低或无时，应标示所强调配料或成分在成品中的含量。

标示不当的情形又可以分为应标示的内容虚假或不准确，标示了禁止标示的内容。违法禁止标示的内容的情形较为简单，容易区分，如宣传治疗功能，封建迷信、黄色、贬低其他食品或违背科学营养常识的内容。标示的内容虚假或不准确以实践中较为常见的营养成分标示不当为例，营养成分标示不当包括：能量和营养成分含量等超过国家标准允许的误差范围；能量和营养成分含量声称、比较声称不符合规定的要求和条件。对于标示不当的情形，也宜被认定为影响食品安全的情形。

标签瑕疵的认定尚处于探索阶段。首先要排除影响食品安全与对消费者造成误导的情形，即标签内容必须是齐全、真实、不违反禁止性规定的；其次标签瑕疵意味着违反了相应标准，多是违反具体的食品安全国家标准，尽管食品安全标准是具有强制性的技术规范，但在这些技术性规范中也确实存在不影响食品安全，不会对消费者造成误导的“纯技术性”规定；最后要注意总结行政执法中与司法判决中对标签瑕疵的认定，对执法人员在标签瑕疵认定上的自由裁量空间予以限制。对标签影响食品安全的认定，是对法律法规标准规定内容的实质性考虑，即不会对人体造成任何显性的、或者潜在的健康危害的，这一解释可能过于抽象，更直接的是将标签缺失与标签不当的绝大多数情况视为影响食品安全。误导消费者的常见形式可以分为：视觉误导、概念性误导、“无中生有”型误导、“偏差”比较型的误导等，其目的是为了让消费者认为该产品具有某种并不存在的特殊优势[①]。对消费者造成误导包括影响食品安全的与不影响食品安全的情形，对消费者造成误导但不影响食品安全情形的不能被认定为标签瑕疵，可适用《消费者权益保护法》《反不正当竞争法》等法律法规保护消费者的权益。根据实际案例与食药监管部门的工作文件，总结表5－2可以认定为标签瑕疵的具体情形。

表5－2　常见标签瑕疵的情形

序　号	可以认定为标签瑕疵的具体情形
1	对错别字、繁体字、不规范标点符号的使用，但均不产生错误理解
2	标签营养成分表数值修约间隔不规范
3	标示单位不规范，但不会产生错误理解
4	标签上生产日期、保质期标注为“见包装某部位”，但未能准确标注在某部位的
5	标示内容的文字、符号、数字高度小于规定，外文大于相应的中文，但不会产生错误理解
6	标签上对不同的食品添加剂分别选用标准中允许的三种模式标注
7	国产食品的标签上外文翻译不准确，但不产生错误理解

食品标签存在问题时不予行政处罚，是指食品标签存在瑕疵但不影响食品安全且不会对消费者造成误导的，且该食品生产经营主体积极整改，可不予行政处罚的情形。依据的法律规范主要包括《食品安全法》第125条第二款，《行政处罚法》第27条第二款、第38条，《食品药品行政处罚程序规定》第38条。在违法行为轻微的情形下，对食品生产经营主体不予处罚，体现了《行政处罚法》坚持处罚与教育相结合、过罚相当的原则性规定。这有利于促进食品生产经营者的积极性，也能够督促其依法生产经营，保护消费者利益，实现双赢。

在本案中，一个重要的法律适用认定，即不予处罚的决定是否合法。食品标签存在的问题是包装上标明的低脂肪的含量声明与营养成分表中标

① 李维嘉、张志军、罗锦霞，等：“关于新食品安全法中食品标签‘瑕疵’的解读”，载《现代食品》2015年第21期。

注的具体数值，根据《食品安全国家标准　预包装食品营养标签通则》（GB 28050—2011）附录 C. 1 能量和营养成分含量声称的要求和条件是不一致的。根据上述分类，应归属于标签不当的类别，食品标签存在虚假的含量声称情形，对食品安全造成了潜在的威胁。对此，法院在二审判决书中未对标签问题的认定进行说明。仅将公司对产品进行了召回，对包装进行了销毁、整改的行为加以考量，认为不予处罚决定并无不当。同时，做出该行政决定的主体，即本案第三人在辩称中给出“因为牛肉无论在普通百姓的心目中，还是在食品研究人员的论文中，都是属于脂肪含量偏低，蛋白质含量较高的肉类”的解释，我们认为仍有值得商榷之处。

食品标签存在问题时不予行政处罚很大程度上是与食品标签存在瑕疵的认定问题相关联。“瑕疵”的提法是 2015 年新修订的《食品安全法》中首创，是对食品生产经营企业利益的保障与消费者知情权保护的一种权衡。关于如何认定食品标签存在瑕疵，仍有待法律法规及司法解释做出相关规定，以更好指导实践。

（执笔：阮超，林路索）

案例5－5　郭某祥与海安县市场监督管理局处罚案[①]

一、案件概要

郭某祥不服海安县市场监督管理局处罚及一审判决一案，由江苏省南通市中级人民法院作出〔2017〕苏06行终581号行政判决。本案上诉人（原审原告）为郭某祥，被上诉人（原审被告）为海安县市场监督管理局。案件涉及上诉人（原审原告）销售的猪肉中有一片带皮猪肉上未加盖肉品品质检验合格验讫印章及检疫标志，且未能提供随货同行的肉品品质检验合格证及动物检疫合格证明，后被被上诉人（原审被告）作出海市监罚字〔2017〕9号行政处罚决定书，认定郭某祥销售未按规定进行检疫的猪肉，依据《食品安全法》第123条第一款第4项的规定，决定没收未经检疫的猪肉45.85 kg，罚款12万元。郭某祥不服，向一审法院提起行政诉讼，请求确认海安市监局作出的海市监罚字〔2017〕9号行政处罚决定违法并撤销该决定。一审法院驳回了原告的诉讼请求。上诉人（原审原告）以一审判决认定事实错误、适用法律错误为由提起上诉。二审法院以一审判决认定事实清楚，适用法律、法规正确，程序合法，处罚适当，维持了一审判决。

本案主要涉及以下法律规范。

(1)《食品安全法》第34条、第123条。

(2)《中华人民共和国动物防疫法》（以下简称《动物防疫法》）第78条。

---

① 案件来源：【法宝引证码】CLI. C. 10094688.

（3）《生猪屠宰管理条例》第29条。

二、思考问题

（1）动物检疫检验与食品安全。

（2）《生猪屠宰管理条例》《动物防疫法》对猪肉生产加工销售的规范要求。

（3）民事诉讼与行政诉讼的证据规则。

三、案件正文

（一）案件当事人及其主张

（1）上诉人（原审原告）郭某祥的上诉要点和请求：一审判决认定事实、适用法律错误，请求二审人民法院撤销一审判决，改判撤销被上诉人作出的案涉行政处罚决定。

（2）被上诉人（原审被告）海安县市场监督管理局的答辩要点和请求：一审法院认定事实清楚，适用法律正确，请求二审人民法院依法驳回上诉，维持原判。

（二）法庭查明的事实

1. 一审法院查明的事实

2016年9月15日，海安市监局执法人员在郭某祥经营场所检查时发现，个体工商户郭某祥销售的猪肉中有一片带皮猪肉上未加盖肉品品质检验合格验讫印章及检疫标志，经现场称重，该猪肉计45.85 kg，市场价货值金额为1 237.95元。因郭某祥未能提供随货同行的肉品品质检验合格证及动物检疫合格证明，海安市监局执法人员对该猪肉进行了扣押。后郭某祥向海安市监局提交了动物检疫合格证明一份及肉品品质检验合格证两份。该动物检疫合格证明记载的货主为山东省临沂市泽润肉制品加工有限公司，并载明本批动物产品经检疫合格，应于叁日内到达有效，但动物卫生监督所检疫专用章栏及动物卫生监督检查站签章栏均为空白，且该证明备注栏载明：本证书一式两联，第一联动物卫生监督所留存，第二联随货同行。两份肉品品质检验合格证生产单位均为临沂市泽润肉制品加工有限公司，购货方均为海安，肉品编码栏均为空白且下方备注栏均载明：证货同行，证货相符，否则无效。2016 年 9 月 26 日，郭某祥又向海安市监局提交了临沂市兰山区动物卫生监督所及临沂市泽润肉制品加工有限公司分别出具的证明两份，该两份证据均证明临沂市泽润肉制品有限公司于 2016 年 9 月 14 日生产并销往南通市海安县曲塘镇郭某祥的鲜猪肉制品（带皮白条肉）是经过检验检疫合格的产品，由于在长途运输过程中，产品悬挂摩擦而导致肉品胴体检疫印花不清。经陈述申辩听证等程序，2017 年 1 月 11 日，海安市监局作出海市监罚字〔2017〕9 号行政处罚决定书，认定郭某祥销售未按规定进行检疫的猪肉，依据《食品安全法》第 123 条第一款第 4 项的规定，决定没收未经检疫的猪肉 45.85 kg，罚款 12 万元。

2. 二审法院查明的事实

二审法院经审理查明的事实与一审判决认定的事实一致，予以确认。

（三）诉辩理由和依据

1. 上诉人的上诉理由和依据

（1）上诉人提供了白条肉的发货单以及检疫、检验证明，山东省临沂市兰山区动物卫生监督所出具的证明，说明由于长途运输导致肉品胴体印花不清，上述证明材料能证明上诉人销售的猪肉经过了检疫、检验。

（2）即使销售的猪肉未经检疫，也应该按照《生猪屠宰管理条例》《动物防疫法》规定的罚则处罚，被上诉人适用《食品安全法》处罚畸重；猪肉产品属于食用农产品，应当适用《食用农产品市场销售质量安全监督管理办法》予以处罚。

2. 被上诉人的辩称理由和依据

（1）被上诉人在上诉人销售猪肉现场以及行政程序调查过程中，未发现猪肉产品盖有检验合格章以及动物检疫验讫印章，上诉人也未能提供与销售猪肉有关联的《肉品品质检验合格证明》《动物产品检疫合格证明》，之后补充提供的山东省临沂市兰山区动物卫生监督所、临沂市泽润肉制品加工有限公司的证明不具有合理性、关联性，不具有证明效力。

（2）上诉人案涉经营行为发生在流通领域，属于食品安全法调整的范围，被上诉人有法定处罚权，上诉人的行为违反《食品安全法》第 34 条第 8 项规定，被上诉人按照该法第 123 条第一款第 4 项规定，所作行政处罚决定认定事实清楚，证据确凿，适用法律正确，定性准确，程序合法。

（四）一审法院归纳的争议焦点及审理意见

1. 一审法院

一审法院认为本案主要争议的焦点有两个：一是海安市监局作出的涉诉行政处罚决定认定事实是否清楚，证据是否确凿；二是涉诉行政处罚决定适用法律是否正确，处罚幅度是否适当。

（1）海安市监局作出的涉诉行政处罚决定认定事实是否清楚，证据是否确凿的问题

国家对生猪产品建立了严格的检验、检疫制度，只有经过检验、检疫合格，具备“两证两章”（即肉品品质检验合格证明、肉品品质检验合格验讫印章及动物检疫合格证明、动物检疫合格印章）的生猪产品，且相关证明随货同行才能进入流通环节进行市场销售。本案中，一审法院认为，郭某祥提供的发货单、检验检疫证明及临沂市兰山区动物卫生监督所、临沂市泽润肉制品加工有限公司的证明不能证明与郭某祥销售的涉案猪肉相关，故不能达到郭某祥销售的涉案猪肉是经过检验检疫的合格猪肉的证明目的。理由如下：① 现场扣押的涉案猪肉照片上能清晰看出没有检疫印花标志或者印花模糊不清的痕迹，郭某祥提交的照片上的红色方形印记也无法看出是肉品检验合格验讫印章；② 郭某祥事后提供的动物检疫合格证明及肉品品质检验合格证未能随货同行；③ 动物检疫合格证明及肉品品质检验合格证上动物卫生监督检疫印章及肉品编码等重要信息缺失、购货方信息不明确、产品数量与涉案猪肉不一致；④ 临沂市兰山区动物卫生监督所、临沂市泽润肉制品加工有限公司非运输方，其出具“长途运输过程中，产品悬挂摩擦导致肉品胴体检疫印花不清”的证明也明显缺乏证明力。综上，海安市监局作出的涉诉行政处罚决定，认定郭某祥销售的涉案猪肉未加盖肉品品质检验合格验讫印章及检疫标志，无有效合格证明，应

属未经检验检疫的猪肉，事实清楚，证据确凿。

（2）涉诉行政处罚决定适用法律是否正确，处罚幅度是否适当的问题

《生猪屠宰管理条例》第 3 条，《动物防疫法》第 2 条、第 8 条以及《食品安全法》第 6 条第二款实际上对不同的职能部门的职责进行了明确的分工，畜牧兽医行政主管部门负责生猪屠宰活动的监督管理，动物卫生监督机构负责动物、动物产品的检疫工作，食品药品监督管理部门负责食品安全监督管理工作，哪个环节出了问题就由相关部门负责。《生猪屠宰管理条例》第 29 条，《动物防疫法》第 76 条、第 78 条虽然也有销售、经营过程中违法行为承担法律责任的规定，但这里的“销售”“经营”应当理解为面向特定的经销商的销售、经营活动，如果在该环节构成违法，因尚未对公众造成影响，所以承担的法律责任相对较轻；而经销商将购得的生猪产品、动物产品再次面向不特定的大众消费者销售的时候，如果这些产品存在质量问题，将可能对公众的身体健康和生命安全造成重大隐患。因此，在食品安全环节的违法行为，《食品安全法》给予了非常严厉的处罚，如构成犯罪还将追究刑事责任。本案中，一审法院认为，郭某祥面向不特定的大众消费者销售未按规定进行检疫的猪肉的行为，对照以上规定，海安市监局对郭某祥的违法行为适用《食品安全法》进行处罚，适用法律正确。诚然，本案郭某祥被查处的猪肉为 45.85 kg，货值金额仅为 1 237.95 元，而被处罚的金额达 12 万元。乍一看，似有处罚过重之嫌。但根据《食品安全法》第 123 条之规定，海安市监局所作涉诉行政处罚完全在该法条规定的量罚幅度之内，处罚幅度适当。

2. 二审法院

二审法院归纳的争议焦点有三个：一是上诉人郭某祥销售的猪肉是否未按规定进行检疫，二是被上诉人海安市监局适用《食品安全法》第 123 条进行处罚是否正确，三是量罚是否适当。

（1）关于郭某祥是否存在经营未按规定检疫的肉类的问题

《食品安全法》第 34 条第 8 项从字面文义上理解，该项中“未按规定进行检疫”似乎仅指事实上已经检疫，只是检疫规程不符合要求，而不包括“未检疫”的情形。本院认为，对法律条文的理解应当结合法条以及食

品安全法的整个体系，《食品安全法》其余条款并没有另行设置“未检疫”的条款以及罚则。而“未检疫”的危害风险显然要大于不符合规程要求的检疫，“举轻以明重”，《食品安全法》第 34 条第 8 项不仅包括不符合规程的检疫，更应涵盖应检而未检的情形。本案中，应当从以下几个方面具体分析案涉行政处罚决定中的事实认定是否清楚，证据是否充分的问题。

首先，海安市监局应当对郭某祥存在违法行为的事实认定承担举证责任。根据行政诉讼证据规则，被告也即行政机关应当对其作出行政行为的合法性承担举证责任。如举证不能或所举证据达不到要求的证明标准，行政机关应承担不利后果。海安市监局提供了现场照片；海安县曲塘镇食品药品安全办公室、海安县动物卫生监督所曲塘分所、南通市德心食品有限公司分别出具的证明；现场检查笔录、调查笔录等证据相互印证，能够证明案涉猪肉没有经过检疫。海安市监局在郭某祥销售的猪肉未加盖检疫验讫印章，郭某祥之后又未能提供与销售猪肉相符的检疫合格证明时，认定郭某祥存在经营未按规定检疫的肉类制品，对该事实的认定是一种推定，即结合法律规定，根据已知事实作出的判断。对于推定的事实，如郭某祥不能提供充分证据予以反驳，是否可以作为处罚依据的案件事实，需要结合《食品安全法》等法律、法规的具体规定，行政执法的客观实际以及条件等诸多因素予以考量。

其次，海安市监局所作行政处罚决定中的事实认定符合行业实际和交易习惯。根据《食品安全法》《动物防疫法》《生猪屠宰管理条例实施办法》等法律法规的规定，无论是《肉品品质检验合格证》还是《动物检疫合格证明》均应当做到随货同行，以证明肉产品符合食品安全的标准。在我国，猪肉市场已相当发达，猪肉应当经过检疫、检验，带皮猪肉盖有印花、印章已成为猪肉经营者的常识，成为该行业重要的交易习惯，也是消费者识别猪肉产地、品质的标志。作为保障食品安全的第一责任人，经营者依法应当持有该两项合格证明，在食品安全监督管理部门执法检查时，经营者当然有义务向食品安全监督管理部门提供。且在物流业高速发展的今天，要求食品安全监督管理部门对未经检验、未经检疫这一消极事实从生产源头予以取证显然不符合行政执法的实际，也会降低行政执法的效率，亦不利于我国食品安全立法目的实现，故海安市监局所作的事实认定符合行政执法的实际状况。因此，相关法律规范中关于“证货同行”的规定对经营者来讲，不仅仅是一种义务，也涉及违反这一义务可能承担的法律责任。

第三，郭某祥的主张不能成立。在行政机关已经提供充分、确凿的证据，能够认定行政行为合法时，此时原告如要否认行政行为的合法性，就应当提供反驳的证据，否则就应当承担不利后果。从本案上诉人郭某祥所提供的反驳证据来看，发货单仅能证明从临沂市泽润肉制品加工有限公司购买猪肉的事实，并不能证明案涉猪肉检疫、检验合格。而检疫合格证明系复印件，货主与销售方不一致，产品数量与涉案猪肉不一致，所记载的数量也不符合检疫规程要求，不具有合法性和关联性。临沂市兰山区动物卫生监督所、临沂市泽润肉制品加工有限公司出具的证明关于因长途运输过程中，产品悬挂摩擦导致肉品胴体检疫印花不清的陈述仅是一种猜测，且与现场拍摄的照片明显不符。上诉人郭某祥提交猪肉照片上的红色斑块印记无法看出是肉品检验合格验讫印章，更非农业部统一采用的滚筒式印花检疫标志。因此上诉人郭某祥提供的上述证据不能证明与其销售的涉案猪肉相关联，不能推翻海安市监局关于涉案猪肉未经检疫的事实认定。

（2）关于本案适用法律法规是否正确的问题

对于经营销售未经检疫的动物产品或者未经检验生猪产品的，《动物防疫法》以及《生猪屠宰条例》也规定了相应的罚则，且与《食品安全法》规定相比，法定处罚明显要轻。对于同一违法行为同时触犯两个或两个以上行政法律规范时，应当如何适用法律法规的问题，立法法确定了上位法优于下位法、后法优于前法以及特别法优于一般法的法律适用规则。本案中《生猪屠宰管理条例》虽然晚于《食品安全法》修订并实施，但性质上属于行政法规，其效力要低于《食品安全法》和《动物防疫法》，且《生猪屠宰管理条例》并非对《食品安全法》或《动物防疫法》具体实施所作出的特别规定，因此不应当优先适用。《食品安全法》和《动物防疫法》均系全国人大常委会制定的法律，《动物防疫法》实施时间为2015年4月24日，《食品安全法》实施时间为2015年10月1日，依照新法优于旧法的适用原则，海安市监局适用《食品安全法》予以处罚符合立法法关于法律适用的规则。且《食品安全法》第2条规定的调整范围明确包括食用农产品的销售，也即在《食品安全法》已有明文规定的情况下应当适用该法。

(3) 关于海安市监局所作处罚量罚是否适当的问题

上诉人郭某祥来自异地他乡，在海安县曲塘市场从事个体经商，被查处的猪肉为45.85 kg，货值仅为1 237.95元，海安市监局适用《食品安全法》第123条之规定处罚金额高达12万元，且并无法定应当从轻或减轻的情节。上诉人郭某祥经营多年所获的利润可能因缴纳高额罚款所剩无几，可谓得不偿失。然而，个案似乎不公的背后，彰显的却是食品安全法的立法目的和普遍的社会价值，食品安全法之所以规定如此高额的罚款，正是基于目前食品领域堪忧的现状和面临的严峻形势。因此海安市监局作出的处罚在法定幅度范围内，根据所经营的货值作出的裁量得当，且罚当其过，对此本院予以尊重。

(五) 二审法院的终审判决

综上，上诉人郭某祥的上诉理由不能成立。被诉行政处罚决定证据确凿，认定事实清楚，适用法律、法规正确，程序合法，处罚适当。一审法院经审理所作驳回郭某祥诉讼请求的判决正确，且审理程序合法，本院应予维持。据此，依照《行政诉讼法》第89条第一款第1项之规定，判决驳回上诉，维持原判决。二审案件受理费50元，由上诉人郭某祥负担。

四、问题解答

(一) 动物检疫检验与食品安全

动物检疫是指依据国家法律法规，由法定机构、法定人员，依照法定检验项目和标准，对有关动物及其产品和其他相关物品实施科学检验鉴定与处理的一项强制性的技术行政措施。通过动物检疫，对可疑或已证实的疫病对象实行强制隔离，或作出适当处理，目的是防止动物传染病的传播，保障畜牧业生产和人民健康。

随着人们生活水平的不断提高，不管是饮食结构和习惯还是消费观念均发生了很大变化，人们更为注重食品的健康和安全。同时人们对于食品中肉类的营养需求也在不断提升，而动物肉制品的质量直接关系着人们所摄入食品的安全。动物肉制品的质量与动物的种类，动物生活的环境，动物加工、运输、贮存、销售等环节息息相关，其中任何一个环节出现问题，都会引起食品安全问题。为了保证肉类食品安全，国家对肉制品建立了严格的检验、检疫制度。以本文中的猪肉为例：只有经过检验、检疫合格，具备“两证两章”（即肉品品质检验合格证明、肉品品质检验合格验讫印章及动物检疫合格证明、动物检疫合格印章）的生猪产品，且相关证明随货同行才能进入流通环节进入市场销售。

我国生猪市场已经相当发达，《生猪屠宰条例》《动物防疫法》《食品安全法》等相关法律法规规章等对猪肉的生产经营制定了严格的监管制度经过检验检疫的带皮猪肉必然会有印章及检验检疫合格证明随货移送，并且猪肉应当经过检疫检验、带皮猪肉盖有印花、印章已成为猪肉经营的行业管理以及交易习惯。在这种前提下，本案被上诉人在发现上诉人销售的猪肉没有印花及随货同行的肉品品质检验合格证、动物检疫合格证明，推定销售的涉案猪肉没有经过检疫符合常理。另一方面，如果苛刻要求食品监管部门对未经检验检疫这一消极事实从生产源头进行核实、调查取证，不符合执法实际，更降低了行政执法效率。因此从这两方面讲已经足以推定上诉人构成“销售未按规定进行检疫的肉类”的违法行为。

（二）《生猪屠宰管理条例》《动物防疫法》对猪肉生产加工销售的规范要求

《生猪屠宰管理条例》（以下简称《条例》）制定的目的是为了加强生猪屠宰管理，保证生猪产品质量安全，保障人民身体健康。该条例主要规定了生猪定点屠宰、集中检疫两大制度，从制度上保证生猪屠宰的安全，具体体现在以下方面。

1. 生猪定点屠宰。生猪定点屠宰包括屠宰场所的规划、设置，以及定点屠宰场所的资质与条件的规定。

（1）生猪定点屠宰场所规划与设置。《条例》第5条规定：生猪定点屠宰厂（场）的设置规划（以下简称设置规划），由省、自治区、直辖市人民政府畜牧兽医行政主管部门会同环境保护主管部门以及其他有关部门，按照合理布局、适当集中、有利流通、方便群众的原则，结合本地实际情况制订，报本级人民政府批准后实施。

（2）生猪定点屠宰场所的资质与条件。《条例》第6条、第7条规定生猪屠宰场所应当具有生猪定点屠宰证书和生猪定点屠宰标志牌，且生猪定点屠宰厂（场）应当将生猪定点屠宰标志牌悬挂于厂（场）区的显著位置，生猪定点屠宰证书和生猪定点屠宰标志牌不得出借、转让。《条例》第8条从屠宰场所的环境、设备、规模、技术人员等方面要求应当达到的条件标准。

2. 生猪集中检疫。《条例》第13条规定：生猪定点屠宰厂（场）应当建立严格的肉品品质检验管理制度。肉品品质检验应当与生猪屠宰同步进行，并如实记录检验结果。检验结果记录保存期限不得少于2年。经肉品品质检验合格的生猪产品，生猪定点屠宰厂（场）应当加盖肉品品质检验合格验讫印章或者附具肉品品质检验合格标志。经肉品品质检验不合格的生猪产品，应当在肉品品质检验人员的监督下，按照国家有关规定处理，并如实记录处理情况；处理情况记录保存期限不得少于2年。生猪定点屠宰厂（场）的生猪产品未经肉品品质检验或者经肉品品质检验不合格的，不得出厂（场）。依据本条规定，生猪经过定点屠宰场的加工，必须检验合格加盖肉品品质检验合格验讫印章或者附具肉品品质检验合格标志才能向市场流通。

《动物防疫法》制定的目的是为了加强对动物防疫活动的管理，预防、控制和扑灭动物疫病，促进养殖业发展，保护人体健康，维护公共卫生安全。《动物防疫法》要求生猪屠宰前须检疫以及检疫证明须与货物同行。

1. 屠宰前检疫。《动物防疫法》第42条规定：屠宰、出售或者运输动物以及出售或者运输动物产品前，货主应当按照国务院兽医主管部门的规定向当地动物卫生监督机构申报检疫。动物卫生监督机构接到检疫申报后，应当及时指派官方兽医对动物、动物产品实施现场检疫；检疫合格的，出具检疫证明、加施检疫标志。实施现场检疫的官方兽医应当在检疫证明、检疫标志上签字或者盖章，并对检疫结论负责。依据本条规定，生猪屠宰前应当向动物卫生监督机构申报检疫，并经检疫合格后才能进而屠宰加工。

2. 检疫证明与货同行。《动物防疫法》第 43 条第一款规定：屠宰、经营、运输以及参加展览、演出和比赛的动物，应当附有检疫证明；经营和运输的动物产品，应当附有检疫证明、检疫标志。第 44 条第一款规定：屠宰、经营、运输以及参加展览、演出和比赛的动物，应当附有检疫证明；经营和运输的动物产品，应当附有检疫证明、检疫标志。依据上述两条规定，屠宰后的猪肉产品在加工、运输、销售中必须附有生猪屠宰前检验机构出具的检验合格证明。

本案中一审法院与二审法院在适用律适用《生猪屠宰管理条例》《动物防疫法》以及《食品安全法》存在不同理解。一审法院认为《生猪屠宰管理条例》《动物防疫法》以及《食品安全法》，应当根据猪肉生产、加工等不同环节来确定法律适用；而二审法院认为应当同一行为触犯不同法律，应当依据法律层级以及新法优于旧法的原则来确定其适用。

（三）民事诉讼与行政诉讼的证据规则

证据是指依照诉讼规则认定案件事实的依据。证据对于当事人进行诉讼活动，维护自己的合法权益，对法院查明案件事实，依法正确裁判都具有十分重要的意义。广义的证据规则是指确认证据的范围、调整和约束证明行为的法律规范的总称。狭义的证据规则是指确认某一证据素材是否具备证据能力的法律要求。证据规则是收集证据、采用证据、核实证据、运用证据时所必须遵循的准则。

大陆法系的所有诉讼制度都共同渊源于罗马法、教会法和中世纪意大利法，各种诉讼制度的形成和发展所依据的又都是民事诉讼法的基本原则。我国的行政诉讼脱胎于民事诉讼，两者不但在发展上有着密切的联系，而且在内容上，民事诉讼法至今仍是行政诉讼制度的重要法律渊源之一。但是，行政诉讼作为独立的诉讼制度，其性质的特殊性决定了其自身的特点，民事诉讼与行政诉讼证据规则的不同主要体现在以下几个方面。

1. 证明对象

民事诉讼的证明对象是双方当事人争议的客观事实，这些事实随当事人诉讼请求的修正、反诉的提出、抗辩权的行使而改变，在诉讼过程中呈多变性；而行政诉讼的证明对象是一方当事人（行政机关）单方面认定的事实，且这些事实一般已在行政程序中被证明过。在行政诉讼中双方当事人提出的与以上事实无关的事实，无论其与双方当事人之间的行政法律关系有否利害关系，都不能成为本案的证明对象。行政诉讼的证明对象在诉讼过程中相对稳定。

2. 举证责任

举证责任是指法律预先规定由谁承担提供证据，以及不能提供证据时可能承担的法律后果。我国《民事诉讼法》第 64 条第一款规定："当事人对自己提出的主张，有责任提供证据。"我国《行政诉讼法》第 32 条规定："被告对所作出的具体行政行为负举证责任，应当提供作出该具体行政行为的证据和所依据的规范性文件。"根据上述规定，从被告的角度看，民事诉讼中的被告除提起反诉和法定的特殊情况外，只需提供抗辩证据；而行政诉讼中的被告则应承担整个诉讼的主要举证责任而且举证的范围也比较广泛，不但要提供事实证据（包括实体法上的事实和程序法上的事实），还应提出作出具体行政行为所依据的规范性文件。

3. 调查收集、调取证据制度

我国《民事诉讼法》第 64 条第二款规定："当事人及其诉讼代理人因客观原因不能自行收集的证据，或者人民法院认为审理案件需要的证据，人民法院应当调查收集。"我国《行政诉讼法》第 39 条、第 40 条规定："人民法院有权要求当事人提供或者补充证据""人民法院有权向有关行政机关以及其他组织、公民调取证据。但是，不得为证明行政行为的合法性调取被告作出行政行为时未收集的证据。"这两条规定分别规定了民事诉讼中人民法院依职权收集证据制度与行政诉讼中法院调取证据的制度。

民事诉讼中法院"应当"调查收集证据制度和行政诉讼中法院"有权"要求当事人提供或补充证据、调取证据制度，虽然两者目的是一致的，但内容有区别。首先，民事诉讼法规定的是“应当收集”，而行政诉讼法规定的是“有权调取”。显而易见，法院在审理民事案件中收集证据的职责较为重大，态度上也应较为主动。其次，救济对象不同，民事诉讼当事人有权获得救济，而行政诉讼中的建立调取证据制度的目的主要是更加充分保护原告的合法权益，而不是协助被告证明具体行政行为的合法性。由于行政机关和相对人的不对等地位存在延续性，在行政诉讼中被告在行政程序中的优势地位不可能消灭殆尽，原告的地位实际上仍处于劣势，需要予以救济。对于具体行政行为的合法性的举证责任，行政诉讼法明确由被告承担。行政机关拥有充分的权力、人力和财力，不存在举证不能的客观困难，法院不能代替被告对具体行政行为合法性进行举证，也没必要代替被告调取证据。所以，在行政诉讼中，法院调取证据的范围是证明具体行政行为违法性的证据。另外，法院要求当事人提供补充证据或调取证据具有强制性，当事人、证人不履行义务的，将承担败诉后果或妨碍诉讼的法律责任。

结合本案，涉及推定上诉人构成“销售未按规定进行检疫的肉类”的违法行为。本案所涉猪肉上没有印章、上诉人也无法当场提供检验、检疫合格证明，在此情况下，为否认推定事实，就应当溯及源头提供能够证明涉案猪肉经过了检验检疫的证据，且对于销售者来讲，举证证明涉案猪肉经过了检验检疫的证据责任并非苛刻要求，而是在其能够举证范围内的合理举证义务。但上诉人提供的证据主要包括发货单、货主与销售方不一致的检疫合格证明、临沂市兰山区动物卫生监督所、临沂市泽润肉制品加工有限公司出具的证明由于长途运输导致猪头胴体模糊不清的证明。仔细分析上述证据，均不足以证明涉案猪肉经过了检验检疫，无法达到否定被上诉人推定法律事实的证明目的。

本案中涉及第三方机构——临沂市兰山区动物卫生监督所出具的证据材料的证明效力问题。一般来讲，第三人机构特别是政府部门出具的加盖公章的书证等材料相对中立且具备一定的权威性，具有较高的证明力。但值得注意的是，并不是第三方机构出具的所有证明材料有强势证明力，主要应当符合以下几个基本要求：① 政府机构出具的书证等证据材料的证明内容应当是其职权范围内的事项；② 出具的证明材料内容必须客观真实肯定，而不能是主观臆断推断的事项。本案中，临沂市兰山区动物卫生监督所出具的证明，虽然其作为动物卫生监督机构具有针对肉制品进行检疫的监管职权，但是其证明事项并非直接针对该肉制品是否经过了检疫，而证明的是运输途中产品悬挂摩擦导致肉品通体检疫印花不清的，系猜测事项，因此其出具该证明的证明力即大打折扣。

（执笔：管雨）

第六章　食品安全公益诉讼案

案例6－1　吉林省长春市人民检察院与姜某玲侵权责任纠纷案[①]

一、案件概要

本案因公益诉讼人吉林省长春市人民检察院与姜某玲侵权责任纠纷一案，由吉林省长春市中级人民法院于2017年5月17日作出〔2017〕吉01民初191号民事判决书，审判长王欣。本案原告为吉林省长春市人民检察院，被告为姜某玲。原告吉林省长春市人民检察院诉称被告姜某玲在无《药品生产许可证》、亦未取得药品批准证明文件的情况下，购买空胶囊套、塑料自封袋等物品，将药材打磨成粉末称重后进行生产，然后装入塑料袋对外销售。经鉴定所销售药品均为假药，行为违反了法律相关规定，侵害了不特定消费者的合法权益。据此，依据《消费者权益保护法》、最高人民法院《关于审理消费民事公益诉讼案件适用法律若干问题的解释》等规定，请求法院判令姜某玲在省级以上媒体公开向公众赔礼道歉。吉林省长春市中级人民法院经审理支持了原告的诉讼请求。

本案主要涉及以下法律规范。

（1）《消费者权益保护法》第47条、第48条。

（2）《侵权责任法》第15条。

（3）《民事诉讼法》第55条。

（4）《人民法院审理人民检察院提起公益诉讼案件试点工作实施办法》第1条、第3条。

（5）最高人民法院《关于适用〈民事诉讼法〉的解释》第284条。

---

① 案件来源：【法宝引证码】CLI. C. 9656481.

二、思考问题

（1）药品的生产经营与假药、劣药的预防。

（2）公益诉讼的级别管辖和地域管辖。

三、案件正文

（一）案件当事人及其主张

原告吉林省长春市人民检察院的起诉要点和请求：被告姜某玲在无《药品生产许可证》、亦未取得药品批准证明文件的情况下，购买空胶囊套、塑料自封袋等物品，将药材打磨成粉末称重后进行生产，然后装入塑料袋对外销售。销售金额合计约为人民币76 000余元。经鉴定所销售药品均为假药。请求法院判令姜某玲在省级以上媒体公开向公众赔礼道歉。

被告姜某玲的答辩要点和请求：以前不懂法，在法官的教育下才知道自己触犯了法律，以后要学习法律做一个合法公民。

（二）法庭查明的事实

2012年春，姜某玲在长春汽车经济技术开发区奔驰路早市场内，从一陌生女子手中购买“胃灵王”“复方蛤蚧咳哮灵”“风湿特效王”的药方，姜某玲让其弟弟姜严冬根据药方中所列药材名称，从安徽省亳州市某医药批发市场购买三种药品的药材原料（20余种），然后邮回至长春市姜某玲处。姜某玲在无《药品生产许可证》、亦未取得药品批准证明文件的情况下，购买空胶囊套、塑料自封袋等物品，在长春汽车经济技术开发区兴顺花园小区9栋32号车库内，将药材打磨成粉末称重后进行生产，然后装入塑料袋，通过在早市场、送货到家、邮寄的方式向社会不特定公众销售“胃灵王”“复方蛤蚧咳哮灵”“风湿特效王”。其销售范围覆盖吉林省地区，金额合计约为人民币76 000余元。经长春市食品药品监督管理局汽车经济技术开发区分局鉴定，姜某玲销售的“胃灵王”“复方蛤蚧咳哮灵”“风湿特效王”均为假药。2016年11月10日被告人被长春汽车经济技术开发区人民法院判处有期徒刑一年，缓刑一年，并处罚金五万元。

另查明，吉林省长春市人民检察院于2016年10月19日向吉林省消费者协会发出了检察建议，建议其提起民事公益诉讼，2016年11月18日，吉林省消费者协会回函称："由于11月1日刚结束全省首例公益诉讼案件的审判，正在对前期已开展的公益诉讼相关工作进行梳理，并按要求将有关情况上报中消协，且你院也是法定起诉义务机关，建议自行起诉。"

(三) 诉辩理由和依据

1. 原告的起诉理由和依据

原告认为被告所生产销售的假药，已向不特定消费者销售，侵害了不特定消费者合法权益，违反法律相关规定，应承担赔礼道歉的民事责任。主要依据如下。

根据《民事诉讼法》第55条、《消费者权益保护法》第47条，最高人民法院《关于审理消费民事公益诉讼案件适用法律若干问题的解释》第1条、第2条的规定，此案符合消费民事公益的受案范围，吉林省消费者协会负有保护消费者合法权益的职责，系符合法律规定提起公益诉讼的主体。吉林省长春市人民检察院于2016年10月19日向吉林省消费者协会发出了检察建议，建议其提起民事公益诉讼，2016年11月18日，吉林省消费者协会回函称："由于11月1日刚结束全省首例公益诉讼案件的审判，正在对前期已开展的公益诉讼相关工作进行梳理，并按要求将有关情况上报中消协，且你院也是法定起诉义务机关，建议自行起诉。"吉林省消费者协会未提起民事公益诉讼，社会公共利益仍处于受侵害状态。因而吉林省长春市人民检察院依法有权提起公益诉讼。

2. 被告的答辩理由和依据

以前不懂法，在法官的教育下才知道自己触犯了法律，以后要学习法律做一个合法公民。

(四) 本案的争议焦点及审理意见

法院主要就三个问题进行审理：原告是否为本案适格主体；被告是否

应承担民事责任；原告主张被告赔礼道歉是否符合法律规定。

（1）原告是否为本案适格主体

吉林省长春市人民检察院发现姜某玲的侵权行为后，向吉林省消费者协会发出了检察建议，建议其提起民事公益诉讼，吉林省消费者协会未提起民事公益诉讼，建议吉林省长春市人民检察院自行提起诉讼。根据《民事诉讼法》第55条“对污染环境、侵害众多消费者合法权益等损害社会公共利益的行为，法律规定的机关和有关组织可以向人民法院提起诉讼”，《消费者权益保护法》第47条“对侵害众多消费者合法权益的行为，中国消费者协会以及在省、自治区、直辖市设立的消费者协会，可以向人民法院提起诉讼”以及《人民法院审理人民检察院提起公益诉讼案件试点工作实施办法》第1条“人民检察院认为被告有污染环境、破坏生态、在食品药品安全领域侵害众多消费者合法权益等损害社会公共利益的行为，在没有适格主体提起诉讼或者适格主体不提起诉讼的情况下，向人民法院提起民事公益诉讼，符合民诉法第119条第2项、第3项、第4项规定的，人民法院应当登记立案”的规定，本案符合人民检察院作为公益诉讼人向人民法院提起民事公益诉讼的受案范围。

（2）被告是否应承担民事责任

《消费者权益保护法》第48条第一款的规定：“经营者提供商品或者服务有下列情形之一的，除本法另有规定外，应当依照其他有关法律、法规的规定，承担民事责任：① 商品或者服务存在缺陷的；② 不具备商品应当具备的使用性能而出售时未作说明的；③ 不符合在商品或者其包装上注明采用的商品标准的；④ 不符合商品说明、实物样品等方式表明的质量状况的；⑤ 生产国家明令淘汰的商品或者销售失效、变质的商品的；⑥ 销售的商品数量不足的；⑦ 服务的内容和费用违反约定的；⑧ 对消费者提出的修理、重作、更换、退货、补足商品数量、退还货款和服务费用或者赔偿损失的要求，故意拖延或者无理拒绝的；⑨ 法律、法规规定的其他损害消费者权益的情形。”本案中，姜某玲销售的“胃灵王”“复方蛤蚧咳哮灵”“风湿特效王”等药品经鉴定均为假药，其向社会众多不特定消费者提供假药，违反了《消费者权益保护法》第 48 条的规定，损害了社会公共利益，依法应承担相应的民事责任。

（3）原告主张被告赔礼道歉是否符合法律规定

《侵权责任法》第 15 条规定："承担侵权责任的方式主要有：① 停止侵害；② 排除妨碍；③ 消除危险；④ 返还财产；⑤ 恢复原状；⑥ 赔偿损失；⑦ 赔礼道歉；⑧ 消除影响、恢复名誉。以上承担侵权责任的方式，可以单独适用，也可以合并适用。"《人民法院审理人民检察院提起公益诉讼案件试点工作实施办法》第 3 条规定："人民检察院提起民事公益诉讼，可以提出要求被告停止侵害、排除妨碍、消除危险、恢复原状、赔偿损失、赔礼道歉等诉讼请求。"本案中，姜某玲将假药销售给不特定的消费者，且销售范围涵盖吉林省地区，吉林省长春市人民检察院依据以上事实及法律规定向人民法院提起侵害消费者权益公益诉讼，请求姜某玲在省级以上媒体公开向公众赔礼道歉有事实及法律依据，依法应予支持。

（五）法院的审理判决

依照《侵权责任法》第 15 条，《消费者权益保护法》第 47 条、第 48 条，《民事诉讼法》第 55 条，最高人民法院《关于适用〈中华人民共和国民事诉讼法〉的解释》第 284 条，《人民法院审理人民检察院提起公益诉讼案件试点工作实施办法》第 1 条、第 3 条规定，判决姜某玲在本判决生效后十日内在省级以上（含省级）媒体公开向公众赔礼道歉。

四、问题解答

（一）药品的生产经营与假药、劣药的预防

药品生产实行准入制度。在我国，药品生产企业进入市场从事药品生产经营活动必须经过三道法律程序：一是行政许可程序；二是工商注册登记程序；三是行政确认程序，如表 6－1 所示。

表 6-1 药品生产准入制度

药品生产市场准入三步走			
	第一步行政许可	第二步工商登记	第三步行政确认
主要内容	药品生产企业须获得药品监督管理部门的生产许可，即由省级药品监督管理部门在收到企业完整申办资料以后，进行资质审查，验收合格的颁发“药品生产许可证”，抄报国家食品药品监督管理局备案	拟设立的企业或进入市场从事经营活动的必须到工商行政管理部门（市场监督管理局）办理注册登记，取得营业执照	新建企业还应在取得药品批准文号之后限期通过药品监管部门的《药品生产质量管理规范》（GMP）认证，获得 GMP 证书之后才能使药品监管部门承认其生产药品的行为已经符合法律规定的标准
管辖部门	药品监督管理局	工商行政管理局	国家市场监督管理总局
程序规定	《药品生产监督管理办法》第 4 条①、第五条②	《企业名称登记管理规定》	《药品 GMP 认证管理办法》

药品经营同样需要行政许可。药品经营企业主要分为两种：药品批发企业和药品零售企业。开办药品批发企业的条件规定于《药品经营许可证

① 《药品生产监督管理办法》第四条：开办药品生产企业，除应当符合国家制定的药品行业发展规划和产业政策外，还应当符合以下条件：

（一）具有依法经过资格认定的药学技术人员、工程技术人员及相应的技术工人，企业法定代表人或者企业负责人、质量负责人无《药品管理法》第七十六条规定的情形；

（二）具有与其药品生产相适应的厂房、设施和卫生环境；

（三）具有能对所生产药品进行质量管理和质量检验的机构、人员以及必要的仪器设备；

（四）具有保证药品质量的规章制度。

国家有关法律、法规对生产麻醉药品、精神药品、医疗用毒性药品、放射性药品、药品类易制毒化学品等另有规定的，依照其规定。

② 《药品生产监督管理办法》第五条：开办药品生产企业的申请人，应当向拟办企业所在地省、自治区、直辖市（食品）药品监督管理部门提出申请，并提交以下材料：

（一）申请人的基本情况及其相关证明文件；

（二）拟办企业的基本情况，包括拟办企业名称、生产品种、剂型、设备、工艺及生产能力；拟办企业的场地、周边环境、基础设施等条件说明以及投资规模等情况说明；

（三）工商行政管理部门出具的拟办企业名称预先核准通知书，生产地址及注册地址、企业类型、法定代表人或者企业负责人；

（四）拟办企业的组织机构图（注明各部门的职责及相互关系、部门负责人）； （转下页）

管理办法》第4条[①]，开办药品零售企业的条件规定于《药品经营许可证管理办法》第5条[②]。

（接上页）（五）拟办企业的法定代表人、企业负责人、部门负责人简历，学历和职称证书；依法经过资格认定的药学及相关专业技术人员、工程技术人员、技术工人登记表，并标明所在部门及岗位；高级、中级、初级技术人员的比例情况表；

（六）拟办企业的周边环境图、总平面布置图、仓储平面布置图、质量检验场所平面布置图；

（七）拟办企业生产工艺布局平面图（包括更衣室、盥洗间、人流和物流通道、气闸等，并标明人、物流向和空气洁净度等级），空气净化系统的送风、回风、排风平面布置图，工艺设备平面布置图；

（八）拟生产的范围、剂型、品种、质量标准及依据；

（九）拟生产剂型及品种的工艺流程图，并注明主要质量控制点与项目；

（十）空气净化系统、制水系统、主要设备验证概况；生产、检验仪器、仪表、衡器校验情况；

（十一）主要生产设备及检验仪器目录；

（十二）拟办企业生产管理、质量管理文件目录。

申请人应当对其申请材料全部内容的真实性负责。

① 《药品经营许可证管理办法》第四条：按照《药品管理法》第14条规定，开办药品批发企业，应符合省、自治区、直辖市药品批发企业合理布局的要求，并符合以下设置标准：

（一）具有保证所经营药品质量的规章制度；

（二）企业、企业法定代表人或企业负责人、质量管理负责人无《药品管理法》第76条、第83条规定的情形；

（三）具有与经营规模相适应的一定数量的执业药师。质量管理负责人具有大学以上学历，且必须是执业药师；

（四）具有能够保证药品储存质量要求的、与其经营品种和规模相适应的常温库、阴凉库、冷库。仓库中具有适合药品储存的专用货架和实现药品入库、传送、分拣、上架、出库现代物流系统的装置和设备；

（五）具有独立的计算机管理信息系统，能覆盖企业内药品的购进、储存、销售以及经营和质量控制的全过程；能全面记录企业经营管理及实施《药品经营质量管理规范》方面的信息；符合《药品经营质量管理规范》对药品经营各环节的要求，并具有可以实现接受当地（食品）药品监管部门（机构）监管的条件；

（六）具有符合《药品经营质量管理规范》对药品营业场所及辅助、办公用房以及仓库管理、仓库内药品质量安全保障和进出库、在库储存与养护方面的条件。

国家对经营麻醉药品、精神药品、医疗用毒性药品、预防性生物制品另有规定的，从其规定。

② 《药品经营许可证管理办法》第五条：开办药品零售企业，应符合当地常住人口数量、地域、交通状况和实际需要的要求，符合方便群众购药的原则，并符合以下设置规定：

（一）具有保证所经营药品质量的规章制度；

（二）具有依法经过资格认定的药学技术人员；

经营处方药、甲类非处方药的药品零售企业，必须配有执业药师或者其他依法经过资格认定的药学技术人员。质量负责人应有一年以上（含一年）药品经营质量管理工作经验。

经营乙类非处方药的药品零售企业，以及农村乡镇以下地区设立药品零售企业的，应当按照《药品管理法实施条例》第15条的规定配备业务人员，有条件的应当配备执业药师。

企业营业时间，以上人员应当在岗。 （转下页）

对药品生产和经营实行严格的行政许可，有利于从源头上控制药品的品质，对进入市场的药品生产者和经营者进行有力的过滤和监管，是保障药品安全的关键环节，在药品安全监管制度中具有极为重要的地位。

假药，通常指该药品缺乏或根本没有所需成分，实际作用性不强，无法真正带来治疗效果，强调的是一种“成分不符”。我国《药品管理法》第48条对假药的定义进行了明确，但就假药的认定需要区分两种层次的情形，一种情形是假药，另一种情形是以假药论处，如表6-2所示。

表6-2 假药的定义

假药	以假药论处
假药是指药品所含成分与国家药品标准规定的成分不符的，或者以非药品冒充药品或者以他种药品冒充此种药品的	若药品属于国务院药品监督管理部门规定禁止使用的，或依照药品管理法必须批准而未经批准生产、进口，或者必须检验而未经检验即销售的，或变质的，被污染的，或使用依照药品管理法必须取得批准文号而未取得批准文号的原料药生产的，或所标明的适应证或者功能主治超出规定范围的，均按假药论处

劣药，通常指该药品内部需要具备的成分含量高于零但低于相关标准规定，强调的是一种“含量不符”。我国《药品管理法》第49条对劣药的定义进行了明确，但就劣药的认定同样需要区分两种层次的情形，一种情形是劣药，另一种情形是以劣药论处，如表6-3所示。

（接上页）（三）企业、企业法定代表人、企业负责人、质量负责人无《药品管理法》第76条、第83条规定情形的；

（四）具有与所经营药品相适应的营业场所、设备、仓储设施以及卫生环境。在超市等其他商业企业内设立零售药店的，必须具有独立的区域；

（五）具有能够配备满足当地消费者所需药品的能力，并能保证24小时供应。药品零售企业应备有的国家基本药物品种数量由各省、自治区、直辖市（食品）药品监督管理部门结合当地具体情况确定。

国家对经营麻醉药品、精神药品、医疗用毒性药品、预防性生物制品另有规定的，从其规定。

表 6－3 劣药的定义

劣　药	以劣药论处
劣药是指药品成分的含量不符合国家药品标准的药品	若药品未标明有效期或者更改有效期的，不注明或者更改生产批号的，超过有效期的，直接接触药品的包装材料和容器未经批准的，添加着色剂、防腐剂、香料、矫味剂及辅料的，均按劣药论处

药品是特殊商品，一方面它具有帮助人们防病治病、调节生理功能、改善健康水平的功能；另一方面也可能因其毒副作用而对人体造成伤害甚至是死亡。因而任何药品都必须同时符合两项最基本的原则：有效性和安全性。随着社会对药品安全关注度的提升，药品生产、流通和使用过程中的风险管理受到越来越多人的关注。许多发达国家将风险管理概念引入药品监督管理机制中，建立并完善风险管理体系，增强利益相关群体对安全隐患的认识，从而确保药品安全有效，保障和促进公众健康。作为一个具有高风险的产品，药品的监督管理首先应该是安全风险管理，如果能够有效规避和控制药品研发、生产、流通和使用中的安全风险，那么损害的发生或许可以大幅降低或是避免，因此有必要对药品安全问题进行科学的防范和监测，建立切实有效的安全风险管理体系，为药品使用营造良好的环境。

药品的生产经营是一个周期性的活动，安全风险涉及的利益相关群体包括政府监督管理者、研发和生产者、流通者、医疗卫生工作者。不同的主体，对于药品的安全风险把控，假药劣药预防承担着不同的责任。政府监督管理者是国家和地方的药品监督管理部门，主要负责对药品的研发、生产、流通和使用进行行政监督和技术监督。研发和生产者是药品研发和生产的主体，应充分运用所掌握的药品信息，正确制定、及时修改药品标准，降低不良反应发生的风险。流通者包括药品物流批发企业、药品零售企业、医院药房等在药品流通过程中的组织，主要对药品的运输和保管负责。医疗卫生工作者主要对其所用药品进行利益风险评价，并合理使用。

本案系公益诉讼，被告姜某玲在无《药品生产许可证》，亦未取得药品批准证明文件的情况下，购买空胶囊套、塑料自封袋等物品，将药材打磨成粉末称重后进行生产，然后装入塑料袋对外销售，其销售的“胃灵王”“复方蛤蚧咳哮灵”“风湿特效王”依照《药品管理法》的规定，系必须批准而未经批准，必须检验而未经检验即销售，属于按假药论处的情形，法院审理后亦认定被告所销药品属于假药。在本案之前，姜某玲虽已经接受了刑事审判，被判处有期徒刑一年，缓刑一年，并处罚金五万元，通过刑事处罚对其违法行为承担了相应的刑事法律责任。但由于刑事制度和民事制度所保护的法益和所追求的目标有所区别，刑事制度旨在保护公民生命健康法益和维护市场药品生产经营秩序，通过严厉的刑事处罚，对犯罪人进行惩罚，同时对社会类似潜在犯罪行为以及犯罪人再犯新罪在一定程度上起到威慑和预防作用。而民事制度主要是对受害群体的维护，对于已经遭受损害的法益尽可能地予以恢复。本案被告销售假药的行为已经严重威胁到了不特定消费者的身体健康，因而在公益诉讼一案中，法院支持原告请求，要求被告姜某玲在省级以上媒体公开向公众赔礼道歉，作为对受害群体的补偿和回应。

近年来，以制药公司为主导的现代药品研究主要偏重于对药品有效性的发现和证明，忽视药品安全性缺陷的发现和改进，加之药品领域牟利空间较大，销售假劣药品的手段不断翻新。由于药品质量不合格、药品存在缺陷等原因而导致的药品损害事件频频发生，2018 年 7 月爆发的长春长生疫苗事件，疫苗生产者逐利枉法，违反国家药品生产质量管理规范，编造虚假生产检验记录，同时地方政府和监察部门失职失察，个别工作人员渎职滥权，导致了这样一起严重违规违法生产疫苗的重大案件，暴露出许多药品生产经营的隐患和漏洞。

从一系列的药品事件中，可以形成以下几个方面的安全监管思路。

1. 事先审批环节。药品审批是对拟上市销售药品的安全性、有效性、质量可控性等进行系统评价，并作出是否同意进行药物临床研究、生产药品或者进口药品的审批过程，是对药品风险把控的第一环节。但市场上存在一些药品企业，蒙蔽国家药监局，送检样品与实际投入市场的药品不一致的现象。药品监管部门也存在权力寻租等不和谐现象。基于此，在药品审批环节，首先应对药品企业的资质严格审查，提高许可门槛；其次，审批权限合理配置，药品监管各部门之间相互配合，相关牵制；此外，可以借助第三方实时监测，管控药品后续生产的质量。

2. 事中生产流通环节。药品生产流通应以“源头严防、过程严管、风险严控、违规严惩”为监管思路，严格落实企业主体责任与监管人员监管责任，控制好原料入厂、生产过程、产品检验这三个重要节点，综合运用检查、检验、监测等手段，提升生产流通的安全监管工作效能和水平。此外，可以考虑设置驻厂监管员，深入药品企业内部，监督药品生产流通过程的安全性与合规性。

3. 事后追责处罚制度。惩罚机制的建立是每一项制度构建威慑力和权威性的必要。对于违法行为的追责处罚，实际上是增加行为的违法成本，通过提高行为违法成本来打消行为人通过违法行为谋利的念想。由于药品与人体生命健康紧密联系，因此对于药品要求的是绝对安全。基于药品该特殊性的考虑，药品领域应当构建起完善的惩罚机制，追责处罚从重从严，将违法成本稳定在较高水平。

4. 借助第三方检测推进药品安全社会共治。药物临床试验机构不规范导致的数据缺失、数据不完整引起了业界的高度关注。针对该现象，广东省食品药品监督管理局委托广东省药学会药物临床试验专业委员会，对全省 GCP① 机构开展药物临床试验质量管理规范实施效果的评估工作。该举措通过购买服务的形式委托第三方参与 GCP 机构的监督检查，如此有利于确保药物临床试验过程规范、数据完整真实，打造药品安全监管社会共治模式。全国各地食药监局可借鉴该做法，邀请第三方检测介入监督检查，并及时向社会公开检查结果，从而形成社会共治合力。

（二）公益诉讼的级别管辖和地域管辖

诉讼管辖是指各级法院之间以及同级法院之间受理第一审民事案件的权限和分工。将法院主管的民事案件，在法院组织系统内部确定其对第一审民事案件的审判权限，才能使法院依法主管的民事案件得以落实。关于管辖问题，主要明确的是两个问题，一为级别管辖，二为地域管辖。

---

① 药品临床试验管理规范。

级别管辖是纵向划分上下级法院之间受理第一审民事案件的分工和权限，解决某一民事案件应该由哪一级法院管辖的问题，主要规定在《民事诉讼法》第 17 条至第 20 条。我国设置有基层人民法院、中级人民法院、高级人民法院和最高人民法院四级法院，都可以受理第一审民事案件，但受理范围各不相同。法律规定，基层人民法院（指县级、不设区的市级、市辖区的法院）管辖第一审民事案件，法律另有规定的除外。由此可见，一般民事案件均由基层法院管辖，但若案件符合《民事诉讼法》第 18 条、第 19 条或第 20 条时，可以分别由中院、高院和最高人民法院管辖。

地域管辖是横向划分同级法院之间受理第一审民事案件的权限和分工，解决某一民事案件应该由哪一个法院管辖的问题，主要规定在《民事诉讼法》第 21 条至第 38 条。地域管辖主要根据当事人住所地、诉讼标的物所在地或者法律事实所在地来确定。根据民诉法的规定，地域管辖分为一般地域管辖、特殊地域管辖、专属管辖和协议管辖。一般地域管辖是以诉讼当事人住所所在地为标准来确定管辖的；特殊地域管辖是以作为诉讼的特定法律关系或者标的物所在地为标准来确定管辖的；专属管辖是指某些民事案件依照法律规定必须由特定的人民法院来管辖；协议管辖是指当事人可就第一审民事案件，在争议发生前或发生后，通过协议，选择在某一人民法院进行诉讼而产生的管辖。

民事诉讼的管辖主要有以下几大原则。

1. 便于当事人诉讼原则。法院行使审判权采用就近诉讼的原则，为当事人起诉、应诉提供方便，避免当事人因涉及诉讼造成过重的负担。例如在级别管辖的规定中，绝大部分第一审民事案件由基层法院管辖。

2. 便于法院行使审判权原则。法院审理民事案件，只有先查明案件事实，分清是非责任，才能正确适用法律。因此在处理案件时，首先要及时、全面地了解案情，进行必要的调查研究和收集证据。因而要求在确定案件管辖时，应从客观实际出发，考虑法院工作的实际情况和案件需要，以提高法院办案效率。

3. 保证案件公正审判原则。保障案件审判质量是民事诉讼法的重要目的，因此在确定管辖时，要充分考虑到法院职权范围和案件具体情况。

例如，为防止地方保护主义的干扰，规定了合同纠纷的协议管辖；为排除和避免某些行政干预因素和基层法院的业务素质及设备条件，规定了管辖权的转移和指定管辖；对于某些特别的案件，会相应地提高案件审级。

4. 确定性和灵活性相结合原则。为了便于当事人诉讼，便于法院及时正确行使审判权，在立法上应采用明确具体的规定来确定管辖。但基于不断发展变化的客观现实，考虑到法律应该具备相对稳定性，因此在确定管辖时预先设置一定的灵活操作，以适应审判实践的需要。

我国《民事诉讼法》第 55 条规定："对污染环境、侵害众多消费者合法权益等损害社会公共利益的行为，法律规定的机关和有关组织可以向人民法院提起诉讼。人民检察院在履行职责中发现破坏生态环境和资源保护、食品药品安全领域侵害众多消费者合法权益等损害社会公共利益的行为，在没有前款规定的机关和组织或者前款规定的机关和组织不提起诉讼的情况下，可以向人民法院提起诉讼。前款规定的机关或者组织提起诉讼的，人民检察院可以支持起诉。"这是我国在法律层面上正式确立了公益诉讼制度。公益诉讼相较于传统私益诉讼，是一种较为特殊的诉讼模式，一般是指特定的国家机关、组织或个人，根据法律的授权，对违反法律法规，侵犯国家利益、社会利益或他人利益的行为，向法院起诉，由法院依法追究法律责任的活动。梁慧星教授认为：公益诉讼针对的行为损害的是社会公共利益，而没有直接损害原告的利益，因而是与起诉人自己没有直接利害关系的诉讼。当然，这里的"没有直接损害"，重点在于"直接"二字，因为损害社会公共利益的行为若不及时阻止，最终是要损害到公民个人利益的，公共利益与个人利益有着天然的联系。

公益诉讼致力于维护社会公共利益和广大消费者合法权益，针对的是侵害不特定对象的违法行为，如何保证公益诉讼的实体公正和程序公正，是社会关注的热点问题之一。而诉讼管辖的确定是实现程序公正的第一步，由于公益诉讼具有自身的特性，是否需要突破传统管辖制度进行变通革新是一个值得探讨的话题。一般而言，一审法院的管辖权问题整体遵循便利诉讼，便利审理的原则，同时参考案件影响力、诉讼标的额，案件性质等多种因素。关于公益诉讼的管辖，可以从级别管辖和地域管辖两条线进行讨论，两条线的交点就是案件的管辖权法院。

首先是级别管辖。有学者曾提出，消费者公益诉讼的案件应当由基层法院受理，由于基层法院更加贴近民众生活，与民众沟通交流更为密切，因而在日常消费过程中发生侵权事件的，由基层法院审理更为高效。但更多学者认为，公益诉讼针对的往往是侵犯广大不特定公众利益的不法行为，受害群体涉及人数通常比较多，社会影响力也比较大，鉴于基层法院管辖范围的局限和法官释法能力的欠缺，可能导致案件无法顺畅进行，因而至少由中级人民法院作为一审法院，若案件难度和影响力不容小觑，可直接由高级法院进行一审审理。综上可以看出，公益诉讼的级别管辖可以通过细化规定，针对案件具体情形的不同，分别由不同级别的法院进行管辖。原则上由中级人民法院管辖较为合理，例外情况下对于所涉人数少，案件性质清晰简单，社会影响不大的案件，可以移送至基层法院一审管辖；对于案情复杂，所涉人数多，诉讼标的额大或者社会影响力广的案件，可以由高级法院接手一审审理。整体而言，仍遵循着便于当事人诉讼、便于法院行使审判权等基本原则，以实现案件的有效解决。

其次是地域管辖。按照现行民事诉讼法律的规定，公益诉讼应当由侵权行为发生地或者侵权人住所地的中级人民法院管辖。同时，为了避免多个法院争夺管辖权，法律明确若原告对同一侵权行为的案件而分别向两个以上有管辖权的人民法院提起了公益诉讼时，由最先立案的人民法院管辖。尤其在环境民事公益诉讼中，这类问题更为常见，法律规定第一审民事公益诉讼案件由污染环境、破坏生态行为发生地、损害结果地或者被告住所地法院管辖。环境公益诉讼案件具有特殊性，跨越区域多，影响范围广，取证难度大，在管辖问题上也一直存在难题。不少学者提出进一步完善跨行政区域集中管辖问题，因为无论是水域污染，空气污染，还是其他尚未发现的新型生态污染，都具有流动性和跨区域性，为了提高办案效率，可以结合生态环境破坏的种类、程度、范围等因素，制定相应的集中管辖方案，由最高人民法院批准实施，同时建立起相关配套制度，辅助跨区域环境污染案件的调查取证、执行协调等工作。

任何诉讼程序的开展都以确定受案法院为起点，公益诉讼也不例外。

目前的管辖制度也在各种理论争议和实务经验上不断更新和完善。2015年，最高人民法院发布的《关于适用〈中华人民共和国民事诉讼法〉的解释》第285条明确规定，即公益诉讼案件由侵权行为地或者被告住所地中级人民法院管辖，此外，因污染海洋环境提起的公益诉讼，由污染发生地、损害结果地或者采取预防污染措施地海事法院管辖。虽然该管辖权规定仍存在一定的争议，需要更成熟的理论和更有效的实务加以完善，但就现状而言具有一定的可适用性。本案公益诉讼的审理法院是吉林省长春市中级人民法院，相对应地提起公益诉讼人的原告应是同级检察院，即吉林省长春市人民检察院，正是对以上民诉法司法解释的贯彻和适用。

（执笔：盛利，鲍丹丹）

案例6－2　湖北省十堰市人民检察院与周某召侵害消费者权益公益诉讼案[①]

一、案件概要

本案因公益诉讼人湖北省十堰市人民检察院与周某召侵害消费者权益公益诉讼一案，由湖北省十堰市中级人民法院于2017年3月28日作出〔2016〕鄂03民初118号民事判决书，审判长李杰风。本案原告为湖北省十堰市人民检察院，被告为周某召。原告湖北省十堰市人民检察院诉称被告周某召以较低价格从非正常渠道购进并销售假冒碘盐。经鉴定，上述涉案商品为假冒注册商标产品，且所检项目中碘含量为零，氯化钠低于标准要求，均为不合格产品。该行为存在危害公众身体健康的重大食品安全隐患，影响不特定消费者的生命健康权。原告于2016年10月11日向湖北省消费者委员会发出检察建议，但湖北省消费者委员会在收到检察建议书后一个月内既未书面回复也未提起诉讼，社会公共利益持续处于受侵害状态。据此，依据《湖北省盐业管理条例》《侵权责任法》、最高人民法院《关于审理消费民事公益诉讼案件适用法律若干问题的解释》和《人民检察院提起公益诉讼试点工作实施办法》等规定，要求法院判令被告周某召消除危险，收回由其销售的尚未被食用的假冒碘盐并依法处置，消除食品安全隐患；同时，判令被告周某召通过公开媒体向社会公众赔礼道歉。湖北省十堰市中级人民法院经审理支持了原告的诉讼请求。

本案主要涉及以下法律规范。

（1）《侵权责任法》第15条、第46条。

---

① 案件来源：【法宝引证码】CLI. C. 9894745.

（2）《民事诉讼法》第 55 条。

（3）最高人民法院《关于审理消费民事公益诉讼案件适用法律若干问题的解释》第 13 条。

（4）《人民检察院提起公益诉讼试点工作实施办法》第 14 条。

二、思考问题

（1）假冒品牌、假冒食品的法律适用。

（2）食品召回的条件和程序问题。

（3）消费者公益诉讼是否可以提起“赔偿损失之诉”。

（4）食品安全案件的公益诉讼与行刑衔接机制。

三、案件正文

（一）案件当事人及其主张

原告湖北省十堰市人民检察院的起诉要点和请求如下。被告周某召以较低价格从非正常渠道购进并销售假冒碘盐。该行为存在危害公众身体健康的重大食品安全隐患，影响不特定消费者的生命健康权。请求法院判令周某召消除危险，收回由其销售的尚未被食用的假冒碘盐并依法处置，消除食品安全隐患；判令周某召通过公开媒体向社会公众赔礼道歉。庭审中，十堰市检察院将第 2 项诉讼请求进一步明确为：要求周某召在十堰市主流媒体上向社会公众赔礼道歉。

被告周某召的答辩要点和请求：由于法律观念淡薄，为了自己的利益销售假冒食用盐，行为违反了法律，应当受到法律的制裁。

（二）法庭查明的事实

2012 年 4 月 12 日，周某召经郧西县工商行政管理机关登记注册为个体工商户，在郧西县城××红庙村经营日用百货、散装食品等。2014 年初至 2015 年 5 月，周某召在未履行食品进货查验、索证索票制度的情况下多次以低于郧西县盐业专营价格从周协桥处购进大量规格为 350 g/袋（批号 B20141222A4B）、500 g/袋（批号 CZ201401020）和 100 斤/袋（无批号）

包装的假冒“云鹤”牌精制碘盐，分别批发给个体工商户王某、周某、兰某等人销售及用于自己商店零售。2015 年 5 月，郧西县盐务管理局在开展全省盐业市场统一检查行动中，在郧西县城××××、王家坪社区部分商店经营户、居民家中发现疑似假冒“云鹤”牌精制碘盐。经湖北省云鹤盐业包装有限公司鉴定，扣押的“云鹤”牌食用盐为假冒“云鹤”注册商标产品。2015 年 9 月 10 日，郧西县公安局委托十堰市产品质量监督检验所对郧西县工商行政管理局从王某、周某、兰某处扣押的假冒“云鹤”牌精制碘盐产品质量进行检验。经检验，所检项目中碘含量为零，氯化钠低于标准要求，均为不合格产品。2016 年 2 月 5 日，周某召因犯销售不符合安全标准的食品罪被郧西县人民法院判处有期徒刑一年，缓刑二年，并处罚金 50 000 元，禁止周某召在缓刑考验期内从事盐业销售活动，依法追缴非法所得收入 2 600 元。

周某召共计购进并销售假冒“云鹤”牌食盐 34.07 吨，案发后被郧西县工商行政管理局和郧西县盐务管理局扣押收回 12.447 吨，经销售后流入市场未收回的假冒食盐有 21.623 吨。

另查明：湖北省食用盐强制加碘，以防控碘缺乏病。郧西县是湖北省碘缺乏病分布地区，根据郧西县疾病预防控制中心和湖北医药学院专家意见，长期食用缺碘食盐，足以造成人体严重食源性疾病。

十堰市检察院于 2016 年 10 月 11 日向湖北省消费者委员会发出检察建议，建议其根据《民事诉讼法》第 55 条、《消费者权益保护法》第 47 条的规定，对周某召销售假冒碘盐侵犯众多消费者合法权益、损害社会公共利益的行为提起民事公益诉讼。但湖北省消费者委员会在收到检察建议书后一个月内既未书面回复也未提起诉讼，社会公共利益持续处于受侵害状态。另，郧西县人民法院立案庭于 2017 年 3 月 17 日出具《说明》，确认近三年来，未受理公民个人及其他组织起诉周某召销售不符合安全标准食品的案件。故十堰市检察院于 2016 年 12 月 6 日依法向本院起诉。

（三）诉辩理由和依据

1. 原告的起诉理由和依据

周某召作为经营日用百货和散装食品的个体工商户，在明知郧西县食盐的购进渠道和价格的情况下，仍以较低价格从非正常渠道购进并销售假冒碘盐，其行为严重违反了《湖北省盐业管理条例》等法律法规的规定。周某召共计购进假冒食盐 34.07 吨，经销售后流入市场 21.623 吨，销售数量大，涉及范围广，人口多，其销售的食盐经十堰市产品质量监督检验所检验，为不合格产品，存在危害公众身体健康的重大食品安全隐患。且郧西县为缺碘地区，长期食用缺碘食盐，足以造成人体严重食源性疾病，影响不特定消费者的生命健康权。《侵权责任法》第 46 条规定，产品投入流通后发现存在缺陷的，生产者、销售者应当及时采取警示、召回等补救措施。未及时采取补救措施或者补救措施不力造成损害的，应当承担侵权责任。目前，周某召销售的假冒食盐仍有 21.623 吨没有收回，仍存在危害公众身体健康的食品安全隐患，社会公共利益仍处于受侵害状态。根据最高人民法院《关于审理消费民事公益诉讼案件适用法律若干问题的解释》第 13 条之规定，周某召依法应当承担相应的民事侵权责任。十堰市检察院经过诉前程序后，湖北省消费者委员会没有提起民事公益诉讼，为保护广大消费者合法权益，维护社会公共利益，根据《民事诉讼法》第 55 条、全国人民代表大会常务委员会《关于授权最高人民检察院在部分地区开展公益诉讼试点工作的决定》和《人民检察院提起公益诉讼试点工作实施办法》第 14 条之规定，十堰市检察院依法提起诉讼，请求依法裁判。

十堰市检察院为支持其诉讼请求提供了以下证据材料。

第一组证据

证据一、郧西县人民法院立案庭出具的《说明》，内容为：近三年来，郧西县人民法院未受理公民个人及其他组织因周某召销售不符合安全标准食品而提起的民事诉讼。

证据二、周某召销售假冒碘盐分布图。拟证明：周某召销售假冒碘盐涉及郧西城关镇、土门镇、香口乡三个乡镇的众多居民。

证据三、十堰市检察院《侦监案件移送线索函》《立案决定书》。拟证明：本案为十堰市检察院在履职中发现后立案。

证据四、十堰市检察院向湖北省消费者委员会发出的《检察建议书》

及《送达回证》《办案说明》；拟证明：十堰市检察院于2016年10月11日向湖北省消费者委员会送达十检民公建〔2016〕1号《检察建议书》，湖北省消费者委员会王某能秘书长及蔡某副秘书长接收了该诉前检察建议书，但一个月之后，湖北省消费者委员会未书面回复十堰市检察院，根据《人民检察院提起公益诉讼试点工作实施办法》第14条的规定，十堰市检察院依法对此案提起民事公益诉讼程序合法。

证据五、湖北省人民检察院鄂检发民字〔2016〕3号批复，同意本案向十堰市中级人民法院提起民事公益诉讼。

以上第一组证据拟证明：十堰市检察院履行诉前程序，对本案提起民事公益诉讼程序合法。

第二组证据

证据一、周某召的工商营业执照。

证据二、周某召的身份证明。

以上第二组证据拟证明：周某召具备诉讼主体资格。

第三组证据

证据一、(2016) 鄂0322刑初9号刑事判决书。拟证明：周某召犯销售不符合安全标准的食品罪已被追究刑事责任。

证据二、公安机关、检察机关对周某召的讯问和询问笔录。拟证明：周某召通过非法渠道先后几次共计购进34.07吨假冒碘盐，批发销售28.65吨，自售5.42吨（具体如下：第一次购进5.42吨，销售给庹某华2.5~3吨，其余自售。第二次购进6吨，销售给庹某华5吨左右，其余自售。第三次购进6.3吨，全部销售给王某，后从王某处先后两次拉回1.05吨销售给周某，即销售给王某5.25吨。第四次购进5.15吨，销售给周某4.4吨、兰某0.25吨，其余自售。第五次购进5吨，销售给庹某华4吨，其余自售。第六次购进6.2吨，销售给王某4.2吨、庹某华1.5吨，其余自售）。

证据三、6名证人的证言及刘某运盐车辆在收费站相关信息图片4张。具体如下。① 证人王某证实：两次一共从周某召处购进10.5吨，后周某召借走1.05吨，即总共购进9.45吨。② 证人周某证实：从周某召处购进

4.4 吨，后周某召两次从王某处借来 1.05 吨，总共购进 5.45 吨。③ 证人庹某华证实：总共从周某召处购进 13.5 吨，转给叶某 10 吨，其余自售。④ 证人叶某证实：请庹某华从周某召处共购进 10 吨。⑤ 证人兰某证实：从周某召处购进 0.25 吨。⑥ 证人刘某证实：共给周某召运了四次盐，根据公安机关调取的信息，从郧西高速出口时车重在 9.4 吨左右，货车自身重量是 3.2 吨。⑦ 刘某四次为周某召运盐照片显示，其先后四次运盐时车重为 9.4 吨左右，扣除车辆自身重量后运送假冒碘盐 24 余吨。

以上第三组证据拟证明：6 名证人的陈述与周某召在公安及检察机关的陈述一致，周某召在经营过程中未严格按照相关规定，以低于市场的价格从非法渠道前后几次购进假冒“云鹤”牌碘盐 34.07 吨。其中，周某召供述共计购进假冒碘盐 6 次，四次为刘某运送，另两次为高个子司机所运送，共计 10 余吨。

第四组证据

证据一、十堰市产品质量监督检验所资质及检验人员上岗证、十堰市产品质量监督检验所检验报告。拟证明：经质量部门检验，周某召销售的假冒“云鹤”牌碘盐氯化钠含量低于标准要求，碘含量为零，为不符合安全标准的食品。

证据二、《湖北省政府关于地方病防治“十二五”规划》文件；湖北省疾病预防控制中心鄂疾控发〔2015〕21 号文件；十堰市疾病预防控制中心对 2015 年、2016 年郧西县妇女儿童尿碘抽样数据及报告（附：① 十堰市疾病预防控制中心资质认定证书及相关检验人员上岗证；② 尿碘抽样数据检测报告）；郧西县疾病预防控制中心对郧西县盐碘抽样数据及报告（附：① 郧西县疾病预防控制中心资质认定证书及相关检验人员上岗证；② 盐碘抽样数据检测报告）。拟证明：郧西县属于缺碘地区，实际监控检测进一步证明居民（尤其是妇女儿童）碘缺乏，强制居民食用碘盐十分必要。

证据三、1. 湖北医药学院（原郧阳医学院）郭怀兰等三名专家出具的书面意见（附：① 郭怀兰教授《科学技术奖励证书》；② 湖北省职称改革工作领导小组办公室出具的教授郭怀兰，副教授王静、周尚成的任职文件及其相关资质证明文件)。2. 郧西县疾病预防控制中心出具的《情况说明》。

以上第四组证据拟证明：周某召销售的假冒碘盐属于非碘盐，郧西县属于碘缺乏地区，国家通过强制食盐加碘防控碘缺乏病。碘缺乏地区居民食用假冒碘盐会导致人群碘缺乏，胎儿、婴幼儿发生克汀病，胎儿、婴儿发育迟缓、神经发育损伤，智力水平降低，青少年和成年人出现地方性碘缺乏性甲状腺肿等，对公众健康造成长期潜在的危害，且无法医治和恢复。

第五组证据

证据一、郧西县工商行政管理局出具的扣押清单、郧西县盐务管理局出具的扣押涉盐违法物品通知书若干份。具体如下。① 郧西县工商行政管理局第 19 号和第 20 号扣押清单，两次共计扣押王某 8.19 吨假冒碘盐。② 郧西县工商行政管理局第 13 号、第 14 号财物清单和西盐政封扣〔2015〕第 004 号扣押涉盐违法物品通知书，三次共计扣押周某 4.027 吨假冒碘盐。③ 西盐政封扣〔2015〕第 006 号扣押涉盐违法物品通知书查扣兰某 0.23 吨假冒碘盐。

证据二、郧西县盐务管理局关于查获周某等人销售假冒碘盐的《情况说明》及假冒碘盐存放于仓库的照片若干张。拟证明：由郧西县工商行政管理局分别扣押周某、王某、兰某假冒碘盐 12.447 吨，并于当日交由郧西盐业分公司仓库保管。

证据三、郧西县人民检察院对庹某华、叶某的询问笔录。拟证明：二人均陈述有居民大批量购买假冒碘盐放在家里长期食用，存在被居民长期食用的危险性。

以上第五组证据拟证明：周某召购进的假冒碘盐，经郧西县盐务管理局查封扣押 12.447 吨，另有 20 余吨流入市场，对于这些流入市场没有收回的假冒碘盐对公民的健康仍存在威胁，社会公益仍处于受侵害状态。

2. 被告的答辩理由和依据

被告对十堰市检察院的起诉没有意见，由于法律观念淡薄，为了自己的利益销售假冒食用盐，行为违反了法律，应当受到法律的制裁，真诚地接受指控，愿意消除危险，对销售的假冒碘盐依法处置，消除食品安全隐患，希望广大经营者以此为鉴，吸取教训。

（四）本案的争议焦点及审理意见

法院主要从以下几个方面审理本案。

（1）本案公益诉讼人依据法律规定，向人民法院提起民事公益诉讼，属于人民法院受理民事公益诉讼的范围。

（2）本案被告周某召在未履行食品进货查验、索证索票制度的情况下，多次以低于郧西县盐业专营价的价格，从非正当途径购入大量假冒碘盐进行销售，依法应承担相应民事责任。目前，周某召已针对零售商和不特定消费者销售假冒碘盐 34.07 吨，流入市场未收回的碘盐有 21.623 吨，假冒碘盐仍处于流通中，有对不特定多数人造成侵害的危险，故其应当承担消除危险的民事责任。

（3）周某召销售假冒碘盐的行为，损害了不特定多数消费者的合法权益，侵害了社会公共利益，为维护健康有序的社会秩序，促进社会和谐发展，十堰市检察院请求判令周某召通过公开媒体向社会公众赔礼道歉的诉讼请求，有充分的事实及法律依据，依法应予以支持。

综上所述，周某召违反法律规定，大量销售假冒食用盐、侵害众多消费者合法权益等损害社会公共利益的行为，事实清楚、证据确凿，依法应承担民事侵权责任。十堰市检察院请求判令周某召消除危险、赔礼道歉的诉讼请求，本院依法予以支持。

（五）法院的审理判决

依照《侵权责任法》第 6 条第 1 款、第 15 条第 3 项、第 7 项，最高人民法院《关于审理消费民事公益诉讼案件适用法律若干问题的解释》第 13 条第一款之规定，判决周某召于本判决生效之日起六十日内消除危险，收回由其销售的尚处流通中的假冒碘盐并销毁，消除食品安全隐患；周某召于本判决生效之日起十日内在十堰市市级以上（含市级）新闻媒体赔礼道歉。

四、问题解答

（一）假冒品牌、假冒食品的法律适用

假冒食品，实质上是指该食品冒用了正规厂家食品的包装、标识、商标等，使消费者误认为其与他人商品存在特定联系，从而产生混淆。从假冒食品的上述概念界定中，可以看出假冒品牌是假冒食品的一种形式。品牌是用以识别特定产品生产经营者或服务提供者，并使之与竞争对手的产品和服务区别开来的商业名称及其标志，通常由文字、标记、符号、图案和颜色等要素或这些要素的组合构成。若某一食品在市场流通时冒用了他人的正规食品品牌，通常可以构成假冒食品。

假冒行为的种类较为多样化，假冒的对象可以是商品名称、包装、装潢等相同或者近似的标识，也可以是企业名称、社会组织名称等。假冒行为最为常见的认定因素是“混淆”，若经营者实施混淆行为，使公众误认为是他人商品或服务，或者误认为与他人存在特定联系的，则有假冒行为的嫌疑。《反不正当竞争法》第 6 条①对于混淆行为，进行了修正和明确。随着互联网经济的发展，域名、网站名称、网页等也成为经营者假冒的可选择对象。

针对假冒行为的法律适用，实务界观点不一。一种观点认为，销售假冒食品，其行为违反《中华人民共和国商标法》（以下简称《商标法》）第 67 条②的规定，依据《商标法》《商标法实施条例》予以处罚。一种观

---

① 《反不正当竞争法》第六条：经营者不得实施下列混淆行为，引人误认为是他人商品或者与他人存在特定联系：

（一）擅自使用与他人有一定影响的商品名称、包装、装潢等相同或者近似的标识；

（二）擅自使用他人有一定影响的企业名称（包括简称、字号等）、社会组织名称（包括简称等）、姓名（包括笔名、艺名、译名等）；

（三）擅自使用他人有一定影响的域名主体部分、网站名称、网页等；

（四）其他足以引人误认为是他人商品或者与他人存在特定联系的混淆行为。

② 《商标法》第六十七条：未经商标注册人许可，在同一种商品上使用与其注册商标相同的商标，构成犯罪的，除赔偿被侵权人的损失外，依法追究刑事责任。

伪造、擅自制造他人注册商标标识或者销售伪造、擅自制造的注册商标标识，构成犯罪的，除赔偿被侵权人的损失外，依法追究刑事责任。

销售明知是假冒注册商标的商品，构成犯罪的，除赔偿被侵权人的损失外，依法追究刑事责任。

点认为，销售假冒食品，如果涉及企业名称和地址的假冒，则不仅违反了商标法的规定，同时违反了《产品质量法》第53条的规定，即存在销售侵权商品和冒用他人厂名、厂址的商品的想象竞合违法行为，应按照“分别适用但同种处罚不重复”的原则，分别适用《商标法》和《产品质量法》。一种观点认为，《食品安全法》第42条规定了预包装食品标签须标明的事项，且《食品安全法》第48条规定，食品标签和说明书，不得含有虚假、夸大的内容。若销售的食品假冒了他人的名称、地址或其他事项，导致标签内容虚假，则同时触犯了《商标法》和《食品安全法》的规定，属于想象竞合违法，应按照“分别适用但同种处罚不重复”和“择一从重”的原则，分别适用《商标法》和《食品安全法》。一种观点认为，《食品安全法》第48条第一款所述的“食品和食品添加剂的标签、说明书，不得含有虚假、夸大的内容”，从其立法本意上看，主要是规制对食品性能、质量、作用等功效性方面进行虚假宣传的行为，对于假冒厂名厂址等行为应适用《食品安全法》第48条第三款予以定性，即属于销售的食品与其标签、说明书所载明的内容不符的行为，处罚时自然也适用不同的法律责任条款。以上四种观点均有其法理依据，司法实务中并未形成统一的适用意见，法官判案时会根据案件具体情形以及自身理解进行相应的法律适用。我们更倾向于认同《商标法》和《食品安全法》竞合的观点。无论是产品质量法还是消费者权益保护法，都针对的是各类商品，食品是商品中的一小类，与公民人身健康最为息息相关的一类商品，有专门的食品安全法及其实施条例加以约束，以确保食品领域的安全和良性发展。因而针对假冒食品的情形，食品安全法的适用性和契合性相对更高。同时，假冒行为涉及他人商标、名称、地址或其他事项的冒用，必然会触犯商标法。假冒食品的行为系《商标法》和《食品安全法》的想象竞合违法。本案中的假冒碘盐，不仅仅是对他人注册商标的假冒，更是不安全食品，涉案商品所检项目中碘含量为零，氯化钠低于标准要求，均不合格，存在危害公众身体健康的重大食品安全隐患。且本案为公益诉讼案，重点在于维护广大消费者的消费健康安全和社会公共利益，因此相较之下，对于其属于不安全食品的关注程度要远大于其为假冒食品的关注。本案在判决中，大量篇幅聚焦于涉案商品安全性的分析以及处理，对于“假冒注册商标”这一点，没有做过多的分析。

假冒品牌的纠纷，大多发生在市场经营主体之间，是商家与商家之间的纠纷冲突。规制假冒品牌行为的法律主要有《商标法》《反不正当竞争法》《消费者权益保护法》《中华人民共和国刑法》（以下简称《刑法》）等。有关品牌或商标侵权纠纷的案件，以“在同一种商品或者类似商品上使用与其注册商标相同或者近似的商标”为代表的侵权行为最为常见，主要规定在《商标法》第52条第1项：“未经商标注册人的许可，在同一种商品或类似商品上使用与其注册商标相同或近似的商标的，属于侵犯注册商标专用权的行为。”由此可以看出，构成商标侵权行为的要件是：第一，未经商标注册人许可；第二，在相同或类似商品上使用相同或近似商标。最高人民法院《关于审理商标民事纠纷案件适用法律若干问题的解释》中，对“相关公众”的范围、“商标相同”“商标近似”的标准和原则、判断商品类似、服务类似、商品与服务类似的方法和原则进行了细化。在对《商标法》第52条进行补救的同时，注意到了“混淆可能性”在商标侵权判定中的运用。关于“混淆可能性”，具体案件审理时多侧重于对原、被告商标标识的详尽描述，通过商标标识的简单比对即得出两者商标近似的结果，在结合商品类似判定的基础上得出商标是否侵权的结论。但实务中碍于商标侵权判定本质的不统一，司法裁判也会出现不一致的情况，因而有必要对商标侵权的实质性标准问题进一步地予以完善。

假冒食品的纠纷，大量地发生在经营者和消费者之间，往往会引发食品安全问题的讨论，客观上讲，我们并不能将假冒食品等同于不安全食品，有的食品虽然涉及了假冒行为，但食品本身并无安全隐患，只是经营者处于商业利益的驱使采取的不法行为。如果假冒食品行为本身不涉及食品安全问题，那么《食品安全法》的可适用性相对会降低，一般可以借助《消费者权益保护法》《反不正当竞争法》《商标法》等法律依据进行权利主张；若某一食品不仅属于假冒食品，而且还不符合食品安全标准，则更多会触及《食品安全法》《侵权责任法》《产品质量法》等，不法行为人除了涉及向品牌或商标权利主体承担法律责任外，还要向受该不法行为侵犯的消费者承担食品安全的民事责任或承担食品安全的刑事责任。

本案中，原告湖北省十堰市人民检察院诉称被告周某召以较低价格从非正常渠道购进并销售假冒碘盐，涉案商品不仅假冒他人注册商标，且所检项目中碘含量为零，氯化钠低于标准要求，均为不合格产品。其行为存在危害公众身体健康的重大食品安全隐患，影响不特定消费者的生命健康权，因而依程序提起公益诉讼。被告周某召销售假冒碘盐，已然不符合食品安全标准，损害了不特定多数消费者的合法权益。正如上文所分析，若涉案食品不仅属于假冒食品，且还不符合食品安全标准，则会触及《侵权责任法》等规定，不法行为人需向受侵犯的消费者承担食品安全的民事或刑事责任。因而法院在审理本案时，选择适用《侵权责任法》、最高人民法院《关于审理消费民事公益诉讼案件适用法律若干问题的解释》等相关规定，要求被告消除危险、赔礼道歉，以维护健康有序的社会秩序。

（二）食品召回的条件和程序问题

根据国家质量监督检验检疫总局制定的《食品召回管理规定》第 4 条的定义，食品召回是指食品生产者按照规定程序，对由其生产原因造成的某一批次或类别的不安全食品，通过换货、退货、补充或修正消费说明等方式，及时消除或减少食品安全危害的活动。食品召回包括企业主动召回和政府责令召回。主动召回的主体包括食品生产者和经营者，食品生产经营者在发现缺陷食品但还没有造成严重危害的情况下，应积极主动地向监管部门报告，并制定切实有效的召回计划。但实践中食品的生产者或经营者往往会认为召回食品意味着企业产品出现了问题，会使企业声誉受损，或者出于经营成本增加的考虑，从而不愿主动实施召回，这就需要由监管部门采取强制责令召回，以确保缺陷食品出现问题时能够及时有效地加以控制，消除和降低对消费者的危害。根据《食品召回管理规定》第 25 条的规定，经确认，存在食品生产者故意隐瞒食品安全危害，或者食品生产者应当主动召回而不采取召回行动的，或由于食品生产者的过错造成食品安全危害扩大或再度发生的，或国家监督抽查中发现食品生产者生产的食品存在安全隐患，可能对人体健康和生命安全造成损害的，国家质检总局应当责令食品生产者召回不安全食品，并可以发布有关食品安全信息和消费警示信息，或采取其他避免危害发生的措施。

根据食品安全风险的严重和紧急程度，食品召回可分为三级：一级召回是在食品食用后已经或者可能导致严重健康损害甚至死亡的，食品生产者应当在知悉食品安全风险后 24 小时内启动的召回，并向县级以上地方食品药品监督管理部门报告召回计划；二级召回是在食品食用后已经或者可能导致一般健康损害，食品生产者应当在知悉食品安全风险后 48 小时内启动的召回，并向县级以上地方食品药品监督管理部门报告召回计划；三级召回是在食品的标签、标识存在虚假标注，食品生产者应当在知悉食品安全风险后 72 小时内启动的召回，并向县级以上地方食品药品监督管理部门报告召回计划。标签、标识存在瑕疵，食用后不会造成健康损害的食品，食品生产者应当改正，可以自愿召回。

食品召回制度是国际上普遍推行的对食品安全有效监督的做法，对保障食品安全具有积极的作用，按法定程序落实食品召回制度，首先，有助于发现不合格食品后立即采取补救措施，启动应急方案，防止食品危害的进一步扩大；其次，将召回的食品根据具体情况分别处置、进行后续监督，有利于持续跟踪食品轨迹，保证市场安全性的基础上，实现资源利用最大化；最后，设计程序化、法定化的食品召回制度，对于历史召回进行记录和存档，便于对食品生产者和经营者实施针对性的监督检查。

《食品安全法》第 63 条初步构建了食品召回制度框架，《食品安全法实施条例》《产品质量法》《食品召回管理规定》《食品召回管理办法》等进一步规范了食品召回的程序。根据《食品召回管理办法》的规定，食品召回的程序主要可分为四步：停止生产经营，召回，处置，后续跟踪监管。

1. 停止生产经营。停止生产经营的行为主体包括：（1）食品生产经营者；（2）食品集中交易市场的开办者、食品经营柜台的出租者、食品展销会的举办者；（3）网络食品交易第三方平台提供者。

2. 实施召回。对于不安全食品，食品生产者应当主动召回，食品生产者应当主动召回而没有主动召回的，县级以上食品药品监督管理部门可以责令其召回。召回计划中需要明确召回对象、召回范围、召回原因、召回流程、召回时限及所涉赔偿等。

3. 处置。食品生产经营者应对因停止生产经营、召回等原因退出市场的不安全食品采取补救、无害化处理、销毁等处置措施。对违法添加非食用物质、腐败变质、病死畜禽等严重危害人体健康和生命安全的不安全食品，食品生产经营者应当予以销毁。对因标签、标识等不符合食品安全标准而被召回的食品，食品生产者可以在采取补救措施且能保证食品安全的情况下继续销售，销售时应当向消费者明示补救措施。

4. 后续跟踪监管。食品生产经营者停止生产经营、召回和处置的不安全食品存在较大风险的，应当在停止生产经营、召回和处置不安全食品结束后5个工作日内向县级以上地方食品药品监督管理部门书面报告情况。县级以上地方食品药品监督管理部门可以要求食品生产经营者定期或者不定期报告不安全食品停止生产经营、召回和处置情况，并对其进行评价。

本案中，被告周某召从非正当途径购入大量假冒碘盐进行销售，且流入市场未收回的碘盐达21.623吨，假冒碘盐仍处于流通中，存在危害公众身体健康的重大食品安全隐患，影响不特定消费者的生命健康安全，依法应当停止经营、召回并处置。正是基于此，本案原告湖北省十堰市人民检察院在诉至法院时诉讼请求之一为要求被告周某召收回由其销售的尚未被食用的假冒碘盐并依法处置，法院经审理支持了原告的诉讼请求。根据《食品召回管理办法》第24条、第25条的规定，本案的假冒碘盐属于对人体健康产生实质性威胁的不安全食品，判令被告周某召立即就地销毁。

我国的食品召回制度构建已经取得一定成效，但是在对召回的不安全食品的后续处理方面还存在不完善之处，有些不安全食品被召回后往往得不到正确有效的处理，甚至有的生产经营者只是将不安全食品“改头换面”便再次投入市场。因此如何加强对不安全食品召回的后续处理的监管，是一个值得重视的问题。根据食品安全风险的严重和紧急程度，我们认为对召回后不安全食品采取分级监管的举措是值得推广的。针对一级召回的不安全食品必须严格监管，相关职能部门在规定时间内现场监督企业进行销毁，利用影像、文字等手段详细记录销毁的整个过程并备案；针对二级召回的不安全食品，应监督企业自行销毁或无害化处理，要求企业详细记录销毁全过程。企业在对不安全食品进行销毁或无害化处理后，应将销毁和处理方案及结果向相关部门报告，接受监督；针对三级召回的不安全食品，要督促企业限期进行无害化处理或整改，食品生产经营企业在采取补救措施且能保证食品安全的情况下可以继续销售，但在销售时应当向消费者明示补救措施。此外，有关监管部门应当将食品召回案件记入食品生产经营者食品安全信用档案，并按食品信用安全等级对企业进行差别化的跟踪监督，通过差别化、分级化的监管方式，可以更有利于召回工作的开展，减小企业成本、社会成本，充分发挥执法资源的效率。

（三）消费者公益诉讼是否可以提起"赔偿损失之诉"

赔偿损失之诉是指相关权利人向法院提出诉求，要求不法行为人对业已造成的损害进行赔偿的诉讼主张。赔偿是债权诉讼最主要的特征，也是法律所赋予的最主要的救济形式。常见的损害赔偿之诉需要满足几大要件：其一，存在损害后果，即赔偿对象；其二，存在不法行为；其三，不法行为和损害后果之间存在因果关系。损害赔偿之诉在追究法律责任尤其是民事责任中占据了重要的地位，《民法总则》第 179 条列举了民事责任的主要承担方式，赔偿损失是其中之一。《侵权责任法》《中华人民共和国物权法》《合同法》等同样明确了赔偿损失的责任形式。《食品安全法》《消费者权益保护法》《产品责任法》《广告法》《反不正当竞争法》等法律也明确规定了赔偿损失的责任形式。损害赔偿之诉是一种看得见的救济，可以直接弥补受害方损失，可以快速修复受侵害的状态，可以增大加害方违法成本，既能调动受害方积极维权寻求救济的积极性，也能对潜在违法行为形成威慑力，有效减少违法行为发生率，其存在有不可替代的优势和价值。

消费者公益诉讼是公益和私益大量交叉的一种诉讼。消费者公益诉讼的关注点在于公共利益的维护，而损害赔偿的请求更侧重于私人权益的补偿和恢复，若在公益诉讼中贸然提出损害赔偿的要求，则会造成公益和私益的混淆。但是从另一个角度看，如果将公益诉讼仅仅视作是对经营者的不当经营行为的制止，而已受损的消费者却不能从公益诉讼中得到直接的救济，这样的制度安排值得检讨，即使消费者可以将公益诉讼的判决书作为证据而通过提起民事私益诉讼并获得胜诉，从诉讼成本、司法资源的利用等角度也存在不合理之处。

最高人民法院《关于审理消费民事公益诉讼案件适用法律若干问题的解释》第13条规定了我国消费者公益诉讼中原告可以提出的请求权类型，包括停止侵害、排除妨碍、消除危险、赔礼道歉等。其中停止侵害、排除妨碍和消除危险是一种“不作为之诉”，赔礼道歉则带有一定的恢复性。实务中存在争议的在于一个“等”字，由于“等”字让消费者公益诉讼中请求权类型的扩张预留了空间，因而损害赔偿能否作为请求权之一，争议颇大。最高人民法院杜万华法官在《最高人民法院消费民事公益诉讼司法解释理解与适用》一书指出，“消费者公益诉讼中的赔偿损失责任，由于操作难度大，欠缺法律依据和配套制度，司法解释也没有规定，在审判实践中同样暂时不能适用，需待有明确的法律依据以后再行考虑[①]”。

我们认为，将损害赔偿作为消费者公益诉讼的请求权之一是有必要的，理由至少有三。一是各国探索建立消费者公益诉讼的一个重要原因在于，消费者在面对小额分散性损失时不愿或不能寻求救济，而这些小额损失汇总起来对于经营者就是巨额的不法收益。若不允许公益诉讼的原告提起损害赔偿之诉，反而有悖于立法初衷。二是实务中如果多数消费者的合法利益得不到有效救济，经营者违法行为就得不到有力制裁，正当竞争与经营秩序就得不到及时恢复。维护公共利益，不仅需要阻断经营者违法行为的持续，即进行不作为之诉，也需要经营者对公共利益造成的损害进行救济，即进行公共利益损害赔偿之诉。三是考察德国、法国等国家，都是有条件地允许消费者公益诉讼的原告提起损害赔偿之诉，例如以获得受侵害的消费者的授权为条件。

---

① 杜万华:《最高人民法院消费民事公益诉讼司法解释理解与适用》，人民法院出版社2016年版。

值得注意的是最高人民法院在2015年1月发布的《关于审理环境民事公益诉讼案件适用法律若干问题的解释》第18条规定：“对污染环境、破坏生态，已经损害社会公共利益或者具有损害社会公共利益重大风险的行为，原告可以请求被告承担停止侵害、排除妨碍、消除危险、恢复原状、赔偿损失、赔礼道歉等民事责任。”明确将赔偿损失之诉作为公益诉讼的请求权之一。

本案中原告湖北省十堰市人民检察院提起的侵害消费者权益公益诉讼请求法院判令被告消除危险，赔礼道歉，并未提出损害赔偿。从判决结果来看，虽然原告胜诉，法院支持了原告的诉讼请求，但消费者在被告不法行为中受到的损害，却未获得实质性的补偿，这是一大遗憾，也反映出制度本身存在改进的空间。当然，正如前面杜万华法官提到的消费者公益诉讼中的赔偿损失责任操作难度很大，还有很多问题需要深入研究解决，例如损害赔偿金的归属问题，经营者如何避免被重复追责问题，违法所得追缴与消费者单独提起的损害赔偿私益诉讼相加是否会构成对经营者的过分惩罚问题，违法所得和损害赔偿额的计算问题，等等。

（四）食品安全案件的公益诉讼与行刑衔接机制

前面讨论中已经明确的公益诉讼是由特定的机关、组织或个人，为了维护社会公共利益而请求人民法院追究不当行为人法律责任的诉讼活动。《民事诉讼法》第55条规定“对污染环境、侵害众多消费者合法权益等损害社会公共利益的行为，法律规定的机关和有关组织可以向人民法院提起诉讼”。该条规定为食品安全的司法治理提供了新的解决路径，也为食品安全公益诉讼提供的法律依据。

食品安全犯罪的“行刑衔接”是指卫生、质监、农业等部门在行政执法过程中发现可能构成犯罪的，将案件的证据、线索、材料等向司法部门移送，及时启动刑事追究程序，是由行政执法部门、公安机关、检察机关等多部门联合治理食品安全犯罪的机制。行刑衔接是一种办案协调机制，其内容主要包括行政执法机关、公安机关、检察机关之间的“双向移送”和检察机关、政府监察部门对公安机关、食品监管行政执法部门工作的“双重监督”。行政执法和刑事司法衔接机制的建立符合行使执法权和司法权预防犯罪的目的，有利于检察机关对行政行为监督职能的发挥，有助于提高行政执法和刑事司法打击违法犯罪活动的合力，实现行政处罚和刑事处罚的无缝对接，克服有案不移、有案难移、以罚代刑、有案不究、渎职违纪等现象，更加有效地治理食品安全违法犯罪行为。

社会生活中，某一危害社会公共利益的行为，往往发生既可以追究其民事责任，又可以追究其行政责任甚至刑事责任的情形，本案中被告周某召的行为即是例证。本案经依法审理，法院判令被告周某召承担消除危险、赔礼道歉等责任，而涉案人周某召在2016年，已因犯销售不符合安全标准的食品罪被郧西县人民法院判处有期徒刑一年缓刑二年，并处罚金的刑罚。本案采取的是民刑分案的处理方式。

由于我国检察机关既可以是刑事审判中的公诉人，又可以是公益诉讼中的原告，因此针对民刑交叉的案件，刑事附带民事公益诉讼的诉讼模式也得到了较好的运用。2018年5月，三亚市中级人民法院开庭审理了一起由市检察院作为公益诉讼起诉人的刑事附带民事公益诉讼案件，该案为海南省首例刑事附带环境民事公益诉讼案件。

食品安全领域食品安全行政监管部门发现某一行为违反食品安全相关法律法规时，可以先予以调查核实，追究其行政责任，在调查过程中一旦发现该行为已危及社会公共利益，并严重到触犯刑事法律规范时，行政执法机构应将案件移送给公安机关侦查，由检察机关提起公诉。从提高诉讼效率等诸多因素考虑，检察机关在提起刑事公诉的同时可以直接提起刑事附带民事公益诉讼，一方面可以追究不法行为人的刑事责任，另一方面也可以直接追究不法行为人的民事责任，从而最大程度地维护社会公共利益和消费者权益。

《食品安全法》第121条初步规定了行刑衔接的制度，行刑衔接涉及案件处理的效率和违法行为的打击力度。近年来，由食品安全违法犯罪而引发的食品安全事件时有发生，食品安全监管部门、公安机关等相继开展专项整治活动，严厉打击食品领域的违法犯罪行为并取得了较好的成效。但是如何更好地发挥行刑衔接的制度效果，仍然有些实施机制上的完善空间，例如案件移送标准的确定，食品安全监管人员对案件初步调查取证后，往往面临判断是否已经达到我国刑法规定的犯罪情节的难题，在缺乏明确的案件移送标准的情况下，罪与非罪，是罚是送难以准确把握；另外，在证据转化方面也面临困难，在行刑衔接的落实过程中可以发现，由于证据收集主体不同，不同主体在不同法律依据下收集证据的程序严格程度呈现一定的差异性，加之行刑衔接下的诉讼证据规则不统一，致使实践中证据难以顺转；再有，面临的“信息孤岛”也影响行刑衔接制度的有效性，目前全国各地信息平台建设水平参差不齐，跨地区系统搭建不健全，信息共享实现度较低。实践中，食品行政监管部门的执法信息录入要求与公安机关、检察机关对信息的要求存在差异，一定程度上限制了行刑衔接机制的推进。此外，案件移送积极性不高、以罚代刑现象、各部门协作配合不顺畅现象也同样影响行刑衔接制度的实施。我们认为，为有效打击违法犯罪活动，切实发挥行刑衔接制度的作用，亟待从明确案件移送标准、规范推进证据转化、加大信息平台建设等实施机制方面进行完善。原国家食品药品监督管理总局、公安部《关于做好打击制售假劣药品违法犯罪行政执法与刑事司法衔接工作》的通知中着重提到了如何加强协作，规范案件移送查处工作，以及如何创新机制，加强案件督办工作，以更好地落实食品安全行刑衔接，都将有助于提升食品安全治理的合力，保障食品安全和公众生命健康。

（执笔：鲍丹丹，盛利）

案例6－3　吉林省消费者协会诉光复路龙昌调料行等侵害消费者权益公益诉讼案[①]

一、案件概要

本案因吉林省消费者协会诉光复路龙昌调料行等侵害消费者权益公益诉讼一案，由吉林省长春市中级人民法院于2016年11月1日作出〔2016〕吉01民初819号民事判决书，审判长梁伟。本案原告为吉林省消费者协会，被告为光复路龙昌调料行、韩某龙、王某丽。原告吉林省消费者协会诉称被告光复路龙昌调料行、韩某龙和王某丽在2014年8月至11月期间多次向不特定的消费者销售假冒食用盐9.45吨，另外尚有9.7吨假冒食用盐已被公安机关查获。上述假冒食用盐经检测属于非加碘盐，不能流入食用盐市场。被告销售的假冒食用盐存在严重的质量缺陷，危及广大消费者的人身安全，且被告对此未向消费者作出说明，其行为侵害了不特定消费者的合法权益，违反了法律相关规定。据此，依据《消费者权益保护法》、最高人民法院《关于审理消费民事公益诉讼案件适用法律若干问题的解释》的规定，要求被告在省级以上新闻媒体公开道歉。吉林省长春市中级人民法院经审理支持了原告的诉讼请求。

本案主要涉及以下法律规范。

（1）《消费者权益保护法》第47条、第48条。

（2）最高人民法院《关于审理消费民事公益诉讼案件适用法律若干问题的解释》第2条、第13条。

---

① 案件来源：【法宝引证码】CLI. C. 9656481.

（3）《民事诉讼法》第 55 条。

（4）最高人民法院《关于适用〈民事诉讼法〉的解释》第 284 条。

二、思考问题

（1）假冒食品与质量缺陷食品。

（2）刑事制裁与民事公益诉讼的关系。

三、案件正文

（一）案件当事人及其主张

原告吉林省消费者协会的起诉要点和请求：被告销售的假冒食用盐存在严重的质量缺陷，危及广大消费者的人身安全，且被告对此未向消费者作出说明，其行为侵害了不特定消费者的合法权益，违反了法律相关规定。请求人民法院判令被告在省级以上新闻媒体公开道歉，以维护广大消费者的合法权益不受侵害。

被告光复路龙昌调料行、韩某龙、王某丽的答辩要点和请求：（1）原告诉请不明确；（2）原告的诉讼请求无法得到消费者权益保护法的支持；（3）本案支持起诉机关行为不适当；（4）根据案件定性，原告诉讼请求于法无据。综上，请人民法院驳回原告诉讼请求。

（二）法庭查明的事实

被告光复路龙昌调料行（工商登记经营者为韩某）、韩某龙、王某丽于 2014 年 8 月至 11 月期间，在长春市宽城区光复路龙昌调料行内多次销售不符合食用盐标准的盐进入食用盐市场，累计 9.45 吨；2014 年 11 月 28 日公安机关民警在其仓库内查获同批未销售的假冒食用盐 9.7 吨。经吉林省产品质量监督检验院检验，认定从被告处查获的盐碘含量为 0，该批产品按 GB 5461—2000、GB 26878—2011、GB 2721—2003 标准检验为不合格，不能流入食用盐市场。

另查明，2016 年 5 月 11 日，长春市宽城区人民法院以韩某龙犯销售不符合安全标准的食品罪，判处有期徒刑一年，并处罚金人民币二万五千元。以王某丽犯销售不符合安全标准的食品罪，判处有期徒刑六个月，缓刑一年，并处罚金人民币一万元。以韩某犯销售不符合安全标准的食品罪，判处有期徒刑六个月，缓刑一年，并处罚金人民币一万元。以上刑事判决已经发生法律效力。

再查明，2016 年 5 月 6 日长春市人民检察院向原告吉林省消费者协会发出长检民公建〔2016〕1 号《检察建议书》认为三被告经营的龙昌调料行将工业盐假冒食用盐向社会销售，侵犯了不特定多数消费者的合法权益。依据《消费者权益保护法》第 36 条、第 37 条以及最高人民法院《关于审理消费民事公益诉讼案件适用法律若干问题的解释》第 1 条、第 2 条的规定，原告吉林省消费者协会负有保护消费者合法权益的职责，系授权提起公益诉讼的主体，建议原告吉林省消费者协会对三被告销售不符合安全标准的食品一案依法提起民事公益诉讼。原告吉林省消费者协会接到长春市人民检察院的检察建议书后，回复同意提起民事公益诉讼。2016 年 8 月，原告吉林省消费者协会向本院提起民事公益诉讼，请求判令被告在省级以上新闻媒体公开道歉。

上述事实有长春市检察院长检民公建〔2016〕1 号《检察建议书》、吉林省消费者协会吉消协函字〔2016〕21 号回复函、长春市宽城区人民法院〔2016〕吉 0103 刑初 234 号刑事判决书，韩某、韩某龙、王某丽在公安机关的讯问笔录、魏某龙、薛某辉、左某微、曲某龙、陈某林在公安机关的询问笔录在卷为凭。

(三) 诉辩理由和依据

1. *原告的起诉理由和依据*

原告认为被告销售的假冒食用盐存在严重的质量缺陷，危及广大消费者的人身安全，侵害了不特定消费者的合法权益，违反了法律相关规定。

(1)《消费者权益保护法》第 48 条规定："经营者提供商品或者服务有下列情形之一的，除本法另有规定外，应当依照其他有关法律、法规的规定，承担民事责任：① 商品或者服务存在缺陷的；② 不具备商品应当具备的使用性能而出售时未作说明的……" 第 47 条规定："对侵害众多消费者合法权益的行为，中国消费者协会以及在省、自治区、直辖市设立的消费者协会，可以向人民法院提起诉讼。”在2014年8月至11月期间，被告多次向不特定的消费者，包括其他调料行、食品加工厂等销售假冒食用盐9.45吨，另外尚有9.7吨假冒食用盐未实际销售。上述假冒食用盐存在严重的质量缺陷，危及广大消费者的人身安全，且被告对此未向消费者作出说明，其行为侵害了不特定消费者的合法权益。

（2）最高人民法院《关于审理消费民事公益诉讼案件适用法律若干问题的解释》第2条规定：“经营者提供的商品或者服务具有下列情形之一的，适用消费者权益保护法第47条规定：①提供的商品或者服务存在缺陷，侵害众多不特定消费者合法权益的；②提供的商品或者服务可能危及消费者人身、财产安全，未作出真实的说明和明确的警示……”被告多次向不特定消费者销售不符合食用盐标准的无碘盐，易引起食源性疾病，足以造成严重食物中毒事故或者其他严重食源性疾病。且被告对此未向消费者明示，侵害了不特定消费者生命健康等合法权益。

2. 被告的答辩理由和依据

（1）原告诉求不明确。原告虽在诉求中要求被告在省级以上媒体公开赔礼道歉，但并未说明在我国领域内哪一省份，哪一类新闻媒体上公开赔礼道歉。

（2）原告的诉讼请求无法得到消费者权益保护法的支持，本案中被告的不法行为并未侵害任何消费者的人格尊严、人身自由、个人信息保护，根据《消费者权益保护法》第50条规定，只有消费者人格权受到侵害，才可主张赔礼道歉。本案被告未侵害任何消费者人格尊严、人身自由，因此原告诉讼请求于法无据。

（3）本案支持起诉机关为长春市人民检察院，根据人民检察院提起公益诉讼试点办法规定，本案起诉前因被告销售不符合标准的食品安全行为，三被告已经通过刑事判决受到处罚并予以执行，其损害社会公共利益的情形已经消除，所以检察院应当终结对本案的审查，而不是提起公益诉讼的检察建议。

（4）关于案件定性问题。韩某三人基于销售不符合安全标准食品行为已被起诉并被判决定罪。原告基于此行为提起诉讼，属于刑事附带民事案件。原告诉讼请求并不在刑事附带民事案件的审理范围。原告诉讼请求于法无据。

综上，请人民法院驳回原告诉讼请求。

（四）本案的争议焦点及审理意见

法院主要就以下三个问题进行审理：本案是否符合公益诉讼的条件；三被告是否应承担民事责任；原告主张三被告赔礼道歉是否符合法律规定。

（1）是否符合公益诉讼的条件

依据《民事诉讼法》第 55 条“对污染环境、侵害众多消费者合法权益等损害社会公共利益的行为，法律规定的机关和有关组织可以向人民法院提起诉讼”，《消费者权益保护法》第 47 条“对侵害众多消费者合法权益的行为，中国消费者协会以及在省、自治区、直辖市设立的消费者协会，可以向人民法院提起诉讼”，最高人民法院《关于适用〈中华人民共和国民事诉讼法〉的解释》第 284 条“环境保护法、消费者权益保护法等法律规定的机关和有关组织对污染环境、侵害众多消费者合法权益等损害社会公共利益的行为，根据民事诉讼法第 55 条规定提起公益诉讼，符合下列条件的，人民法院应当受理：① 有明确的被告；② 有具体的诉讼请求；③ 有社会公共利益受到损害的初步证据；④ 属于人民法院受理民事诉讼的范围和受诉人民法院管辖”的规定，本案系原告主张三被告销售不符合食用盐标准的盐进入食用盐市场，侵犯了众多消费者的合法权益，依据法律规定，向人民法院提起的公益诉讼，符合法律关于提起公益诉讼的规定，本院应该受理此起公益诉讼案件。

（2）三被告是否应承担民事责任

依据《消费者权益保护法》第 48 条第 1 款的规定：“经营者提供商品或者服务有下列情形之一的，除本法另有规定外，应当依照其他有关法律、法规的规定，承担民事责任：① 商品或者服务存在缺陷的；② 不具备商品应当具备的使用性能而出售时未作说明的；③ 不符合在商品或者其包装上注明采用的商品标准的；④ 不符合商品说明、实物样品等方式表明的质量状况的；⑤ 生产国家明令淘汰的商品或者销售失效、变质的商品的；⑥ 销售的商品数量不足的；⑦ 服务的内容和费用违反约定的；⑧ 对消费者提出的修理、重做、更换、退货、补足商品数量、退还货款和服务费用或者赔偿损失的要求，故意拖延或者无理拒绝的；⑨ 法律、法规规定的其他损害消费者权益的情形。”三被告于 2014 年 8 月至 11 月期间多次将不符合食用盐标准的盐进入食用盐市场销售，根据韩某、韩某龙、王某丽在公安机关的讯问笔录记载，三被告明知其销售的盐系工业盐、不符合食用盐标准、不能流入食用盐市场而进行销售，该行为违反了《消费者权益保护法》第 48 条的规定，三被告应承担相应的民事责任。

（3）原告主张三被告赔礼道歉是否符合法律规定

依据最高人民法院《关于审理消费民事公益诉讼案件适用法律若干问题的解释》第 13 条“原告在消费民事公益诉讼案件中，请求被告承担停止侵害、排除妨碍、消除危险、赔礼道歉等民事责任的，人民法院可予支持”的规定，本案中三被告多次将不符合食用盐标准的盐销售给其他的商业经营者，其销售对象系众多不特定的消费者。原告依据以上事实及法律规定向人民法院提起侵害消费者权益公益诉讼，请求三被告在省级以上新闻媒体赔礼道歉存在充分的事实及法律依据，依法应予支持。

（五）法院的审理判决

依据《消费者权益保护法》第 47 条、第 48 条，《民事诉讼法》第 55 条，最高人民法院《关于适用〈中华人民共和国民事诉讼法〉的解释》第 284 条，最高人民法院《关于审理消费民事公益诉讼案件适用法律若干问题的解释》第 2 条、第 13 条之规定，判决被告光复路龙昌调料行（经营者韩某）、韩某龙、王某丽在本判决生效后十日内在吉林省省级以上（含省级）新闻媒体赔礼道歉。案件受理费 100 元，由被告光复路龙昌调料行（经营者韩某）、韩某龙、王某丽负担。

四、问题解答

（一）假冒食品与质量缺陷食品

严厉打击假冒伪劣食品的生产销售是原国家质检总局、原国家食品药品监督管理总局、原国家工商行政管理总局等相关市场监管部门近几年来的工作重点。然而对于假冒食品的概念，《食品安全法》或其他法律法规中并没有对其作出定义，因此有必要先对“假冒食品”含义有个统一的界定，以便于对涉及假冒伪劣食品案件的后续处理。我们基于食品是各种各类工业产品的其中一类为前提，参照假冒产品的概念来定义假冒食品。根据原国家质检总局的规定，所谓假冒产品，就是指使用不真实的厂名、厂址、商标、产品名称、产品标识等从而使客户、消费者误以为该产品就是正版的产品。《反不正当竞争法》中关于“混淆”的定义，与此处的“假冒”一词类似，《反不正当竞争法》第6条通过列举和兜底相结合的方式定义了混淆行为，其关键的判断标准在于经营者的行为是否会引人误认为是他人商品或者与他人存在特定联系，包括擅自使用与他人有一定影响的商品名称、包装、装潢等相同或者近似的标识；擅自使用他人有一定影响的企业名称（包括简称、字号等）、社会组织名称（包括简称等）、姓名（包括笔名、艺名、译名等）；擅自使用他人有一定影响的域名主体部分、网站名称、网页等；以及其他足以引人误认为是他人商品或者与他人存在特定联系的行为。借鉴假冒产品和混淆行为的定义，可以大致归纳出假冒食品的概念，假冒主要是商品的内容与名称不相符，如假冒产地、厂名、厂址等。假冒食品往往与伪劣食品同时出现，伪劣食品通常指质量低劣或者失去应有性能的食品。当然有的时候伪劣食品也假冒其他品牌食品进行销售，则此时既构成假冒食品又构成伪劣食品。

何为质量缺陷食品，我国现行法律同样没有给出明确的定义。根据《产品质量法》第46条的规定，所谓缺陷，是指产品存在危及人身、他人财产安全的不合理的危险；产品有保障人体健康和人身、财产安全的国家标准、行业标准的，是指不符合该标准。与缺陷产品相近的一个概念是瑕疵产品，由于缺陷产品与瑕疵产品在责任性质、责任形式、责任主体、权利主体、免责条件、诉讼管辖、举证责任等方面均有所不同，因此两者的区分也经常出现在各类纠纷中，产品缺陷的实质是指产品缺乏合理的安全性，即存在危及人身、财产安全的不合理危险。瑕疵产品一般是指产品不具备应当具备的使用性能，或者所具备的性能低于明示的产品标准，但不存在危及人身、财产安全的不合理危险。对应到食品上，可以理解为质量缺陷食品是指存在危及人身、他人财产安全的不合理危险，或者不符合国家标准、地方标准的食品，因而往往属于不安全食品。在食品领域一般不讲“瑕疵食品”“缺陷食品”，而是称之为“假冒伪劣食品”，无论是假冒伪劣食品还是缺陷食品统指为“不安全食品”。

严格意义上看，假冒食品不等于质量缺陷食品，两者侵害的法益，对应的责任承担也不尽相同。质量缺陷食品通常会有毒或有害，从而对人体健康造成急性、亚急性或者慢性危害，而假冒食品不一定有毒有害，不一定对人体健康造成急性、亚急性或者慢性危害。因此执法人员在查处到假冒食品后，一方面要及时与生产厂家和当地食品药品监管部门联系，对涉案食品进行真伪——是否存在“混淆”进行鉴定；另一方面要将涉案食品进行送检，判定其是否存在危及人身、财产安全的不合理危险，有了上述两个方面的反馈结果后再对案件进行准确定性。如何追究假冒食品、质量缺陷食品的法律责任，也即行为人应当承担的是民事责任还是刑事责任，是一般民事责任还是惩罚性民事赔偿责任，在司法实践中已经有大量的判例（在本书的其他部分中也有讨论）。

对于假冒食品案件的处理，实践中有不同的观点。有一些执法人员认为，生产销售假冒食品实际上是生产销售标签虚假的食品，违反的是《食品安全法》第 71 条，即违反了“食品和食品添加剂的标签、说明书，不得含有虚假内容，不得涉及疾病预防、治疗功能。生产经营者对其提供的标签、说明书的内容负责”的规定。另有一些执法人员将假冒食品定性为不符合法律、法规或者食品安全标准的食品，违反的是《食品安全法》第 34 条，即“禁止生产经营下列食品、食品添加剂、食品相关产品：……（十三）其他不符合法律、法规或者食品安全标准的食品、食品添加剂、食品相关产品”。本案中，原告吉林省消费者协会诉称被告光复路龙昌调料行、韩某龙和王某丽多次向不特定的消费者销售假冒食用盐。上述假冒食用盐经检测属于非加碘盐，不能流入食用盐市场。原告认为被告的销售假冒食用盐的行为侵害了不特定消费者的合法权益，违反了法律相关规定，从而向其提起公益诉讼。在原告的诉求中，频繁出现“假冒”二字，但对案情仔细研读后，可以发现，本案所谓的“假冒食用盐”，实际上是用工业盐代替食用盐进行销售，由于其缺乏碘元素，导致危及广大消费者的人身安全，这与假冒产品的定义存在偏差，因此法院认为本案的涉案产品更倾向属于质量缺陷食品。由于涉案商品定性为质量缺陷食品，所以法院在对行为责任认定时适用了《消费者权益保护法》第48条的规定，该条明确了经营者提供的商品或者服务存在缺陷的，应当承担民事责任，与本案事实相对应，法院判决于法有据。

关于“假冒食品”“质量缺陷食品”“不安全食品”等概念的区分，从现有的司法实践看并没有形成统一明晰的标准。因此在面临某一假冒食品案件时，通常需要同时对食品进行检验和鉴定，根据检验鉴定的结果分别作出不同的处理，第一，若食品检验结果符合食品安全（标准），仅存在假冒正版的情形，即属于假冒食品的，则倾向于适用《商标法》《反不正当竞争法》等法律，以规范市场主体行为，维护市场竞争秩序。从消费者权益保护的角度更侧重于适用《消费者权益保护法》关于消费欺诈的法律规范；第二，若食品检验结果不符合食品安全（标准），可以归属于质量缺陷食品的，则倾向于适用《食品安全法》关于惩罚性赔偿的法律规范，使消费者获得更充分的法律救济和赔偿，保护消费者的人身健康和安全。综上，假冒食品案件和质量缺陷案件是性质不同的两类案件，实务中需要结合充分的事实和证据进行综合认定，以保证对案件准确定性和依法处理。

（二）刑事制裁与民事公益诉讼的关系

刑事制裁是指人民法院对触犯刑法，实施犯罪行为的人实施的法律制裁。刑事制裁相较于民事制裁和行政制裁更为严厉，严厉性主要体现在刑罚上。我国的刑罚可分为主刑和附加刑，主刑包括管制、拘役、有期徒刑、无期徒刑、死刑；附加刑包括罚金、没收财产、剥夺政治权利和驱逐出境。刑事制裁的对象主要包括了侵害国家利益、社会公共利益以及个人人身财产利益的行为，通常由检察机关作为公诉人，对犯罪行为人进行控诉。而民事制裁中的公益诉讼与之有异曲同工之妙，公益诉讼所保护的法益也主要包括了国家和社会公共利益，检察院在公益诉讼领域更是扮演着重要的角色。那么公益诉讼与刑事制裁到底是什么样的关系，又各自发挥着什么样不可替代的作用？

公益诉讼是指特定的机关、组织或个人，为了维护社会公共利益而请求法院追究不当行为人法律责任的诉讼活动。我国《民事诉讼法》第55条规定“对污染环境、侵害众多消费者合法权益等损害社会公共利益的行为，法律规定的机关和有关组织可以向人民法院提起诉讼”。该条规定为食品安全的司法治理提供了新的解决路径，即特定的机关、组织或个人在发现食品安全问题时，可以直接向人民法院提起诉讼，请求法院进行处理和制裁。本案被告光复路龙昌调料行、韩某龙和王某丽多次向不特定的消费者销售假冒食用盐9.45吨，上述假冒食用盐经检测属于非加碘盐，存在严重的质量缺陷，危及广大消费者的人身安全，其行为侵害了不特定消费者的合法权益，根据法律授权规定，吉林省消费者协会有权提起消费者公益诉讼。

本案的涉案当事人在被提起公益诉讼之前，长春市宽城区人民法院已经对三位被告进行了刑事制裁，判决被告人韩某龙、王某丽、韩某均触犯销售不符合安全标准的食品罪，分别判处有期徒刑并处罚金。由此可见，其涉案行为不仅仅须承担民事责任，行为违法程度已然触犯了刑法而应承担刑事责任。有学者提出，如果一个违法行为，既进行了刑事制裁，又承担了民事责任，是否属于一事再罚，违反了“一事不再罚”的原则？我们认为有必要先对一事不再罚的内涵和意义进行梳理。

一事不再罚，经常出现在行政法领域，是指对违法行为人的同一个违法行为，不得以同一事实和同一依据，给予两次或者两次以上的处罚。一事不再罚作为行政处罚的原则，目的在于防止重复处罚，体现过罚相当的法律原则，以保护行政相对人的合法权益。这与同一个行为同时承担民事责任和刑事责任不同。同一个行为，既承担民事责任，又承担刑事责任，是基于保护不同法益的需要。例如本案中，两种程序，分别从不同的方向恢复受损法益。刑事制裁，是出于对国家食品卫生管理制度和公民生命健康权的维护；消费者公益诉讼，是出于消费者合法权益的补偿和保障，两者是相互配合的关系，因此我们认为本案的处理并不违反一事不再罚的原则。

刑事诉讼走刑事程序，公益诉讼走民事程序，当某一不法行为侵害到社会公共利益时，检察机关应当提起刑事诉讼还是公益诉讼，还是两者同时提起？我们认为主要的衡量依据在于判断行为的社会危害程度，即该行为是否已严重到触犯刑事法律。就本案来说，被告向不特定消费者销售非加碘的假冒食用盐，食品存在严重质量缺陷却未向广大消费者作出任何说明，存在严重危及广大消费者的人身安全等损害社会公共利益，同时还严重违反了食品监管制度，破坏了市场经济秩序，触犯了我国刑法关于破坏社会主义市场经济秩序罪一章的有关罪名。因此达到了公益诉讼和刑事制裁启动的充分条件。正如上文分析，民事公益诉讼和刑事诉讼不是排斥的关系，而是递进的关系，符合公益诉讼启动条件的案件，如果社会危害结果足够严重，自然也能达到刑事诉讼的启动条件；符合刑事诉讼启动条件的案件，如果侵害法益涉及环境污染或消费者权益等社会公共利益的，同时也符合公益诉讼的启动条件。对于这种情况，本案的处理方式是分案分别进行，两套诉讼程序相互独立。

此外，刑事附带民事公益诉讼的诉讼模式也值得考虑和选择。最高人民法院、最高人民检察院于 2018 年 3 月 2 日联合发布了《关于检察公益诉讼案件适用法律若干问题的解释》，对办理检察公益诉讼案件的程序、检察机关的诉讼权利义务等内容作出规定。该《解释》第 20 条规定“人民检察院对破坏生态环境和资源保护、食品药品安全领域侵害众多消费者合法权益等损害社会公共利益的犯罪行为提起刑事公诉时，可以向人民法院一并提起附带民事公益诉讼，由人民法院同一审判组织审理”。并由审理刑事案件的人民法院一同管辖，此种审理方式可以有效节约司法资源。上海市虹口区检察院对一起在减肥保健品中违法添加有毒、有害原料的生产销售伪劣产品犯罪案件，就依据该解释的规定提起了公益诉讼①。这是上海首例在食药领域，由检察院提起的刑事附带民事公益诉讼。

① 2018 年 5 月 3 日，虹口区检察院以生产、销售伪劣产品罪对被告人张某提起刑事公诉，并根据司法解释对张某提起刑事附带民事公益诉讼。

刑事附带民事公益诉讼的提起，标志着国家在食品药品领域的监管进一步加强，对于传统的公益诉讼立案难问题进行了突破，有助于在食品药品领域建立起一道更全面更有力的司法保护屏障。通过刑事附带民事公益诉讼的形式，将刑事责任与民事责任相结合，对违法行为人起到更大的震慑力，从而更好地规范食品药品领域的生产经营行为，保障广大消费者的合法权益。

刑事附带民事公益诉讼作为一项创新性诉讼制度具有节约司法资源、保护公益高效及时等优势，但同时也应注意到，在这种诉讼模式下，刑事诉讼中检察机关和被告人在诉讼能力方面的不对等地位极易延伸到民事公益诉讼中，造成被告人最后实际承担的民事责任超出法定范围的隐性风险。由于检察机关在刑事附带民事公益诉讼中会涉及两种诉讼，一是刑事诉讼，二是民事公益诉讼，刑事诉讼和民事公益诉讼是两种性质不同的诉讼，需要在一个庭审中实现紧密衔接、自然过渡和合理分离。在刑事附带民事公益诉讼中，出席法庭的检察官往往兼具公诉人、公益诉讼起诉人和法律监督者等多重身份，很容易影响到被告的诉讼权利，特别是民事诉讼领域诉讼权利的正当行使，因此需要相关的法律法规或政策对检察机关的权利义务，诉讼程序的特殊处理进一步明确和规范，以实现审判的客观公正。

（执笔：鲍丹丹，盛利）

内 容 提 要

本书主要针对食品药品安全相关领域的典型案例进行解读梳理并就其涉及的食品药品安全领域的技术性规范进行分析研讨。本书共六章，涉及食品质量纠纷案、食品合同纠纷案、食品侵权纠纷案、食品网购纠纷案、食品安全行政诉讼案及食品安全公益诉讼案六种类型的食品案件。判例研究结构由四个部分组成：首先是案件概要，其次是思考问题，再次是案件正文，最后结合案例回应思考问题的解答。

本书可供从事食品安全研究的政府、高校、研究机构的专业人员借鉴学习，也可作为高等院校法学相关专业的参考用书。